U0945257

1921-2021
厦门大学
XIAMEN UNIVERSITY

厦门大学百年校庆系列出版物

百年院系史系列

厦门大学
新闻传播学院院史

主 编 曾 铮 余清楚

厦门大学出版社
XIAMEN UNIVERSITY PRESS
国家一级出版社
全国百佳图书出版单位

图书在版编目(CIP)数据

厦门大学新闻传播学院院史/曾铮,余清楚主编.—厦门:厦门大学出版社,2022.5

(百年院系史系列)

ISBN 978-7-5615-8543-6

Ⅰ.①厦… Ⅱ.①曾… ②余… Ⅲ.①厦门大学新闻传播学院—校史—1921—2021 Ⅳ.①G649.285.73

中国版本图书馆 CIP 数据核字(2022)第 050145 号

出 版 人 郑文礼
责任编辑 刘 璐
封面设计 李嘉彬
技术编辑 朱 楷

出版发行 厦门大学出版社
社 址 厦门市软件园二期望海路 39 号
邮政编码 361008
总 机 0592-2181111 0592-2181406(传真)
营销中心 0592-2184458 0592-2181365
网 址 http://www.xmupress.com
邮 箱 xmup@xmupress.com
印 刷 厦门集大印刷有限公司

开本 720 mm×1 020 mm 1/16
印张 24.75
插页 2
字数 432 千字
版次 2022 年 5 月第 1 版
印次 2022 年 5 月第 1 次印刷
定价 90.00 元

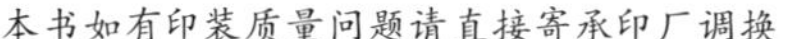

本书如有印装质量问题请直接寄承印厂调换

厦门大学出版社
微信二维码

厦门大学出版社
微博二维码

总　序

厦门大学 | 党委书记　张　彦
　　　　 | 校　　长　张　荣

2021年4月6日，厦门大学百年华诞。百载风雨，十秩辉煌，这是厦门大学发展的里程碑，继往开来的新起点。全校师生员工和海内外校友满怀深情地期盼这一荣耀时刻的到来。

为迎接百年校庆，学校在三年前就启动了“百年校庆系列出版工程”的筹备工作，专门成立“厦门大学百年校庆系列出版物编委会”，加强领导，统一部署。各院系、部门通力合作，众多专家学者和相关单位的工作人员全身心地参与到这项工作之中。同志们满怀高度的责任感和紧迫感，以“提升质量，确保进度，打造精品”为目标，争分夺秒，全力以赴，使这项出版工程得以快速顺利地进行。在这个重要的历史时刻，总结厦大百年奋斗历史，阐扬百年厦大“四种精神”，抒写厦大为伟大祖国所做出的突出贡献，激发厦大人的自豪感和使命感，无疑是献给百岁厦大最好的生日礼物。

“百年校庆系列出版工程”包括组织编撰百年校史、百年组织机构史、百年院系史、百年精神文化、百年学术论著选刊、校史资料与学生名录……有多个系列近150种图书将与广大读者见面。从图书规模、涉及领域、参编人员等角度看，此项出版工程极为浩大。这些出版物的问世，将为学校留下大量珍贵的历史资料，为学校深入开展校史教育提供丰富生动的素材，也将为弘扬厦门大学“自强不息，止于至善”校训精神注入时代的新鲜血液，帮助人们透过“中国最美大学校园”

的山海空间和历史回响，更加清晰地理解厦门大学在中国发展进程中发挥的独特作用、扮演的重要角色，领略“南方之强”的文化与精神魅力。

百年校庆系列出版物将多方呈现百年厦大的精彩历史画卷。这些凝聚全校师生员工心血的出版物，让我们感受到厦大人弦歌不辍的精神风貌。图文并茂的《厦门大学百年校史》，穿越历史长廊，带领我们聆听厦大不平凡百年岁月的历史足音。《为吾国放一异彩——厦门大学与伟大祖国》浓墨重彩地记述厦门大学与全国34个省级行政区以及福建省九市一区一县血浓于水的校地情缘，从中可以读出厦门大学在中华民族伟大复兴征程中留下的深深烙印。参与面最广的“厦门大学百年院系史系列”、《厦门大学百年组织机构史》，共有30多个学院和直属单位参与编写，通过对厦门大学各学院和组织机构发展脉络、演变轨迹的细致梳理，深入介绍厦门大学的党建工作、学科建设、人才培养、组织管理、社会服务等方面的发展历程，展示办学成就，彰显办学特色。《厦门大学校史资料选编（1992—2017）》和《南强之星——厦门大学学生名录（2010—2019）》，连同已经出版的同类史料，将较完整、翔实地展现学校发展轨迹，记录下每位厦大学子的荣耀。“厦门大学百年精神文化系列”涵盖人物传记和校园风采两大主题，其中《陈嘉庚传》在搜集大量史料的基础上，以时代精神和崭新视角，生动展现了校主陈嘉庚先生的丰功伟绩。此次推出《林文庆传》《萨本栋传》《汪德耀传》《王亚南传》四部厦门大学老校长传记，是对他们为厦大发展所做出的突出贡献的深切缅怀。厦大校友、红军会计制度创始人、中国共产党金融事业奠基人之一高捷成的传记《我的祖父高捷成》，则是首次全面地介绍这位为中国人民解放事业做出杰出贡献的烈士的事迹。新版《陈景润传》，把这位“最美奋斗者”、“感动中国人物”、令厦大人骄傲的杰出校友、世界著名数学家不平凡的人生再次展现在我们眼前。抒写校园风采的《厦门大学百年建筑》、《厦门大学餐饮百年》、《建南大舞台》、《芙蓉园里尽芳菲》、《我的厦大老师》（百年华诞纪念专辑）、《创新创业厦大人2》、

《志愿之光》、《让建南钟声传响大山深处》、《我的厦大范儿》以及潘维廉的《我在厦大三十年》等，都从不同的角度，引领我们去品读厦门大学的真正内涵，感受厦门大学浓郁的人文精神和科学精神。

此次出版的“厦门大学百年学术论著选刊”，由专家学者精选，重刊一批厦大已故著名学者在校工作期间完成的、具有重要价值的学术论著（包括讲义、未刊印的论著稿本等），目的在于反映和宣传厦门大学百年来的学术成就和贡献，挖掘百年来厦门大学丰厚的历史积淀和传统资源，展示厦门大学的学术底蕴，重建“厦大学派”，为学校“双一流”建设提供学术传统的支撑。学校将把这项工作列入长期规划，在百年校庆时出版第一辑共40种，今后还将陆续出版。

“自强！自强！学海何洋洋！”100年前，陈嘉庚先生于民族危难之际，抱着“教育为立国之本，兴学乃国民天职”的信念，创办了厦门大学这所中国历史上第一所由华侨独资建设的大学。100年来，厦大人秉承“研究高深学术，养成专门人才，阐扬世界文化”的办学宗旨，在实现中华民族伟大复兴的征程上书写自己的精彩篇章。我们相信，当百年校庆的欢庆浪潮归于平静时，这些出版物将会是一串串熠熠生辉的耀眼珍珠，成为记录厦门大学百年奋斗之旅的永恒坐标，成为流淌在人们心中的美好记忆，并将不断激励我们不忘初心继承传统，牢记使命乘风破浪，向着中国特色世界一流大学目标奋勇前行！

张彦　张荣

2020年12月

厦门大学百年院系发展概述

朱水涌

100年在历史长河中只是短暂的一瞬，但对于一所中国现代大学以及这所大学的学院科系来说，则意味着经历过极不平凡的历程。百年学府沧桑、十秩院系辉煌，为迎接厦门大学建校百年华诞，学校决定编撰出版"厦门大学百年院系史"系列，梳理淬炼院系的建设发展历程，以史为鉴，彰往考来，将院系的昨天、今天与明天联系在一起，发扬踔厉，这是一件极富建设意义与厦大特色的历史性工程。

一

20世纪初的中国，正如校主陈嘉庚所言："吾国今处在列强肘腋之下，成败存亡千钧一发。"就在这千钧一发之际，为救国而创办大学成为一道时代的特别风景。马相伯因"慨自清廷外交凌智"而创办震旦学院(复旦前身)[①]，南开大学的创办者因国家的"贫弱"是因为"教育未能发展"而创立南开[②]，唐文治执掌交通大学砥砺第一等人才，目的就是"宏济艰难，救我中国"[③]。厦门大学校主陈嘉庚则在《筹办厦门大学演讲词》中直截了当地指出："今日国势危如累卵，所赖以维持者，惟此方兴之教育与未死之民心耳。"出自民族救亡而诞生的中国现代大学，在她向欧美学习现代大学的办学时，一开始便融入了民族救

① 《复旦大学百年志》编纂委员会:《复旦大学百年志(1905—2005)》，复旦大学出版社2005年版，第9页。

② 《南开大学校史资料选》，南开大学出版社1989年版，第12页。

③ 唐文治:《上海交通大学第三十届毕业典礼训词》，载《茹经堂文集》三编卷一。

亡图存的历史内涵和办学志向，民族振兴的需求与国家最需要的人才，成了中国现代大学初创时学科与专业设置的重要出发点，呈现出中国现代大学鲜明的中国特色。这里，当年的创办者与一校之长的救国思想与办学理念产生了重要作用。

厦门大学创校时期选择的教学体制沿用了近代英国大学学制，但在科系组成与学科设置上却没有完全按英国大学的体制与模式，与民国时期的各大学一样，当时并没有很强的专业观念，而依照时代与国家的急需人才设立科系。厦大建校初期，科系成型时的学科最初形态是文科设8个系，理科设6个系，工科归理科，其中的教育、工、商、新闻，都是那个危机时代国家急需人才的学科。

1930年2月，在通过国民政府大学院立案后两年，厦门大学遵照国民政府教育部令，将“科”改为学院，设5个学院21个学系。至此，经过近10年的建设，厦门大学具备了较为完备的院系体制，开始以院系这样一种与世界接轨的基本单元建构教学科研体制，开展“研究高深学术，培养专门人才，阐扬世界文化”，厦大的多学科性业已形成。

1929年，世界经济危机爆发，陈嘉庚公司每况愈下，1934年1月公司被迫收盘。这期间虽然有厦大教职员的半年捐薪活动，有陈嘉庚的“出卖大厦办厦大”惊世壮举，厦门大学的办学经费还是难以为继。在此情况下，厦大及时调整院系结构，以系科合并的方式突围经济上的窘迫，推进学科的艰辛运转。至私立时期的最后几年，全校5个学院压缩成文学、理学、法商3个学院，21个系经合并与撤销浓缩为9个学系。尽管这种合并是无奈之举，从数字上看办学规模是缩小了，但这次的学科浓缩却无意中为学科的整合、为打破欧美当年系科划分过细的弊端打下了基础。

建校时期厦门大学的院系建设与学科发展，按国民政府大学院调查专家的看法，在全国高校中有“方之他处，有过无不及”[①]的优势。这一时期，林文庆主持制定的《厦门大学校旨》(以下简称《校旨》)明确指出：“本大学之主要目的，在博集东西各国之学术及其精神，以研究一切现象之底蕴与功用，同时并阐发中国固有学艺之美质，使之融会贯通，成为一种最新最完善之文化。”《校旨》从大学文化的建构出发，鲜明地提出厦门大学办学的理念与目标。与这个理念和目标相联系，厦大初期的院系与学科、专业的建设，有如下几个特点：

---

① 《厦门大学十周年纪念刊》(1931年4月)，载《厦门大学校史》第1卷，厦门大学出版社1987年版，第94页。

其一是注重“功用”,“切于实用”,培养国家、民族稀缺人才。《校旨》提出教学“以切于实用,造就应用科学人才为前提”。建校初期,教育学占有举足轻重的位置,原因如《校旨》所言:“我国目下师资及教育专门人才甚为缺乏,故对于教育系特加注意,以期养成良好师资及教育界领袖,因以提高一般教育之程度。”[①]陈嘉庚的信念是“国家之富强,全在乎国民,国民之发展,全在乎教育”[②],他办厦门大学一个重要的担当就是要纠正当年教育的“偏估”与“颓风”,解决中国教育缺乏新知识新思想师资的问题,以免“国粹日稀,精神日减,必至无救药之惨痛”。厦大商学与工学的较早创设与运行,也都体现了这样一种办学理念。这个特点,奠定了厦门大学从国家需要建设专业发展学科的厚重底色。

其二是博集东西精神、阐发中国学艺之美质、“研究高深学术”的学科特色。厦大成立时,《厦门大学组织大纲》明确表明厦大的三大任务之一是研究高深学术。林文庆在《校旨》中具体指出要建设科学研究机关,厦大要“成为我国南部之科学中心点”[③];院系体制形成后,厦大各学院在其“学院学则”的第一条“宗旨”中都一致性地提出“以培养专门人才,研究高深学术为宗旨”[④],这表明厦大建校初期就具备浓厚的学科建设意识。而且,在西学东渐、中西文化激烈论争与冲突的情势下,厦大独到地提出“阐发中国固有学艺之美质”和“首重国文”的主张,这也就形成了厦门大学学科建设中注重本土资源与文化精神的中国特色。文科的国学研究与理科的生物学研究是这方面的范例。1926年创建的国学研究院被认为是“大有北大南移之势”,是当年全国国学研究的中心之一。其影响不仅在于大师云集、研究规划与实际成果,更重要的是厦大国学研究体现了五四时期“重估价值”的精神,它的学科新范畴,研究问题的新方法、新史料和新观点,代表了五四之后国学研究的新趋势。植物系与动物系同样引起全国乃至世界的关注,尤其是结合本土地理优势的海洋生物研究更是锋芒毕露。1923年厦大美籍教授莱德的论文《厦门大学附近之文昌鱼渔业》在国际顶尖科学期刊*Science*上发表,成为中国高校最早在*Science*上发表的研究成果之一,引起国际学术界瞩目。鉴于海洋生物学科的成果,中央研究院及太平洋科学学会,特别委托厦门大学建立海洋生物研究室。与此同时,

---

① 《厦门大学校史》第1卷,第26页。

② 陈嘉庚:《筹办厦门大学演讲词》,载《新国民日报》1920年11月30日。

③ 《林文庆校长报告》,载《厦门大学民国十年度报告书》,1922年。

④ 《厦门大学一览》(1935—1938年度),载《厦大校史资料》第1辑,厦门大学出版社1987年版,第66页。

厦大的动植物标本的数量与丰富多样在全国领先。

其三是开放性的院系学科构成与人才培养学制。在中国高等教育滥觞时期,中国的大学虽然学的是西方体制,但中国文化原本就缺乏精确细致的分类,对事物不那么条分缕析,而且大学刚刚兴起,很多学科、专业更是因国家需要而设置而存在,大学的一切都在尝试与践行当中,这也就带来了中国现代大学院系学科设置上的开放性。厦大私立时期四次较大的院系变动与学科设置,就可以清楚地看到这个现象。院系设置与专业、学科结构的不断变动,实际上对打破学科体制的僵化是有驱动力的,它为以后厦大百年发展中院系所面临的不断调整、不断改革奠定基础。

在人才培养上,厦门大学"虽为厦门大学,实为世界之大学"①,一开始就招收大量的东南亚华侨子女和朝鲜国学生,颇具开放性。这所地处东南沿海一隅的大学却坚持要"使本校之学生虽足不出国外,而其所受之教育,能与世界各大学相颉颃"②,除不惜重金聘任国内外特别是世界名牌大学经历的名师学者外,在教学体制上,厦门大学沿用英国近代大学学制,本科修业4年,以修满150学分(绩点)并通过毕业论文及有关实验为毕业,各院各系实行课程交叉的修课计划,注重了知识结构的多元化。打破课程的专业界限,这样一种强调博集东西学术,打通院系界限学科界限的修学制度,实际上更吻合现代大学的人才培养规律。

厦门大学建校初期16年间,其"切于实用"的人才培养方针,"研究高深学术"的学科特色,院系学科结构与教学体制的开放性,不仅是时代的产物,也是百年厦门大学的宝贵珍藏,在百年厦大的院系建设发展中体现了一所名校的潜在发展实力,不仅为厦大创建"世界之大学"目标打下了坚实的基础,而且在学科的发展上为一流学科的发展奠定了先天优势。

二

1937年7月1日,私立厦门大学正式改为国立厦门大学。7月6日,国民政府行政院任命清华大学萨本栋教授出任厦门大学校长。7月7日,抗战全面爆发。12月,日寇兵临厦门,厦门大学内迁山城长汀,坚持在烽火硝烟中办

① 《林文庆先生在中华俱乐部之演说词》,载《南洋商报》1925年2月2日。

② 《林文庆校长报告》,载《厦门大学民国十年度报告书》,1922年。

学，“单独担负铁路线(粤汉铁路)以东国立最高学府的全付责任”①，成为加尔各答以东最逼近战场的学府，肩起中国高等教育的东南半壁江山。由此开始到1949年新中国成立，这是厦门大学的国立时期。

抗战时期，在极其艰难困苦的条件下，萨本栋校长抱着“在艰危中”“不负嘉庚先生毁家兴学及政府将厦大收归国立之至意”的意志②，以自己的未雨绸缪和身体力行，推进拓展厦门大学的院系与学科建设，赢得了战争中“国魂所托的事业”③的重大发展。

作为坚守在战区的最高国立学府，在战争中自觉担负起为战后的祖国建设培养与储备人才的使命，这成了厦大院系与学科建设的出发点与目的地。萨本栋说：“吾人应知此次战争，关系数千年固有文化之持续，将来永固国基之奠定者至巨。”④置身残酷的战争中，厦大想的是战后建设所需的大量“永固国基”的人才。据当年的新闻媒体报道，厦大筹备设立水产研究室，是为了“战后东南沿海水产研究之总框”⑤；增设外国文学系与法律系司法组，“以应目前全面反攻及将来建国之需要”⑥。

这种穿透硝烟的未雨绸缪，更体现在厦门大学工科院系的创设与发展上。厦大工科开始于1922年，在1930年科改系后，工科已悄然消失。萨本栋来自清华大学，自己又是著名的电机专家，他对工科建设既熟悉又有主见，从战后建国的急需出发，工科人才显然要比其他学科人才需求更迫切、需求量更大，萨本栋决定补齐厦大学科上的工科短板。

1938年7月，厦大创设土木工程系，到1941年秋季，萨本栋校长就很自豪地说：“现在土木系设备，固尚未达到我们理想的境地，但教师则已充实到可以与国内任何大学相颉颃。”⑦这个科系，为战后中国大规模的基础设施建设培养了大批人才。1940年秋季，在土木工程大力扩展的同时，萨本栋又创设机电工程系。机电工程系创立后，理学院扩充为理工学院。1944年4月，创建航空工程系，厦大成为全国最早开办航空专业本科教育的少数高校之一，培

---

① 《萨本栋开学词》，载《厦大通讯》第3卷第10期，1941年10月25日。

② 萨本栋：《勖勉同学词》，载《唯力》旬刊第3期，1938年4月3日。

③ 萨本栋：《勖勉同学词》，载《唯力》旬刊第3期，1938年4月3日。

④ 萨本栋：《“七七”二周年纪念与节约运动》，载《唯力》第2卷第7/8期合刊，1938年7月7日。

⑤ 《母校设立水产研究室》，载《厦大通讯》第6卷第1期，1944年3月31日，

⑥ 《厦大增设外语、司法等系组》，载南平《东南日报》1945年8月4日。

⑦ 《萨本栋开学词》，载《厦大通讯》第3卷第10期，1941年10月5日。

养出像中国工程院院士张启先这样一批优秀的中国早期航天航空专家。

1945 年 12 月厦大复员厦门，汪德耀已接掌厦大。这期间院系与科建设的最大事件是 1946 年夏季海洋学系与中国海洋研究所的创办。海洋学科创立于天时地利人和之中：抗战胜利后海洋与海权重要性凸显，复员厦门后的东南沿海地理环境优势，校主陈嘉庚“力挽海权，培育专才”的誓言与著名海洋学家唐世凤博士的加盟，共同促成了中国第一个海洋学系诞生，同时，厦大与中英文教育基金会合办的中国第一个海洋研究所也在厦大成立，厦大的海洋观测站也获准设立。由此，厦门大学在全国率先开始了“谋中国海洋科学事业之发展”“研究与教育并重”的造就培养海洋人才的行动。

国立时期文科的发展以复办法学为主要标志。厦大的法学，最早创立于 1926 年 6 月，1937 年改归国立后，法律系奉命撤销，法学学科停办。到 1940 年，由于国民政府教育部不同意建立福建大学，并将已经开学的福建大学法学院并入厦门大学，这样，战火中的厦大法学学科就在接收福建大学法学院的契机中复办起来。

在人才培养理念与培养模式上，萨本栋取的是美国芝加哥大学的通识教育思想和从清华带过来的通识教育理念，遵循梅贻琦的“通识为本，专识为末”[①]教育思想制定校制、设置课程，实行强化通识基础与打通学科界限的修学制度，实施教授全力上课制度。他要求即使在战争中，也要坚持“未到‘最后一课’的时候，应加紧研究学术与培养技能”[②]，他提出，“现在不是个推诿责任的时代”，“需一身肩负二人之重任，一日急二日之操作”[③]，以不辜负陈嘉庚先生的期待，不辜负国家事业所托。比如新成立的机电工程系系主任朱家炘教授，据统计最高一学期每周上课达 81 课时，每周最高达 1725 人时。这时期的厦大学生则“把战区当课堂，把笔杆当枪杆”，越是艰难越是坚韧学习。在 1940 年与 1941 年国民政府教育部举行的两次专科以上学生学业竞赛中，获奖总数与获奖系数的比例评定，均名列全国第一。

从抗战全面爆发到复员厦门，在极其艰危的战争环境与艰苦的复员中，厦门大学的院系建设不仅没有停顿，而且还得以有力扩充，院系规模与学科发展都有历史性的突破，多科性大学已然向综合性大学迈进，也因此开始确立厦门

---

① 梅贻琦：《大学一解》，载《清华学报》第 13 卷第 1 期，1941 年 4 月。

② 萨本栋：《勖勉同学词》，载《唯力》旬刊第 3 期，1938 年 4 月 3 日。

③ 萨本栋：《“七七”二周年纪念与节约运动》，载《唯力》第 2 卷第 7/8 期合刊，1939 年 7 月 7 日。

大学位居全国高等教育前列的位置。更重要的是这一时期积淀下来的办学精神，那种由战争烽火淬炼出来的自强、坚韧与艰危中担当重负的使命感，为厦门大学的发展积累了一份极宝贵的精神财富。

三

1949年10月1日，中华人民共和国成立，人民当家做主的时代开始。10月17日，厦门解放，厦门大学迎来了办学史上的新纪元。1949年10月21日，中共厦门市委在厦大建立中共厦门大学支部。不久，在原有基础上设立中共厦门大学党组。1950年5月，中华人民共和国政务院任命著名经济学家、曾任厦门大学法学院院长的王亚南为厦门大学校长。

1952年6月，中共福建省委派15名党的干部到厦大，7月，中共福建省委决定程璐任中共厦大临时党委书记，党在学校的领导得以体现与加强；1953年1月，厦门大学成立校务委员会，标志着学校由"校长负责制"开始向"党委领导下的校长负责制"过渡。这一年，符合条件的科系先后成立党支部。1955年1月召开中共厦门大学第一次代表大会，成立中共厦门大学党委会，之后，各系先后建立系党总支，直到1999年校院二级管理体制改革时，党总支、党支部为厦门大学各科系的最直接领导，保证科系建设与学科发展的正确方向和健康发展。

新中国成立后，在东西方意识形态冷战的背景下，中国大学放弃对西方欧美的学习，而强调向"苏联老大哥"学习。1952年，中央提出高等教育"发展专门学院和专科学校，整顿和加强综合大学"的方针，并学习苏联高校模式，进行大规模的院系调整。从1952年到1955年底，厦门大学在调整中从多学科大学向文理科综合大学转变，被确定为华东四所综合性大学之一。

1952年8月，一年前刚刚由省立并入厦大并改名的厦大农学院奉命与福州大学农学院合并为福建农学院；9月，厦大海洋系一分为三，厦大航海专修科与集美水产商船专科合并成立福建航海专科学校，之后再分别归入大连海运学院与上海海运学院；海洋系理化组并入山东大学，与山东大学海洋学科建立海洋系，发展为山东海洋学院，即后来的青岛海洋大学；为保存厦大发展海洋学科的力量，厦大成立海洋生物研究室，将海洋生物组的骨干教师与标本留在厦大，聘郑重教授为研究室主任。1953年7月，厦大又奉命将工学院的土木、电机、机械3个系及土木专修科调整到浙江大学、南京工学院和华东水利学院，将企业管理并入上海财经学院，法学院归入华东政法学院。1954年7

篇章。1963年9月12日，教育部以〔63〕教厅秘字第178号文件，将厦门大学定位全国重点大学，“这是国家对厦门大学几十年来办学成就的充分肯定，从教育体制上明确地确立了厦门大学在全国教育事业中的重要地位”[①]。

1966年到1976年“文化大革命”运动期间，厦门大学与全国高校一样，遭受空前的洗劫。这是中国高等教育发展史上一次挫折和重大教训，经历过这样的风雨，拨乱反正之后，厦门大学的院系与学科建设自有空前的发展。

四

1976年10月6日，党中央一举粉碎“四人帮”；1977年9月，全国恢复高考制度，1978年2月，教育部恢复厦门大学为全国重点大学。1981年10月，厦门被国务院确立为中国四个经济特区之一，身处中国经济特区的国家重点大学，厦门大学被历史推向了改革开放的前沿，学校逐渐顺利走向“党委领导下的校长负责制”的领导体制中，院系建设发展进入一个崭新的历史新时期。2000年之后，按照校院二级管理体制改革，各学院建立学院党委，建立并逐步完善学院党政联席会议制度，厦门大学院系建设得到空前发展。

至2020年，改革开放中的厦门大学全校已建有30个学院16个研究院，展现出门类齐全、学科强劲、专业特色明显、布局合理的整体风貌。依据院系建设与发展的历史，以1995年启动“211工程”为界，整个42年的改革开放可分为两个时期：1978年至1995年为恢复与快速发展时期；1995年之后伴随着国家“211工程”、“985工程”、创建“双一流”建设，厦门大学院系建设进入跨越式发展时期。

1978年春天，当恢复高考制度后的第一届大学生走进厦大时，厦大共设有10个系29个专业，这些系与专业还只是集中于自然科学与人文社会科学的基础理论学科，基础雄厚，但面对世界新技术革命浪潮的兴起和新时期党与国家工作中心转移到社会主义现代化建设和改革开放上，尤其是经济特区和沿海开放城市、经济开发区的设立，原本的科系已经不能很好地适应新形势的需要，于是，学校大胆突破文理结构框架，调整学科与专业设置，大力充实、改造、复办老专业，增设一批新学科，优先创办一批涉外专业、应用科学和应用技术专业，开展边缘新兴学科研究，迈步向文理渗透、多学科组成的综合性大学

① 厦门大学档案馆、厦门大学校史研究室编：《厦门大学校史》第2卷（1949—1991），厦门大学出版社2006年版，第142页。

布的全国第四轮学科评估中，工商管理一级学科获评 A 类学科，经济学与商学进入 ESI 全球前 1%行列。

其二，以大学科理念、通过国家人才培养基地和重点学科的依托带动，推进院系与学科的建设发展。1999 年校院二级管理体制改革伊始，学校就开始推行大学科的学院建制理念，文、史、哲 3 个系 6 个一级学科，以国家文科历史学基础科学研究和教学人才培养基地与国家重点学科中国经济史为带动，组建人文学院，力图打通文史哲，"研究高深学问"和培养人文学科精英人才。以大医科理念，整合生命科学学院、医学院、药学院、公共卫生学院等力量，推进学科交叉融合，构建医、教、研有机融合的医科教育体系。2018 年和中国卫生信息与健康医疗大数据学会共同建立医疗健康大数据国家研究院，汇聚理、工、医及社会科学十几个学院的教师与研究团队，通过自主创新和跨学科合作，产生一批国内外领先的具有良好产业转化价值的一流研究成果，凸显大学科整体的优势。

在大学科建设与学科协同创新中，由厦门大学牵头，与复旦大学、中国社会科学院台湾研究所、福建师范大学共同建设的国家协同创新中心"两岸关系和平发展协同创新中心"，由厦门大学、复旦大学、中国科学技术大学和中科院大连化物所为核心层，组建的国家级协同创新中心"能源材料化学协同创新中心"，都体现出大学科、跨学科与跨越部门、学校的创新优势。2018 年 12 月，国家自然科学基金委依托厦门大学建设"国家天元数学东南中心"，该中心由数学科学学院牵头，联合 5 个省 14 所高校为共建单位，更是以大学科、大组合、大跨越的组织形态呈现出构建一流核心竞争力的重要举措。

其三，发挥优势，打造国内领先、国际一流的高峰学科，是这一时期厦大院系建设与发展水平最基本也是最重要的成果之一。目前厦门大学有理论经济学、应用经济学、工商管理、化学、海洋科学 5 个国家一级重点学科，另有 25 个国家二级重点学科，分布在经济、管理、化学化工、数理、海洋与地球、生态与环境、法学、高等教育、生命科学、人文等学院。另有化学、工程学、农学、社会科学、计算机科学、分子生物学与遗传学、微生物学、药物理与毒理学、地学、物理学、经济学与商学等 18 个学科在 ESI 全球排名前 1%；17 个学科在 QS 世界大学学科排行榜上有名，上榜数居中国大陆高校第 12 位；37 个学科登上软科世界一流学科排行榜，上榜数居中国大陆高校第 8 位。2017 年，化学、海洋科学、生物学、生态学、统计学入选国家"双一流"建设行列。

当我们对厦大 100 年的院系发展做出梳理后，我们会发现，厦大百年院系的历史脚步，实际上是伴随着 100 年来中华民族伟大复兴的风云变幻与中国高等教育的命运嬗变而砥砺行走的，它走的是一条从小到大、从少到多、从大到强的历史发展脉络，一条是院系建设与学科发展紧密融合的道路，一条是国际竞争力和整体实力不断提升的道路。百年院系不断调整不断演化的进程，也就是百年学科不断变革不断创新的历程，这里有成功的喜悦，也有挫折的教训，有起伏的艰辛，也有前进的欢笑，但无论在什么时候、在什么样的空间里，都向着校主陈嘉庚先生提出的“世界之大学”目标前行，都沿着“与世界各大学相颉颃”的意志行进，都朝着“中国特色，世界一流”的憧憬踔厉奋进。

五

“厦门大学百年院系史”系列的编撰出版，是各院系向厦门大学百年华诞献上的一份礼物，她以100年来各个学院、研究院的学科发展、专业建设、院系在时代中变动的脚步为主要内容，呈现不同历史时期南方之强的个性与风采。目的在于总结经验，传承命脉，弘扬自强不息、止于至善精神，激励“双一流”建设，为厦门大学与中国高等教育留下一份珍贵的历史叙述。全校共有35个院系、研究院及厦大出版社参加了这个规模空前的编写工程。每部院系史主要包含以下内容：

一、历史的脚步。这是全书最主要的叙述，它通过对院系的历史梳理，描述出在各个历史时期的发展脉络与特征，客观呈现各学院发展进程中的主要事件，重点叙述以学科建设、人才培养为重心的发展变化、主要特点和成就，以及行政管理、社会服务上的变更发展。

二、党政管理。叙述院系党的建设情况，行政机构的变更，历任党、政领导等。

三、学科发展。叙述院系学科建设发展的轨迹与特色、地位与成绩，包括博士授权点、硕士授权点介绍及其人才培养特色，研究基地、研究所、中心介绍及其工作特色，重点实验室介绍及其工作成就，对外交流成果等。

四、教学成果。阐述院系在人才培养与教学教育中的发展嬗变，包括专业设置、课程体系、精品课程与教改项目、教学成果奖、特色专业与创新试验区、教学团队、教材建设、人才培养基地、创新创业教育等内容。

五、学术成就。配合学科建设的发展，叙述学术上的做法与成就，包括获奖学术成果、主要著作与论文、主要研究课题。

六、附录：院系大事记。

这是一项具有长远意义且严肃的工作，学校要求各院系在编撰中坚持正确的政治导向，突出与中国共产党同龄的厦门大学教育救国、教育兴国、教育强国的历史步点；重点叙述与提炼各学科、各专业及人才培养的发展与成就，彰显学术大师和著名校友的贡献；历史须客观叙述，要求准确无误有根有据，尽可能追根溯源，填补漏缺，还原历史，强调学术传承。但历史的写作须经千锤百炼，百年院系历史的叙述需要长期的淬炼，今天打开的这个脚步，难免深浅不一，难免有疏漏之处，还有许多需要打磨甚至勘正的地方，还请各位读者批评指正。

全校的百年院系史系列编撰工作在2019年的春天启动，历时两年的时间，在厦门大学百年华诞到来之际，终于与厦大人、与各方读者见面了。当各院系的撰写者在各自的历史隧道中搜寻攫微、考辨记载而写出自己的院系历史的时候，实际上是在对一个学科、一个院系的过去与今天的研究梳理，也是与明天的一个重要联系与启示。相信经过这次院系史的研究编写，各学院各学科将会以史为鉴，以更宏伟的规划更准确的定位更实在的工作，在党的坚强领导下，向着“中国特色，世界一流”的建设方向，奋力推进厦门大学院系建设与学科发展。

2021年3月12日

前 言

继往开来、创新发展的厦门大学新闻传播学院

厦门大学新闻教育历史悠久。1921年至1926年，厦门大学就有了中国人自己的早期新闻教育，开创了中国人自己办新闻教育的历史。1983年，成立新闻传播系，在中国大陆率先以“传播”冠名，集中体现了厦大新闻传播人“敢为天下先”的开拓精神。2007年，成立新闻传播学院，标志厦门大学新闻传播教育进入了新的快速发展时期。现在，学院正在全力打造“面向海洋、亚洲一流的现代化新闻传播学院”，为中华民族的复兴，世界和谐的构建培养具有国际化视野，掌握数字化技能的新闻传播高级人才。

学院办学条件良好，环境美丽幽静。拥有两幢面临大海近3500平方米的教学行政大楼，一幢近1000平方米的传播技术实验大楼。实验中心拥有完善的教学、科研设备。中心设备价值约1500万，内设演播厅、导播室、录音棚、摄影棚、混音棚、数字电影调色室，非编机房、广告心理实验室、舆情研究实验室、广告设计实验室、模拟电视台教学网络系统、多媒体教室等，为学院教学与研究提供保证。

学院现有在职教职工66人，包括专任教师46人，党政管理人员14人，实验室专业技术人员6人。专任教师中教授14人，副教授21人，高级职称人员占全院专任教师总数76.09%，专任教师中具有博士学位者占全院专任教师总数95.65%。有教育部新世纪优秀人才支持计划入选者1人，国家“万人计划”哲学社会科学领军人才1人，中宣部文化名家暨“四个一批”人才1人，福建省新世纪优秀人才支持计划入选者3人，福建省特殊支持“双百计划”哲学社会科学领军人才1人，福建省第一批引进台湾高层次人才“百人计划”2人，厦门市台湾特聘专家2人，厦门大学特聘教授1人，教育部教学指导委员会成员1人。现有博士研究生指导教师14人，硕士研究生指导教师44人，新闻传播学博士后流动站在

站 4 人。

截至 2020 年 12 月 31 日，学院有在校学生 1063 人，其中本科生 630 人，学历硕士生 334 人，博士生 51 人，学历博士留学生 5 人，学历硕士留学生 18 人，学历本科留学生 25 人。2020 年，共招收博士研究生 13 人，硕士研究生 124 人（含外国留学生 4 人），本科生 131 人（含外国留学生 14 人，台港澳学生 4 人）。首次研究生人数超过本科生人数，在校生总数超过 1000 人。

学院现已形成较为完善的学科体系。学院设有新闻学系、广告学系、传播学系三个系，厦门大学新闻传播实验教学中心省级重点实验室，承担由厦门大学与福建省委宣传部共建的福建媒体发展研究院，还设有厦门大学传播研究所、厦门大学品牌与广告研究中心、厦门大学海峡媒体研究中心、厦门大学舆论研究中心、厦门大学马克思主义新闻观研究与教育中心等校级研究机构。拥有新闻传播学一级学科博士学位授予权，新闻传播学一级学科硕士学位授予权，新闻传播学硕士专业学位授予权；拥有传播学省级重点学科，新闻传播学博士后流动站；设立中国新闻史学会“台湾与东南亚华文新闻传播史研究委员会”国家级二级学会。

当下，学院完整配齐学院党政班子和各系主任、副主任。学院在书记和院长的带领下，贯彻党的教育方针，不忘立德树人初心，牢记为党育人为国育才的使命，以马克思主义新闻观统领教学、科研以及社会服务，实践“三全育人”，以中国共产党建党 100 周年、厦门大学建校 100 周年、厦门大学新闻教育 100 周年这三个一百年为契机，以备战第六轮学科评估为抓手，“新”火相传，“闻”以载道，改革创新，锐意进取，办出“厦大特色，世界水平”的新闻传播教育！

目录

c o n t e n t

第四章
立足新起点　谋划新发展(2007—2021)

第五章
党政管理

第六章
学科发展

第七章
教学改革

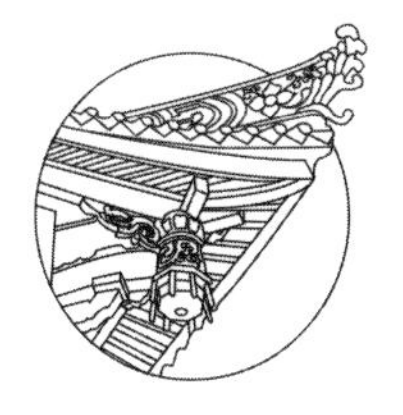

第一章 设新闻学科 开教育先河（1921—1926）

整，一直延续至今。“今日中国人并非生活在三千年一以贯之的世界之中，而是生活在百年以来的知识和制度体系大变动所形成的观念世界与行为规范的制约之下。”[①]中国人的精神世界与行为规范，前后截然两分。

在这样剧烈的社会变迁之下，近代中国同时存在了四套知识，即中国之学、西洋之学、东洋之学和天竺(印度)之学，其中中学、西学是基本的和主导性的，东学、天竺学是辅助性的。因为无法完全吸收、消化，近代中国面对汹涌而至、摧枯拉朽般的外来文化，其传播态势由内化转为外化。中、西、东学融合而成的“新学”，实以西学为体，为我所用了。在文化冲突融合的大背景下，只有认识了近代中国知识与制度体系的移植、传承和流变，才能获得理解传统、了解现在和把握未来的钥匙。

由于千年科举制度的“开科取士”，传统中国的科举教育形成了一套独特的知识体系和学科建制，与西方学科传统迥然有别。作为中国近代大学制度的重要组成部分，现代意义上的“学科”是清末从西方移植而来的。从“四部之学”(经、史、子、集)到“七科之学”(文、理、法、农、工、商、医)的转型，从全科博通、培养“通才”的“通人之学”向分科治学、造就“专才”的“专门之学”的转型，这是中国传统学术形态向现代学术形态转型的一个重要标志，也是中国近代大学学科体系形成的一个重要标志。[②]

近代中国的新闻知识和新闻观念，纯粹是“西学东渐”的产物，作为“新学”有机组成部分的“新闻学”，可谓兼容了东洋之“新闻学”和西洋之“新闻学”。裹挟在时代的洪流中，伴随着新闻事业的大发展，近代中国大学新闻学的分科治学、设科建系，自然而然地成为民国初期新闻界、舆论界、知识界和教育界一个热门话题和实践命题。

---

① 桑兵:《晚清民国的知识与制度体系转型》,《中山大学学报(社会科学版)》2004 年第 6 期,第 90 页。

② 肖朗:《中国近代大学学科体系的形成——从“四部之学”到“七科之学”的转型》,《高等教育研究》2001 年第 6 期,第 99 页。

第一节　近代中国新闻教育的动议与尝试

万物皆有因。近代中国大学设立新闻学科、创办新闻科系之前，对新闻教育有一个认知、探索过程，尤其是在近代中国社会新陈代谢剧烈转型的时代背景下，政治力量的角力、新闻事业的动力，迫切需要契合社会发展需要的新型新闻人才。从新闻界对新闻教育的倡议到北京大学新闻学研究会的成立，新闻界终于跟教育界对接，从此中国的新闻教育一马平川。“报馆是最好的新闻学校”这种传统的理念逐渐受到挑战，大学新闻科系创办之后，大学新闻教育的价值和意义得以确立。

一、近代中国新闻教育产生的背景

(一)救亡图存的风潮

中国现代化的进程与救亡图存的风潮相生相伴，传统社会被迫融入近代资本主义国家殖民扩张的全球体系。这个过程中有血泪和屈辱，但是也有抗争和希望。“历史阶段是不可超越的；但超越历史阶段的愿望又产生于历史发展过程所形成的内因和外因之中。这是中国社会特有的一种矛盾。”[①]

救亡图存是清末民初我国最具有号召力、动员力的社会风潮。从辛亥革命到五四运动是一个历史转型期，有识之士提出各种救亡图存的思想理论，“每一种主义的周围，都汇聚过有志于救治世病的知识分子”。五四运动之后，“富有吸引力的救世真义”的社会主义思潮成为新文化运动的主流，具有“掀动人心的力量”。但是“夫欲救亡图存，非仅恃一二才士所能为也；必使爱国思想，普及于最大多数之国民而后可”[②]。

---

① 陈旭麓：《近代中国社会的新陈代谢》，上海人民出版社 1992 年版，第 408 页。

② 王钟麒：《论小说与改良社会之关系》，载黄霖编、罗书华撰：《中国历代小说批评史料汇编校释》，百花洲文艺出版社 2009 年版，第 975 页。

如何“使爱国思想普及于最大多数之国民”？清末民初的文化、出版、新闻和教育，几乎所有思想、文化、社会和政治领域掀起了一股救亡图存的社会化运动。“20 世纪中国思想界最宏大的现象，莫过于革命话语的兴起与泛滥。……没有一个国家如同中国那样，在 20 世纪经历了如此众多的革命。五四以后，革命不仅意味着进步与秩序的彻底变革，还成为社会行动、政治权力正当性的根据，甚至被赋予道德和终极关怀的含义。”[①]当时救亡图存风潮对青年学子的影响很深远。厦门大学新闻学科第一批次学生周尚回顾当年考进了厦门大学时，“‘无冕之王’的新闻记者，对我个性最适当，且吻合我‘新闻救国’的愿望，心向往已久。今日得能去亲受教育，不胜欣喜”[②]。

如何救亡图存？如同实业救国那样，我国弥漫着教育救国的思潮。作为一个成功的企业家，陈嘉庚就是一个践行实业救国和教育救国的典范，甚至认为教育优先实业，“鄙人羁留海外前后凡三十年，此次回国，拟长住梓里，稍尽义务。窃吾人欲竞存于世界而求免天演之淘汰，非兴教育与实业不为功。此固尽人所知，然就进化之程序言之，则必先兴教育而后实业有可措手。……如吾国今日处此危急存亡之秋，凡属财产家，宜捐其一部分振兴教育以尽救国责任，国家存在而后国民之幸福乃有可言”[③]。

（二）教育制度的转型

中国的现代大学制度，是西学东渐的产物。1902 年管学大臣张百熙颁布《钦定学堂章程》，尝试引进新式学堂制度，“开我国学制系统的先声”，规定在省会设高等学堂，在京师设大学堂。1903 年张之洞、荣庆和张百熙又会同厘定学堂章程。1905 年清政府正式废除了绵延 1300 余年的科举考试。1912 年南京临时政府设置教育部，召集教育会议，重新公布学制系统，颁布《大学令》，全面确立新式学堂制度。

针对晚清教育制度的变革，民国时期厦门大学、大夏大学教育学教授欧元怀

---

① 金观涛、刘青峰：《观念史研究》，法律出版社 2009 年版，第 365 页。

② 周尚：《我在厦大新闻科》，《厦门大学》（校刊）第 389 期第 3 版，1998 年 12 月 15 日。

③ 《福建陈嘉庚君倡办厦门大学附设高等师范演说词》，上海《申报》1919 年 8 月 7 日第 11 版。

认为“这二次学堂章程的规划详尽，固可谓我国真正大学教育的发轫，只惜清廷当道长官，对西洋文明没有彻底的了解，对旧教育又无改革的决心，书院的制度，科举的流毒，不免传染给新式学堂。”[①]有论者评议，“中国大学是一种‘建构的制度’，其人为雕琢的痕迹非常明显，制度构建的功利性色彩浓厚”。作为移植到中国的西方大学制度，“它的基本架构和文化精神却是西方现代性的产物”[②]。

在救亡图存的风云变幻中，由于教育制度的转型，给一些具有家国情怀的能人志士提供了创办各类学校、各个学科的舞台和空间。“在朝廷的支持下，又受到中国几次大败的刺激，中国学校课程内容的改革在19世纪末提升为国家教育制度的全面改革。……尽管朝廷尚未完全舍弃传统经典里的理念，但国家已强调科技和管理的培养为中国生存死亡与复兴的关键。”

1919年7月，陈嘉庚在《筹办厦门大学演讲词》中疾呼：“今日国势危如累卵，所赖以维持者，唯此方兴之教育与未死之人心耳。若并此而无之，是致国家于度外，而自取灭亡之道！”同年同月，在《亲拟之筹办厦门大学通告》中，陈嘉庚申明办学的初心，“专制之积弊未除，共和之建设未备，国民之教育未遍，地方之实业未兴，此四者欲望其各臻完善，非有高等教育专门学识，不足以躐等而达”。“国家之富强，全在乎国民。国民之发展，全在乎教育。”[③]

（三）新闻出版的勃兴

在新式报刊出现之前，我国已有成熟而完备的与封建帝国社会结构相匹配的信息传播体系，那就是传统的“邸报”制度。“在17世纪中叶以前，明代的新闻传播事业在世界范围内是处于领先地位的。无论是论条件，还是论环境，东方是优于西方的。然而，在这以后，西方新闻事业迅速地大踏步赶了上来，并超过了一直在原地踏步停滞不前的中国新闻传播事业。”当然在封建专制体制之下，这种传播制度契合了那个时代诉求。[④]

---

① 欧元怀：《十年来之中国高等教育》，《大夏》（第一卷第五号）之“大夏大学十周年纪念特刊”，民国二十三年（1934年）十月十五日出版，上海大夏大学大夏学报社发行。

② 朴雪涛：《现代性与大学——社会转型期中国大学制度的变迁》，人民出版社2012年版，第17页。

③ 《陈嘉庚筹办厦门大学演词》，《新国民日报》1920年11月30日。

④ 尹韵公：《中国明代新闻传播史》，重庆出版社1990年版，“结语”。

中国近代意义上的新闻事业是从西方传入的，但是并不意味着跟传统的邸报毫无关系。从1815年至1874年是中国近代中文报纸从诞生、萌芽到成长的重要演变时期。这60年之间，基本上可以把1857年《香港船头货价纸》的创办为分水岭，分为宗教月刊时期和"新报"萌芽与成长期。"尽管中国近代中文报纸的诞生出自外来的因素与刺激，但很快就与中国固有的'古代报纸'有所结合，先是模仿'古代报纸'的书本式，后是转载其一部分内容，并将它吸收为其组成的一部分。"①

伴随着中国社会制度的转型，在求变求新的时代背景下，办报刊、办书局、办新式学校成为知识分子在思想文化领域参与政治的一项重要选择和途径。经历了维新变法、辛亥革命两个时期的国人办报高潮，我国涌现出一批杰出的报人，"他们使用报纸和杂志作为评论社会发展与讨论公共事务的工具，开创了一种新的政治生活空间，并推动政治文化理念走向城市与社会，成为广大普通民众能够感受的具体理念"。② 紧接着1919年五四新文化运动的爆发，这次社会运动以主张输入欧美文化、彻底摒弃封建传统为基本特征，中国思想界深受欧美各种学说流派的影响，出现了百家争鸣与交锋的局面，给中国新闻出版事业的发展带来了黄金时代。③

1934年，民国出版人李伯嘉在回顾20世纪20年代以来10年的出版事业发展时说，"无论那一个民族，要想求民族势力的强盛，求民族精神的垂绵永久，专靠坚甲利兵是无用的。关系民族势力的盛衰与民族精神的断续的中心枢纽，并不是坚甲利兵，乃是文化。……一个民族，一个国家的文化所以能够发达，最大的策动力就是传播。"④

（四）新闻研究的自觉

随着新闻事业的大发展，新闻研究也逐渐开展起来。20世纪初叶，现代资

① 卓南生：《中国近代报业发展史》（1815—1874，增订新版），中国社会科学出版社2015年版，"总结"。

② 蔡斐、刘大明：《城市、报刊与现代性》，重庆大学出版社2020年版，第38页。

③ 吴廷俊：《中国新闻业历史纲要》，华中理工大学出版社1990年版，第157页。

④ 李伯嘉：《十年来之中国出版事业》，《大夏》（第一卷第五号）之"大夏大学十周年纪念特刊"。

产阶级新闻学被介绍到中国。除了一些报刊发表有关西方资产阶级新闻学的介绍性文章外，这一时期还翻译出版了日本人松本君平写的《新闻学》(1903年商务版)和美国人休曼写的《实用新闻学》(1913年广学会版)。一些出国留学的青年知识分子也开始注意选修新闻学课程。邵力子、徐宝璜等分别在日本、美国留学期间，都有研习新闻学。[①]

中国近代新闻学是中国新闻事业发展的重要推动力量。中国新闻学的建立过程，也是中国新闻事业从"政论本位"时代向"新闻本位"时代转化的过程，随着"新闻"日渐占据报刊的显要地位，"记者"开始在众多职业门类中占据独立而重要的一席之地。新闻记者的社会地位随着中国近代新闻学的建立而提高。随着新闻学理论知识的传播，有了专门的新闻学理论指导，新闻从业人员不再单纯依靠经验来从事新闻工作，"世间有一颠仆不破之公例，即学问绝无害于经验，而有助于经验也"[②]。中国新闻学的建立，推动了新闻事业的发展。

于是，有论者概括指出"中国近代新闻学的启蒙时间较长(1834年至1917年)，而建立时间较短(1918年至1935年)。历经数十年新闻学启蒙而建立起来的中国新闻学，其成立之初，已具备较为雄厚的思想理论基础与较为完善的理论体系"[③]。需要说明的是，近代中国的新闻学术研究，呈现出明显的重实践而轻理论的倾向。

近代中国新闻事业与近代中国社会发展，尤其是民族命运、国家利益息息相关，近代中国新闻学的学理研究、实践教育也是如此，是近代中国社会变迁的产物。近代中国新闻学者往往集新闻实践、新闻教育和新闻研究于一身。在"西学东渐"潮流下，在"中体西用"精神下，那些美国、日本和德国的归国留学生，兼容并蓄，汲取美国、日本和德国等国家的新闻理论和马克思主义新闻思想，进行了在地化的改良，通过著书立说，建构了中国式新闻学基本框架。清末民初我国新闻事业的勃兴和新闻研究的自觉，为新闻专业教育的创办提供了实践上和学理上的可能。

---

① 方汉奇:《中国近代报刊史》(下册)，山西教育出版社2012年版，第665页。

② 戈公振:《中国报学史》，生活·读书·新知三联书店2011年版，第237页。

③ 李秀云:《中国新闻学术史(1834—1949)》，新华出版社2004年版，第413页。

二、近代中国新闻专业教育的动议与尝试

（一）动议

记者之地位，往往由新闻职业所决定。在新闻学建立之前，近代中国新闻职业的专业化程度相对较低，报纸往往被看作无聊文人或者落魄政客舞文弄墨、宣泄情感的场所，记者这个职业，不但不被人尊重，而且常常被人讥笑甚至遭到唾弃。

清朝左宗棠与友人书就有“江浙无赖文人，以报馆主笔为之末路”的说法。“惟当时并不以左氏之诋斥为非者。盖社会普遍心理，认报馆为朝报之变相，发行报纸为卖朝报之一类（卖朝报为塘驿杂役之专业，就邸抄另印以出售于人，售时必以锣随行，其举动颇猥鄙，而所传消息，亦不尽可信，故社会轻之，今乡僻尚有此等人）。故一报社之主笔访员，均为不名誉之职业。不仅官场仇视之，即社会亦以搬弄是非轻薄之。”“当时社会所谓优秀分子，大都醉心科举，无人肯从事于新闻事业，惟落拓文人，疏狂学子，或借此以发抒其抑郁无聊之意思。各埠访员人格，尤鲜高贵，则亦事实之不可为讳者。”[①]

清末民初时期，不仅新闻人，新闻职业也是落寞凄切的。近代新闻学者汪英宾 1924 年在《中国本土报刊的兴起》中认为：“中国本土报纸发展中所面临的两个主要难题是政治不稳定和公众对于新闻业的偏见。政治动乱和各省督抚的割据势力继续阻碍着报纸的发展。中国本土报纸受政府控制并依赖于政府津贴，其结果必然局限于传统的套路。于是，公众认为记者们只是文痞，在很多传统人士看来，他们依然是摇唇鼓舌的下流痞子。直到本土报纸摆脱了政府的羁绊和束缚，向公众证明自己成为一种高尚的公共服务行业的时候，它们才能够在世界报坛立于不败之地。”[②]

新闻从业者的职业认同与其所处时代的经济收入和社会地位直接相关。清末民初新闻从业者对这个职业很难有多深的认同，因为“中国早期新闻从业者是在国门已被打开但社会观念与文化心理仍处于极为封闭和保守的社会背景下基于各种复杂因素而涉足新闻业的，同时又是在国家、民族面临危机和随之出现的

① 戈公振：《中国报学史》，生活·读书·新知三联书店 2011 年版，第 97 页。

② 汪英宾：《中国本土报刊的兴起》，暨南大学出版社 2013 年版，第 62 页。

社会'大变局'中逐渐产生的"[①]。

在这样的历史语境下，上海《时报》发文《宜创通国报馆记者同盟会说》，倡议建立全国性的记者同盟会，"报界之知有团体，似自此始"。1910年借南洋劝业会开幕，由《时报》和《神州日报》发起的中国报界俱进会在南京成立。1912年中国报界俱进会在上海召开特别大会，更名为"中华民国报馆俱进会"，在决议案中首次提到"设立新闻学校案"，认为"吾国报业之不发达，岂无故耶？其最大原因，则在无专门之人材"。如果要从根本上解决问题，必须"组织报业学堂"。遗憾的是，由于意见分歧和经费无出，俱进会"不三年而瓦解"。

1919年经广州《七十二行商报》与《新民国报》提议，借南北和议开幕各报记者聚集上海之便，由广州报界公会致电上海日报公会，发起成立全国报界联合会。1920年全国报界联合会在广州召开第二次代表大会，倡议设立"新闻大学"，并议决了"新闻大学组织大纲"，其中第一条"新闻大学之宗旨"规定："（一）造就新闻专门人材，（二）促进全国新闻业之发达，（三）补助国际舆论，（四）输入新文化。"[②]

由上而知，清末民初，伴随着新闻事业职业化的深入发展，新闻界呼唤着新闻教育，于是才出现了新闻团体两次动议设立新闻教育专门机构的提案。但是，新闻教育仅靠新闻界的呐喊和呼吁，没有教育界的合作和支持似乎是不够的。历史到了一个临界点，新闻事业职业化需要专业化的人才，需要专业化的教育。

（二）尝试

在这样的风云际会中，北京大学新闻学研究会的适时成立和新闻教育活动的开展就是当时教育界与新闻界相结合的一次尝试。

1917年蔡元培出任北京大学校长，聘请留学美国密歇根大学、在北京《晨钟报》担任过编辑的徐宝璜担任文科教授。1918年10月14日，在北京《京报》社长邵飘萍的倡议、促成之下，北京大学成立新闻研究会，徐宝璜讲授新闻学基础知识，邵飘萍讲解新闻采访技能。1919年2月，研究会改组称为"北京大学新闻学研究会"，蔡元培当选为研究会会长，徐宝璜为副会长兼导师，邵飘萍为导师。

---

① 樊亚平：《中国新闻从业者职业认同研究（1815—1927）》，人民出版社2011年版，第8页。

② 戈公振：《中国报学史》，生活·读书·新知三联书店2011年版，第242页。

邵飘萍还在《京报》第 4 版上，以“北京大学之新潮”为题，刊登“北京大学新闻学研究会征求新会员”广告，吸纳社会人士报名参加。

北京大学新闻学研究会先后进行了 2 届 3 次招生活动，其中第一届分别于 1918 年 9 月、1919 年 1 月两次招生。1919 年 9 月，开始第二届招生，也就是第三次招收会员。据 10 月 11 日《北京大学日刊》报道，“新报名入本会者已有四十余人，可以开班”，但是第二届会员没有具体人数，也没有留下具体人员名单。3 次招生活动，会员共约 100 人。1919 年 10 月 16 日，在第一届学员研究期满仪式上，有 55 人获得证书，其中 23 人获得“听讲一年证书”，32 人获得“听讲半年证书”。[①] 邵飘萍在《我国新闻学进步之趋势》中提及：邵、徐俩人“合商之于蔡校长，于是北京大学始创设新闻学会，听讲者百余人，愚与徐君分任其事……此百余人者，自北大毕业以后，今正从事于新闻业者颇众，且多优秀之分子焉”[②]。

1920 年 10 月，北京大学新闻学研究会名存实亡，停止活动。研究表明，1920 年 1 月，徐宝璜还在北大中国文学系开设了新闻学课程的选修课，每周两小时课程。1924 年 9 月，徐宝璜在北京大学政治学系再次开设“新闻学”选修课。有研究者认为，徐宝璜开设的新闻学选修课，“其实仍是中国高等学府中最早开设的正式的新闻学课程”[③]。

---

① 邓绍根：《中国新闻学的筚路蓝缕——北京大学新闻学研究会》，清华大学出版社 2015 年版，第 178 页。

② 邵飘萍：《我国新闻学进步之趋势：新闻学应列为普通学科》，《新闻学刊》1927 年第 1 卷第 1 期。

③ 邓绍根：《中国新闻学的筚路蓝缕——北京大学新闻学研究会》，清华大学出版社 2015 年版，第 286 页。

第二节 20世纪20年代厦门大学新闻教育的实践

20世纪20年代,中国处于蓄势待发、蓬勃风发的变革时期。秉持校主陈嘉庚敢为人先的精神,在社会需要新式新闻人才的时代浪潮的呼唤之下,在北京大学新闻学研究会的示范之下,伴随着1921年4月6日厦门大学的创办,新闻学部紧随师范学部、商学部之后成立。当我们抱以同情之理解去审视20世纪20年代中国的第一个新闻学科的实践时,我们就能体悟到先贤筚路蓝缕、以启山林的艰辛。

一、大学未办,舆论先行

厦门大学生于忧患,长于苦难,壮于自强不息,强于止于至善。从1921年创办,绵延至今,无论私立还是国立,从未更名,生生不息,与厦门这座海滨城市相依相偎,与海外华侨华人血脉相连,与中华民族的崛起相生相伴。

在中国高等教育史上,厦门大学始终是一个特殊的存在。它对厦门,对福建,对中国高等教育资源分布和人才培养,具有重要意义;同时,对中华民族的民族大义和爱国精神的塑造也具有深远影响。

陈嘉庚生于国难,长于国难,敢为人先、救亡图存、民族复兴和天下为公是其生平思想的写照。1912年,从创办集美小学校开始,陈嘉庚践行着实业救国和教育救国并重的理念。1919年之后,陈嘉庚把视野和格局放在了创办大学上。

1919年5月,陈嘉庚离开新加坡归国前,在恒美厂宴请同人时发表演说《愿诸君勿忘中国》,认为国人要像外人那样,在竞争财利时还要竞争义务,“惟吾人竞争财利积赀巨万都为儿子计较,不知外人竞争财利之外,尚有竞争义务者。义务为何,即捐巨金以补助国家社会之发达也。而补助之最当最有益者,又莫逾于设学校与教育之一举”。陈嘉庚对创办厦门大学开始动心起愿,“美国三百所大学,其由商家兴办者竟占二百八九十所,故其教育能收美满之效果,国强民富,为今日世界之头等国”，倡议“愿诸君勿忘中国，克勤克俭，期竟大功”[①]。

1919年夏，陈嘉庚回到厦门，“闽省千余万人，公私立大学未有一所，不但专门人才短少，而中等教师亦无处可造就，乃决意倡办厦门大学”，因为“厦门虽居闽省南方，然与南洋关系密切，而南洋侨胞子弟多住厦门附近，以此而言，则厦门乃居适中地位”。[②]

1919年8月7日，陈嘉庚邀请中华职业教育社主任黄炎培赴厦门集美学校“商榷进行事宜”，“兹又开会正式宣布捐办厦门大学，附设高等师范学校”，黄炎培由衷发出感叹，“陈君自奉甚俭，观其居处，尤是先人之敝庐，未尝稍事盛饰，其不私也如此，而其毁家兴学、见义勇为也如彼，如陈君者，洵中国特出之人物也”。

陈嘉庚发表了欢迎黄炎培莅临集美学校的演说，畅谈实业救国和教育救国的理念。《申报》全文刊载了演说词，还配有署名“庸”的“杂评”《厦门将建大学》。杂评称：“南方设立大学之说，屡议屡辍，盖政府当局，既以全国之岁入，尽縻于内争之军费，教育根本计划，毫不顾忌。各省又苦无此财力，故南方除外人所设之大学外，竟无最高学府，此真可痛者也！福建陈嘉庚君，以其毕生血汗所得，供梓乡办学之用，勇于诎己利群，求之今人，实罕其选。今又倡议兴办厦门大学，使南方有中国自办之最高学府。兹兹兴学，以为国家百年树人之计，诚教育界之明星。华侨素多急公好义之人，若陈君者，殆其尤著者乎！”[③]

1919年五四新文化运动之后，“陈嘉庚创办厦门大学”成为舆论关注的事件，常常见诸中国及南洋各地的报端。1919年8月7日，上海《申报》刊载了一则消息《南方将有私立大学》，这是“厦门大学”第一次被《申报》报道，从今往后“厦门大学”经常占据上海新闻媒体的版面，“陈嘉庚”与“厦门大学”密不可分。7日、9日，《申报》以“来件”形式，全文连载《福建陈嘉庚君倡办厦门大学附设高等师范演说词》。[④]

1920年12月22日，学校还没创办，全国各地就出现厦门大学的招生广告

---

① 陈嘉庚：《愿诸君勿忘中国》，参见《厦门大学校史资料》第1辑，厦门大学出版社1987年版，第14页。

② 陈嘉庚：《倡办厦门大学》，参见《南侨回忆录》，新加坡南洋印刷社1946年版，第12页。

③ 《南方将有私立大学》，上海《申报》1919年8月7日第10版。

④ 上海《申报》1919年8月7日第11版、8月9日第11版。

了。以“福建厦门集美陈嘉庚”名义刊载的《厦门大学将招生预告》指出:“先招商科一班,学费全年大银三十元,膳宿费自理;高师二班,学膳宿费均免。”[①]这则广告在《申报》上连续刊登了3天。1921年2月1日,《申报》刊登正式招生广告《厦门大学商学部师范部预科招生广告》,“(本校)议定先设商学部、师范部两部,预科二年,本科四年毕业”。整个2月份,厦大在《申报》不同版面陆续刊登了13次内容一致的招生广告。其中,广告第一句就开门见山——“本校为南洋华侨陈嘉庚君所倡办”,“南洋华侨”成为一大亮点。

1921年2月1日的招生广告出现了厦门大学筹备委员会的成员名单:“本校为南洋华侨陈嘉庚君所倡办,聘请蔡元培、黄炎培、汪兆铭、郭秉文、余日章、胡敦复、黄琬、叶渊、邓萃英诸君为筹备员,议定先设商学部、师范部两部,预科二年,本科四年毕业,公举邓萃英为校长,定阳历四月一日开学。”[②]1921年3月,陈嘉庚在上海召开了厦门大学筹备委员会,“先生慨然于中国南部有设立大学之必要,与夫社会期望之迫切,而国难方殷,政府未遑教育之事,爰邀同志蔡孑民、汪精卫、黄任之、郭鸿声、邓芝园、余日章、胡敦复、黄孟珪、叶采真诸先生,集议于上海,以计划本校之设立”[③]。

关于报纸的力量,作为新加坡著名人士,陈嘉庚、林文庆有切实体会,尤其是林文庆,还是“新马社会早期杰出华文报刊活动者”[④]。1923年陈嘉庚还创办了《南洋商报》,这是新加坡“第一份比较纯粹的商业华文报纸”。

厦门大学的创办可谓“大学未办,舆论先行”。1921年4月6日,厦门大学假集美学校正式举行成立仪式,美国著名的哲学家、教育学家杜威见证、参加了仪式并发表演说:“到会诸君,须景仰陈君。中国人人能效陈君之公,则救国何难之有。”[⑤]这是中国人创办的南方第一最高学府,意义非凡。

---

① 上海《申报》1920年12月22日第4版。

② 《商学部、师范部预科招生广告》,《申报》1921年2月1日、11日、17日。

③ 《校史》,《厦门大学一览》,1936—1937年度。

④ 王宁:《林文庆在新加坡的早期报刊活动及其思想透视》,《八桂侨刊》2006年第4期。

⑤ 上海《申报》1921年4月16日。

二、新闻学科的设置

（一）学科设置的程序

《厦门大学大纲》载有关于“组织系统”、“董事会”和“评议会”的表述。大纲显示，其组织架构依次是：大学（董事会）—校长（评议会）—校长办公处，下设的平行机构有教务处、总务处、会计处、编译处，还有各会议、各委员会。其中，教务处下设各学部—各科—各门，彼此存在隶属关系。

“评议会为本大学议事机关，由校长及校长办公处、教务处、各学部、总务处、编译处、会计处之代表各二人（主任一人，其他一人由各该管机关公推）组织之，以校长为主席”；“本大学设师范部、法制经济学部、商学部、工学部、农林学部、医学部，每部分为若干科，各部各科设主任一人”。[①] 教务系统依次分设各部、各科、各门，共 6 部 20 科，其中师范部还分出 16 门。

《厦门大学大纲》因势而动，罗列了各个学部。陈嘉庚认为，一则大学学科设置，专业务必“关系社会经济之发展，为国家生存上所不可缺者”；二则教育主权必须操之在我，不要寄望外国人给中国培养人才；三则大学之所以称为大学，按照当时的通例必须具备 3 个以上学科，一个完备的大学“应具文、医、工、农、商”5 个学科。[②]

如果以入学就读为标准来衡量，创办之初厦门大学的学科设置不仅不能以大学大纲为标准，还不能以招生广告为标准，不能以新闻报道为标准。例如，1922 年 5 月厦门大学招生广告称，“本大学拟设文、理、商、教育、医药、新闻诸学部，现招各该学部之预科生共二百人”，最终招生的却增加了工学部，反倒不见医药学部。又如，1924 年 2 月 13 日上海《申报》全文刊登了美国丝业协会主席郭司蜜的演讲辞，认为“中国丝业之失败在蚕种之多病”，由此“本会正谋在厦门大学设一养蚕科，并已允担任其经费之大部分。……此种事业就教育方面而言，亦不无裨益也”。[③] 尽管有新闻报道，但是终无下文。

---

① 《厦门大学大纲》，《世风杂志》1921 年第 1 卷第 2 期。

② 《福建陈嘉庚君倡办厦门大学附设高等师范演说词》（上、下），上海《申报》1919 年 9 月 7 日、9 日第 11 版。

③ 《美丝商筹款发展中国丝业》，上海《申报》1924 年 2 月 13 日。

综上所述,厦门大学各种机构中,评议会是大学的最高议事机构,而董事会则具有审查大学决策的权力。各学部、各学科的设置,必需先经过评议会议决,然后由董事会同意才能通过。但是,最终实际招生入学的学科跟大纲所颁布设置的有出入,显得有些仓促而随性。

(二)林文庆主导设置新闻学科

厦门大学新闻学科的设置按照学科设置的规定和程序,先经过评议会议决,然后由董事会同意,然后通过广告招生。不过,主导新闻学科设置的是林文庆,而非第一任校长邓萃英。

1921 年 3 月,作为 10 位筹备委员会成员之一,邓萃英参与拟定并颁布了《厦门大学大纲》,但是在学科系统中既没有新闻学部,也没有新闻科,又没有新闻学门。1945 年 8 月 6 日,邓萃英在《邓芝园先生六十自述》中回忆掌校厦门大学时称“余在厦大仅年余,然在筹备创办时期,呈领官地,计划建筑,拟定校则,组织董事会,延聘各科教授,时与创办人常务董事陈嘉庚先生接洽,言语不通,以舌人或笔谈达意,备极繁琐。学生来自各省市及南洋各埠,程度不齐,习性各异,教授训练,诸感困难。而董事与各教授间,见解有极端冲突,委屈调处,煞费苦心”①。1921 年 5 月,邓萃英“仓猝辞职”,刘树杞为代理校长。

1921 年 6 月,林文庆在陈嘉庚“函电交驰,催促其亟”的约请下,从新加坡抵达厦门,担任厦门大学第二任校长。上海《申报》还为此有消息报道:“厦门大学新校长林文庆氏,由星洲搭轮于本月四日抵厦视事,当晚与学生开谈话会,宣言渠要办成一生的非死的、真的非伪的、实的非虚的之大学。教职员俱列席。现教职员均有更动,总务、教务两主任以刘树杞兼充,原教育主任郑贞文以位置之,伦理朱稳青、国文教员郑知挺等,早已辞职而去,留任者只为少数之欧美留学毕业生而已。此外则修改大纲,改换课表,并决定秋季添招新生三班。”②针对初创时期的厦门大学,林文庆称道:“前校长邓萃英任职二月,草创未有头绪,遽尔辞职。故本校种种之组织均未完全就绪,大纲之修改,各种规则之制定,学校政策之采择,各学部及各学科之设立,均须通盘筹画,逐渐整理。”③

---

① 邓萃英:《邓芝园先生六十自述》,1949 年,出版者不详。

② 《厦门大学新校长林文庆到任》,上海《申报》1921 年 7 月 11 日。

③ 《林文庆校长报告》,参见《厦门大学民国十年度报告书》1922 年。

《厦门大学大纲》的修正、调整在所难免。1919 年 8 月，在倡办厦门大学演说中，陈嘉庚谈及大学办学思想，林文庆关于厦门大学的大纲、校旨实质上就是陈嘉庚教育思想的精准体现。比如在学科设置上，陈嘉庚认为大学专业要“关系社会经济之发展，为国家生存上所不可缺者”。在林文庆眼中，新闻专业应当符合陈嘉庚关于大学专业设置的思想。于是在“林版”《厦门大学大纲》中不仅有“新闻学部”，法政部、经济部、农部、工部、美术部、绘画部也赫然在列。

由上可知，从陈嘉庚的办学思想、林文庆的办学主张，还有从厦门大学的组织架构、设置程序来说，创办初期厦门大学的学科设置在林文庆主导下创设，加之陈嘉庚、林文庆对报刊功能的认识和实践，新闻学科的设立可以说是因应了时代诉求和社会发展。

三、新闻学科的存续

（一）设置的时间

我们先看招生广告和大学大纲上创办初期厦门大学学科的设置情况。如前所述，1920 年 12 月 22 日，厦门大学在《申报》上发布“先招商科一班，高师二班”的“招生预告”；1921 年 2 月 1 日，在《申报》上刊载《厦门大学商学部师范部预科招生广告》；1921 年 3 月颁布的《厦门大学大纲》表明，“本大学设师范部、法制经济学部、商学部、工学部、农林学部、医学部”；1921 年 4 月 6 日，厦门大学举行创办仪式，仅有师范部和商学部的学生出席。换而言之，1921 年 4 月之前，厦门大学没有设置新闻学科的规划。

1921 年 6 月，林文庆开始长校，开始通盘筹划、整理“各学部及各学科之设立”。1931 年 4 月，《厦门大学十周年纪念刊》对文学院的“经过沿革”有详细叙述：①

> 本校文学院，由文科改组而成。文科之设，始于民国十年春季，本校开办之初，其时与理科同隶于师范部。同年秋，本校评议会议决，改师范部为教育学部，文理两科为文理两学部，与之并列。旋于十二年四月，经评议会

① 《各学院及附设高级中学概况》之“文学院”，《厦门大学十周年纪念刊》1931 年 4 月，第 53 页。

议决，复改为科，文科之名称及地位，自此确定。其后内容组织，日渐扩充，除原有各学系如国学系、外国语言文学系、哲学系、历史社会学系、政治经济学系外，于十三年六月，教育科、商科及新闻科均暂并入文科，改称学系。名称虽异，内容一仍其旧。计此时文科所属达八系之多。关于美育方面，音乐、绘图各科亦均积极举办。洎后新闻学系以故停办，政治经济学系于十五年秋季划入新设之法科，同时教育学系、商学系复脱离文科而独立，于是文科仅有国学系、外国语言文学系、哲学系、历史社会学系等四系。是时本校创设国学研究院，虽与文科不无关系，然与文科内容，实无所增损。十六年春季，该院停办，音乐绘图亦以他故停办。同年秋，集美学校国学专门部移附本校，与本校文科之组织及课程内容亦毫无影响。十九年二月，本校遵照教育部颁布《大学组织法》及《大学规程》，变更组织，由是文科遂改组为文学院，内分中国文学系、外国文学系、哲学系、史学系、社会学系等五系，各系设主任一人，处理本系事务。此本校文学院沿革之大略也。

这段文学院历史沿革的叙述，基本厘清了 1931 年 4 月之前厦门大学人文社会科学各学科的脉络演变，但是有关新闻学科的设置时间还是语焉不详。

1936 年 4 月 6 日，《厦门大学周刊》第 397 期出版了“十五周年纪念专号”，其中有“文学院概况”的描述，相对十周年文学院的“经过沿革”，细节更详细，脉络更清晰：①

本校成立于民国十年春季，原设师范商学两部：师范部，分文理两科。十一月改师范部为教育学部，文科为文学部，同时并增设医药新闻诸学部。是时各学部未设主任，一切事务，均由教务主任刘树杞博士规划办理。十一年秋季，学校当局请黄开宗博士任文学部主任。十二年春，改各部为科，文学部复称为文科。内分国学，外国语言文学、哲学、历史社会学、政治经济学五系。十三年夏，教育学科、商科、新闻学科，俱改为系，并入文科。是时文科计辖八系。十五年秋，新闻学系停办，政治经济学系，划入新成立之法科。

① 《文学院概况》，《厦门大学周刊》“十五周年纪念专号”，1936 年 4 月 6 日第 397 期。

教育学、商学两系，均同时独立组织，复科名称。是季黄开宗博士就法科主任之职，文科主任由林语堂博士继任。同时兼任新成立之国学院秘书。是时文科仅剩四系。十六年春，林主任离校，副校长张颐博士兼任文科主任。十八年秋，张主任辞职，由预科主任徐声金博士继任。十九年春，教育部颁发大学组织法及大学规程，于是文科遵命改称文学院。文科主任名称，改为文学院院长。是年历史社会学系，分为两系。二十年秋，语言学，脱外国语言文学系，自成一系，因改外国文学系为英文学系，分英文、语言两组。又历史社会两系亦行合并，仍称为历史社会学系，亦分两组。是年秋，哲学系奉教育部令取消，外国语文系、历史社会学系，均不分组。当时文学院共设中国文学系、外国语文系、历史社会学系三系，每系各设主任一人。是季徐院长辞职，林校长乃聘周辨明博士继任院长之职。迄今两载，学系仍旧，惟求教学方面最高效率起见，各系教授，颇有变更，此本校文学院沿革之梗概也。

在《厦门大学十周年纪念刊》中有这样一句话："同年秋，本校评议会议决，改师范部为教育学部，文理两科为文理两学部，与之并列。"在"十五周年纪念专号"中有关新闻学科增设的信息非常清楚，"十一月改师范部为教育学部，文科为文学部，同时并增设医药新闻诸学部"。结合比对，可以确证，1921 年 11 月，厦门大学召开了评议会，其中一项重要内容就是校长林文庆所说的议决"各学部及各学科之设立"。

由此可知，1921 年 11 月之后，经过评议会议决、董事会同意，厦门大学通过并颁布了"林版"《厦门大学大纲》。1922 年 4 月 5 日，在学校成立一周年之际，《厦大周刊》创刊。从创刊号开始，《厦大周刊》连续 4 期完整刊登了新版《厦门大学大纲》，其中第 3 期大纲中的"本科"规定："本大学设本科，分为左列各学部：(一)文部；(二)理部；(三)教育部；(四)法政部；(五)经济部；(六)医部；(七)商部；(八)农部；(九)工部；(十)美术部；(十一)新闻部。除上列各学部外，如评议会议决认为必要时，得临时增加其他各学部。"①

1922 年 5 月至 6 月，厦门大学在上海的《民国日报》和《申报》上大张旗鼓地连续刊登长篇招生广告，内容毫无二致。且看《民国日报》"学部与学额"声明：

---

① 《厦门大学大纲》，《厦门大学周刊》1922 年 4 月 19 日第 3 期第 2 版。

“本大学拟设文、理、商、教育、医药、新闻诸学部，现招各该学部之预科生共二百人，男女兼收。”①

1922年秋季，厦门大学开始招录新闻学部预科新生入学就读。《厦大周刊》“十五周年纪念专号”中有“本校逐年大事记”称，“民国十一年(七月)添设工学新闻学两部”，应当是指1922年7月工学部、新闻学部的招收新生。1923年5月13日，《厦门大学周刊》“校闻”栏目有一则报道《新闻科同学会成立》：“厦门大学章程规定有新闻科之设，两年来预科生中之入此科者仅六人，下届招生或许增加，兹此六人有同学会之组织。”②这则消息表明，1921年厦门大学设置了新闻学科，1923年至少有6人入学。

周尚，江苏昆山人，生于1902年，1922年考取了新闻学部，1924年学潮之后，转学上海大夏大学教育科。周尚在《我在厦大新闻科》中称：“1922年秋，我身在厦大，‘映雪楼’、‘囊萤楼’和‘群贤楼’以及部分宿舍已竣工，其他建筑正络绎破土。新闻科尚无独立宿舍与其他学科划开，彼此混合一起，并无轩轾。”“新闻称‘科’。‘新闻科’与1921年学校同时诞生，有学校就有新闻科，是证陈嘉庚侨领创办人和林文庆校长眼光远、有见识、志向大、爱国有道，较之另外一富侨胡文虎专在各地创办报纸为良策，要知报纸的内外勤记者，需从学校培养。”③周尚明确指出了新闻学科的创办和入学的时间。

报人学者戈公振在1927年出版的《中国报学史》中开门见山称，“民国十年，厦门大学成立，列报学于所设八科之一”，尽管细节有出入，但是1921年厦门大学创办了新闻学科，成为定论。

(二)学科的停办

如前所述，1921年11月厦门大学评议会议决创办新闻学科，1922年5月在报纸上出现了新闻学科的招生广告，1922年7月招收了新闻学科第一批次的预科学生。纵观新闻学科的存续，其名称经历了2次改动。

1921年11月，厦门大学评议会议决创办新闻学科，如同其他学科一样，冠

---

① 上海《民国日报》1922年5月25日第1版。

② 《新闻科同学会成立》，《厦门大学周刊》1923年5月13日第4版。

③ 周尚：《我在厦大新闻科》，《厦门大学报》1998年12月15日第3版。作者系1922年考入厦门大学新闻科，此文为1994年春作于上海，时年93岁。

之以“学部”，称为“新闻学部”。成立之初的新闻学部，没有像《厦门大学大纲》那样既分科，又分门，甚至没有设置主任，新闻学部的事务由教务处来总理。时任教务主任刘树杞称：“现在事属草创，各学部均尚未设主任，故各学部一切进行事务暂时均由教务处规划办理。”①

1923 年 4 月，厦门大学经历了第一次的学科调整，学校评议会决定将学部改称为“科”，并且开始设置主任，新闻学部成为“新闻科”。1923 年 8 月，孙贵定入职厦门大学，担任教育心理学教授，之后担任教育科主任兼新闻科主任。这样，除了预科之外，全校共设有文科、理科、工科、教育科和新闻科等五个学科。②

1924 年 6 月，由于师生严重流失，学潮迫使濒于瘫痪的学校启动第二次学科调整，评议会议决将“教育学科、商科、新闻学科，俱改为系，并入文科”，“其所有课程及教授方针，与设科时毫无差异”，也就是说“名称虽异，内容一仍其旧”。究其更改原因，校方宣称是为了行政上的简便。厦大布告声明“因本大学目的在与世界各大学并架驱驰，陶养专门之人才，而组织上所以有更改者，取行政上之简便也”③。这时候，全校本科只设有文、理二科，共有十四个系；其中，文科有八个系之多，蔚为大观，新闻学系隶属于内，而理科则有六个系。④

1926 年 1 月，厦门大学第三次学科的调整不期而至。“民国十五年一月，校董会议决，将隶属文科之教育学系、商学系，及隶属于理科之工学系恢复为科，新闻学系停办”，就是原来隶属于文科的教育学系和商学系独立出来，分别恢复设科，称为教育科和商科，新闻学系则停办，八系之多的文科分崩离析。“十五年秋，新闻学系停办，政治经济学系，划入新成立之法科。”⑤这次学科调整，对厦门大学新闻教育来说是一次致命的打击。

综上所述，1921 年 11 月，厦门大学创办新闻学科，称为“新闻学部”。之后学校经历了 2 次学科调整，一次是 1923 年 4 月将新闻学部改称为“新闻科”，设

---

① 《教务处报告》，参见《厦门大学民国十年度报告书》，第 14 页。

② 黄宗实、郑文贞：《厦门大学校史资料》（第 1 辑），厦门大学出版社 1987 年版，第 92 页。

③ 《厦门大学八周年纪念特刊》，第 21 页。

④ 《文学院概况》，《厦门大学周刊》“十五周年纪念专号”，1936 年 4 月 6 日第 397 期。

⑤ 《文学院概况》，《厦门大学周刊》“十五周年纪念专号”，1936 年 4 月 6 日第 397 期。

置主任，1923 年 8 月孙贵定入职厦门大学之后由其担任；一次是 1924 年 6 月将新闻科改称为“新闻学系”，全校本科归并仅剩文理两科，其中文科 8 系，理科 6 系，新闻学系是文科八系之一。1926 年秋季，新闻学系停办。从创办到停办，厦门大学新闻学科前后存续了 5 年之久。

四、新闻学科的招生

（一）招生的次数

我们从上海《申报》《民国日报》的招生广告上寻找到了厦门大学新闻学科招生的蛛丝马迹。

创校第一年，经历了春季、秋季两次招生。1921 年 2 月 1 日在上海、厦门、福州和新加坡春季招生。1921 年 7 月 9 日，在《申报》上投放了成立之后的第一支秋季招生广告。这次广告亮点是第一句话“本校为南洋华侨陈嘉庚君所创办”，陈嘉庚从之前的“倡办人”成为“创办人”。7 月 9 日至 8 月 12 日，一个多月时间厦门大学在《申报》上刊载了 15 次广告。[①] 1921 年 8 月 26 日，厦门大学预科录取新生揭晓，“师范商学两部共取廿九名”[②]。尽管“林版”《厦门大学大纲》罗列了 6 个学部，但招生的只有师范部和商学部，说明“林版”大纲的修正颁布在当年招生之后。

新闻学部既没有出现在最初的《厦门大学大纲》中，也没有出现在最初的招生广告中，直到 1922 年 5 月。当年 5 月至 6 月，学校在上海《民国日报》和《申报》上密集投放招生广告，其中《民国日报》属于国民党系统的政党报纸，《申报》是发行量最大的大众报纸，在广告投放上有区隔。《民国日报》仅在 5 月 25 日至 31 日连续七天刊载招生广告，但是《申报》从 5 月 25 日至 6 月 27 日一个多月时间，每次连续七天，共投放 14 次。[③] 其中广告的“学部与学额”部分称“本大学拟设文、理、商、教育、医药、新闻诸学部，现招各该学部之预科生共二百人，男女兼收”[④]。1922 年 7 月，在厦门、上海、北京、福州、广州、新加坡、马尼拉各处招收

---

① 上海《申报》1921 年 7 月 9、11、13、16、19、22、25、28、31 日，8 月 4 日、8 日—12 日。

② 《厦门大学预科录取新生揭晓》，上海《申报》1921 年 8 月 26 日。

③ 《厦门大学招生广告》，上海《申报》1922 年 5 月 25 日—31 日、6 月 21 日—27 日。

④ 上海《民国日报》1922 年 5 月 25 日第 1 版。

文、理、教育、商、医、新闻各学部预科新生，共一百五十二名。其中女生二名，是为本大学男女同校之始。这是第一次招收新闻学科的学子。

1923 年，厦门大学又分春季、秋季两次招生。1923 年 3 月，在厦门“招收各学部预科插班生二十五名，复增收女生一名”。1923 年 7 月 17 日至 28 日，共计 8 次，《申报》出现《厦门大学第二次招生广告》，“本校因文、理、教育、商、医、工、法各科招收预科生，文、理、教育、商四科并同时招收本科生，名额既巨，取核复严，故第一次招生未能满额，兹特再行补招”①。1923 年 7 月，在上海、厦门、福州、莆田、广州、新加坡各处招收本科插班生三人，预科新生一百四十六人。1923 年招生广告没有提及新闻科。

1924 年 5 月，厦门大学风潮，新闻学科的师生卷入其中，孙贵定是被反对的教师之一，赵英毓、倪文亚却是“厦门大学离校学生团总部”中的学生代表。是年 6 月《申报》刊登《厦门大学启事》称，“本校本季只在厦门本校招生”。7 月连续 15 天在《申报》上密集刊载招生广告，“本校本季只行添招预科学生，男女兼收”。由于 7 月份招生情况不尽如人意，8 月又有连续 10 天的“厦门大学第二次招生广告”宣传攻势。1924 年 7 月，在厦门大学“入学试验简章”中，还是没有新闻学科的踪影。②

又过了一年，又是招生季！1925 年 6 月厦门大学在《申报》上逢单日刊登 5 次“厦门大学招生广告”，“本大学现设文理两科，并设预科，分为文理两部。本届拟收预科生共二百名，男女兼收”。这里学校仅出现“文理两科”，不分具体科目。可能受到学潮的直接影响，招生严重不足，以致在当年 9 月份开学季，厦门大学还在《申报》刊登 6 次《厦门大学第二次招生广告》，这次招生罗列了详细的学科名称，就是不见新闻学系。③ 1925 年 6 月 6 日，《厦门大学周刊》公布，新闻科主任的孙贵定还是教育系主任和哲学系主任。④

1926 年 5 月至 7 月，厦门大学在《申报》投放了 26 次招生广告，广告力度非常之大。7 月 22 日，《申报》公布《厦门大学在沪新生考取揭晓》消息称，“厦门大学此次在沪招生投考者计一百数十人，入学审查委员长徐声金博士亲自莅沪主

① 上海《申报》1923 年 7 月 17 日—21 日、26 日—28 日。

② 《厦门大学布告》第 3 卷第 2 册，1924—1925 年，第 171 页。

③ 上海《申报》1925 年 9 月 1 日第 3 版。

④ 《预科主任布告》，《厦门大学周刊》，1925 年 6 月 6 日第 119 期星期六版，第 1 页。

试考，成绩已于昨日审查完竣”。

如上所述，从1921到1926年《申报》《民国日报》招生广告可知，由于历史短暂、地理偏远，加之学潮影响，创办之初的厦门大学招生并不尽如人意。尽管1922年5月出现招收“新闻学部”的广告，但是之后的招生广告，没有明确标明要招收“新闻学系”或“新闻科”的学生，直至1926年秋季停办。

（二）招收的人数

关于新闻学科人数有两种说法：其一是“六人”说。1923年5月13日，《厦门大学周刊》“校闻”栏目《新闻科同学会成立》报道：“厦门大学章程规定有新闻科之设，两年来预科生中之入此科者仅六人，下届招生或许增加，兹此六人有同学会之组织。”[①]上海《民国日报》转载了这则“校闻”，还罗列了学生的名字：“兹闻该科同学赵英毓、张国权、张问仁、曾解、刘国材、周尚君等，组织厦大新闻科同学会，以期发展与改良将来新闻事业。”[②]1927年戈公振《中国报学史》论及厦大新闻教育时称：“斯时草创伊始，教授缺乏，学生只一人而已。……翌年夏，江浙学生负笈前往者渐多，入报学科者增至六人。”[③]戈公振的表述依据的就是《民国日报》这则新闻报道，这里的“翌年”，当指1923年。周尚在《我在厦大新闻科》一文中也写道：“初创时学生仅6名，我记得有杨载嗥其人，江苏南通籍，学潮后，大夏大学毕业，戈公振介绍他就职于《申报》图书馆。”[④]这就意味着1922年新闻学部只有1位学生，1923年增至6位。

其二是“二十余人”说。1996年，时任厦门大学新闻传播系系主任郑松锟教授在“两岸及香港新闻实务教育研讨会”中撰文指出：“厦门大学的新闻教育始于创校初年，……厦大曾于1922年7月办有‘新闻部’本科教育，并同时招了20余名学生。在该级学生之中，有原国民党‘立法院’院长倪文业先生和现退休在上海家中的周尚先生等人。”[⑤]

---

① 《厦门大学周刊》1923年5月13日第4版。

② 《厦门大学组织新闻科》，上海《民国日报》1923年5月10日第7版。

③ 戈公振：《中国报学史》，生活·读书·新知三联书店2011年版，第240页。

④ 周尚：《我在厦大新闻科》，《厦门大学》校刊1998年12月15日第389期第3版。

⑤ 郑松锟：《厦门大学新闻教育的回顾与前瞻》，台湾大学《新闻论坛》1996年冬季号第1卷第4期，第165页。

关于"六人"说，有关"杨载嗥"的记载有两处存疑：第一，查阅厦门大学"历年学生名录"(1921—1924)，周尚文中所言，其人非杨载嗥，而是杨载嵲，或是错记，或是笔误，也可能是印刷错误；[①]第二，学潮后杨载嵲可能转入其他大学，大夏大学"历届毕业生名录"中，查无此人。[②] 换而言之，如周尚所言，新闻科确有杨载嵲其人，只是学潮后没有就读大夏大学，可能误记了。还有，《民国日报》对新闻科同学会报道中的"刘国材"应当是"刘国桢"，《大夏周刊》有此人的记载。至于"赵英毓"，《厦大周刊》误写成"赵英育"。

关于"二十余人"说，郑松锟教授立论依据应当是新闻学科成立之后，学校第二次招生广告，指 1923 年在厦门"招收各学部预科插班生二十五名，复增收女生一名"。这是全校招生人数，没有确指是新闻学科的学生，"二十余人"说难以成立。"倪文业"是"倪文亚"之误。厦门大学"历年学生名录"(1921—1924)中所载，并无"倪文业"其人，只有祖籍浙江乐清的"倪文亚"。[③] 倪文亚还是学生中的风云人物。1922 年 3 月 28 日，为反对帝国主义的文化侵略，厦大学生率先在福建省成立"非宗教同志会"，倪文亚被推举为主席。[④] 学潮爆发时，倪文亚也是"学生代表团"14 位成员之一，学潮之后转入大夏大学。[⑤] 1922 年 5 月之前，倪文亚应当还不是新闻科同学，除非转科系。

根据现有资料，厦门大学新闻学科至少可算 9 人就读，分别是 1923 年 5 月，新闻科成立同学会时的 6 人之外，加之 1922 年 5 月之后的倪文亚、黄寄萍，还有周尚老先生记及的杨载嵲其人。细查厦门大学"历年学生名录"，9 位跟新闻学科有关联的学生籍贯分别如下：

赵英毓，浙江诸暨籍；张国权，浙江瑞安籍；张问仁，福建永定籍；

曾　解，广东蕉岭籍；刘国桢，广东蕉岭籍；周　尚，江苏昆山籍；

杨载嵲，江苏南通籍；倪文亚，浙江乐清籍；黄寄萍，江苏海门籍。

然而，在"第一届至廿四届毕业生名录"(1926—1949)中没有前 8 位同学的名字，只有黄寄萍。这说明学潮之后，新闻学子几乎全部离开厦大。从籍贯来看，由

---

① 《厦门大学校史资料》第六辑，厦门大学出版社 1990 年版，第 77 页。

② 《大夏周刊》"大夏大学六周年纪念特刊"，1930 年 6 月 1 日第 86 期。

③ 《厦门大学校史资料》第六辑，厦门大学出版社 1990 年版，第 78 页。

④ 《闽学生之反对宗教运动》，《晨报》1922 年 4 月 20 日第 6 版。

⑤ 《厦门大学离校学生团总部启事》，上海《民国日报》1924 年 6 月 16 日第 1 版。

于考点设置的原因和招生广告的影响，新闻学科的同学主要来自浙江(3 人)、江苏(3 人)和广东(2 人)等省，还有 1 人是福建本地的。这符合校长林文庆在建校十年的年度报告，“本校学生来自各处，除福建外，浙江、江苏、广东最多”①。

新闻学科 9 位同学，有 6 位转入大夏大学。这 6 位同学分别是曾解、刘国桢、张问仁、倪文亚、周尚和赵英毓，其中倪文亚、刘国桢、周尚在教育科，曾解、赵英毓在商科，张问仁在文科。按照周尚所言，杨载嵲毕业就职于上海申报馆，但是毕业大学科系不详。张国权则下落不明。黄寄萍于 1926 年入学，没有参与厦门大学学潮，当年秋季新闻学系停办之后转入教育学系就读毕业。

这 9 位曾经新闻学子的人生，有确切记载的 4 人，其中倪文亚留学美国，投身政界，官至台湾当局立法机构负责人；周尚献身教育，是新中国前上海教育界知名人士，行止常见报端，在大夏大学时还同戈公振等人创办起上海报学社，并担任首任主席。杨载嵲、黄寄萍投身新闻界，服务于上海申报馆，其中黄寄萍还是我国著名的新闻人物。

图 1-1　“厦门大学新闻学系学士”黄寄萍

① 《厦门大学民国十年度报告书》之《校长报告》，第 8 页。

黄寄萍(1905—1955)是江苏海门人,1926 年开始以半工半读的方式在厦门大学学习。随着新闻学系的合并、停办,黄寄萍转入教育学系,即使毕业了,还是以“厦门大学新闻学系学士”自居。1946 年,黄寄萍在上海泰山区竞选,有 15 名社会名流集体署名投书《申报》,称“寄萍先生服务申报,垂十八年,著述宏富,秉性忠恕,为报界长才。先生系国立厦门大学新闻学系学士,历主厦门民国日报、江声报笔政,自入申报,先后任自由谈、春秋、游艺界编辑”[①]。为其参选签名背书的 15 名知名人士分别是“张云台、杨君豪、陆礼华、杜佐周、郭卫、徐朗西、潘公弼、钱剑秋、孙贵定、周孝伯、陈石泉、严独鹤、朱素蔓、顾毓琦、袁璨裕”,其中有黄寄萍在厦大的老师新闻科主任孙贵定、教育科教授杜佐周。黄寄萍的人缘、人脉和影响力可见一斑。

五、新闻学科的教学

(一)课程设置

1994 年,时年 93 岁的周尚先生,在上海写了《我在厦大新闻科》这篇文章,以此忆念母校。它为我们了解当时的厦门大学新闻教育提供了一份非常宝贵的第一手资料。[②]

且看周尚对当年厦大学习与生活的记述:“我到厦大第一年为预科生,打好基础知识,第二年系正科一年级生,曾获奖学金。惟校方没有专门新闻学课程,也没有新闻专科老师,只有新闻科主任孙贵定教授指导。”

厦门大学预科生开设什么课程?1921 年 1 月,根据校长邓萃英的规划,先设置师范部和商学部,师范部下分文、理两科;学制预科两年,本科四年。第一学期先设文法、作文、读文、文字学、英语会话、英语作文、英文文法、英文读文、法文、日文、伦理学、论理学、经济学、历史、代数、三角、化学等 17 门课。1921 年 4 月 6 日,学校举行开学仪式,学生实际报到 98 名。学校创设之初教职员不足 20 人。秋季开学时,继任校长林文庆调整了课程设置,开设国文、中国文学、英文、英读文、英国文学、英语会话、中国史、外国史、代数、三角、经济大意、商业地理、商业尺牍、化学讲演、化学实验、生理卫生、德文、法文、日文等 19 门课。“因为学

---

① 《请选黄寄萍》,上海《申报》,1946 年 4 月 28 日第 6 版。

② 周尚:《我在厦大新闻科》,《厦门大学》校刊 1998 年 12 月 15 日第 389 期第 3 版。

生全部是预科生，培养的目的仅是为了提高其程度，在预科毕业时达到进入本科习读水平，所以课程以国文及英文两门课为重点，全体学生均必修，其他课程学生则按照所属的学部进行选修。”①

这19门课程是当时作为预科生新闻学子的必修课和选修课，其中确实如周尚所说的“没有专门新闻学课程”，也是戈公振所评价的“课程与文科同”。对此周尚这么说，“厦大新闻科学生少，乃是自然现象，形成各方面的因陋就简，无特设新闻科老师，无特设新闻科课程，介为必然的趋势。我在各科中选读的多属新闻学必修学科，例如法学、国家法、文学、商学、社会学、第二外国语……”

但是随着厦门大学逐步进入正轨，新闻学科建设也有长进，呈现出生机活力。从1921年筹备创设，到1922年宣传招生，再到1923年改学部为科，厦大建设新闻学科的举措引起了新闻界的关注。

1923年5月，新闻学部改称新闻科之后的一个月，上海《民国日报》刊登了消息“厦门大学组织新闻科”称，“厦门大学，开办迄今，已二载于兹，成绩斐然。该校对于新闻学科，尤为注意，现正着手进行，不遗余力”②。1924年，北京《京报》对朝气蓬勃的厦门大学新闻教育给予关注，“福建厦门大学开办迄今，成绩颇为中外新闻所推重。现设文理医工商法，及教育等科外，又设新闻一科，日谋发展。孙贵定博士担任主任，将功课改编外，并拟分编辑学、访事学、新闻心理学、新闻史学，及业务经理等系。日前改科同学会，更求添聘教授，及添购机器等，均得校中允诺，分头实行矣。又闻今夏该校在沪招生考时，新闻科同学会，拟向志筠女校借一办事处，在沪招待投考新闻科同学，及远道诸同学云”③。这里最引人注目的是孙贵定对新闻学科建设的努力，从课程规划、聘请教授、添购设备，不仅得到校方允诺支持，还分头实行。

广告教育是近代中国新式教育体系的一个组成部分。现代市场营销意义上的“广告”是在西学东渐的语境中产生，“广告学”作为一种知识体系在中国诞生，是近百年间“西学东渐”的成果在五四时期之后的一种体现。④ 19世纪末20世

---

① 洪永宏：《厦门大学校史（第一卷）》（1921—1949），厦门大学出版社1990年版，第14页、第35页。

② 《厦门大学组织新闻科》，上海《民国日报》，1923年5月10日第7版。

③ 《厦门大学扩充新闻学系 今夏有沪招考新生》，北京《京报》1924年4月29日。

④ 祝帅：《中国广告学术史论》，北京大学出版社2013年版，第25页。

纪初，现代性视野下“广告”的知识体系和实践意义，在商科中远比新闻科中重要。

厦门大学创设之初就成立了商学部，开设了“广告学”课程。1924 年，厦门大学商学系副教授倪文钦开设广告学课程，每周授课时数为 3 小时。倪文钦留学于美国西拉古斯大学，获得商学士及硕士学位，除了商学系专任教师之外，还兼任了学校的审计员。此外，倪文钦还开设了商品学、商业学两门课，每周课时各 3 小时。根据 1926 年秋季“各科教员每周授课时数调查”，倪文钦共授课 9 小时。厦门大学建校十周年时，各院系课程设置已经相当完善了，当时商学院下设会计学系、银行学系和工商管理学系 3 个系，第一学年到第四学年课程很完整，其中工商管理学系在第三学年开设了广告学课程。①

当时广告学是商科的必修课程，还可以是新闻学子的选修课程。这是厦门大学本科教学所允许的，当年新闻学子周尚就选了商学课程。

（二）大学新闻

大学的新闻报刊是民国时期新闻事业的有机组成部分，当时有专门术语“大学新闻”“学校新闻”。1930 年留日学者、复旦大学新闻学系主任谢六逸在《新闻教育的重要及其设施》一文中对大学新闻有精湛表述：“学校刊物之中，最重要的是‘大学新闻’(College News)。……大学新闻足以代表一个大学的精神，有了大学新闻，足以使大学活泼有生气，使全校师生亲如晤对。至于负办理大学新闻的专责的，当然以大学的新闻学系学生为中心，而令全校的有志者辅佐之。”“新闻学系在一个大学里，它占极重要的地位，它负担重要的使命，它直接替学校服务，它间接为社会服务。”②

1932 年留日学者袁殊在《学校新闻讲话》认为：“所谓学校新闻，不是说学校的新闻教育。新闻教育，是学校特定的学科，在特定的时间中向学生教授的。学校新闻，则是由学生本身主动的，在学校社会里的新闻事业。虽然学校新闻与新闻教育不能相提并论，但从学理向实际，‘新闻’则是同一的。所以，又应当特别

---

① 根据 1924—1925 年度《厦门大学布告》、1926 年《厦大周刊》和 1931—1932 年度《厦门大学一览》整理而成。

② 谢六逸：《新闻教育的重要及其设施》，参见黄天鹏《新闻学演讲集》，上海现代书局 1931 年版，第 21 页。

的指出，学校新闻与学校的新闻教育，在关系上，有特别的联系。”①

1949年之前，厦门大学创办的消息类报刊分别有《厦大周刊》（1922—1936）、《厦大校刊》（1936—1937）、《唯力》（1938—1939）、《厦大通讯》（1939—1947），《厦大校刊》（1946—1949），其中前两种是私立大学时期创办，后三种是国立大学时期创办。此外还有各种年刊、特刊，还有各种学术性的刊物。还有一份非常特殊的刊物，那就是1924年学潮由滞留在上海的“厦门大学离校学生团总部”印行的临时刊物《血泪》，从6月19日至8月2日前后发行11期。作为离校学生团14位代表中的2位，新闻科学子赵英毓、倪文亚在这份刊物上扮演了重要角色，不仅负责编务，还撰写文稿。

创办之初，厦门大学具有新闻媒体性质的刊物是《厦大周刊》。《厦大周刊》创刊于1922年4月5日，就在建校一周年之际。全张八开四版，刊头之下是零售、征订价格：“每份零售铜元三枚，外埠函购邮票三分，预定半年大洋六角，预定全年大洋一元”，头版有“论著”，二版有“大学新闻”，三版是“小说”，四版有“社会调查”。1922年5月17日发行的第七期开始，刊头右侧特别标注“中华邮局特准挂号认为新闻纸类”，这就意味着获得新闻纸性质的正式身份，是一份名副其实的报纸，有记者（当然是学生记者）可以外派采访，可以刊载新闻，可以刊登广告，可以对外发行。总体而言，《厦大周刊》越往后，新闻性、社会性内容越少。

创校之初，新闻科学子周尚说，“校刊归新闻科学生负责”，这里的校刊指《厦大周刊》。“我提出校刊该有自己个性的特色。我们跑学校消息，四出组稿中，集新闻性、史料性、知识性和趣味性于一体，丰富多彩，版式新颖活泼，实有时代感，图文并茂，男女同学共赏，师生咸宜，他们读者是我们办报人心中的上帝。”之后，学校成立了编辑委员会，新闻科主任孙贵定任会长，新闻科同学会顾问徐声金、陈灿皆为编辑委员会的委员。

（三）新闻科主任孙贵定

新闻学科教师最值得称道的是孙贵定教授。根据厦门大学职员简介，如同校长林文庆一样，孙贵定留学于英国爱丁堡大学，获得教育心理学荣誉学士、英文学硕士、教育科研究生和教育学博士文凭，还有苏格兰教育部给师范资格文

① 袁殊：《学校新闻讲话》（影印版），中国传媒大学出版社2018年版，第9页。

凭；学术兼职有伦敦不列颠心理学会会员，曾任英国纳尔逊书馆百科全书编辑。

图 1-2　厦门大学新闻科主任孙贵定

孙贵定深得校长林文庆的赏识和信任，1923 年入职厦门大学，先任教育科主任，之后兼任新闻科主任，院系改制后长期担任教育学院院长，在不同时期还是学校各种委员会的委员，还一度兼任大学秘书之职。例如，在《1931—1932 年度职员及各种委员会名单》中，教育学院院长孙贵定教授不但是校务会议委员、行政会议委员，还是图书委员会、入学审查委员会、职业介绍委员会、奖学金审查委员会、师生交谊委员会的委员，其中校务会议、行政会议和图书委员会的主席是林文庆校长。

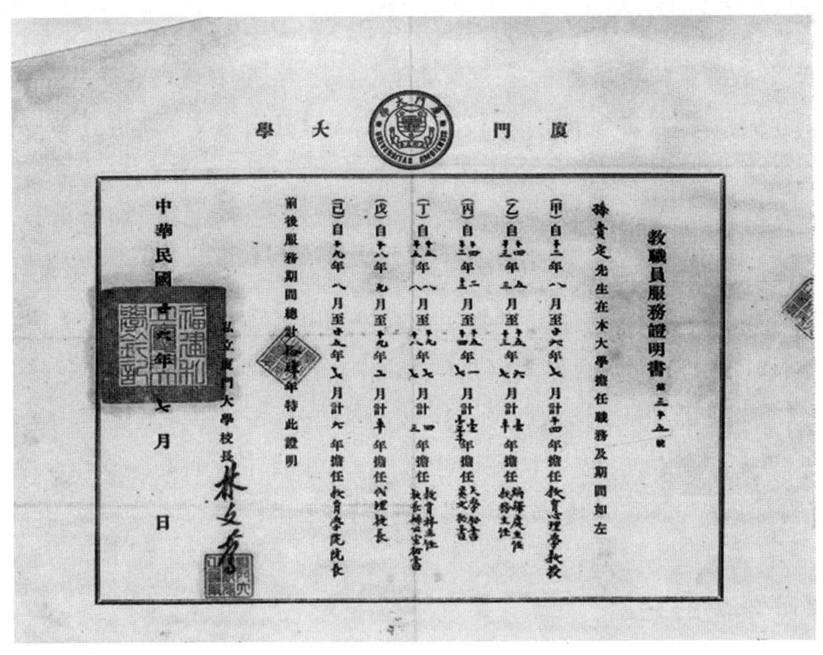

廈門大學

教職員服務證明書 第三十五號

孫貴定先生在本大學擔任職務及期間如左

(甲)自十二年八月至廿六年七月計十四年擔任教育心理學教授

(乙)自十三年五月至十五年六月計[illegible]年擔任編輯處主任教務主任

(丙)自十四年二月至十五年一月計[illegible]年擔任[illegible]

(丁)自十五年八月至十九年七月計四年擔任教育科主任兼[illegible]

(戊)自十八年九月至十九年二月計半年擔任代理校長

(己)自十九年八月至廿五年七月計六年擔任教育學院院長

前後服務期間總計拾肆年特此證明

私立廈門大學校長 林文慶

中華民國廿六年七月 日

图 1-3　厦门大学新闻科主任孙贵定“教职员服务证明书”

在 1926 年秋季厦门大学“各科教员每周授课时数调查”中，教育科教授孙贵定主要教授“普通心理学”和“社会心理学”这两门课程，每周各 3 学时，共 6 学时。根据学校教师档案记载，孙贵定讲授的课程除了“普通心理学”和“社会心理学”之外，还开设“变态心理学”“教育心理学”，但没有有关新闻学课程的记载。[①]

在 1937 年厦门大学“文学院教授著作调查”中，《厦大校刊》是这样介绍的，“本校各院教授，著作均甚丰富，兹据文学院教育学系消息，该系四教授著作，除其他不计外，单就教育与心理两门，重要著译成书者十二种之多”，其中孙贵定有专著 2 部《教育学原理》《伦理学》，还有译著 1 部《服装心理学》(与人合译)。[②] 孙贵定还著有《英文中国寓言》，这些著述全部由上海商务印书馆出版。此外，他还是上海商务印书馆《教育大辞书》(上、下)的特约编辑。[③]

孙贵定担任厦门大学教育学教授，长期主持教育学科的发展和建设，随着学科调整，由教育科主任变成教育学院院长，直到 1936 年，“厦大下年度裁院并系，

---

① 厦门大学档案馆馆藏《解放前教师档案》，第 136 卷“孙贵定档案”。

② 《文学院教授著作调查》，《厦大校刊》1937 年 6 月第 1 卷第 16 期。

③ 根据《厦门大学周刊》第十卷第 11、12 期合刊，第 21 期的“校闻”综合而成。

教育学院裁并文学院，学校发表聘李励文学院长，刘椽理学院长。按文学院长原为周辨明，教育学院原孙贵定”[①]。1937 年 7 月之后，随着厦门大学从私立大学变成国立大学，孙贵定来到上海，任国立暨南大学外国语文学系专任教授，之后任私立光华大学教授、教育系主任。

戈公振在《中国报业史》中称赞孙贵定“孙于报学颇有心得，锐意经营，报学科遂日有起色”，而对新闻学子亦循循善诱，关爱有加。但是在 1924 年 4 月学潮时，学生宣布“所谓政府党教员孙贵定、刘树杞、周辨明、黄开宗、王振先罪状，限令出校”，时任教务主任的孙贵定是学生第一个指名道姓“限令出校”的教授。“林文庆于三十日召集亲信教职员十余人，会议对付方法。孙贵定谓学生风潮、司空见惯，不必顾虑，应仍一本原来主张进行”，坚持不收回开除学生学籍的成命。[②] 当时孙贵定不仅是教育科主任，也是新闻科主任。

六、新闻学科的社团

（一）新闻科同学会的成立

根据 1921 年厦门大学校旨，学校“提倡学生自治之组织，以期养成高尚之人格，发扬美满之民族精神，于学校内造成一种模范社会，以为将来服务之预备”[③]。1922 年，教务长刘树杞在《教务处报告》中明确提出，厦门大学“学生自治之能力虽尚幼稚，然对于种种课外作业颇极热心，对于学术、游戏、交际等项均设有专门研究会，其组织亦完善”[④]。

在学校的提倡与鼓励之下，厦门大学新闻学科的学子组织了同学会。这是我国第一个以研讨新闻事业为主要目的的学生社团组织。当时上海《民国日报》还专门作了新闻报道，当中还指出“该会已发表宣言书”[⑤]。中国新闻史学家、复旦大学新闻学院宁树藩教授断言，“据我所知，这种以研讨新闻事业而组成的同

---

① 上海《申报》，1936 年 6 月 18 日第 5 版。

② 《私立厦门大学风潮记》，《教育杂志》1924 年 7 月 20 日第十六卷第七号。

③ 黄宗实、郑文贞：《厦门大学校史资料》（第 1 辑），厦门大学出版社 1987 年版，第 12 页。

④ 《厦门大学民国十年度报告书》之《教务处报告》。

⑤ 《厦门大学组织新闻科》，上海《民国日报》1923 年 5 月 10 日第 7 版。

学会，在我国还是第一个（其他专业似也未见），时间虽短，人数虽少，值得注意。其《宣言书》也值得审视”[①]。

当时厦门大学新闻学科的名称是“新闻科”，新闻学科同学会的名称也就顺理成章地称为“新闻科同学会”。1923 年 3 月 12 日，《厦门大学周刊》特地在“学校新闻”栏目发布“新闻科同学会行将成立”消息：“本校新闻科同学会赵英育、周尚二君，现发起组织一新闻科同学会，以期有互助之精神，良好之友谊，以促进新闻事业为职务。现闻该会订于兹星期五日下午六时半在第八教室开成立大会，并讨论一切进行事宜云。”[②]1923 年 3 月 25 日，《厦门大学周刊》以“新闻科同学会贰次会议并志”为题，对当时新闻科同学会的成立有专门报道。[③] 这次会议议程很丰富，议定并通过了新闻科同学会的章程，有组织架构，分设书记、会计和干事，还聘请了社会学教授徐声金、经济学教授陈灿为顾问，发表了宣言书，敦促学校聘请新闻教员。可惜，同学会章程未曾发现。

（二）新闻科同学会的宣言书

一般来说，一个社团组织的成立，都会发表一篇公告性质的宣言，其内容不外乎向社会各界宣告这个社团成立的缘由、目的和意义；而恰好就是这些内容，记录了社会的风貌，承载了时代的思潮，见证了历史的变更。这些宣言，到了今天，成为我们了解那个时代的不可多得的珍贵的历史文献资料。厦门大学新闻学科同学会的宣言，就是这样一份沉寂了八十余年的历史文献。这份刊登于 1923 年 5 月 10 日上海《民国日报》第 7 版的宣言书，全文如下：

新闻纸之见于我国，已五十年矣。此五十年中，由变相之邸抄，进而济于世界新闻之林，不可谓无进步。然吾人苟律以谨严之批判，则又未尝不叹其短于论识而滥于取材。呜呼，社会方充满杀机，而新闻纸又鼓其势位富厚

---

① 见于 2003 年 4 月 15 日宁树藩先生给笔者的回信。2003 年 3 月中旬，笔者冒失地提笔给未曾谋面的宁老写信，并附录所写的关于 20 世纪 20 年代厦门大学新闻教育考证辨析的一篇文章，向宁老请教。当时宁老以 84 岁高龄，对所提出的疑问一一作答，并就其中的一些问题提出修改意见，指明研究方向。当笔者捧着宁老用略显颤抖的手所写的 3500 余言的回信时，深为老派学者的人品学识所折服。斯人已逝，风范长存！

② 《新闻科同学会行将成立》，《厦门大学周刊》1923 年 3 月 12 日第 3 版。

③ 《新闻科同学会贰次会议并志》，《厦门大学周刊》1923 年 3 月 25 日第 2 版。

之说，以启人争夺之念；群众方兽性相向，而新闻纸又好为刻薄寡思之论，使人无复以忠厚待人。至于取材之滥，尤足以惊人：总统宴客、总理访人，此何与吾民事，竟据之以入专电；毫无确实之性质者，亦可引之为数遍通信之材料；更下焉者，日惟向壁虚构，以挑拨排挤为业，以津贴敲诈为生。此年来我国之所以乱，而新闻纸之地位所以终不能见重于人也。环视各先进国之新闻，虽不能事事满人意，而立论务衷于理，不为偏激之辞，记事务得其要，不为拉杂之谈，使人读其新闻纸脑力、时间两不浪费，则实足多。同人等有志于新闻事业之盛，又目睹各先进国斯业之盛及我国之缺憾，窃不能不以改革自任。惟众擎易举，孤掌难鸣，古有明训。爰集斯会，冀能集思广益，竟研究之功，协力合作，举改革之效。此同人区区之微意也。谨此宣言。

这是一份具有历史价值和现实意义的宣言。很难想象，这样一份宣言竟然出自一个刚刚创办一年的新闻学科大学生社团之手，作为中国第一个新闻学科大学生社团的宣言，其问题意识之明确，思想境界之高远，还有内容之深刻，逻辑之缜密，语言之老练，足以比肩当代，傲视同侪。

宣言书开头就声称“新闻纸之见于我国，已五十年矣。此五十年中，由变相之邸抄，进而济于世界新闻之林，不可谓无进步”。中国现代新闻事业起源于1872年4月30日由英国商人美查在上海创办的商业报纸《申报》。尽管现在学界对这种论断持有异议，但在当时却是一种共识。1918年10月14日，蔡元培在北京大学新闻学研究会成立大会发表演说，认为“我国第一新闻，是为《申报》，盖以前虽有所谓邸抄，若京报，是不过辑录成文，非如新闻之有采访有评论也。故言新闻自《申报》始”①。

从内容上看，宣言书包含有三层意思：首先回顾中国新闻事业的发展历程，其次阐明新闻学科同学会的新闻理念，最后坚定新闻学科同学会的改革信心。1927年新闻学者黄天鹏在《中国新闻界之鸟瞰》一文中说道：“新闻纸既站于时代之前头，即应于荆棘丛生中辟一新路。然此又未易言也。本身无良善之基础，又乌足以肩此重任。故吾人以为今日之谈新闻业者，须从本身之改造始。”②

---

① 《北京大学日刊》1918年10月16日，方汉奇主编：《中国新闻事业编年史》（上），福建人民出版社2000年版，第855页。

② 黄天鹏：《中国新闻界之鸟瞰》，《新闻学刊》1927年第4期，第135页。

在当时的时空条件下，厦门大学新闻学科同学会发出这样的声音，实属难能可贵了。毋庸讳言，由于存续的时间短暂，厦门大学新闻学科同学“新闻改革”和“新闻救国”的愿望，更多地是停留在思想层面上，在实践层面上却显得很苍白。

第三节　厦门大学与20世纪20年代中国的新闻教育

在中国高等教育的历史长河中，应运而生的厦门大学显得特立独行、可歌可泣。新闻学科部的创设，就是20世纪20年代厦门大学在我国大学新闻教育的发展上留下的一抹厚重色彩。当时我国的新闻教育在摸索中前进，无论是国立北京大学新闻学研究会开启注重实践的新闻实训方式，还是由上海圣约翰大学触发的外国在华新闻教育事业，以及私立厦门大学所吃的新闻教育“第一只螃蟹”，都是20世纪20年代中国新闻教育有机的教育形态。

一、中国新闻教育的嚆矢：北京大学新闻学研究会

北京大学新闻学研究会的成立标志着中国新闻教育的开端。1927年，戈公振在《中国报学史》中这样写道：“民国七年，国立北京大学学生，得学校当局之赞助，设立新闻学研究会，是为报业教育之发端。”[①]这个结论，似乎已经成为中国新闻学界的共识。从一般教学来说，北京大学新闻学研究会确实开启了中国新闻教育的端绪，尤其是徐宝璜最先在北大开设了新闻学课程。当事人徐宝璜也说道：“吾国新闻教育滥觞于民国七年北大所设立之新闻学研究会。”[②]

但是有一个被忽略的细节，北京大学新闻学研究会采取收费入会制，具有会员培训性质。1918年7月6日，蔡元培在《北京大学日刊》发表了亲手拟定的《新闻研究会之简章》，其中第六条规定“校内会员每年每人纳费九元，校外会员年纳十八元，分三期缴纳”。1919年2月10日，《北京大学日刊》发表《新闻学研

① 戈公振：《中国报学史》，生活·读书·新知三联书店2011年版，第239页。

② 邵飘萍：《实际应用新闻学》，京报馆1923年版，第20页。

究会改组纪事》，第八条收费规定也有调整，“校内会员每人年纳会费现洋四元，校外会员年纳现洋八元，分二期交纳。既缴之费，无论何种情形，概不退还”。还有增加第九条规定“研究满一年以上，由本会发给证书”。蔡元培版简章没有颁发证书这一条。

这个收费不算低。当年担任北京大学图书馆助理员的毛泽东，报名参加了第二次招生活动，获得“听讲半年之证书”。1936年，毛泽东在延安接受美国记者埃德加·斯诺的采访，谈及这段经历时说：“我参加了哲学会和新闻学会，为的是能够在北大旁听。……李大钊给了我图书馆助理员的工作，工资不低，每月有八元钱。”①

我国高等教育有两个基本特点：第一，高等教育是建立在普通教育基础之上的高等专业性教育，这是高等教育的本质特征。第二，高等学校的培养对象一般是20岁左右的男女知识青年。高等学校又有哪些社会职能呢？比较一致的看法是，应当具有三个主要的社会职能：第一个职能是培养人才；第二个职能是发展科学；第三个职能是直接为社会服务。②

从高等教育的基本特点来审视北京大学新闻学研究会开展的活动，这似乎更像是大学社团面向学校和社会的一场普及新闻知识的培训活动，“它每周活动二至三次，活动的方式主要是请导师和中外名流记者演讲，同时组织实习和讨论”③。当时北大并没有成立建制性的新闻科系，北大新闻学研究会的活动并非“建立在普通教育基础之上的高等专业性教育”，何况参加活动对象的初衷是“凡校内外人均可入会为会员”。

如果从高等学校的社会职能来观察北京大学新闻学研究会开展的活动，北大新闻学研究会符合大学的“第三个职能”——直接为社会服务，尽管客观上有培养人才的教育功能、发展科学的研究功能。当时北京正处于五四运动爆发的前夜，社会需要大学提供这方面的服务，乃至成立新闻科系也是水到渠成、顺理成章的事情。

当时新闻学研究会会长蔡元培，副会长兼导师徐宝璜，还有导师邵飘萍的有关新闻学知识方面的讲演内容，仅是新闻研究社团的演讲、讲座，而非大学开设

---

① 埃德加·斯诺：《西行漫记》，生活·读书·新知三联书店1979年版，第127页。

② 潘懋元：《高等教育学讲座》，人民教育出版社1993年版，第13、51页。

③ 方汉奇：《中国近代报刊史》（下册），山西教育出版社2012年版，第666页。

的供学生选修的课程，更非大学正式学科。北京大学新闻学研究会会员罗章龙回忆道："当时学校课程，并无所谓新闻学，北京各大学中，更未设有新闻专业。"[①]诚如邵飘萍所言，北京大学新闻学研究会成立"是为我国大学中有新闻学之始。但所谓新闻学会者，乃有自由加入之性质，未正式列为大学之一科也"[②]。

2008 年 4 月 15 日，在北京大学 110 周年校庆前夕，在北京大学新闻学研究会成立 90 周年之际，校长许智宏宣布北京大学新闻学研究会正式恢复成立，并出任研究会会长。在恢复成立仪式上，中国新闻史学会名誉会长方汉奇教授在致辞中说道："北京大学新闻学研究会的成立是一个在中国新闻事业史上、新闻教育史上一个非常重大的里程碑。虽然这个研究会当年只活动了两年零两个月，时间不算长，但是影响很大，它标志着中国新闻学研究的开端，标志着中国新闻教育的开端，在新闻学研究会的活动期间，还出版了中国的第一本新闻学著作，创办了中国的第一份新闻专业期刊。"[③]

概而言之，作为一个大学社团，北京大学新闻学研究会的初心是为社会提供普及新闻知识的培训活动，还不是"高等专业性的新闻教育"。方汉奇教授主编的《中国新闻事业通史（第二卷）》指出"北京大学新闻学研究会的各种活动仍属课余性质，与正规的新闻教育是有区别的"[④]。这个评价实事求是，恰如其分。当然，北京大学新闻学研究会对中国新闻教育有开启鸿蒙的意义，这是毋庸置疑的。

二、外国在华新闻教育的发轫：上海圣约翰大学"新闻专修课程班"

1927 年，戈公振在《中国报学史》中称"民国九年，上海圣约翰大学于文科中，设立报学系"。从今往后，在中国新闻教育学术史上，圣约翰大学设立的所谓

---

① 罗章龙：《忆北京大学新闻学研究会与邵振青》，《新闻研究资料》第 4 辑，第 119 页。

② 邵飘萍：《我国新闻学进步之趋势：新闻学应列为普通学科》，《新闻学刊》1927 年第 1 卷第 1 期。

③ 邓绍根：《中国新闻学的筚路蓝缕——北京大学新闻学研究会》，清华大学出版社 2015 年版，第 2 页。

④ 方汉奇：《中国新闻事业通史（第二卷）》，中国人民大学出版社 1996 年版，第 103 页。

“报学系”，被冠之以诸如“中国第一个报学系”、“中国第一个新闻系”、“中国第一个新闻学系”和“中国第一个新闻专业”的头衔。这种论调值得商榷。

关于圣约翰大学的新闻教育，戈公振简短而完整的表述如下：①

> 民国九年，由美籍教授卜惠廉（W. A. S. Pott）在教务会议上提议设立报学系，附于普通文科，请《密勒氏评论报》主笔毕德生（D. D. Patterson）兼任其事。故授课均在晚间。《约大周刊》（英文）亦于此时发行，编辑者即为报学系中人。一时选读者达四五十人。校长见学生对报学至有兴味，乃函告英国董事部，添聘报学教授一人。民国十三年，得武道（M. E. Votau）来华主任教务，于是报学课程渐多，每学期选读者，均约五六十人，以教授人数太少，未设专科。故毕业者，仍给予文科学士学位。

这段貌似清晰的叙述，实际上迷雾重重。从时间上，圣约翰大学校长卜舫济1920年在教务会议上有此提议，而当时是否立即开办，戈公振并没有明确的交代。有论者考证认为：“上海圣约翰大学不是在1920年，而是在1921年9月创办了中国第一个新闻专业。”②这里需要指出的是，论者用了一个模棱两可的表达——“新闻专业”。1921年9月，圣约翰大学是创办建制性的科系，还是开设选修性的课程，文中没有清晰交待。

民国时期高等院校的科系表述，常见的是“新闻科”“新闻学系”“新闻学科”。但是戈公振1927年出版的《中国报学史》并不严谨，往往称之为“报学系”“报学科”，也许是为了跟书名统一，颇有“削足适履”之嫌，给新闻史研究者带来很大的困扰。“新闻专业”这样的表述在民国时期很罕见，既使放在当下的语境，“新闻专业”也仅是建制性的“新闻学系”下列专业方向而已。

有研究表明，尽管1920年圣约翰大学校长卜舫济在教务会议有提议创设新闻学系，但是并没有立马成立，而是先开设了新闻学课程，不是后人所说“新闻专业”，后来在“新闻专修课程班”的基础上成立了“新闻学系”，不是戈公振所说的“报学系”。圣约翰大学的新闻教育，创办于1921年，终止于1952年，因太平洋

---

① 戈公振：《中国报学史》，生活·读书·新知三联书店2011年版，第239页。

② 邓绍根：《中国第一个新闻专业创办时间考论》，《新闻记者》2010年第4期，第88页。

战争爆发而停办了6年。根据"Announcements for the Year 1921—1922"编号St. John's Dial 7 Sep. 1921的档案，圣约翰新闻教育的最初形态是1921—1922学年由英语文学系推出的一门校内选修课，课程名称为"新闻学"（Journalism），每周两小时，一小时课堂讲授，一小时安排新闻实践。[①]

圣约翰大学《1920—1921校长学年报告摘录》有这样一段话：一门关于新闻的新课，将在英语文学系开出，由在*Weekly Review*供职的帕特森先生主讲。近年来在华报刊的影响力飞速增长，圣约翰希望训练一些学生以使他们有能力参与这一塑造健全公众舆论的方式。上过这门课的学生，将通过创办一份学校周报来获得实践经验。[②] 报告清楚说明，1920—1921学年，学校开设的是"一门关于新闻的新课"。校方聘请了上海《密勒氏评论报》编辑柏德逊（D.D. Patterson）作为兼职教授，夜间上课——就是戈公振所说"毕德生兼任其事"，"校长见学生对报学至有兴味，乃函告英国董事部，添聘报学教授一人"。圣约翰顺势于1922年创办了新闻学系，聘请武道（Maurice Eldred Votaw）为新闻学教授、系主任。

1922年9月，柏德逊回到美国，当年出版了英文著作*The Journalism of China*，谈及一手操持的圣约翰大学新闻学课程时，柏德逊称，1921—1922学年"The first professional class in journalism in China was established"[③]。1921年毕业圣约翰大学并入职申报馆的汪英宾，1922年赴美国密苏里大学新闻学院留学读本科，之后转赴哥伦比亚大学新闻学院读硕士，1924年6月，汪英宾学位论文"The Rise of the Native Press in China"在纽约公开出版，称圣约翰大学"The first professional class in journalism in China was established in 1921"[④]。作为当事人，柏德逊和汪英宾向英语国家介绍了中国的新闻事业，在叙述圣约翰新闻教育时都使用了"the first professional class in journalism in China"。这里的"the first professional class in journalism in China"，贴切翻译也许是"中国第一个新闻专修课程班"，不应是"中国第一个新闻专业班"，这里使用"新闻专业"有

---

① 周婷婷：《圣约翰大学新闻教育的历程》，《新闻大学》2017年第4期。

② Extracts from the President's Annual Report（1920—1921），档案号Q243－1－67。

③ D. D. Patterson, *The Journalism of China*, Columbia: The University of Missouri Bulletin, 1922, p.72.

④ Y. P. Wang: *The Rise of the Native Press in China*, New York: Columbia University, 1924, p.49.

误导之嫌，具体学科性质的“专业”，对应的英语单词是 major。即使是“新闻专修课程班”，是否“中国第一个”，还有待于进一步商榷。开设新闻研修班并创办实习刊物，1918 年北京大学新闻学研究会就是如此操作。

关于教会大学新闻教育的性质，民国时期新闻学者已有定论。1941 年任白涛在《综合新闻学》中说：“1921 年，上海圣约翰大学开办新闻科，聘请《密勒氏评论报》主笔彼得森(D. D. Patterson)为教授。彼得森氏为米梭里大学新闻学院出身，即威廉博士的高足。所以约翰的新闻科，成了米梭里的一个分支。”①无独有偶，早在 1932 年 7 月袁殊在《学校新闻讲话》中针对北京燕京大学新闻学系就说过：“北平设有新闻学专科的学校，还有一个颇负盛名的燕京大学，它是纯粹的美国式的教育机构，新闻教育部分，不待说也是 Americanism 的。”②1948 年储玉坤在《二十年来的新闻教育》中指出，“中国新闻教育，也和中国报业一样，也是走英美路线”，圣约翰大学和燕京大学“不论是课程或编制，都是仿效英美两国的新闻教育，甚至教本也是采用英美原本，供给学生学习的校刊，也是采用的英文。所以约大与燕京两校的新闻系的毕业生，大半在英文报馆内工作，而不适用于中文报社。所以这两校对于中国报业的改造，并没有十二分大的贡献”③。

综上所述，1921—1922 学年，上海圣约翰大学在英语文学系开设了新闻学课程，组成一个“新闻专修课程班”，由《密勒氏评论报》编辑柏德逊夜间用英语授课，并指导学生创办英文《约大周刊》作为实践平台。1922 年学校聘请刚从美国密苏里大学新闻学院毕业不久的武道作为新闻学专职教授，成立新闻学系。圣约翰大学新闻学系，作为外人在华新闻事业的一个部分，对中国报业的发展贡献有限，可以理解为“在中国的美国新闻学系”，或者“美国在中国的新闻学系”，而不应当是“中国的新闻学系”。

三、“中国的第一个新闻学科”：厦门大学新闻学部

20 世纪 20 年代初期，中国大学的新闻教育主要有三种形态，一种是国立北京大学通过成立新闻学研究会这样的学术社团组织从事新闻活动，一种是外国

① 任白涛：《综合新闻学》，商务印书馆 1941 年版，第 47、50 页。

② 袁殊：《学校新闻讲话》，中国传媒大学出版社 2018 年版，第 214 页。

③ 储玉坤：《二十年来的新闻教育》，《教育杂志》1948 年第 33 卷第 6 号。

在华上海圣约翰大学先开设新闻专修课程班后成立新闻学系，还有一种是私立厦门大学直接创办新闻学部。

1927年戈公振的《中国报学史》初版问世。这是我国新闻史研究的开山之作、奠基之作，戈公振因此成为我国新闻史研究的拓荒者。但是由于受到时代的局限和条件的影响，《中国报学史》也有一些缺失，“经后人订正的讹误就不下二百余处，有些观点也未必被后人全部认同，但无疑是建国前中国新闻史研究方面的最杰出的成果”①。

在中国新闻教育学术史上，有关厦门大学新闻学科的叙述从《中国报学史》问世之后，几乎成了定论。书中有两个地方提及厦门大学，先是在综述段落中一句话介绍，“民国十年，厦门大学成立，列报学于所设八科之一”，之后有完整表述：②

> 厦门大学成立于民国十年，为华侨陈嘉庚所创办，内设八科，报学其一也。斯时草创伊始，教授缺乏，学生只一人而已，课程与文科同，徒有其名。翌年夏，江浙学生负笈前往者渐多，入报学科者增至六人。惟学校当局重视理科，而漠视其他；报学科同学乃组织同学会，内则要求学校当局聘请主任，添设课程，购买图书，与印刷机器；外则介绍同志，加入此科。民国十一年冬，学校因聘孙贵定为报学科主任。孙于报学颇有心得，锐意经营，报学科遂日有起色。不意民国十二年，发生反对校长风潮，教授九人与全体学生，宣言离校，赴沪创设大夏大学。于是幼稚之厦大报学科，遂成昙花一现。

总体而言，这些叙述和论断是客观准确的，但是有些细节还是需要进一步考推敲。结合上述考证，在尊重作者的评价基础上，戈公振的表述似乎可以这样表述：

厦门大学成立于民国十年，为华侨陈嘉庚所创办，设有新闻学部，民国十二年称为新闻科，民国十三年改为新闻学系，隶属文科八系之一。斯时草创伊始，教授缺乏，学生只一人而已，课程与文科同，徒有其名。翌年夏，江浙学生负笈前

① 戈公振：《中国报学史》，生活·读书·新知三联书店2011年版，方汉奇“再版序”。

② 戈公振：《中国报学史》，生活·读书·新知三联书店2011年版，第240页。

往者渐多,入新闻科者增至六人。惟学校当局重视理科,而漠视其他;新闻科同学组织同学会,内则要求学校当局聘请主任,添设课程,购买图书,与印刷机器;外则介绍同志,加入此科。民国十二年秋,学校因聘孙贵定为新闻科主任。孙于新闻学颇有心得,锐意经营,新闻科遂日有起色。不意民国十三年,发生反对校长风潮,教授九人与绝大多数学生,宣言离校,赴沪创设大夏大学。于是幼稚之厦大新闻科,遂成昙花一现。

1921 年 11 月,厦门大学设立了新闻学部,开创了中国创办高等学校正规的新闻教育的先河。在中国新闻教育史上,这个举措意义深远。历史是公正的,新闻学界对此的评价是,"这是中国人自己开办的第一个高等新闻教育单位"①、"这是中国人最早创办的大学新闻系"②、"这是国人自己创办起来的第一个新闻学科"③,等等。历史的见证人、耄耋之年的周尚也说:"中国的学校新闻教育,……中国人自办的,厦大该挠(翘)大拇指。"④

必须说明的是,这种评价是在戈公振认为 1920 年上海圣约翰大学创办了"报学系"这个叙述的基础上定论的。从我们的论证可知,1921 年厦门大学创办的新闻学部,是"中国的第一个新闻学科"。然而,厦门大学创办新闻学科,先天准备不足,后天营养缺乏。命途多舛的厦门大学新闻学科于 1926 年宣布停办。

厦门是五口通商口岸之一,厦门大学独一无二的创办过程和发展历程,陈嘉庚、林文庆的媒体实践和北京大学新闻学研究会开启新闻教育的鸿蒙,中国新闻教育的历史聚合点在 1921 年的厦门大学一触即发。

在当时的时代背景和社会环境下,厦门大学新闻学科的创办和停办,本身说明了在中国开展新闻教育的艰难。厦门大学创办新闻教育科系的尝试,在一定程度上昭示着中国人民族国家意识苏醒之后,媒体主权和舆论主权在高等教育领域中的自觉反映。秉承历史的传统与惯性,东山再起的厦门大学新闻教育将以崭新的姿态迎接时代赋予的使命。

---

① 梁家禄:《中国新闻业史》,广西人民出版社 1984 年版,第 237 页。

② 孙文铄:《中国新闻界之最》,社会科学出版社 1993 年版,第 113 页。

③ 王洪祥:《中国现代新闻史》,新华出版社 1997 年版,第 55 页。

④ 周尚:《我在厦大新闻科》,《厦门大学》校刊,1998 年 12 月 15 日第 389 期第 3 版。

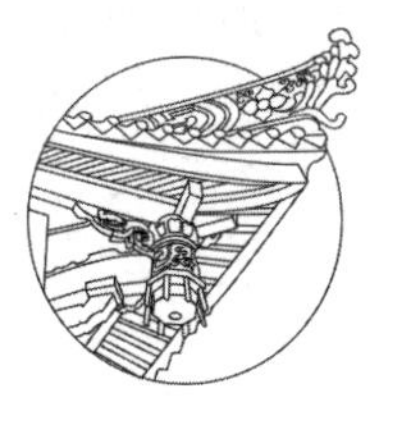

第二章
沐改革春风
谱教育新篇
（1983—1998）

厦门大学新闻传播系的复办，可以说是天时、地利、人和三者聚合的必然产物。

谈到新闻传播系的建立，人们总不约而同想到将传播学引进大陆的功臣之一——余也鲁教授，而他正是经由刘季伯先生的介绍来到厦门大学的。余教授当时刚从香港中文大学新闻系讲座教授的任上退休。在当时中国大陆还未全面开放的大背景下，余教授认为，厦门大学地处特区，在地理与人员的交流上有许多优势，在厦大搭建一个中华传播教学与研究的平台，是实现他学术抱负的最佳途径。此外，为新闻传播系创办献计献策者还很多。他们中有在国内新闻界享有盛名的前《文汇报》总编徐铸成、前《中国日报》总编刘尊棋、资深记者萧乾、中宣部新闻教育处处长洪一龙等，这些贤人达士共同协力奠定了建系的基础和高度。

第一节　新闻传播系筹备过程

厦门大学新闻教育1926年停办后，经过半个多世纪的漫长等待，终于迎来了1983年的复办。其实，早在1983年复办新闻传播系之前，中文系自1972年以来，就已经陆续开出“新闻学概论”“新闻采访与写作”“报纸编辑”等课程。因此，可以说，复办新闻传播系是有一定师资和课程等新闻教育基础的。

据系里的前辈许清茂教授介绍，1964年，中国人民大学新闻系五年制毕业的陈扬明老师毕业后到厦大华侨政策研究室工作。1972年，陈扬明老师强烈要求到中文系写作教研室当教师，还兼当中文系1972级的学生支部书记。当时“记叙文写作”课上有新闻报道写作内容，后来，陈扬明老师开了新闻报道专题课程。1979年，恰逢原香港《大公报》老报人刘季伯先生来厦门，他和陈扬明老师一人做新闻业务，一人做新闻理论，交谈甚欢。刘先生想建议厦大复办新闻系，陈老师也很乐意配合。

在中国南方筹建新闻传播系，是件敢为人先的伟大创举，这得益于天时、地利、人和。天时是中国正处于改革开放初期，刚刚经历了十年“文革”浩劫，百废待兴。1983年全国新闻教育工作座谈会在北京召开，这是新中国成立后由中宣部和教育部联合召开的第一次全国新闻教育工作座谈会。会议讨论了新闻教育发展规划和新闻教育改革问题。同年8月，中宣部和教育部联合发出《关于加强新闻教育工作的意见》，提出要加速发展新闻教育、积极进行新闻教育改革等意见。这是新中国成立后第一次专门讨论新闻教育改革和发展的会议，预示着我国新闻教育即将迎来大的发展机遇。改革开放的中国迎来了新闻传播教育突飞猛进大发展的春天，这可谓复办新闻传播系的最好时机。地利是厦门大学地处中国东南沿海，且厦门被改革开放的总设计师邓小平先生规划为“经济特区”，可以说处在高起点发展的机遇期。人和是厦门大学天然拥有校主陈嘉庚先生敢打敢拼的精神基因，具体体现在当时参与筹备的福建省委书记项南、校长曾鸣等一批校领导以及筹委会成员身上，正是他们的齐心协力才把中断了半个多世纪的厦门大学新闻传播教育赓续起来。

一、多方谋划，敢为人先，中国迎来了第一个以“传播”冠名的新闻传播系

梳理厦门大学新闻教育办学历程，我们发现改革开放初年有着特殊的意义。正是1979年，时为美国南伊利诺大学广播电视系助理教授的海外华人学者林念生先生回国短期交流，在回福建莆田老家省亲时，福建省政府安排他到厦门大学做了一次有关电视媒体本质的学术交流。这位海外传媒学者的不期而至，或许无形中为厦门大学接下来的新闻传播教育开端结下了不解之缘。事隔近30年后的2007年，林老师受聘为我院广播电视学专业的老师，为学生讲授纪录片制作，指导学生拍摄纪录片。

无巧不成书，1979 年 12 月，厦门大学校友刘季伯先生来厦探亲时，基于深感改革开放需要大力培养新闻传播人才，于是向母校领导提出“恢复新闻系，最好设传播系”的主张。这个倡议得到学校领导的重视与支持，于是当年 12 月 29 日，学校指派毕业于中国人民大学新闻系且在中文系任教的陈扬明与徐铸成具体研商创办传播系构想。随后，厦大聘徐老为客座教授。1980 年 3 月，中文系派许清茂与陈扬明配合刘季伯开展筹建传播系事宜。4 月刘季伯写出了建系“计划纲要”(教学方案初稿)。

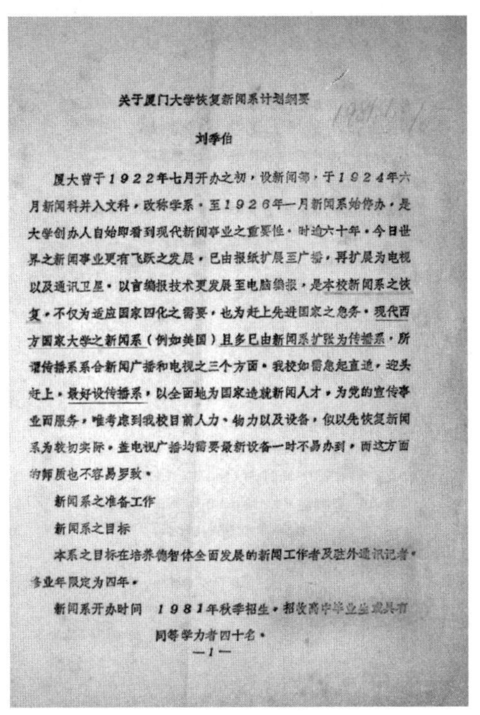

关于厦门大学恢复新闻系计划纲要

刘季伯

厦大曾于1922年七月开办之初，设新闻部，于1924年六月新闻科并入文科，改称学系。至1926年一月新闻系始停办。是大学创办人自始即看到现代新闻事业之重要性。时逾六十年，今日世界之新闻事业更有飞跃之发展，已由报纸扩展至广播，再扩展为电视以及通讯卫星。以言编报技术更发展至电脑编报，是本校新闻系之恢复，不仅为适应国家四化之需要，也为赶上先进国家之急务。现代西方国家大学之新闻系（例如美国）且多已由新闻系扩张为传播系，所谓传播系系合新闻广播和电视之三个方面。我校如需急起直追，迎头赶上，最好设传播系，以全面地为国家造就新闻人才，为党的宣传事业而服务，唯考虑到我校目前人力、物力以及设备，似以先恢复新闻系为较切实际。盖电视广播均需要最新设备一时不易办到，而这方面的师质也不容易罗致。

新闻系之准备工作

新闻系之目标

本系之目标在培养德智体全面发展的新闻工作者及驻外通讯记者。修业年限定为四年。

新闻系开办时间 1981年秋季招生，招收高中毕业生或具有同等学力者四十名。

—1—

图 2-1 《关于厦门大学恢复新闻系计划纲要》

陈扬明则起草创建传播系可行性报告。该报告被摘引在教育部的《教育通讯》第 24 期第 23 页上。刘季伯还积极联络海内外名流来厦大共商创系事宜。其中，徐铸成就是他邀请来的业界大咖。1981 年 11 月 27 日，徐铸成第一次来厦商讨筹建事宜，校党委书记曾鸣亲自会见。1982 年 2 月 22 日，中文系领导主持，校领导出席，正式成立了中文系新闻教研室，刘季伯为顾问，陈扬明为负责人，成员有许清茂、韦体文、李坤(后调离中文系)等，年底朱月昌老师加盟。1983 年，由林振福同志担任新闻教研室办公室主任。接着，我国第一所新闻专科学校上海民治新专毕业生、南下干部龚以初先生来系工作，着力建设新闻资料室。教研室除承担教学功能外，还承担筹建传播系事务。1982 年 5 月 20 日，徐铸成第二次来厦，刘季伯也同时抵达。6 月 3 日学校曾鸣书记召开会议，研究成立新闻传播系筹备委员会事宜。6 月 5 日，学校正式发文，成立新闻传播系筹备委员会，徐铸成先生为主任，未力工、刘季伯为副主任。徐铸成先生为筹备建系，多次奔走于上海与厦门之间，还常取道福州，与当时的福建省委书记项南报告筹备情况。此外，许栋梁老师也是中国人民大学新闻系毕业的，曾经参与伟大的抗美援朝的新闻报道工作，后在厦门大学中文系工作时也积极参与了新闻传播系的筹备工作。

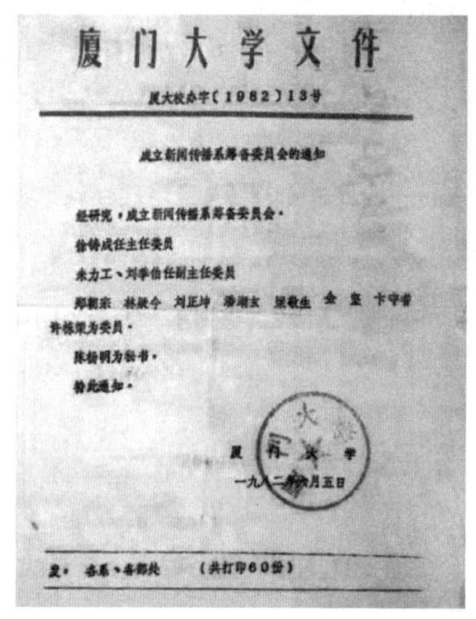

厦门大学文件

厦大校办字〔1982〕13号

成立新闻传播系筹备委员会的通知

经研究，成立新闻传播系筹备委员会。

徐铸成任主任委员

未力工、刘季伯任副主任委员

郑朝宗 [illegible] 刘正坤 [illegible] [illegible] [illegible]

许栋梁为委员。

陈扬明为秘书。

特此通知。

厦门大学

一九八二年六月五日

发：各系、各部处　（共打印60份）

图 2-2 《成立新闻传播系筹备委员会的通知》

1982 年夏末，厦门大学曾鸣党委书记率团访港，与余也鲁教授商谈在厦大设立一个以传播为主修的系。巧的是当年年初，余教授访问上海时见过徐铸成，两人刚好也谈起此事。1982 年 10 月 26 日，香港中文大学客座教授余也鲁先生首次来到厦门大学，并受聘为学术顾问。项南同志十分重视，专门邀请他与徐铸成去福州商讨。当时项书记刚刚访问美国 40 多天，参观过几所设有传播课程的大学，他非常重视传播与媒体人才的培养，并将之纳入他的福建建设蓝图中。余也鲁回忆说，他们在西湖宾馆见面，谈了 3 个小时，项书记决定要亲自携创立传播系的草案赴京，与各部门面商。同时，决定由省工程队负责在厦大建传播大楼。果然，他上京促成办系的批准手续，而厦大也拨出了一笔近百万元建设传播大楼的经费。[①] 余教授则于当年冬天赴德国、加拿大，再到美国纽约，主要是为了联络国外的基金会。最后，找到纽约亚洲基督教高等教育联合基金会的总干事保罗·劳比博士（Paul Lauby）。由于该基金会主要资助亚洲各国高等教育发展计划，且为中国政府认定为国际援助机构，因此达成了初步的合作意见。1983年春，劳比博士、基金会顾问哥伦比亚大学教授胡昌度博士，以及余先生三人到访厦大。返美后劳比制订了一个5年25万美金的资助计划，涉及访问教授的旅费与津贴，图书购买，选派学人赴港培训，资助留学生赴美进修，购买器材设备等。很快厦大就选派了陈培爱、许清茂赴港进修传播学及有关课程，为期5个月。同年5月，厦大从中文系与外文系中各调6名年轻老师组成新系的教研骨干后，余也鲁组了一个8人的教学团队于7月来厦门，举办了为期10天的学习班。当时福建省的新闻与电子媒体的同行知道了，纷纷来旁听，结果人数达到了50人，可以说既培养了人才，又扩大了影响。[②]

据陈扬明老师回忆，1982年10月27日，中宣部新闻局理论教育处洪一龙处长（后为局级调研员）、国家社科院新闻研究所钱辛波副所长也应邀来校。26日下午至27日，由未力工副校长主持，余也鲁与厦门大学新闻传播系筹委会成员，研讨了办系诸项事宜。其间，27日上午的会议上，校党委曾鸣书记也出席。28日，形成了《关于厦门大学创办新闻传播系研讨会纪要》，主要就目标、专业、课程、师资、教材、设备、图书、建系楼等8项内容进行讨论。29日下午，未力工副校长主持，梁敬生（校宣传部长）、许栋梁、陈扬明出席与洪一龙处长、钱辛波副所长一起进一步研讨办系事宜。洪处长提出由厦大写个报告，他在报告上表态，再转教育部。钱副所长也表示支持，他“希望厦大办出特色，闯出新路子”。紧接着，厦门大学党委曾鸣书记、曾德聪等常委以及田昭武校长、未力工等副校长专门开会听取了陈扬明的建系汇报。最后于11月1日，由校办副主任潘潮玄撰写了申请报告，正式呈报教育部、中宣部，创办新闻传播系，设国际新闻、广播电视新闻、广告学三个专业。洪一龙处长十分热心，多次去教育部商讨，争取早日获得批准。新闻传播系成立后，他也曾多次莅厦指导工作。

① 余也鲁：《万水千山都是诗：余也鲁回忆录》，海天书楼2015年版，第350～351页。

② 余也鲁：《万水千山都是诗：余也鲁回忆录》，海天书楼2015年版，第352页。

另据陈扬明《厦大新闻传播系诞生记》所载，厦门大学新闻传播系之所以能够顺利创办，乃是得益于一批明白人、热心人和敢于开拓，勇于创新的人。这样的人，当时在校内，主要有校党委书记曾鸣、副校长未力工、校办主任潘潮玄、校党委宣传部梁敬生、校教务处处长刘正坤，中文系总支书记许栋梁及筹委会成员和工作人员；校外，既有时任福建省省委书记项南、广播电视部部长吴冷西、中宣部新闻局理论教育处处长洪一龙等官方人士，也有中国人民大学新闻系余致浚主任、张隆栋教授、甘惜分教授、方汉奇教授、北京广播学院康荫教授、苑子熙教授、赵玉明教授，复旦大学的林帆教授、陈韶昭教授，暨南大学新闻系主任马戎等学界人士，还有业界的唐忠朴、黄震尧、《人民日报》驻香港首席记者周毅之先生等专家；更有海外美国联合基金会总干事劳比博士、美国华侨胡昌度先生、香港中文大学教授余也鲁等，他们都先后到访厦大，关心与支持我们系的发展事业。

下面就建系的一些重要环节，做简要介绍：

其一，一波三折的系名选定。

我们原来打算创办“传播系”，何以正式采用的名称是“新闻传播系”？对此，刘训成老师在回忆录《国际新闻专业的初衷与实践》中明确追溯说：

> 伴随技术的发展，人类登上月球，传统的纸质新闻已经无法涵盖人类的传播活动，1970年代美国传播学是热门学科，学界寻求从更高的层面解释人类传播现象，并用它来解决现实的问题。“传播”这个词开拓了传播学人的视野，深化了他们对自己学科的认识。当时，香港资深传媒人士刘季伯先生有个儿子在纽约大学攻读政治学，他酷爱新闻，交流中刘先生了解了传播学的内涵，建议以传播来命名正在酝酿中的厦大新闻系，这在当时是国内首创，由此开创了国内新闻系学科建构方面的新风，即在课程设置中添加了诸如广告、公关等一系列与传播学相关的课程。

“新闻传播系”名称的确定过程确实是一波三折。据陈扬明回忆，刘季伯提出“最好设传播系”建议，厦门大学党委书记接受了这一建议。徐铸成来厦大，就是商量办“传播系”的。具体落实的陈扬明、许清茂等工作人员也是按照办“传播系”的思路来准备的。1980年5月，陈扬明在兰州召开的全国新闻学术研讨会上，介绍了厦大筹办“传播系”情况，与会代表很惊讶。赞许者，有之，疑虑者、担心者有之，误听为办“船舶系”者亦有之。因为在改革开放初期，“传播学”被视为“西方资产阶级精神污染”的东西。在此情景下，学校委派陈扬明等人走访中宣部新闻局、教育部、广播电视部等部门，也走访新闻界、新闻教育界，一面取经，一面陈述办“传播系”的构想，以争取他们的理解与支持。

1982 年 5 月 20 日，徐铸成、刘季伯来厦，商讨成立建系筹委会和建系方案事宜。5 月 21 日，他们俩与陈扬明、许清茂在厦大专家楼 205 室开会。陈扬明汇报了社会上对“传播系”的反映，尤其说明领导部门难通过的问题，并提议参照香港中文大学有“新闻与传播系”的先例，建议用“新闻传播系”。当时徐铸成表示“传播系通不过，就用新闻传播系，外面能支持”。刘季伯也赞成，说有“传播”两个字就好，先办起来就好。

6 月 3 日下午，学校召开成立建系筹备委员会大会，校党委曾鸣、副书记司守行、校长田昭武、副校未力工、潘懋元以及部处负责人出席，还有徐铸成、刘季伯、陈扬明。会上，经过认真讨论研究，最后确定系名用“新闻传播系”。据陈扬明回忆，就是“新闻传播系”这一名称当时社会上还不易接受。同年 11 月 29 日，他与韦体文到中南海拜访中宣部新闻局钟沛璋局长。钟局长听了汇报后说，“没听说过”。洪一龙处长当时也在场。上午没有得到首肯。下午再去，陈扬明灵机一动，解释说，“新闻传播系”也就是传播新闻的系。钟局长听后说：“这还可以。”这样，总算过关了。

1982 年 11 月 23 日至 26 日，陈扬明与韦体文参加了中国社科院新闻研究所召开的“全国首届传播学研讨会”，作为大会执行主席的陈扬明在发言中提及“新闻传播系”名称，也引发了一番议论。好在同为执行主席的张隆栋在大会总结时说“新闻传播系”这个名字好，厦大就用这个名称吧！回校后向校领导汇报后，从此这个系的名称就定下来了。

其二，深入细致的专业设置推敲。

新闻传播系要有新气象，开设什么专业也是当时的前辈们着力思考的问题。当时先后有两种方案供讨论：第一种方案是设置“新闻专业”“电视专业”“电脑专业”；第二种方案设置“新闻专业”“电视专业”“公共传播专业”。很明显，这两种方案新旧搭配，有传承，有创新。尤其是“电脑专业”“公共传播专业”都非常新颖，亟具前瞻性。基于传统新闻专业无法适应国外采访，或者国内采访外事活动的需要。陈扬明引述教他采访课的兰鸿文老师的话说：“新闻系的学生，懂新闻，但不懂外语；外语系的学生，懂外语，但不懂新闻。”于是，建议设为国际新闻专业，培养既懂新闻，又懂外语的人才。其实，徐铸成和刘季伯都提过“国际传播专业”。但是与“公共传播”专业一样，当时的社会还不能全面接受这样的超前观念，所以退而求其次，办“国际新闻”专业。而之所以要办“广告学专业”，是因为当时国家确立了“对外改革开放，对内搞活经济”的方针，广告学专业就大有用武之地，因此培养广告人才就势在必行了，所以大家都一致同意。

在1982年10月29日下午讨论建系筹委会上，也就专业设置进行讨论。当时洪一龙处长说，“广告学，这是缺门，不仅新闻部门，而且经济部门、贸易部门等都需要。毕业生不怕分不出去”；“干部队伍最弱的是广播电视”“下列人员很需要：驻外记者、外事采访记者”，“驻外记者多次要求复旦大学、人民大学、北京广播学院，培养国际新闻专业人才”。对此，钱辛波也表示“与老洪的意见一致”。于是，会议一致同意创办国际新闻、广播电视新闻、广告学三个专业。余也鲁也在回忆录中说道：“关于系，我们决定设立三个专业：一是国际新闻，为国家培养驻外记者和对外信息刊物的编采人才；一是广播电视，培养电子媒介的制作与编写人才；一是广告公关，为快要起冰的工商企业与政经部门培养公共信息制作人才。”①

创系之艰辛，一些前辈老师在专门为编撰院史撰写的回忆录中大多有所提及。例如，许清茂老师在回忆录《忆草创时期的新闻传播系》中深情地写道：“此后（注：筹备委员会成立）陈扬明老师立即带着韦体文老师马不停蹄到中国人民大学新闻系找他的老师们取经，求得他们的大力支持，并专门找了原人大新闻系主任罗列先生，请他帮助学生办事业。他们带着窝窝头，几进中南海，找了原人大新闻系教师当时在中宣部新闻教育司任司长的洪一龙教授，详细汇报了办新闻传播系的具体设想，征得他的意见，求得他的鼎力支持。找了社科院新闻研究所所长钱辛波，赢得了他的认同。找了复旦大学新闻系主任王中教授，赢得他的认可。并联系了暨南大学新闻系和杭州大学新闻专业的领导，取得他们的支持。虽然一开始有个别领导并不是都支持的，但有感于他的热情和执着，有感于他的强烈事业心和扎实的学识，也都表示支持。”

黄星民老师在回忆录《关于院（系）历史的二三事》中说：“老先生（注：徐铸

① 余也鲁：《万水千山都是诗：余也鲁回忆录》，海天书楼2015年版，第351页。

成)与香港刘季伯、余也鲁,台湾的徐佳士,都是当时两岸三地新闻界的一时之选,所以厦门大学新闻传播系复办时就站在很高的起点上,一开始就进入了全国前三前四。且眼光开阔,专业设计超前,为厦门大学新闻传播教育事业发展打下良好基础。"

上海《文汇报》老报人徐铸成,香港《大公报》老报人刘季伯先生,香港著名传播学者余也鲁先生,为厦门大学新闻传播教育的恢复和创办出谋划策,悉心指导。1983 年 6 月 30 日,在他们的关心和各方面的支持下,经教育部批准,厦门大学正式发文,同意成立新闻传播系,这标志着中国大陆高等院校第一个"新闻传播系"正式诞生了。

关于创系的过程,也有些著作偶有涉及,这里仅录李伟的《报人风骨:徐铸成传》第十五章"劫后余生 最后岁月",以从另一个角度呈现复办的过程:

> 厦门大学抗战前本有新闻系,1981 年冬,决定恢复。主事者刘季伯,函请香港《文汇报》代为介绍徐铸成前往该校讲学。港馆自然乐于玉成。厦门大学历史系教授持港馆金尧如的介绍函,到上海登门邀请,泽被青年学子,徐铸成自然一口应允。厦门大学党委书记曾鸣及正副校长盛情款待之余,请徐铸成惠赐良策。徐铸成坦然说,目前社会已经进入电脑时代,新闻教学应走快一步,设立新闻传播系。他并就在香港中文大学新闻传播系参观所见,一一介绍。曾鸣深然其说,并表示立即纳入议事日程。徐铸成的讲学本拟作三讲,两讲未完,厦大就接北京急电,徐铸成已增补为全国政协委员,急速赴京开会。接电后,匆促就道。到京时,开幕式已过,参加大会及小组会。
>
> 厦大的筹备工作紧锣密鼓地进行。翌年(1982 年)夏,厦大王洛林教授到沪,请徐铸成再次赴厦面商。到厦之日,适逢福建省委书记项南也到厦门视察。两人长谈三小时,项南极为赞赏徐铸成筹设新闻传播系先办国际宣传及广告两个专业的计划。项南表态明年开始招生。厦大当即成立新闻传播系筹备委员会,推徐铸成为主任委员,刘季伯、未力工为副主委。1983 年秋天,厦大新闻传播系正式成立,首批招新生,筹委会改为系务委员会,徐铸成又被推为主委,实因他有首创之功。
>
> 同年初冬,武汉大学筹设新闻系,请徐铸成莅临汉口指导,又逢该校校庆。徐铸成带他的研究生贺越明(复旦大学研究生。徐铸成在厦门大学的

研究生为黄星民、朱家麟、陈金武)同往。[①]

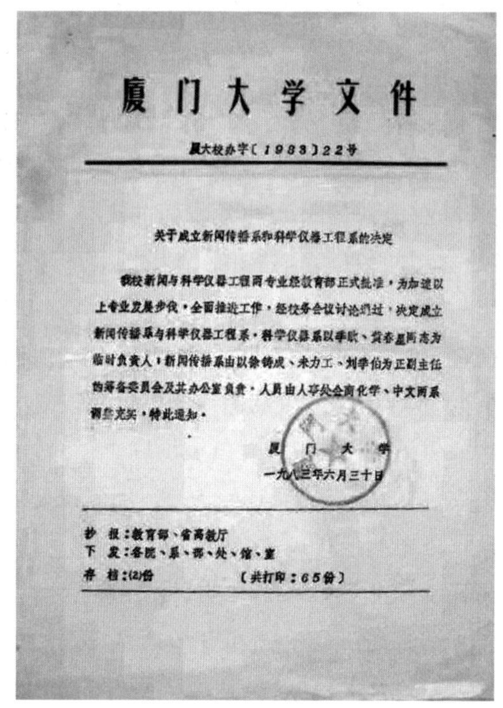

厦门大学文件

厦大校办字〔1983〕22号

关于成立新闻传播系和科学仪器工程系的决定

我校新闻与科学仪器工程两专业经教育部正式批准，为加速以上专业发展步伐，全面推进工作，经校务会议讨论通过，决定成立新闻传播系与科学仪器工程系。科学仪器系以李欧、黄春星同志为临时负责人；新闻传播系由以徐铸成、朱力工、刘季伯为正副主任的筹备委员会及其办公室负责。人员由人事处会商化学、中文两系调整充实。特此通知。

厦门大学

一九八三年六月三十日

抄报：教育部、省高教厅

下发：各院、系、部、处、馆、室

存档：(2)份　　〔共打印：65份〕

图 2-3　《关于成立新闻传播系和科学仪器工程系的决定》

第二节　中国大陆第一个广告学专业创办

1982年，随着厦门大学新闻传播系筹备工作的启动，厦门大学的广告学专业的创办也提上议事日程。据朱月昌老师介绍，1982年10月下旬，时任中宣部新闻教育处处长的洪一龙先生应邀到厦大考察，在给部里的报告中洪先生明确指出：厦大创办国际新闻专业和广告学专业是符合改革开放的大方向的，是适应

① 李伟：《报人风骨：徐铸成传》，广西师范大学出版社2008年版，第284～285页。

新时期快速发展的新闻传播事业的人才需求的,尤其是广告学专业的创办填补了我国高等教育的空白。中宣部把这个报告批转给了教育部,厦大筹委会成竹在胸,加快了筹建工作的步伐。洪一龙先生在1987年被中宣部派往中国广告协会任副会长兼学术委员会主任(连任5届),对我校广告专业的建设和教师的成长,给予了很多关心和帮助。

图 2-4 洪一龙先生(右)与朱月昌老师(左)合照

作为新闻传播系的前辈,1982年末,36岁的朱月昌从北京广播学院首届研究生毕业,经福建省赴京人才招聘组引进到厦门大学。1983年6月5日,国际新闻专业和广告学专业获教育部批准(稍后又批准设立广播电视新闻专业),6月30日新闻传播系正式挂牌成立。为了充实师资,筹委会决定从中文系和外文系应届毕业生中选留了纪华强、朱南、熊华丽等人,又于1983年10月从中文系调来了陈培爱老师和方晓老师(后出国),1983年下半年,本科生招生前,校领导从外文系调出陈安全老师和曾丽明老师,充实系的师资力量。1983年6月30日,学校正式发文批准厦门大学新闻传播系成立。1984年10月19日下午,校党委组织部长来系宣布:新闻传播系成立临时党支部,杨金德任书记,陈安全任副书记。1984年11月22日下午,校领导来系宣布:陈安全为副系主任,厦门大学新闻传播系正式成立。新闻传播系于1984年秋招收第一届本科生,分国际新闻和广告学两个专业。国际新闻专业20名新生,广告学专业15名新生。1992

年陈安全成为新闻传播系第一位教授，且以他为骨干的团队申请传播学硕士授予点获得批准，这是新闻传播系的第一个硕士点。

图 2-5　1984 年 11 月 22 日下午举行新闻传播楼开工典礼(左一为余也鲁，右一为新闻传播系副系主任陈安全)

厦大新闻传播系创办了中国大陆第一个广告学专业，当时上海《文汇报》1984 年 5 月 13 日报道说："厦门大学新闻传播系开设的广告学专业，是我国高等院校中首创的新专业。"海外新闻媒介也称之为"中国广告业已有好苗头——厦门大学开办了广告学专业"。伦敦 BBC 台远东部主任克拉克在厦大采访了陈扬明老师，美国《纽约时报》上也加以报道。对此，当年参与此项创举的陈培爱老师自豪地说："广告学专业不仅是厦大自己原创的本科专业，而且也是全国高校中首创的新专业，它无论在厦大还是全国都具有开创性意义。"①

一、齐心协力，开拓创新，中国迎来了第一个广告学专业的创办

有了创办广告学专业的构想，但要把蓝图转化为现实，也是颇费周折的。开办新闻传播系的前辈们走过了一段艰辛探索而又成就辉煌的创业历程，最终开创出一条颇具特色的"厦大模式"。

---

① 陈培爱：《在中国广告教育的荒原上开拓》，载中国新闻史学会新闻传播教育史研究委员会：《中国新闻传播教育年鉴(2019)》，武汉大学出版社 2019 年版，第 577 页。

（一）先招研究生，后招本科生

在筹备建系之时，筹委会就做出了重要决策：先招研究生以培养师资，后招本科生。这一大胆的创新性决策源自当时的有利条件，即筹委会主任徐铸成先生1978年就被复旦大学新闻学院聘为硕士研究生导师并指导了好几位学生。厦大正好巧借他的硕导身份，创新思路，开始了研究生招生工作。当时报考厦大新闻专业研究生的有10余人。经考核，黄星民、朱家麟、陈金武在招生中脱颖而出。

图2-6　徐铸成教授与三位研究生（左起依次为朱家麟、徐铸成、黄星民、陈金武，1983年）（黄星民提供）

据朱家麟回忆，1983年9月办入学手续时，新闻传播系还没专用的办公室，是在中文系办公室报到的，报到证上盖的是中文系主任郑朝宗先生的印章。不久，新闻传播系才有了办公场所，在同安一的2楼，两间房。当时最初专业教师只有陈扬明、中文系教师的许清茂、刚从北京广播学院研究生毕业的朱月昌。朱月昌老师兼任新闻传播系研究生班主任。教师队伍慢慢扩大，最初有六七个。例如，办公室主任林振福老师是从保卫科调过来的，龚以初老师负责资料室，教师中还有留校的朱南、纪华强、韦体文等。1986年首届研究生毕业时，新闻楼已经建好了，系里教师连同办公室人员、资料管理员共有十来位。首届三位研究生精诚团结，在学期间，查找研究资料，发现了美国俄亥俄大学朱迪·皮尔逊教授写的人际传播的著作，三人敏锐地意识到这本书的价值，即对于指导交际的意义，并取了中文名"如何交际"[①]，先后印了近20万册，可以说成为了当时的畅销书。据朱家麟回忆，研究生还招了第二届，有两个男生，但或许是因为缺导师，还没有硕士学位授予权等原因，他们并没拿到学位。

图 2-7 《如何交际》书影

引培并重，不拘一格，敦聘境内外专家，高起点教学。在师资缺乏的情况下，一方面，筹委会的余也鲁先生亲自为厦大新闻传播系培训师资，1984年1月13日至1984年6月13日，陈安全和陈扬明同志作为首批被派出进修人员，以访问学者身份持公务护照在香港中文大学学习五个月，共修习五门课程：传播学理论、传播学系行政管理、传播学研究方法、广告学、高级新闻采访与写作。此后，先后有许清茂、庄鸿明、李世雄、黄合水、陈培爱、刘训成、岳淼、赵洁、熊华丽、朱健强、洪强、罗萍等分批赴香港中文大学进修。老师们在余老师的悉心传授下，迅速成为骨干的教学科研力量。另一方面，新闻传播系筹委会眼界开阔，积极聘请学界业界的专家学者赴厦教学。筹委会认为，广告学专业主要是为国内的广告事业培养人才，必须要有了解中国国情的国内专家学者参与。

1.诚聘业内专家，形成一流师资

广告学专业是厦大首创，没有现成的师资，那么聘请业界的专家就是最好的选择。如何寻找专家呢？当建系时的前辈们了解到1981年出版的国内第一本

---

① 朱迪·C.皮尔逊：《如何交际》，陈金武、朱家麟、黄星民译，湖南人民出版社1987年版。

广告专著《实用广告学》系由唐忠朴与贾斌等编写，于是经学校批准，1983年5月派朱月昌老师赴北京国家工商行政管理总局邀请唐忠朴先生（《国际广告》主编）参与专业设计与教学。虽然唐先生当时职称是副编审，但是学校批准了我系上报的拟聘唐先生为兼职教授的报告，真正做到了特事特办。

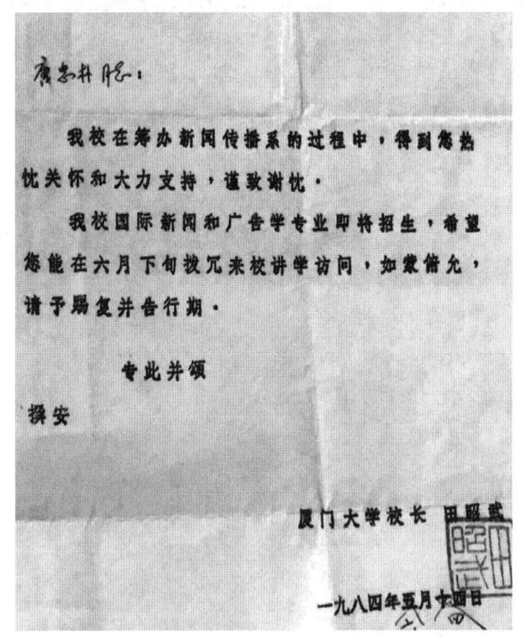

唐忠朴同志：

我校在筹办新闻传播系的过程中，得到您热忱关怀和大力支持，谨致谢忱。

我校国际新闻和广告学专业即将招生，希望您能在六月下旬拨冗来校讲学访问，如蒙俯允，请予赐复并告行期。

专此并颂

撰安

厦门大学校长 田昭武

一九八四年五月十四日

图 2-8　田绍武校长邀请唐忠朴先生讲学（唐忠朴提供）

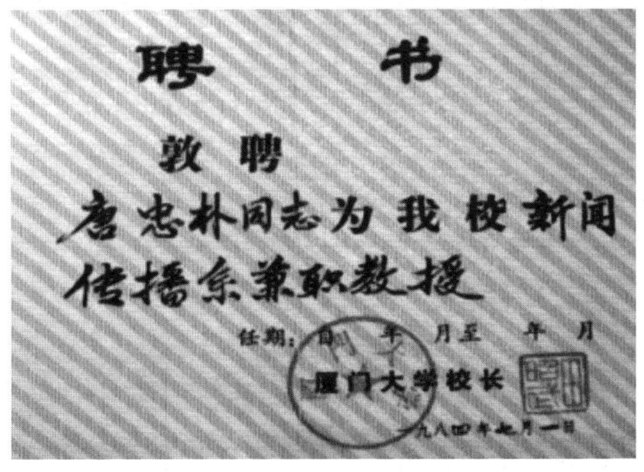

聘书

敦聘

唐忠朴同志为我校新闻传播系兼职教授

任期：自　年　月至　年　月

厦门大学校长

一九八四年七月一日

图 2-9　唐忠朴先生的聘书（唐忠朴提供）

图 2-10 唐忠朴正在讲课

难能可贵的是，据朱月昌老师回忆，唐先生多年来在厦大授课，分文不取，着实令人敬佩。

此外，黄震尧当时供职于中国工商出版社，出版有《中国名产》（黄震尧、陈明希编，工商出版社 1981 年版）、《工商企业广告实务》（黄震尧等编著，海洋出版社 1985 年版）、《企业与广告》（黄震尧、陈学礼、许国荣编著，中国国际广播出版社 1989 年版），也是当时广告业界的翘楚，建系初期他也曾受邀共同参与设计广告课程。

其实，我系在创办早期与港台广告界的合作堪称典范。台湾广告界泰斗颜伯勤教授和他的得意门生台湾广告界翘楚汪志龙先生就都曾给予我系巨大的帮助。据吴伟老师在《新闻传播系：改革开发初期对外合作交流的探索者》中回忆：1991 年初他代表新传系通过汪志龙先生，邀请颜伯勤教授来系讲学交流。当时海峡两岸尚未直航，颜教授在汪志龙先生等人陪同下，从台北碾转途经香港来厦，于 3 月底举办了首次两岸广告学术交流讲座，开启了两岸广告学术交流之旅。1993 年 5 月，我系举办建系 10 周年庆典暨学术研讨会。颜伯勤教授再次应邀前来发表学术演讲，并由汪志龙先生慷慨赞助，设立了大陆高校广告专业的第一个奖学金，以奖励我系品学兼优的学生。1994 年 10 月初，颜教授应邀第三次来我系讲学，并亲自颁发汪志龙先生赞助的“颜伯勤奖教奖学金”。颜伯勤从我系开始，足迹遍布祖国大陆，开展学术交流。鉴于他对大陆广告学术发展的巨大贡献，颜教授曾荣获中国广告协会颁发的“中国广告学术发展致敬人物”奖。除了颜教授和汪先生，香港新闻广告界传奇人士张同教授也为我系广告专业的教学做出了卓越贡献。张教授虽年事已高，但多次前来我系为研究生和本科生授课。张教授儒雅谦和，精通东西方文化，在广告创作方面有高深造诣，实践经验丰富。他从理论和实践方面，为我系广告学专业的早期学术建设打下了坚实基础。张同先生，曾任香港美国新闻处新闻部总编辑、香港树仁学院新闻系主任、厦门大学新闻传播系客座副教授。据赵洁老师回忆，张同先生曾来我系为国内第一届广告学专业的学生开设“广告学概论”“公共关系”“GraphicDesign”（中文取名“印艺传播”）等课程，还特别介绍了许多广告英文专业用语，为学生们开启了一扇窗。

图 2-11　张同先生 2003 年赠送给赵洁老师的贺年卡 1(赵洁提供)

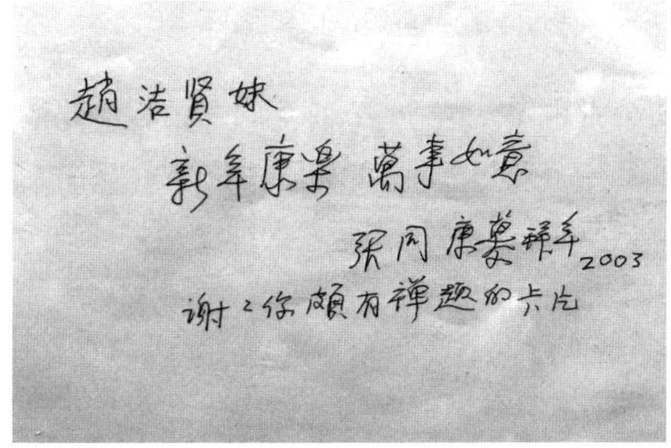

图 2-12　张同先生 2003 年赠送给赵洁老师的贺年卡 2(赵洁提供)

2.选择优秀毕业生留校任课，成为早期专业师资的重要来源

赵洁老师是我们广告专业第一届毕业生，毕业后留校任教，直至退休。赵老师回忆说，当时授课老师有陈培爱（广告学概论）、陈扬明（新闻学）、许清茂（中国新闻传播史）、朱月昌（广播电视）、纪华强（公共关系，后调离）、刘训成（英语口语）、李世雄（摄影）、袁蓉芳（新闻采访写作）、王寒松（电视原理，后调离）、刘康生（基础绘画，后调离）等。赵洁和其他四名女生获得第一届“三八传播奖学金”。这个奖学金是创系人之一的余也鲁先生争取来的项目，专门为系里的女生设立。

图 2-13　第一届“三八传播奖学金”颁奖合影（左起：陈安全、余也鲁、郭卫红、俞慧晶、外籍女士、韩怡丹、未力工、土洛林、柯珈、赵洁）（赵洁提供）

3.教师队伍分批进修，边学边教，探索自身的教学教育之路

由于广告学专业属于中国大陆首创，在无师资、无课程模式、无教材的情况下，老师们在系发展的开拓期凭借着特区开放、包容、进取的精神和闽南“爱拼才会赢”的情怀，硬是在经济特区发展的热土上开创出中国广告教育的厦大模式。

在缺师资的情况下，余也鲁先生亲自为厦大新闻传播系培训师资，先后有多批老师赴香港中文大学、浸会大学进修。老师们在余老师的悉心传授下，迅速成为骨干的教学科研力量。陈培爱老师就利用在港进修，在自己熟悉资料基础上，编写了《广告原理与方法》一书，此书成为一本有中国特色的广告学教材。为了

尽快改变无教材的困境,当时的老师们齐心协力,边教学、边研究,终于在20世纪末编出了一套面向21世纪的"21世纪广告丛书",足见当时这些开拓者的雄心与豪情。这批丛书有10本,分别是《广告原理与方法》《如何成为杰出的广告方案撰稿人》《广告策划与策划书撰写》《印刷广告艺术》《广告调研技巧》《广告攻心术》《企业CI战略》《商标广告策略》《广告经营管理术》《公共关系的基本原理与实务》,成为厦门大学出版社的畅销书。正因为新闻传播系广告学教研室的积极努力,该团队于1998年荣获厦门大学最高奖"南强奖"一等奖。

图2-14 1999年11月,岳淼在香港与余也鲁教授合影(岳淼提供)

图2-15 余也鲁1999年在香港海天书楼授课(左起岳淼、余也鲁、赵洁)(赵洁提供)

广告学专业新生入学后,唐忠朴先生和来自香港的张同教授承担了主要专业课程的教学,使厦大广告学专业一开始就站在较高的起点上。1984年,北京广播学院教师赵玉明来我校讲学，了解到我校创办了广告学专业。回校后他立即向学校汇报，提出由新闻系筹办广告学专业的建议，1988 年 11 月，国家教委批准了北京广播学院呈送的开办广告学专业的论证报告，该院成为中国大陆第二个开办广告学专业的高校，也算是我系对中国广告学教育的另一重要贡献。

许清茂老师回忆早期系里老师们的拼博状况时说："当时聘请英国、美国及港台和国内的教师和专家，来我系任教。然后，由我系专任教师去听课，详细记录或录音。印象中 1984 年、1985 年前后到我系任教的英美教授、港台教授有六七位。香港的张同教授、台湾的颜伯勤教授都是倾注全力上好每一堂课，颜伯勤教授还出资在系里建立奖教、奖学金。来自美国的英健博士，在我系教了 18 年的书，讲授'传播学'、'传播研究方法'、'中美时事研讨'等课程。"

需要特别强调的是，广告学专业属于首创专业，但教学并不盲目，当时的培养方案和课程设置都是经历严格讨论而实施的。

由于是"填补空白"的专业，我系的专业课程体系和每门课的授课内容，都是在明确培养目标和特色的前提下，"先有后好"，逐年微调，逐步完善。这里包括课程之间的相互关联和区隔，以保证不相互冲突，也包括课程名称的变换，更重要的是每门课都根据行业发展趋势的需要，不断调整内容。每门课开课前都得填写详细的教学大纲，教研室主任同意后才能上讲台。每学期的期中教学检查，各专业都分别安排全体教师听课，然后一一加以讨论，为任课教师提供各种批评和建议。

许老师学举例说，当时我系要求学生要有一定的绘画基础，也就开出了美术课。不过，我们的培养目标是明确的，即着重在于培养学生对图形的鉴赏能力，提高他们的鉴赏水平。因为我们的学生毕业后对平面广告作品的评判需要有较高的鉴赏能力。正因为我们对该课程开设的目的要求很明确，所以这门课的学生习作，几乎每年都在《中国广告》杂志上刊出一两个版面。后来这门课就叫"平面广告设计"，这就与艺术院校的美术课区别开来了。当时我系的广告学专业也开设过"文学作品选读""现代文学史"等课程。学生必须上两个学期的基础写作课，由许清茂老师授课。这些课程都是考虑培养学生的文史素养和文字表达能力。实践证明效果是非常好的。此外，广告学专业学生有很强的广告创意和策划能力，善于做广告整体策划。同时我系把"公共关系理论与实务"作为一门骨干课，让学生懂得广告和公关的密切配合，成为所谓"广告公关两栖人"。

图 2-16　老师们在研讨教学方案（罗萍提供）

4.开创中国广告教育“厦大模式”，赢得广告界“黄埔军校”美誉

正是因为有前辈们本着“自强不息，止于至善”的不断探索，形成了中国广告教育的“厦大模式”。以陈扬明、朱月昌、杨金德、陈培爱等一批前辈学者精诚团结，在没有路的地方走出一条新路，那就是坚持广告教育的学与用并重。前辈学者坚信学校的产品是学生，对学生的评价有学校与社会两种标准。他们认为不能完全桎梏于学校教育学生的标准，而要站在社会、广告业界认可的高度来培养广告人。以科学的发展观开展广告教育，使广告教育与广告业界协调地发展，与社会需求协调地发展。必须坚持以学生的整体素质提升为主要培养目标，以专业特色与优势为重点，培养广告业界需要的人才。例如，陈培爱老师从中文专业背景转型做广告学研究，这得益于他的干劲与韧性，也得益于他的好学与谦逊。他和他的广告团队，为了做到广告的理论与应用这两个教育领域、两项教育功能的彻底深入，培养出真正合格、符合市场需求的人才，再通过这一批批理论功底与实践应用能力都极为扎实的人才来壮大广告教育的主体，真正实现良性、快速的增长。我们系打破传统的广告专业教育模式，即广告教育应该由广告院校来完成，建立全新的“大广告教育”观念。所谓“大广告教育理论”，具体说来，就是充分利用社会资源，实现广告教育的合理分工——高等院校侧重于理论研究教育，由广告公司与企业完成应用与实践教育——融合理论与应用教育，为中国培养合格的广告人才。老师们一致认为广告学作为应用型学科，广告教育不仅是高等院校的责任，也是专业广告公司和企业的责任。专业广告公司及企业与高等院校一样，也肩负广告教育的责任，正是这样的大视野和大格局奠定了我系广告学专业扎实的发展基础。陈培爱老师自己先行先试，身体力行。时任广告教研室主任的他在 1984 年就曾经去过北京广告联合总公司等大广告公司，并且曾

带学生到北京广告联合总公司和上海、广州的广告公司实习。这样既指导学生实习，又收集了大量一手的教学资料和案例，为教学和科研打下坚实的基础。如他在北京广告联合总公司带领学生实习时，就用心收集了该公司广告整体策划书的模板。

图 2-17　1986 年暑假在北京广告公司实习的首届广告系学生（赵洁提供）

回校后，他成为全国最早开设广告策划课、出版广告策划专著的教师。1986 年 9 月至 1987 年 1 月，他来到香港中文大学进修传播学、广告学、公共关系学。从 1984 年到 1987 年历时三年，融合港台有限的广告书籍及自己对广告的初步认识，终于推出了的《广告原理与方法》这本影响多代广告人的具有中国特色的广告学教材，让厦大有了第一本自己的教材。该著作是 80 年代我国最早的几本广告学开山著作之一，并第一次提出了以传播学原理研究广告的理论框架，颠覆了传统的市场学框架下的广告研究模式，由此奠定了中国广告理论研究的科学基础。他进而主编了“21 世纪广告丛书”，一共 10 本，该系列教材是自 1983 年厦门大学首创广告学专业 10 年后，由全体专业教师推出的全国同类院校中第一套广告学教材，为全国百所以上高校所使用，至今依然是国内为数不多的经典广告学丛书之一。该教材涵盖了广告教育的较全面的知识，充分地指导了广告实践，奠定了该专业在全国几百所院校中第一的学科地位，为培养适应中国市场的广告人才做出了贡献。更重要的是，这套丛书的作者也日益成为我系和建院后的骨干教师。例如，黄合水老师的《广告调研技巧》一书源于他所开设的“市场调查”课程，后多次修订再版，也曾入选教育部研究生教学用书推荐书目。他 1990

年来校工作，凭借其心理学背景，迅速开设了“广告心理学”课程，并用八年时间打造出《广告心理学》一书，此书后又修订了七版，入选高等教育国家级“十二五”规划教材，获得多项殊荣，也是一本出色的教材。

正是经过这创业一代的努力，厦大广告学专业在全国同类学科中脱颖而出。1997 年，中国广告协会学术委员会组成专门课题组，对全国广告教育单位进行历时一年多的调查，其结果显示，厦门大学广告学专业荣获“四项第一”，即在广告业界和广告教育界的知名度和美誉度，均名列所有同类院校前茅。1998 年，新闻传播系广告学教研室集体获得了厦门大学教学最高奖“南强奖”的一等奖。1999 年，陈培爱等人倡议主办了第一个中国广告学院奖，面向全国各地高校学生征集作品，为广告专业学生社会实践提供平台。经过几年的创办，大赛越办越热闹，参赛作品越来越多，影响越来越大，成为全国高校广告学学生心目的“奥斯卡奖”，无形中也推动厦大成为中国广告教育活动的中心。后来，中国广告协会要求参与主办这项大赛，从而把大赛推向一个新的高度，也是厦大广告人对全国广告学教育的一大贡献。同年 10 月由厦大牵头，联合传媒大学、人民大学、武汉大学、深圳大学共五所院校在厦大克立楼报告厅召开了“中国广告教育研究会”成立大会。研究会的成立为全国广告教育界搭建广告学术研究交流平台，从此以此为平台，团结全国百所以上高校进行定期学术交流，使新生的广告学科加快了发展步伐。这是厦大广告人对中国广告教育事业的又一大贡献。

厦门大学是中国广告教育的摇篮。从 1983 年创办了中国第一个广告学专业开始，几十年来，厦大广告人筚路蓝缕，艰苦创业，为中国广告教育培养了第一批学生，制订了第一个培养方案，编写了第一套教材。厦门大学确立了中国广告教育的基本模式，课程设置成为国内许多兄弟院校广告专业的参考模板，所编写的“21 世纪广告丛书”“现代广告学教程系列”“普通高等教育‘十五’国家级规划教材”被国内同行广泛采用，更为难得的是我们系还为兄弟院校培训了大量的广告学专业教师。因此，“厦大广告人”在不知不觉中已然成了中国广告界的著名品牌，许多毕业生成功地创办了自己的广告公司，有的担任中央以及省、市级媒体广告部门的负责人，还有许多毕业生担任企业市场营销部门的主管。

服务社会，服务兄弟院校广告学科发展，是厦大广告人义不容辞的责任。厦大广告人敢为人先，愿与同行分享，彰显了厦门大学“有容乃大”的品格。一方面我们系积极与业界合作培养广告业从业人员，提升业界水准。1983 年 5 月，陈扬明老师参与了全国第一个广告协会——厦门市广告协会的创立工作并担任顾问。陈扬明老师还与厦门宣传部新闻处、厦门新闻协会密切沟通，由此开始了我系教育与社会行业密切联系的传统。20世纪90年代初，市记协与厦大新闻传播系联合举办“新闻理论研讨班”，学员来自厦门各新闻单位的记者、编辑，先后办过5期，每期30人左右。由我系老师和市记协有经验的新闻工作者共同教学，采用“教授与研讨相结合”的教学方法，有理论学习，有实践研讨，深受欢迎。学习采用半脱产形式。1998年12月，由厦门市政府主导，市记协组织，联合福建省委宣传部与厦门大学共同开办“新闻与广告专业”大专证书班，共有学员60名，班长林清云。厦门市委宣传部新闻处刘扬野处长担任指导。学制一年半，在厦大新闻传播系授课，我系老师担任教学。成绩合格者由省委宣传部和厦门大学联合颁发大专证书。

从1991年开始，广告学专业开始办广告大专函授班，把广告从业者吸引到厦大来接受专业培训。1996年，与福建省广告协会合作招收“广告专业证书班”。1998年，我系和厦门市政府、记者协会以及省委宣传部合办“新闻与广告专业”大专证书班。这些举措不仅促进实务界提高理论水平，也扩大了厦大广告学专业在业界的影响力。到2007年，全球著名跨国广告集团奥美(亚太区)公司选定厦大广告学专业作为第一批合作对象，可以说是对“紧密联系业界”办学理念的最好肯定。

另一方面，厦门广告人积极传授广告教育经验，为早期中国广告教育发展培养了大批师资。从1992年开始，厦大大规模地为全国各高校培养师资。第一批进修教师有胡远珍、金春娇、刘安成、徐凤兰、汤红兵、黄少聪、覃桂华等。据不完全统计，全国200多个广告院系中，经厦大培训的有五六十所之多。厦大的影响力，由此波及内蒙、广西、宁夏、新疆等边远地区。

图 2-18　老师们在资料室研讨系务

图 2-19　1984 级广告班全体毕业生毕业合影

［第二排左起：黄冠华，赵洁，赖志勇，王金狮，江月平，林皓光，付骏，黄星民（右1，硕士毕业生）。第三排左起：柯珈，吴丹霞（3），朱家霖（4，硕士毕业生），陈斌（5），何晖（6），戴军杰（7）。第四排左起：魏永刚（4），钟新友（5）。其他教职员工，前排左起：刘训成，尤国顺，袁蓉芳，陈安全，杨金德，许栋梁，朱月昌，许清茂，陈培爱，邓慧珍。第一排和第二排之间有三个人：右 1（佚名），右 2 吴伟，右 3 卓文虎。第三排右 1 郭艺灵，右 2 钟启龙，左 2 孙慧珍。第四排左起：司卓娅，郭丽美，徐晖，李世雄（右1）］（赵洁提供）

努力结出硕果，1993 年，新闻学专业获批设立硕士点，广告学方向也在其中。1994 年，陈培爱及其团队获得广告学科第一个国家社科基金课题“我国电视广告社会效益及其改进对策研究”。这些举措推进了广告学研究和学科建设的深入发展。因此，1998年新闻传播系广告学专业的学科建设荣获了厦门大学最高奖“南强奖”一等奖。这一奖项正是对厦大广告人在教学、科研和社会服务上卓越表现的肯定。

第三节　中国大陆“国际新闻专业”的排头兵

厦门大学的广告教育开历史先河，同时新闻学教育也走出一条新路。厦门大学在20世纪80年代改革开放的大背景下创办了国际新闻专业，这与当时中国融入国际社会、与国际接轨的迫切愿望相一致。当时的中国因为受到十年“文化大革命”的破坏，百废待兴，新闻教育也不例外。当时传统的新闻理念受到严重冲击，新闻报道“假大空”的现象恣意妄行，因此从教育入手，培养具有科学新闻观、业务扎实的新一代新闻人，是时代的呼唤和期待，刻不容缓。

一、国际新闻专业与广播电视专业的设置

新闻传播系最早设立的新闻专业不同于当时国内已有新闻专业，而是开办了国际新闻专业，为5年制本科专业，这一创新广受全国新闻学界和业界瞩目，被《对外参考》1984年第9期说“厦门大学国际新闻专业的开办，填补了我国高等文科教育的一项空白”。1984年国际新闻专业开始招收首批本科生。国际新闻专业从外文类招生，要求有较高的英语水平，学制为五年，主要是培养能从事对外宣传及派驻国外的新闻工作者。

国际新闻专业初创时之所以设计为五年制，目的就是强化英语方面的训练。我系国际新闻专业从英语类录取学生，主要考虑因素是该专业培养的目标是不仅能掌握新闻采访写作编辑等传统技巧，更要能通晓当代传播学等，熟练掌握英文，顺利进行国际交流，成为改革开放亟需的新型国际新闻工作者。在培养过程中，学生入学头两年修习英语听、说、读、写各课程，教材的选择多从传播学视角入手，学生们压力不小，被老师要求在课堂上全场运用英语。到了高年级，师资

配备全外教：新闻写作老师是美国中部密西根大学新闻系终身教授 Bradshaw，他曾任美联社记者，采访过巴西总统；媒体研究课程的老师是来自加州大学伯克利校区传播系的终身教授 Smythe；传播学理论课程的老师英健博士也是传播学研究专家。生源好，师资水平高，如此培养下来，学生们的英文新闻写作、论文写作乃至于口头辩论都没问题。他们最后能到新华社、中国日报社、中国国际广播电台等国家级媒体实习，能用英文写稿、发稿，与前期的英语培训和高年级的专业训练息息相关。

同时，1989 年正式招收第一批广播电视新闻学专业本科生 14 人，最初是每两年招一批广播电视新闻学专业学生，从 1993 年开始改为每年招生，培养能够胜任电子媒体及企事业宣传部门的编辑、采访、节目制作、节目策划、媒介经营管理等工作的新闻传播高级人才。广播电视新闻学专业的开办，让我们融入了当代电子媒介时代，新闻教育更加丰富多彩。

图 2-20　英健老师（左三）与学生们在一起（罗萍提供）

1989 年，开办广播电视新闻学专业的时候，岳淼老师当年刚从北京广播学院电视系毕业，学的正是电视节目制作，她成为第一届广视专业的班主任，并教授"电视摄像""电视编辑""电视照明"课程。值得一提的是，90 年代，时为北京广播学院的高晓虹老师来我系开设系列讲座，并耐心指导老师们规划课程大纲，提供课程教材，示范先进的教学方法，帮助老师们成长。直至现在，高教授也在关心和支持我院的新闻传播教育。

图 2-21 第一届广视专业同学合影(岳森提供)

1994 年国际新闻专业由 5 年制改为 4 年制。1998 年,根据教育部新颁布的本科专业目录调整,国际新闻专业改名为新闻学专业,使专业领域更为拓展,更具适用性。1997 年,国务院学科委员会把新闻传播学提升为一级学科,确定新闻学和传播学为新闻传播学下属的两个二级学科。

特别值得一提的是,美国闻名的 Fulbright 基金会前主席,亦即吴伟老师在斯坦福的导师 Lyle Nelson 教授,在做心脏搭桥手术后不久,便不远万里多次来我系与校系领导和余也鲁教授等专家共同规划我系的发展战略,使得我们系当时的新闻学教育能够与国际接轨,又独具自身特色地发展起来。这也为我院 2021 年"国际新闻与传播"新专业获学校批准推荐申报打下了坚实的基础。

二、聘任全国知名新闻教育专家授课

我系国际新闻专业开设之初,就着力邀请新闻教育界赫赫有名的三位前辈——甘惜分教授、张隆栋教授、方汉奇教授来校授课,为我系新闻学专业的高起点发展和快速成长奠定了坚实的基础。朱月昌老师当时受命到他的母校中国人民大学请求支持。他找到当时人大新闻系主持日常行政工作的副系主任秦珪老师。朱老师回忆道:"我向秦珪老师介绍说,厦大新闻传播系面临的最大困难是师资问题,一部分老师从其他专业转岗过来,一部分年轻教师从非新闻专业刚刚留校,新招收的研究生也需要有资历的老师授课,我是受学校委派求援来了。希望人大派老师到厦大培训、授课,传帮带。秦珪老师笑问,想让谁去?我鼓起勇气说:最好是甘惜分老师、张隆栋老师、方汉奇老师。最后商定时间定在 10

月，每位教师授课一周。”经过秦珪主任严谨周全的安排，三位老师都愉快地接受了邀请。随后，由方汉奇老师打头阵，接踵而至的是甘惜分老师，张隆栋老师殿后，一人集中讲授一星期课程。

图 2-22　方汉奇先生在芙蓉七上课（黄星民提供）

图 2-23　张隆栋老师与系里老师及家属合影
［左起依次为熊华丽、卓文虎、张隆栋、许清茂、陈海容（陈扬明老师的小女儿）］（卓文虎提供）

除了以上几位外，当时后续还请了复旦大学的陈韵昭老师来讲传播学。陈老师在 1981 年开始在《新闻大学》发表了“传学讲座”系列文章，是中国传播学最早的开拓者之一，当时有“北张南陈”之说。当时陈韵昭结合自己翻译的著作《传播学的起源、研究与应用》授课，同时还带来了她的学生祝建华。因为祝建华当时用新的计算机数据统计、定量研究方法做传播研究，所以请他做了相关情况介绍。复旦的林帆老师，当时也来校做“新闻评论”方面的讲座。此外，北京广播学院赵玉明老师给研究生开广播电视史的课程。

据黄星民教授回忆，徐铸成曾做了陈韵昭、林帆等人的工作，拟请他们到厦门大学工作，很可惜都没有成功。但足见我们延续了厦门大学开办新闻传播系时敦聘全国最知名的学者来校任教的优良传统。虽然只有三位研究生，但是新闻传播系老师火力全开，除了想方设法请名师教学，还将学生送出去交流学习。黄星民回忆说，入学的第二年，新闻传播系联系了中国社会科学院新闻研究所，让他与朱家麟参加了该所举办的第一届新闻师资培训班。培训班学员与社科院研究生院新闻系的研究生，都在人民日报社九号楼上课、住宿，吃饭则在报社食堂，有些讲座等活动也会在一起。当时，授课老师们以新闻研究所和《人民日报》资深编辑记者为主，授课内容偏实务。后来，陈扬明老师也帮陈金武联系了中国人民大学，于是陈金武就去人大蹭课，找论文资料。

图 2-24　社科院第一届新闻学助教班开学合影(第一排左五是洪一龙，左六是谢冰岩，左七是温济泽)(黄星民提供)

后来，黄星民老师曾自豪地说：“我们研究生的学习期间，周游列校，转益多师。我后来常讲，我们是厦门大学的研究生，复旦大学的导师，人民大学的学生，中国社科院的进修生，武汉大学的学位，学美国传播学，读台湾的书，有香港的资助。系开办初期的研究培养，完美地诠释了陈嘉庚的‘开拓创新，海纳百川’的精神。正是有这种精神，厦门大学新闻传播系复办初期，就欣欣向荣，名列全国前茅。”

黄星民与朱家麟毕业后留系任教。朱家麟在 1990 年 3 月底去日本读博之前，四年里先后开了三门课：先开了“新闻采访与写作”“新闻传播学”，第三年开始，增开了一门“说服传播”，也是国内较早开设的这门课程。此外，朱家麟兼任 1986 级国际新闻专业班主任，黄星民则兼广告学专业班主任。

我系在如上重视学生培养的同时，也想方设法提升现有师资的水平。借助余也鲁先生从美国的基金会获得的资金，分期分批，每期两位教师到香港中文大学或浸会学院新闻传播学院访学四个月，选修相关课程。当时，全系教师都到过香港地区或国外学习培训过，了解香港地区和国外最新的新闻传播教育信息，提高了自己的知识和素养。除了广告的老师们，同样，许清茂、庄鸿明、岳淼等新闻学方向的老师也一样进行进修培养。

除了外出进修外，当时新闻传播系规定，充分利用培养研究生之机，所有教师都要同研究生一起听课，一起拜教授们为师，都要完成教授们布置的作业。一批教师，特别是年轻教师就很快成长起来，成了我系的中坚力量。

三、敦聘国内外学界、业界专家学者给国际新闻传播专业授课

我系深知国际新闻传播的人才培养应该要有以下三方面的素养：其一，新闻学、传播学素养；其二，国际视野；其三，应该要对国外的媒体运作方式有深入了解。为此，我系多方努力当时陆续聘请了好几位外教来上课，比如布莱德·肖原来是美联社南美分社的社长，应该是余也鲁教授联系的。其中，任教最久的是英健。英健 1986 年来，教了十几年，跟学生相处得很好，有些学生赴美国留学还得到她帮助。还请了人民日报驻香港分社社长等人来讲学，前前后后估计有十位左右，包括一些香港学者。可以说，当初我系竭尽全力为学生们创造与国际接轨的教学条件。

据许清茂老师回忆：“国际新闻专业学生开始是五年制的，原打算给予本科

双学位，结果没办成，后于90年代中期改为四年制。该专业的学生二年级暑假就得到媒体实习国内新闻采写、编辑，四年级起就得到新华社对外部、国际广播电台、中新社、中央电视台、北京周报社等单位实习一学期。由于学生在校就在实验室学习电脑操作，所以英语好又熟悉电脑操作，一到实习单位很快就能上手，受到实习单位的好评。该专业的学生每年都有大量的新闻作品为国内外媒体所采用。每年都有学生的新闻作品被实习单位评为好稿件。教师由于带学生实习，取得了教学需要的具体案例，提高了自己的新闻素养和外语水平。所以该专业的毕业生也是从来不愁找不到工作。”

余也鲁也在回忆录中说，他先联系了加州大学的传播学教授 Ted Smythe，利用他一年的休假期来厦授课。后续每年在基金会的资助下，都有1～2名访问教授来厦授课。其中教课最久，曾获国家最佳外籍教师奖的英健(Janice Engsberg)，她毕业于纽约州立大学。余先生说：“厦大不但有一批好外籍教师，也有十分充实的一所系图书馆，差不多当时有关的外文图书都齐备，且长期订阅专业学术期刊。这期间，学校选派了四位获有硕士学位的教师赴美进修。一个去史丹福(注：斯坦福)大学读毕硕士课程后，更在普度大学取得传播学博士学位。”①

在斯坦福大学校友、《中国日报》时任总编辑朱瑛璜先生大力支持下，国新专业从1985级起连续数年由吴伟老师带队，进入中国日报社、国际电台、新华社对外部、中新社《国际贸易报》等媒体进行毕业实习，让国新专业学生有机会在中国最重要的涉外媒体得到专业训练，不少学生毕业后直接进入了涉外媒体工作。

正是在各方不懈的共同努力下，我系国际新闻专业的毕业生具有较高的英语水平和新闻采写能力。正因为他们既能够英译汉，也能够汉译英，能够直接用英语采访，所以该专业的毕业生，不仅对外传播媒体需要，其他地方媒体也需要。当时，随着改革开放的深入，来华外国人逐年增多，我们的学生能直接采访外国人，自然很受欢迎。此外，我系国际新闻专业生源好，起点高，所以学校举办的各种英语竞赛中，我系经常超过外文系夺得桂冠。因此，当时不少外资企业和银行也都乐意高薪聘请我系毕业生到他们的公关部门工作。

---

① 余也鲁：《万水千山都是诗：余也鲁回忆录》，海天书楼2015年版，第352页。

第四节　华夏传播研究伴随新闻传播系一同成长

回顾历史，我们不难发现，前有中国大陆最早的礼乐传播研究的硕士学位论文，后又有中国大陆最早的华夏传播方面的研讨会，并出版了系列相关著作，这些都充分彰显了厦门大学在华夏传播研究领域的传统优势。而这一优势正是根源于这一时期的研究生教育，进而逐步奠定了我系（院）作为中国大陆“传播学中国化研究起航地”的历史地位。

一、厦门大学开创华夏传播研究领域的历史积淀

前文已言，当时新闻传播系招的三位研究生中黄星民是中文系毕业，他钟情于儒家学说，虽然他的导师徐铸成最初安排他做编辑方面的研究，但他提出希望研究礼乐传播，开明的导师也同意了。正因为这个选择，造就了厦门大学在传播学中国化研究起航地的历史地位。甚至当时的大陆连“传播学中国化”的提法都还没有，厦门大学就因缘际会地开启了立足中华文化，探讨中国自己的传播思想与理论的先河。黄星民在回忆录中说：“我把毕业论文大纲写成篇论文，请学院的熊华丽老师译成英语 on the Rite－Music mass communication，共同提交‘第一届上海传播学国际学术讨论会’。这篇文章在会议引起激烈争论，整个会场几乎就在争议这篇论文。会后不久，会议来信祝贺我们，说我们的论文会被收入会议论文集。后来我还收到美国教授来信，意在鼓励我出去读博，我当时迷中国哲学，当然不想出国了。”

后来，黄星民在会议论文的基础上，于 1986 年完成了硕士学位论文《试论礼乐传播》。在论文雪藏了 10 多年后，直到 2000 年，他才把这篇硕士论文整理成三篇论文，发在期刊《新闻与传播研究》上。公允地说，黄星民教授的系列研究文章，对我院在华夏传播研究的优势地位产生了深远影响，一方面，他的文章《华夏传播研究刍议》将传播学中国化研究领域定名为“华夏传播研究”，从而成为中国传播学大家庭中最有中国味的研究领域；另一方面，他的《礼乐传播初探》等多篇

文章，开创了中国传播理论研究的先河，除了“礼乐传播论”，还有“风草论”思想等迄今在学界都是耳熟能详。他的《“大众传播”广狭义辩》一文，将古登堡印刷机发明之后的大众传播视为狭义大众传播，而将礼乐传播视为古代大众传播的重要形态，进而与近代的大众传播合称为广义的大众传播，从而为华夏传播研究赢得了学术合法性。但更为难能可贵的是，他为了推动华夏传播研究事业的持续发展，专门引进了学历史的李德霞和学哲学的谢清果两位老师，期望能够从史论两方面推进此研究领域，实践表明他的布局是有前瞻性的。厦门大学的华夏传播研究在他退休之后依然能够红红火火，正是因此之故。

二、成立厦门大学传播研究所，有组织地致力于推动全国华夏传播研究

其实，早在系创办之初，负责新闻传播系复办具体事务的陈扬明老师起草报告，向学校申请了“新闻传播研究所”，可惜没有实现。下面转录当时的申请报告原文以示纪念前辈们的开创精神。

关于成立厦门大学
新闻传播学研究所的报告

我校于 1982 年 6(注：原文此处空白)月成立新闻传播系筹备会以来，在校党委的高度重视和多方人士的积极支持下，做了很多工作。办系条件已日趋成熟，为促进我校新闻传播学研究工作的开展，加强对外学术交流活动，摸索和创办有中国特色的社会主义传播学，同时为成立新闻传播学系做好理论和物质工作，我们拟成立厦门大学新闻传播学研究所，兹为有关事宜报告如下：

新闻传播学研究所旨在以马列主义、毛泽东思想为指导，整理和研究中华民族在传播学论和实践方面的光辉成就；分析、批判和吸收方兴未艾的西方传播学理论，为创立我国社会主义传播学贡献绵薄之力。目前，新闻学界对传播学理论的研究刚刚开始，我们民族传播史上的许多资料亟需整理、研究；国外传播学理论继续译介、分析、批判、吸收。整个领域尚待开发，而我校新闻传播系成立在即，因此，理论研究的开展已经迫在眉睫，它直接关系到今后教学工作的开展。

特别是，国外某些传播学者对我校成立新闻传播系极为兴趣，国内兄弟院校、新闻单位也开始致力于传播学的研究，在我校新闻传播系成立之前，急需一个相应的机构在国内外开展学术交流活动。整个形式的发展在客观上要求我们尽快成立新闻传播学研究所。

在物质条件方面，我校聘请的徐铸成、刘季伯二位新闻界耆老，具有丰富的实践经验和理论修养；中文系的新闻教研室自一九七二年以来，已经陆续开出"新闻学概论""新闻采访与写作""报纸编辑"等课程，有关教师已经积累了一定的资料，开展了一些研究工作，新闻资料室自82年11月份成立以来，也在逐渐收集、整理有关资料，为成立研究所准备了一定基础。

不足方面主要是人手严重不足，从事实际工作的只有三人，担负一定的教学任务；书籍资料也很匮乏。研究所成立之后，急需配备资料室工作人员，增拨报刊书籍资料费用，订阅、收集海外报刊，译介国外传播学理论书籍，刊发研究刊物，以便建立一个比较完整的资料系统，促进研究工作的开展。

以上报告，妥否，请批示。

此致

1983年1月25日①

此后，当第一届研究生1986年毕业后，黄星民与朱家麟留校工作时，时任系党总支书记杨金德召集黄星民与朱家麟探讨了要成立传播学研究室一事，但杨金德书记后来兴趣转到公共关系领域，与纪华强老师编写公关教材，朱家麟又赴日留学，黄星民也于1992年出国探亲，研究室的工作就停滞了下来。

幸运的是，1993年时任厦门大学常务副校长的郑学檬教授，非常支持华夏传播研究，一方面他自身是唐史研究大家，另一方面他与余也鲁关系甚好，他们都对推动传播学中国化研究抱有很高的热情。于是，经校长办公会议讨论通过，1993年3月18日，学校发文将原来系的传播研究室升格为"厦门大学传播研究所"，吴伟担当所长。

---

① 原文写在作文薄的方格纸上，近两页。

在厦门大学传播研究所成立的重要背景下，当时新闻传播系即将举办建系十周年纪念活动，在余也鲁等人的谋划下，决定召开一次学术研讨会。回望历史，1993 年，对厦门大学新闻传播系而言是个具有历史影响的年份。因为研究所成立后随即实施了一系列空前的举措，实质性地召开了多场研究"中国传"的学术研讨会，并且开始了有组织、有计划地系统推动这一研究的一系列措施，进而产生了第一部论文集，第一部概论性著作，第一套丛书……

(一)1993 年 5 月厦门大学在庆祝复办新闻传播系 10 周年之时，在海峡两岸暨香港学者的共同努力下，举办了"海峡两岸中国传统文化中传的探索座谈会"，会议围绕"传播学中国化"问题展开讨论，其成果就是 1994 年出版的《从零开始》，"这是中国大陆出版最早的具有本土文化视角的传播研究文集"①。会议还决定收集大陆和港台有关中国传学的著作，加上西方传播学著作，建立资料库，于是厦门大学新闻传播系就拥有了当时较好的资料室。戴元光评价这次会议"是中国人研究自己'传'的经验的高层次学术会议"②。其实，这次会议的最重要意义在于开启了以厦门大学传播研究所为推动机构的全国性的有组织的传播学中国化关键领域——华夏传播研究——的联合攻关行动。随后，1994 年创刊的《新闻与传播研究》上发布了《为"传播研究中国化"开展协作——兼征稿启示》，文章呼吁："我们要从中国的历史背景、文化传统、社会习俗和民族心理的角度，系统地研究传播对于中国社会政治制度的演化、经济的发展、民族的融合等方面发挥的影响和作用。中国丰富的历史典籍和民间文化中，有无数与传播有关的现象、实例、事件，需要我们分析、研究；有大量与传播有关的观念、思想和智慧，需要我们总结、概括。对这些传播实践和观念进行研究和总结，必将把传播学提高到新的水准，升华到新的境界。"③文中还刊发了课题招标启示，一方面是断代史方面的课题：两汉传播史、唐代传播史、清代传播史和中国近代传播史(1840—1919)；另一方面是出一本《中国古近代传播概论》，并由孙旭培起草了

---

① 王怡红、胡翼青主编：《中国传播学 30 年》，中国大百科全书出版社 2010 年版，第 105 页。

② 戴元光：《论传播学的中国化》，《戴元光自选集》，复旦大学出版社 2004 年版第 6 页。

③ 钟元：《为"传播研究中国化"开展协作——兼征稿启示》，《新闻与传播研究》1994 年第 1 期。

《中国传统文化中的传播》的写作框架。台湾陈世敏称赞此文是“中国传播研究革命宣言”，并认为“1994年标记着传播研究中国化正式提出”[①]。征文发布后反应热烈，中国社会科学院新闻研究所在会后就如何开展有组织、成规模的华夏传播研究项目起草了提纲，向全国有关专家征求意见，中国人民大学、四川大学社会科学院、安徽大学、郑州大学等校学者积极响应[②]。当年11月29日—30日，余也鲁、徐佳士、郑学檬和孙旭培四位发起者于厦门大学聚首，研究了《中国传统文化中的传播》一书的作者名单，并在提纲的基础上规划了一批选题（含四个断代史课题、十二方面的专题研究以及从两项中国传统文化中找寻出原则与原理，结合现代社会实际进行研究验证，建立科学理论），以公开招标，并公布了资助办法，孙旭培负责招标。会议还计划举行第二届海峡两岸暨香港华夏传播研究学术研讨会，以期更深入探索中国历史和传统中的传播的知识和理论，并对立项项目的中期研究报告进行检查。同时，确定由厦门大学传播研究所负责具体运作，郑学檬负责整个项目，当时厦门大学新闻传播系代主任郑松锟为联络员。1995年，孙旭培再次公布了招标启事[③]，台湾也同时发布了招标启事，启事中指出：“会议确定，为有系统地进行‘传播研究中国化’，从中国传统文化中探索并整理已有的传播思想，建立中国传播理论。”[④]1995年3月黄星民被余也鲁动员从美国归来，担任项目协调人，协助郑松锟工作。12月，厦门大学传播研究所对几十份有效的申请表进行初审，初审结果报香港海天基金会资助下成立的华夏传播学术委员会（由余也鲁、徐佳士、郑学檬、孙旭培、陈培爱五人组成）最后分两次立

---

① 陈世敏：《拦得溪声日夜喧——贺＜新闻与传播研究＞创刊》，《新闻学研究》1994年第49卷。

② 黄星民：《堂堂溪水出前村——关于两岸三地合作“华夏传播研究项目”的回顾》，许清茂主编：《海峡两岸文化与传播研究》，厦门大学出版社2005年版，第2页。

③ 孙旭培：《向前推进中的中国传统文化传播研究——兼招标启事》，《新闻与传播研究》1995年第1期。

④ 本刊编辑部辑录：《关于＜中国传统文化中的传播＞补述》，《传播研究简讯》1995年第2期。

项，审批通过“中国传播研究资助项目”，共五史六论 11 个项目[①]，可惜多数项目并没有正式出版。

（二）1993 年 5 月 25 日—30 日，中国社会科学院新闻与传播研究所与厦门大学联合召开了“第三次全国传播学研讨会”。这次研讨会是 20 世纪 90 年代以来的第一次全国性传播学研讨会，本次会议上，建立“有中国特色的传播学”成为主要议题。李彬评价说，此次会议是中国传播学第三代崛起的契机。因为此时“第二代的大多数已风飘云散，硕果仅存者廖廖无几，而且大体也都处于‘交班’状态；二是自这次会议之后，全国传播学研讨会就固定为两年一次，每召开一次新就多出一批”[②]。

（三）1997 年 11 月，厦门大学新闻传播系与传播研究所召开了“中国传播学研讨会(1997)”，余也鲁称之为“第二波”。该会议有来自大陆、台湾地区、香港地区和澳大利亚、新加坡和韩国等地的 38 位学者，会议主题是从传播学的角度研究中国历史上的传播活动与传播观念，探讨并归纳出富有中国特色的传播理论，为建立中国传播学做准备。难得的是，会议邀请戴元光、臧国仁、吴伟和萧君分别对我国大陆、我国台湾、英美和澳大利亚的传播学研究现状做介绍，并请台湾的陈世敏、臧国仁、胡幼伟做了传播学研究方法的讲座，当时会议的主要内容是对前期立项课题的中期报告。孙旭培作了题为“《华夏传播论》成果总结及今后几个突破口研究设想”的发言。黄星民深信“中国的传播学要发展，要建立‘中华传播学派’，使中国的传播学能与美国传统学派和西欧批判学派三足鼎立，华夏传播研究是必不可少的工作”[③]。此时，华夏传播研究已然有了雏形，也有了方向与目标。

---

① 11 个项目中，目前仅有“华夏传播研究丛书”第一批 2001 年北京文化艺术出版社出版的郑学檬编著的《传在史中——中国传播社会传播史料选辑》、黄鸣奋著的《说服君王——中国古代的讽谏传播》、李国正著的《汉字解析与信息传播》，另外，秦志希的《中国先秦传播史》、徐培汀的《秦汉传播史》（当时已定稿）、尹韵公的《魏晋南北朝传播史》、高国藩的《隋唐传播史》（当时已完成初稿）、徐枫的《宋代传播史》、邵培仁的《中国受众特质研究》、黄星民的《风草论——儒家传播效果理论》、黄顺力的《二十世纪初中日跨文化传播》等均未见正式出版，不过有些零星论文发表。

② 李彬主编：《大众传播学》（修订版），清华大学出版社 2009 年版，前言第 VII 页。

③ 黄星民：《堂堂溪水出前村——关于两岸三地合作“华夏传播研究项目”的回顾》，许清茂主编：《海峡两岸文化与传播研究》，厦门大学出版社 2005 年版，第 5 页。

1997年，由孙旭培担任主编的《华夏传播论》由人民出版社正式出版，这是华夏传播研究学术史上的里程碑，成为中国传播学中国化的重要成果而永载史册。“可以说是一本不寻常的著作，是在传播学领域中由海峡两岸的学者合作的首本系统性论著。”[①]余也鲁称赞该书“是部研究中国传的上佳启蒙书”。暨南大学的胡文虎回忆说，他刚开始对70年代至90年代初的传播学本土化研究并不欣赏，认为“是在提供整理国故，要从故纸堆里、老祖宗那里去挖掘‘传播’格言警句”。但《华夏传播论》出版后，他说：“他们的努力至少说明了，西方的传播理论，同样可以在东方得到印证，从我国古代直到近代，都生生不息地繁衍着与传播学接近或类似的传播理念。同时，东方和中国的传播理念又可以反过来丰富和发展传播学的研究，使传播学研究的本土化前进一步，而且更容易为国人所接受和认同。”[②]潘玉鹏也认为“这本专著的出版标志着传播学已在中国落地生根、开花结果，真正地把西方的传播学中国社会、政治、经济、文化结合起来，创造性地形成和发展了我国的传播学”[③]。陈世敏也称赞这一时期包括《华夏传播论》在内的成果“可谓小有成绩，但后续无人，后人不弹此调久矣”[④]。中国传播学者基本上除了黄星民以外，少有学者以华夏传播研究为自己的志业，此志不渝地推动。厦门大学正是在郑学檬、陈培爱等前辈的不懈坚持下，此领域作为厦门大学新闻传播学院的研究特色而不断推动。就连已逾85岁高龄的郑学檬，依然对华夏传播情有独钟，笔耕不辍，时有佳作出版，如发表于《厦门大学学报》2017年第4期（上）的《8至14世纪海上丝绸之路的跨文化传播考察》。

此外，值得注意的是，在这一时期，我系就已在涉台新闻研究方面结出硕果，陈扬明老师与台湾研究院的陈孔立等老师，申请了国家社科基金项目，后面出版了专著《台湾新闻事业史》，也开创了大陆台湾新闻史研究的先河。建院后在张铭清院长的指导与支持下，海峡新闻传播研究成为我院科研的重要领域。

---

① 孙旭培：《研究对象中国化》，王怡红、胡翼青主编：《中国传播学30年》，中国大百科全书出版社2010年版，第563页。

② 胡文虎：《“本土化”的关键在于结合中国的传播实践》，《传播学在中国》，北京广播学出版社1999版，第280页。

③ 潘玉鹏：《传播学的研究与重要成果》，赵凯、丁法章、黄芝晓主编：《二十世纪中国社会科学》（新闻卷），上海人民出版社2005年版，第214页。

④ 陈世敏：《我的学术师承及学术交流》，王怡红、胡翼青主编：《中国传播学30年》，中国大百科全书出版社2010年版，第595～596页。

第五节　扬帆起航的新闻传播系

党的十一届三中全会之后，迎来了改革开放的大好形势，随着国内新闻传播事业的蓬勃发展，在海内外有识之士的大力倡导和支持下，厦门大学复办新闻传播系，成立了中国大陆第一个以“传播”命名的“新闻传播系”。

一、打造具有厦大特色的新闻传播教育

1983年成立的新闻传播系是一个有别于传统新闻学模式而独具特色的系，在继承国内新闻教育优良传统的基础上，积极引进和吸取国外先进的传播理论，先后设立了广告学、国际新闻学、广播电视新闻学3个本科专业，可以说是一次新闻教育理念的变革。1983年设立的广告学专业，是我国高等教育的第一个广告学专业。为此，上海文汇报报道称“厦门大学新闻传播系开设的广告专业，是我国高等院校中首创的新专业”。而1983年设立的国际新闻学专业，又被新华社《对外参考》称为“填补了我国高等教育文科的一项空白，在我党对外宣传史上是首创的事业”。一时间，厦门大学新闻传播系的发展，备受新闻界、广告界瞩目。1984年广告学专业和国际新闻学专业招收首批本科生35人。厦门大学新闻教育的恢复与创新，在中国的新闻教育历史上，写下了浓重的一笔。1989年正式招收第一批广播电视新闻学专业本科生14人。广播电视新闻学专业的开办，让我们融入了当代电子媒介时代，新闻教育更加丰富多彩。1993年，随着改革不断深入，市场经济日益活跃，应社会需求，1993年招收2年制、1995年招收3年制全日制广告公关大专学生，2届共招收学生68人。1994年国际新闻专业由5年制改为4年制。1998年，根据教育部新颁布的本科专业目录调整，国际新闻学专业改名为新闻学专业，使专业领域更为拓展，更具适用性。

值得关注的是，在我国改革开放早期新闻传播的教育中，我系曾扮演着大陆“公共关系学的领跑者”的角色。在精心梳理我系在此领域的教材与研究特点及其成就之后，我们惊讶地发现厦门新闻传播系不经意间成为中国公共关系教育

与研究的重要摇篮地。当时的公关研究已然成为厦大广告教研的重要方面，在创建广告专业之时也曾独领风骚。例如，那时的纪华强和杨金德两位老师合作编写了国内为数不多的公共关系教材《公共关系基本原理与实务》（1992 年出版）。该部教材是我国最早出版的从传播学角度阐述公共关系的教材，纪华强更是国内最早开始公关学术研究的代表性学者之一。纪华强后来撰文指出："1983 年，在美国以及我国香港和内地著名专家学者的指导下新创建的中国内地第一个传播学系厦门大学新闻传播系，把'公共关系'作为正规大学本科课程纳入本科培养计划。1985 年，海外著名公关教授为厦门大学新闻传播系的本科生正式开设了'公共关系原理与实务'课程，系统地把西方的公共关系课程引进内地正规的大学课堂。……"[①]1987 年，国家教委正式把公共关系列入广告学、新闻学等专业的必修课。1994 年后，厦门大学等高校正式招收公共关系方向的硕士研究生。

新闻传播教育的开展，实验室的建设势在必行。新闻楼与实验楼于 1987 年建成启用。传播技术实验室建筑面积达 860 平方米，仪器设备总价值 300 余万元，主要由电视采编、演播系统和多媒体系统两个系统，以及摄影暗房，电化教室、平面设计室等教学实验设施组成。在当时的学校"211 工程"评估中，被专家们誉为国内"文科最好的实验室"。1998 年，传播技术实验室也以 300 多万元的资产及良好的管理水平，获省文科实验室评估第一名。

在建设实验室的同时，值得一提的是新闻传播资料室的建设。资料室的建设得到余也鲁教授和国外友人的大力帮助。截至 1998 年，资料室有藏书 12530 册，其中港台及外文版的新闻传播学、广告藏书 3000 多册，订有 190 多种报刊，其中海外报刊杂志有 40 多种，录像资料片 100 多片，幻灯片 1423 片，录音磁带 500 多盘。如此多的藏书，当时为国内其他新闻系少有，从而为新闻传播系的教学、科研工作提供了资料保障。但在 1998 年底，根据学校的政策调整，系不再设资料室，新闻传播资料室所有藏书需要并入学校图书馆。但真正完全裁撤资料室，是在建院之后了。

在本科教学举措方面，自新闻传播系复办以来，坚持不断更新教育观念，推进教育教学改革，逐渐摸索和建立新闻传播人才培养体系。1986 年至 1990 年学校实行三学期制改革，将原来一学年两学期改为"两长一短"的三学期。夏季

---

① 纪华强：《中国公共关系教育二十年》，《国际公关》2008 年第 5 期。

学期为短学期，在暑假之后，共6周，主要开设全校性选修课程。短学期的改革，增加了学生选课的自由度，扩大了学生知识面，促进了跨学科知识相互渗透，后因种种原因，改回二学期制。在教学计划与课程设置上，针对新闻传播学科实践性强的特点，在重视理论学习的同时，重视实践实习环节设计，要求学生有两次外出实习，一是假期的新闻传播业务实习实践，二是在第四学年（国际新闻专业第五学年）上学期进行一学期的专业实习。在课程设置上主要是由公共课、专业必修课、专业限制性选修课、非限制性选修课以及全校性选修课组成。专业课程设置有别于传统新闻学模式，是在继承国内新闻教育优良传统的基础上，积极引进和吸收国外先进的传播理论，在课程设置上有着自己的特色。同时注重三个专业间的横向联系，注意传播理论对各专业的渗透和影响，使之形成既统一又相对独立，相互促进的独特的教学训练体系。国际新闻专业，课程设置按新闻与英语"两栖型"进行课程设置，以及兼顾文史哲教学，更加注重英语课程，有大分量的专业英语课程，长期聘请外国专家用英语开设了"大众传播理论和研究""新技术与传播""传播研究方法""英语毕业论文写作"等课程，用英语撰写毕业论文，加强英语综合能力训练。广告学专业创办之初，就确定了以广告学为主包含其他应用传播学科的宽口径大学科定位，在学科建设规划和课程设置上强调学科交叉、综合、相互渗透，大量引入传播学、新闻学、市场学、管理学、艺术等学科课程，使课程设计基本涵盖了国外同类院校广告和公关等应用传播专业的主要课程，形成学科面较宽，综合性强的学科架构。广播电视新闻专业在新闻学基础课程的基础上，增加广播电视系统、摄影、摄像、电视节目、音响制作，照明影调等课程。随着因特网的迅猛发展，厦门大学新闻传播学科早就开展网络媒体教学。1995年，举办了网络传播讲座，1996年开设网络传播选修课程，1997年在国内率先开通新闻院系专用教学局域网，并确定教学发展新战略，让网络媒体内容尽可能进入相关课程。

在研究生教学举措方面，早在1983年，厦门大学新闻传播系就开始了新闻传播研究生教育。1983年9月，以刘季伯、徐铸成为导师，首次招收3名研究生入学，这为之后的研究生培养积累了经验。1993年12月，厦门大学获批国务院学位委员会第五批新闻学专业硕士授权点，正式设立新闻学专业硕士点，下设传播学、广告学2个方向。1995年开始招生，首届招收新闻学专业硕士生4人，至1998年共招收硕士生26名。

为了培养优秀研究生，学校敦聘国内新闻教育著名学者，如甘惜分、方汉奇、张隆栋、赵玉明、林帆、陈韵昭、徐铸成、余也鲁等，来厦门大学授课，为刚刚成立的厦门大学新闻传播系奠定了厚实的学术基础，积累了研究生培养的经验。1995年，新闻传播系正式招收有自行授予硕士学位的第一批新闻学专业硕士生，新闻学专业下设传播学和广告学两个方向，学制3年。除规定的公共课外，主要设置专业学位课5门，专业课7门，选修课11门，硕士生修满40学分，完成硕士毕业论文，发表1篇以上CN期刊论文，方可毕业。研究生以公费制研究生为主。

总之，1983年至1998年，经过十五年的教学实践，建立起较完整的新闻传播教学体系，摸索出一条培育新闻传播专门人才之路。尤其在传播学、广告学教学方面，开设出一批填补国内空白、有特色的专业课程。其中，“广告学概论”课程获福建省优秀主干课程，《公共关系原理与实务》教材获省优秀社科成果奖。出版国内第一套广告学教材“21世纪广告丛书”10本，被国内其他兄弟院校广泛采用。厦门大学广告学专业从零开始，课程设置起步早，设置相对合理、科学，成为国内许多兄弟院校广告专业课程设置的参考模板。1997年，广告学学科实力不断增强，承担“广告学专业人才培养模式与课程体系改革研究体系比较研究”的国家教委“面向21世纪教学内容和课程改革”课题。

十五年的人才培养，厦大新闻传播学子在学术舞台上崭露头角。在实习实践锻炼中，学生取得了较好的成绩，如1985级国际新闻专业学生陈嫦如于1987年在中国新闻社实习39天，圆满完成任务，随后获得中国新闻社1987年第三季度六项好稿奖中的两项，占三分之一。1989届杨晓红的《福建文物危在旦夕》获1987年全国优秀电视新闻节目一等奖，另有一篇获华东地区优秀电视新闻二等奖，1993年，有三位学生在“可口可乐新闻奖”中获奖。1993级国新周东曦和1995级研究生徐柳媚、巫连心获“韬奋新苗奖”。1996级研究生李俊将大陆学生的睿智与友好带到台湾学术研讨会上，1997级国新王作茗、1998级国新朱珠的英语论文从全国大学生中脱颖而出，自信地迈进了在北京、新加坡举办的由哈佛大学发起的“世界大学生论坛”。在校园文化建设中，学生社团活动踊跃。20世纪90年代至21世纪初，新闻传播系主要有三个社团：“广告学社”“广播电视学社”“记者团”。还办有2份不定期的出版物，一是《传播之星》，由新闻学专业学生主编，二是《先锋广告》，由广告学社主编，社团的活动在提高学生实际动手能力的同时,也加强了与社会的广泛联系,收到良好效果。

二、学术科研形成特色,展现了南方之强的气质

在科研方面,逐步开展和推动台湾新闻事业、广告学、华夏传播等研究工作。经过十几年的长足发展,已先后承担国家“七五”社科重点课题和国家社科课题“台湾新闻事业研究”“我国电视广告社会效益及其改进对策研究”,以及国家教委“广告传播研究”等课题,组织参与“华夏传播研究丛书”和“中国传统文化传播研究”课题的研究,完成了多项校级科研课题。十五年来,主编出版“21 世纪广告丛书”,并再次修订完善,陆续主编出版“现代广告学系列教程”。出版学术专著、译著、教材 30 余部,在省级以上学术刊物发表论文 200 多篇。并根据事业发展和社会需要,以全院师生智力为依托,于 1991 年成立了厦门大学广告公关事务所,1993 年将新闻传播系传播研究室更改名为厦门大学传播研究所。两所的成立加强了科学研究力量,开辟了教学、科研和社会实践相结合的新渠道,在社会上产生了较大影响。

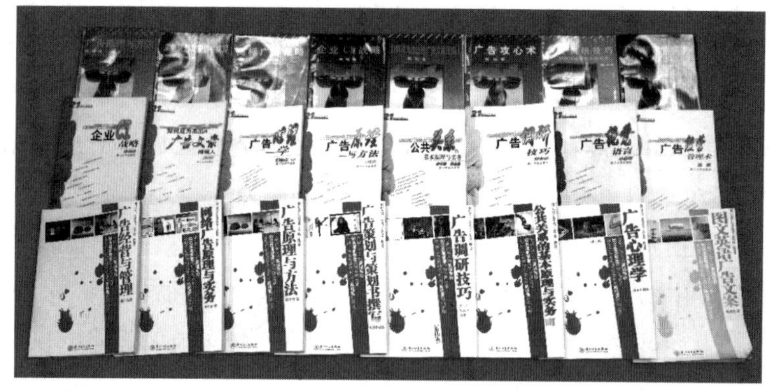

图 2-25 “广告学系列丛书”书影

在师资队伍建设方面,1983 年新闻传播学系复办初期,师资队伍建设坚持“三条腿”走路,一是来自厦门大学中文系新闻教研室的师资,二是邀请国内外专家、知名学者来校讲课,三是自己培养研究生,毕业后留校任教,如黄星民、朱家麟等人。为了做好师资的知识储备和新知识吸收,提升队伍整体水平,在校学术顾问余也鲁教授的积极努力和帮助下,新闻传播系获得美国基督教亚洲联合基金会的经费资助。十五年来,先后聘请新闻传播界的老前辈、知名学者肖乾、刘

尊棋、周毅之、甘惜分、方汉奇、张隆栋、陈韵昭、赵玉明、洪一龙、唐忠朴等，台港澳地区有余也鲁、颜伯勤、张同等20名专家和学者，以及美国的纳尔逊教授、布莱得肖教授、斯莫尔斯教授、英健博士等6位外籍专家到校讲学。先后派出20多名教师赴美国、英国、新加坡和我国香港等地进修学习，其中大部分学成回系，成为新闻传播系教学科研和行政管理骨干力量。新闻传播系教职工人数从1984年复办初的24人发展至1998年的34人，这支队伍年轻，政治素质好，思想活跃，勇于进取，团结协作，为新闻传播系的建设和发展发挥了重要作用。

在办好本科和研究生教育的同时，作为福建省唯一的一所新闻院系，厦大新闻传播系还根据社会主义市场经济对人才的需求，发挥自身学科与人才优势，对接地方需求，努力服务社会。为宣传部门、新闻单位、广告行业举办了研究生课程进修班、专业证书大专班及各类培训班。1996年应中国广告协会、厦门市委宣传部等单位委托分别举办广告和新闻研究生课程进修班，三年期间共培养学员150余名。在省教委有关部门支持下，还面向社会招收广告学函授大专班和应用型广告自学考试大专班，深受社会欢迎。广告学函授大专班1991年起开始招生，至1998年共招收学生176名，广告自考大专班自1996年开始招收至1998年，三年共招收自考生560名。我系在发挥学科优势，开展社会办学，发挥社会服务和文化传承的大学功能，取得良好的社会效益的同时，也为学校和系创造了良好经济效益。本着取之于教育，用之于教育的精神，将开展社会服务收入大量的资金投入用于教材建设、添置教学设备，改善办学条件，从而为系的建设注入活力，进而促进教学、科研和各项工作的顺利开展。

十五年的办学历程，我系得到了中宣部新闻局、国家教委、广播电视部、福建省教委等的热切关怀，得到兄弟院校和有关单位的大力支持，还得到海外校友、爱国侨胞和国际友人的大力支持和帮助。我系积极推进对外交流和合作的各项工作。积极搭建学术交流平台，先后主办了全国首届广告教育研讨会、全国新闻系系主任会议、第三次全国传播学研讨会、两届海峡两岸中国传统文化传播理论与实践探索研讨会。鼓励教师开展学术交流和外出进修，聘请校外专家学者来校讲学访问。十五年来，20人赴美国、英国、新加坡和我国香港等地进修学习，40多人次出席国际学术会议和全国性学术会议。6名外籍专家和20多名新闻传播界和兄弟院校著名专家学者来校讲学和访问。同时，在余也鲁教授的大力帮助下，与香港中文大学传播学院、浸会大学传理学院、新加坡南洋理工大学传播学院建立了合作交流项目。通过这种“请进来”和“派出去”的学术交流活动，给新闻传播系带来了新鲜的信息，有利于了解国外传播学发展动态和借鉴其研究成果和成功经验。通过多渠道、多方位的交流与合作，促进了新闻传播系教学和科研，扩大了新闻传播系的在国内外的影响。

十五年耕耘，桃李芬芳。新闻传播系的毕业生已广泛被如新华社、中国新闻社、中国日报社、国际广播电台、中央电视台等中央一级的新闻单位，以及省、市的主要新闻媒体、新闻院校、广告行业所接受，新闻传播系的系友在各自的岗位上取得优异成绩，成为各行业的业务骨干，为厦门大学新闻传播系增添了光彩。

图 2-26　福建省广告协会给厦门大学新闻传播系建系十五周年赠送“广告人才的摇篮”牌匾

新闻传播系经历了十五年的艰苦创业，从无到有，从小到大，初具规模，形成特色，享有盛誉。1997 年，《国际广告》杂志发表了由国家工商局广告司委托，中国广告协会学术委员会组成专门课题组，对全国广告教育的调查结果，厦门大学广告学专业在全国 80 多所设立广告专业的院校中，在广告业界和广告教育界的知名度和美誉度，均名列榜首。1998 年，广告学建设获厦门大学最高奖项“南强奖”一等奖。厦门大学广告教育被称为中国广告教育的“黄埔军校”和中国广告教育的“摇篮”。在肯定成绩的同时，我们也深知新闻传播系的建设任重而道远，在迈向 21 世纪的道路上，我们继续以高校改革为契机，为建成国内一流新闻传播人才培养基地而不懈努力。

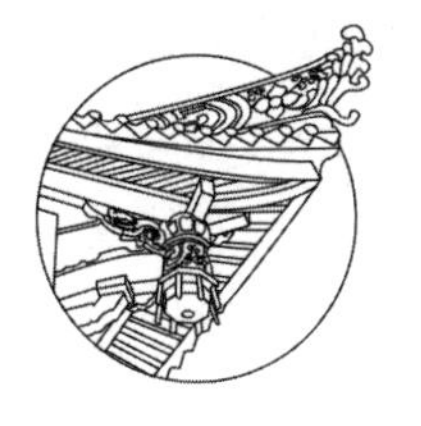

第三章
迎接新世纪
再上新台阶
(1999—2006)

世纪之交是我国实施科教兴国发展战略,实现社会主义现代化建设目标的关键时期。在此之际,为了全面深化大学综合改革,完善大学内部治理体系,厦门大学实行校院二级管理体制改革,进行院系调整。1999 年,人文学院成立,新闻传播系并入人文学院,成为人文学院下设的一个系。是年,陈培爱教授任人文学院副院长兼新闻传播系主任,人文学院成立党总支(党委),系一级不再设党总支。在人文学院深厚历史文化积淀的氛围中,我系充分发挥人文学院多学科优势,努力加深本系科学研究的学术底蕴,坚持学科交叉渗透,整合力量,继续推进新闻传播学科建设,为 2007 年独立建院从各个方面打下了坚实的基础,做好了充分的准备。

在这一时期里,新闻传播系紧紧抓住新闻传播学提升为一级学科这个至关重要的学科发展契机,先后获批成为传播学专业硕士授权点、传播学二级学科博士学位授权点和新闻传播学一级学科硕士学位授权点,提升了办学层次和办学规模,在全国新闻传播学一级学科评估中名列前茅;在本科和研究生教学方面继续深化教学体制和课程体系改革;本科和研究生的教育教学改革取得了全国瞩目的成果;师资队伍建设有了质的提升并建立了广泛的国际交流与合作;我系教师在科研方面持续取得丰硕有影响力的成果;陈培爱教授、黄星民教授、黄合水教授和陈嬿如教授等老师在这一时期为新闻传播系的发展做出了特别值得铭记的贡献。

第一节 抓住学科发展契机提升办学层次和办学规模

1997年,国务院学科委员会把新闻传播学提升为一级学科,确定新闻学和传播学为新闻传播学下属的两个二级学科。这是社会发展的需要,也是国家高等教育观念更新的结果,更是改革开放进程对我系首开先河,引领中国大陆传播学建设的充分肯定——我系在1983年首次将“传播学”作为系的建制引入中国大陆高校,新闻传播学提升为一级学科意味着“传播学”终于在国家高等教育体系中登堂入室了。于是,“忽如一夜春风来,千树万树梨花开”,中国高等院校的新闻传播院、系、所纷纷成立,新闻传播的概念深入人心。1999年5月,厦门大学以广告学为主的传播学被确认为福建省重点学科,加强了传播学理论基础研究。

2000年12月,国务院学位委员会第八批硕士学位授权点公布,厦门大学增设传播学专业硕士授权点。2001年起,新闻传播系逐步扩大硕士生招生规模,招收人数从10余人增加至四五十人。在2004年举行的全国一级学科评估中,厦门大学名列前茅,新闻传播学一级学科名列全国新闻传播学科第5名。2005年3月,厦门大学传播学科再次被列为福建省重点学科。2005年起,新闻传播系的硕士生招生规模再次扩大,招生数量从50余人增加至80余人。2006年1月,新闻传播系获得传播学二级学科博士学位授权点和新闻传播学一级学科硕士学位授权点。获得博士学位授权点可以说是所有大学院系进入可持续发展轨道的至关重要的节点,在时任主持工作的副系主任黄星民教授的全力协调和组织下,我系取得这一成就,为我系乃至建院后的繁荣发展奠定了坚实的基础。

此时全国共有15家新闻传播学博士学位授予点,其中具有新闻传播一级学科博士授予权的有6家,具有新闻学二级学科博士授予权的有5家,具有传播学二级学科博士授予权的有4家,用凤毛麟角来形容也不为过。我系获得传播学二级学科博士授予权一方面向社会表明了我系在全国新闻传播院系中的领先地位,另一方面也意味着我系赶上了学科发展的最佳时机,在办学层次上有了质的提升。2007 年 9 月，我系招收首批博士生 8 名，首批博士生导师有陈培爱教授、黄合水教授、陈嬿如教授和许清茂教授 4 人。厦门大学新闻传播学科实现了博士点零的突破，我校新闻传播学科建设走出了关键性的一步。

在这个时期里，我系不但圆满完成学校交给我系的本科和研究生的教学任务，还勇于承担社会责任，借助学科与人才优势，发挥文化传承和服务社会的大学功能。我系继续举办研究生课程进修班，1999 年至 2006 年共举办 5 届，招收学员 175 人。继续面向社会招收广告学函授大专班和应用型广告自学考试大专班，国内许多广告从业人员慕名而来，收到很好的社会反响。1999 年至 2003 年共招收广告学大专自考生 1400 余人。2001 年起，根据社会市场需求，广告学函授大专专业名称更名为广告与网络营销专业，1999 年至 2003 年共招收广告学大专函授生 223 人，2002 年、2004 年共招收 2 届广告学专业专升本函授生 98 人。1999 年 10 月起，开始作为福建省广告学自考独立本科段主考学校。

图 3-1　我系部分任课教师与进修教师在系楼前合影（2004 年 4 月 30 日）

2004 年起，根据学校发展定位的变化，我系逐渐退出非全日制办学。与此同时，作为我国新闻传播学教育的先行者，我系积极为培养国内高校教师做出贡献。2003 年起，在美国基督教亚洲联合基金会的支持下，我系接受西部等地区高校教师到我系进行为期一学期的进修，每期人数 10～20 人。2005 年，为进一步提高高等学校骨干教师的业务素质和教学水平，推动高等学校广告专业教学内容和课程体系改革，我系还联合中国广告教育研究会主办广告课程骨干教师培训班。在开展社会办学的同时，对接国家和区域经济的发展，积极发挥智库作用。受政府、企事业单位委托，承担厦华品牌运营、厦门马拉松赞助效果研究等一批横向课题的研究工作，为政府、企事业单位提供咨询和调研报告。发挥学科优势，开展社会服务，在提升社会影响力的同时，也为系里的发展建设提供了一定的经费支撑。

第二节　继续深化本科和研究生教学改革培养跨学科复合型人才

在高等教育最基本也是最重要的本科教学方面，新闻传播系与全校一道，继续深化本科教学改革，全面推进素质教育，在教学工作中贯彻因材施教，以人为本的原则，培养学生的创新精神和实践能力，提高人才培养质量。新闻传播系在此期间充分执行人文学院在本科人才培养方面的各项举措并注重结合新闻传播学科的特殊性，取得了很好的成果。2003 年，人文学院试行本科生导师制，新生入学后为每名本科生配备导师，周期三年，导师制有利于了解学生思想和学习情况，帮助学生制订学习计划，促进学生健康发展。2003 年起，实行弹性学制，允许本科生提前一年或推后一到二年毕业，允许学生中途保留学籍一到二年从事创业等活动。

2003 年起，厦门大学按照"宽口径、厚基础"的原则，推进招生改革，推行"按大类招生，按大类培养"改革。新闻传播系改按专业为按新闻传播大类进行招生，在经过一到二年的基础培养后，再根据学生兴趣和双向选择原则进行专业分流。在推行大类招生的同时，为培养跨专业、跨学科复合型人才，更好地满足社会对人才规格多样化的需求，实行人才多样化培养，2003 年，厦门大学在本科教育中试行双学位教育（主辅修制），广告学专业是首批实行双学位教育的试点专业之一，首次招收广告学双学位学生 130 人；2007 年，新闻学专业实行辅修制，首次招收新闻学专业辅修学生 41 人。广告学专业和新闻学专业双学位课程在全校学生中广受欢迎，为培养跨学科人才做出了相当大的贡献。

在课程设置上，人文学院试行长短课制度改革，根据上课时长分长短课设置，每学期上课不少于16周的为长课，每学期上课不少于8周、不多于10周的为短课。短课主要是选修课。短课的开设，增多了可供选择的课程，学生的选课自由度大大增加，有助于拓展学生的学术视野和综合素质的提升。2003年，学校实行漳州校区和思明校区双校区管理，本科生一、二年级在漳州校区学习，三、四年级在思明校区学习。扩展校区范围是学校发展的需要，是进入新世纪后全国一流高校普遍采用的扩大办学规模的方式，但是新校区一时难以让学生感受到老校区的历史文化积淀和学术氛围，因此院系制定了鼓励教师到漳州校区开设课程的相关制度。我系的教师非常敬业，对两个校区的教学工作投入同样的热情和精力。

进入新世纪以来，随着我国高等教育内外部环境发生深刻变化以及对人才培养提出的新要求，厦门大学在认真总结20世纪90年代三学期试验的基础上，结合国家对培养创新人才的新要求和我校办学的实际，于2004年9月再次推出三学期制。第一学期大约从9月12日到次年1月20日，共19周；第二学期大约从2月19日到6月10日，共16周；第三学期大约从6月11日到7月20日，共6周。学生可以在第三学期聆听校内外著名专家学者开设的讲座、科研专题报告，参加各种研究性学习，参与创新性实验课题，赴境外名校进行短期交流学习，奔赴社会开展社会调查、生产学习等。

2002年至2006年，新闻传播系共邀请境内外学界和业界专家70余人次，开设讲座70余场，拓展了学生的学术视野，为学生毕业后进入专业领域工作奠定了良好的基础。尤其值得一提的是，这个时期来系开设短学期课程或受聘成为我系讲座教授的美国迪堡大学吕行教授、美国芝加哥大学张慧晶教授、台湾世新大学游梓翔教授、荷兰乌特勒支大学Paul Hoven教授等讲授的口语传播方面的课程，直接促成了建院后以口语传播教学科研为特色的传播学专业的建立，并成为国内传播院系中系统开设口语传播课程的第一个学院。

2003年厦门大学启动新一轮教学计划修订工作，吸收和借鉴先进的教学和管理经验，先进的教育思想和教育理念，吸纳近年来院系在教学内容、课程体系、教学方法和教学手段等方面的改革成果，按照“宽口径、厚基础”原则，进一步拓宽专业口径，推进学科专业交叉和多样化模式培养人才，精简教学内容，进一步压缩课内学习时数，为学生自主学习和独立思考留有足够的时间和空间，开设特色优势课程，组织跨学科跨专业选课，拓宽学生专业视野。在推进教学计划修订的同时，加强课程建设，特别是鼓励建设双语课程和精品课程。

我系教师积极响应学校新要求，开设的“跨文化传播”、“新闻英文编译”和“基础新闻英文写作”3门课程获学校第一批校双语课程立项，“广告学概论”和“广告策划”2门课程获省级精品课程立项。这些双语课程和精品课程的创设在教学过程中的不断完善，对提升学生的英语水平和专业能力起到了特别积极的作用，是我系本科生在专业学习、专业竞赛和科研成果方面取得全国瞩目的成绩的重要基础和推手。2005年，我系认真做好教育部对学校的本科教学工作水平评估的相关工作，为厦门大学在此次评估中获得优秀的好成绩做出了积极的贡献。学校也以此次评估为起点，自2006年起每年自行组织校内本科教学水平评估，以评促建，以评促进，我系在历次学校组织的评估中都取得非常好的成绩

图 3-2 新闻传播学博士点建设研讨会与会代表合影于鼓浪屿（2006年3月11日）

在研究生教学方面，我系按照研究生院的要求着手进行研究生招生考试改革。招生考试由初试和复试组成，2005年起，新闻传播系硕士研究生招生考试复试的权重占比提高至40%，初试占比减至60%。在深化体制机制改革同时，进行教学改革，加强硕士课程建设。2000年增设传播学专业硕士点，传播学专业下设传播学、广告学和公共关系学3个方向，新闻学专业不再设广告和传播两

个方向，改为新闻学和广播电视新闻学 2 个方向。硕士研究生的课程按照 2 个专业设置，两个专业共设专业学位课 7 门课程，必修课 9 门，选修课 9 门，每位研究生需修满 36 学分，在学期间发表 1 篇以上 CN 期刊论文，完成毕业论文方可毕业。

这一时期也是我系试行多样化的硕士研究生培养模式的时期，1998 年起，逐渐增加招收自筹经费硕士研究生数量，形成公费和自筹经费研究生并行机制。2006 年，与厦门大学深圳研究院合作招收非国家任务委托培养单独考试新闻学专业硕士研究生 21 名，共招收 3 届 68 人，64 人获得硕士学位。2006 年起，开始招收高等学校在职教师攻读硕士学位研究生班，首次招收学生 10 人。2006 年我系借获批设立传播学博士点的契机主办新闻传播学博士点建设会议，全国设有新闻传播学博士点的院校领导齐聚厦门大学探讨新闻传播学博士生培养和改革问题。2004 年，我国首次由权威教育评估机构（高等学校与科研院所学位与研究生教育评估所）开展的全国高等院校一级学科水平学科评估排名揭晓，厦门大学新闻传播学科整体水平排名第五。

第三节　教育教学改革取得全国瞩目成就

新闻传播系在不断推进教育教学改革的过程中，教育成果突出，特色显著，取得了全国瞩目的成就。广告学专业作为全国公认的高水平专业，积极主办全国性学术论坛，推动了中国广告学教育的发展。1999 年我系主办第二届全国广告教育研讨会，出版了广告教学论文集《广告传播研究》，同时组建"中国广告教育研究会（隶属于中国新闻教育学会）"，2000 年，陈培爱教授主持的"广告学人才培养模式综合改革研究和实践"获教育部"新世纪高等教育教学改革工程"立项。鉴于我系的重要贡献，2001 年全国第二届广告教育研讨会推选厦门大学新闻传播系为中国广告教育研究会会长单位，陈培爱教授当选为会长；2001 年陈培爱教授还被聘为教育部 2001—2005 年高等学校新闻学学科教学指导委员会委员。

图 3-3 参加我系主办的中国广告教育研讨会学者合影(1999 年 10 月 26 日)

在我国改革开放的时代潮流中，我系既可谓得风气之先，率先在国内高等教育体系中引入广告学专业，更可谓敢为人先，在广告学这个国内完全空白的领域中开始了独立的探索和研究，成为中国广告学高等教育的重镇。我系在全国高校首创的广告学专业从零开始，经过广告学系教师和全系教师的共同努力，逐步摸索，创建了中国广告教育的模式，成为国内许多兄弟院校广告专业建系和设立课程体系的参考模板。2005 年，广告学专业的“20 年磨一剑——中国广告人才培养模式的创建与推广”项目获得国家级优秀教学成果二等奖，同时获得福建省优秀教学成果一等奖。

作为中国广告学的首创者，我系不仅为全国高校的广告学专业院系提供了人才培养模式，还在广告学教材建设方面做出了突出贡献。可以说，中国高等教育广告教材从无到有，到不断完善的整个过程都彰显着我系的贡献。20 世纪 80 年代末至 90 年代初我系组织出版了第一套广告教材“21 世纪广告丛书”，这套丛书在全国的影响力巨大，从 1998 年起这套丛书陆续出版了修订版。在这一时期出版的“现代广告学教程系列”，补充、充实了原有的教材体系。2002 年我系承担了国家教育部新世纪网络建设工程教学课件“广告策划与创意”的建设，2004 年主编了广告学专业全国普通高等院校“国家级十五规划教材”，这些教材已经被全国许多高等院校直接采用，或作为参考书使用。黄合水教授所著的《广告调研方法》被教育部研究生工作办公室推荐为广告学专业唯一的“研究生教学用书”。

图 3-4 “20 年磨一剑——中国广告人才培养模式的创建与推广”项目获得国家级优秀教学成果二等奖

系列教材的出版，有效地推进了中国广告的教材体系建设，客观地讲，没有我系自 20 世纪 80 年代初开始不断推出的系列教材，以及在 21 世纪初正式建院前这一时期持续不断地进行教材建设和完善，我国的广告学教育发展成果将大打折扣。伴随教材建设的成果，我系的课程建设也取得了相当大的成效，“广告心理学”、“广告学概论”和 “广告策划”这三门本科生课程先后获批为省级精品课程，“新闻理论研究”、“广告传播研究”和“传播研究方法”这三门研究生课程先后获省级优质硕士课程立项。

在教材和课程建设的同时，我系还积极主办和参与全国性的学科竞赛，并持续取得优异成绩。2001 年我系主办了第二届中国广告协会学院奖；2001 年，我系作为承办方，举行了由 The One Club(美国)、厦门大学、通力传媒主办的首届 One Show 中国年会。2005 年，我系先后承办全国大学生广告艺术大赛福建、海南赛区大赛，广告专业的教师在陈培爱教授、黄合水教授和罗萍教授的带领下，积极组织学生参赛，不但在历次比赛中取得了非常突出的竞赛成绩，还获得了教育部高教司颁发的组织奖。

一分耕耘，一分收获。在不断改革和探索中，新闻传播人才的培养取得令人欣慰的成绩。新闻传播系的学子在这个欣欣向荣的办学集体中得到了精心培养，他们像一棵棵年轻的树苗，汲取大地之灵气，在不断拼搏中茁壮成长。我系的学生在高水平学科竞赛中取得了令人瞩目的成绩，例如，1999 级许展、2000 级周建国凭着娴熟的英语口语和令人拍案的英语论文从全国大学生中脱颖而出，自信地迈进在澳大利亚、韩国举办，由哈佛大学发起的“亚洲与国际关系研讨会”；黄启兵同学摘得“可口可乐杯”全国体育解说员大赛排球组冠军，如愿以偿地登上了飞赴悉尼观看奥运会的航班；国际新闻1998级聂晓梅同学获得福建省公关大赛冠军；2003年，新闻传播系代表队荣获中国首届大学生广告辩论赛冠军，2002级国际新闻专业的陈星星获得本次大赛“最佳辩手”的称号，陈星星同学毕业后在我院继续深造，硕士毕业后成为人民网的高级人才。

图3-5　全国大学生广告艺术大赛指导作品和组织参赛照片

在学科竞赛方面尤为值得骄傲的是，我系学生每年都在“全国大学生广告艺术大赛”获得优秀的成绩。由教育部高教司在2004年正式启动的“全国大学生广告艺术大赛”是高质量、高水准、高品质的国家级品牌竞赛，其宗旨是“促进教改、启迪智慧、强化能力、提高素质”，这个赛事填补了广告设计相关课程缺乏实战环节的空白，让广告学的实践教学有了明确的主题，激发了广告专业学生的创造力与执行力，培养了合作意识，推动了广告教学体系的改革。先后由陈培爱教授和罗萍教授负责的福建分赛区每年都被评为优秀分赛区，还为福建省教育厅赢得优秀组织单位奖做出主要贡献。不仅如此，陈培爱教授带领广告专业的老师胸怀全国，创办了由我系主办的全国学科竞赛奖，即“中国广告学院奖”，为全国的广告学本科教学搭建了最具影响力的展示平台。目前这个大赛影响力越来越大，成为全国高校广告学学生的“奥斯卡”，无形中也让厦门大学成为中国广告教育的中心。

我系学生在科研方面展现了坚实的理论基础和实证研究能力,连续在“哈佛世界大学生论坛”上发表英文论文,2001 年,国际新闻专业 1997 级王作茗同学的英文论文入选哈佛世界大学生论坛,出席在北京举办的大会。王作茗同学 2001 年毕业后继续攻读,取得了康奈尔大学的传播学博士学位,在美国大学任教。2002 年,新闻学专业 1999 级朱珠同学的英文论文入选哈佛世界大学生论坛,赴新加坡出席会议,并得到新加坡总理李光耀的接见。2003 年,广播电视专业 2000 级周建国同学的英文论文入选哈佛大学世界大学生论坛,赴韩国汉城出席大会。这些同学取得的成绩,不但是他们自己的光荣,同时更突显出我系在教学方面的水平和成果。单以本科教学成果来说,让我系特别自豪的还有,由北京大学、复旦大学等 22 所院校参加荐稿的“新世纪中国大学生(本科)毕业论文精选”中,“新闻类”存稿 200 多篇,最后选定 23 篇文章结集成册于 2002 年 10 月正式出版,其中厦大新闻传播系本科生毕业论文在 23 篇中占了 7 篇。高质量的本科毕业论文体现出我系高水平的教学和科研水平,我系以出色的“人才产品”向社会交上了满意的答卷。

在研究生教学方面,我系也培养了多位新闻传播学界和业界的优秀人才,谨举几例:2003 届硕士毕业生查本恩同学进入厦门日报社后,成为高级记者,新闻作品多次获得省、市好新闻奖,入选厦门市第三批青年创新创业人才。正式建院后,查本恩同学又攻读了我院的博士学位,在理论研究上成果丰硕。我系 2006 届硕士毕业生向芬同学进入中国社会科学院攻读新闻学博士,后成为著名的青年学者。2006 届硕士毕业生蔡祥荣同学进入新华社云南分社当记者,业绩突出,已经成长为云南省宣传部副部长、新闻出版局局长。

2003 年,我系举办了新闻传播系建系二十周年庆典活动,得到了毕业生们的热烈响应,庆典期间不但举办了教学科研成果展和学术研讨会,亦展出了毕业生的成就,并且还出版了系友作品集(广告卷)。部分成就被记录在我系制作的二十年发展的专题宣传片中。我系这一时期的教育教学改革和老师们真诚的付出也得到了学生由衷的认可与回馈。2006 年,由我系广告学专业毕业生冯帼英创办的广州天进广告有限公司在我系设立“天进广告奖研基金”,基金每年总额人民币 3 万元,奖励学生发表优秀论文,以及资助由中国广告教育研究会及我系主办的《广告学报》杂志的出版与发行。

第四节　师资队伍建设有了质的提升

1983 年，厦门大学新闻传播系是中国高校首次以“传播”命名的系，并首创国际新闻专业和广告学专业。建设专业化程度高的师资队伍始终是我们的目标。我系在人文学院时期多方面努力，在正式建院前实现了师资队伍质的提升。我系的师资队伍建设始终坚持“请进来，走出去”，坚持引培并重原则，围绕学科建设发展需要，紧紧抓住“吸引、培养、使用”人才三个环节，不断扩大队伍规模，优化队伍结构，提升队伍综合竞争力，队伍建设取得显著成效。1999 年引进第一位具有博士学位的教师，2000 年引进第一位具有海外博士学位的教师。我系自己培养的广告专业青年教师曾晶在 2001 年荣获中央电视台主办的“荣事达杯”中国电视主持人大赛铜奖。同时，我系还以各种方式支持和鼓励 5 位教师在职攻读博士学位，他们毕业后都成为教师队伍的中坚力量。

事实上，我系从 1988 年开始，就一直有一位具有博士学位的教师——美国人 Janice Engsberg 博士任教，她更为我们熟知的中文名字是英健。英健教授从纽约大学获得社会学博士后，于 1986 年来到中国大学担任外教，最先在华南师范大学，1988 年来到厦门大学，虽然她一直在我系工作，但身份始终是外籍教师，不是常规编制的教师，因此直到 1999 年我系引进第一位具有博士学位的在编教师，我系才在统计意义上实现专任教师具有博士学位的零的突破。英健教授敬业爱岗，全身心扑在教学上，尤其对国际新闻专业的本科生帮助最大，她开设的传播学研究方法课和论文写作课完全与国际一流大学的研究水平接轨，对我系学生毕业后进入新华社国际部、中国国际广播电台等单位工作和继续去海外高校深造起到了关键性作用。英健教授的贡献得到了国家的高度认可和表彰，继 1994 年被福建省人民政府授予福建省外国专家奖、1996 年被国家外国专家局授予国家友谊奖之后，又在 1999 年被福建省人民政府授予福建省友谊奖。英健教授在 2006 年因病回到美国，没能再回到教学岗位上，我系师生永远铭记英健教授的辛勤付出。

图 3-6 我系早期领导与英健教授及来我系访问讲座的国外学者(郭婉玲提供)

1999—2006 年,我系共引进专任教师 20 人,调出 7 人,退休 3 人(其中教授 2 人)。截至 2006 年底共有专任教师 28 人,其中教授 6 人,副教授 9 人,中级及以下 13 人。这个时期的专任教师队伍有较大变化,队伍结构得到优化,特别是教授的比例大幅提升,教授定岗数从原来的 1 人增至 8 人,在岗教授也从原来的 1 人增至 6 人,教师的学历层次也大幅提升,具有博士学位的专任教师占专任教师的比例从原来的 0 提高至 39.3%。这一时期实验室共引进 3 人,调出 2 人,截至 2006 年实验室人员共 4 人。党政管理人员由人文学院统筹安排,有行政秘书、教学秘书、辅导员各 1 位负责联系新闻传播系工作。我系还特别重视对在职教师的培养,新闻学专业佘绍敏副教授、广播电视新闻专业岳森教授、广告学专业罗萍教授、广告学专业赵洁副教授在这一时期先后到香港浸会大学传理学院访学。

尤为可喜的是,1999—2006 年,我系的高层次创造性人才引进和培养工作有了突破。陈嬿如教授和赵振祥教授入选教育部新世纪优秀人才支持计划,同时赵振祥教授还入选福建省新世纪优秀人才支持计划,黄合水教授入选厦门大学新世纪优秀人才支持计划,陈培爱教授获得福建省名师称号。与此同时,我系老师还在全国的学术共同体中开始担任重要职务,为我系的发展和全国的新闻传播教育做出了重大贡献。2003 年李世雄老师当选世界闽籍摄影家研究会副会长;2004 年李世雄老师当选世界华人摄影学会执行委员。2004 年福建省传播学会成立,陈培爱教授当选为首任会长,同年陈培爱教授被评为 25 年来中国广告界最有影响的人物第一人。2005 年黄合水教授被中央电视台广告部聘请为策略顾问。2006 年陈培爱教授和黄星民教授被聘为教育部 2006—2010 年高等学校新闻学学科教学指导委员会委员。2006 年在中国广告协会第六届会员代表大会上,陈培爱教授当选为中国广告协会学术委员会主任。

在这一时期,我系着眼于未来发展,聘请了多名兼职教授或讲座讲授,这些老师不但在聘期内认真完成教学任务,还帮助培养青年教师去国内外的一流院校交流学习,让我系从教学和研究方面拓展了专业方向,提升了与国际一流院校在教学上的交流。2002 年,我系聘请中国科学院心理研究所博士生导师马谋超研究员为厦门大学兼职教授(聘期五年)。2002 年,聘请日本龙谷大学国际文化学部卓南生教授为厦门大学人文学院新闻传播系客座教授(聘期三年),卓南生教授对我系乃至我院的贡献是远远超出三年聘期的,他促成的“厦大新闻学茶座”系列讲座已产生全国性的影响,与“北大新闻学茶座”遥相呼应。

2002 年,我系聘请中国人民大学新闻学院博士生导师方汉奇教授为厦门大学新闻传播系兼职教授(聘期三年)。2002 年聘请赵玉明教授为厦门大学新闻传播系兼职教授(聘期三年)。2003 年聘请复旦大学童兵、丁淦林为新闻传播系兼职教授(聘期三年)。2004 年,聘请中国社科院新闻与传播研究所所长,博士生导师尹韵公研究员为我系兼职教授(聘期三年)。2004 年,聘请清华大学新闻与传播学院博士生导师熊澄宇教授为我系兼职教授(聘期三年)。2005 年短学期聘请台湾著名学者台湾政治大学新闻系冯建三、陈世敏、臧国仁三位教授为我系研究生讲授“台湾新闻研究概况”“台湾传播学研究概况”“台湾广告公关研究介绍”等课程,可以说在一定程度上促成了我系台湾研究的发端。

2005 年,我系聘请美国迪堡大学教授吕行为厦门大学讲座教授(聘期三年),吕行教授对我系建院后成立以口语传播学为特色的传播学专业的建立起到了至关重要的作用,多位后来进入传播系任教的青年教师跟随吕行老师进修。吕行老师出版了口语传播教材,为口语传播教学体系的建立提出了宝贵的意见,并设立了“吕行奖学金”,专门帮助传播学专业品学兼优的学子。2005 年,聘请新加坡南洋理工大学教授郭振羽、香港城市大学英文与传播学系教授祝建华为新闻传播系客座教授（聘期三年）。2009 年聘请北京大学传播学院教授程曼丽为我院兼职教授（聘期三年）。

我系这一时期师资队伍的高水平建设直接促成了多项重要的国际学术交流和合作成果，其中特别重要的有：2003 年，我系承办“第三届世界华文传媒与华夏文明传播国际学术研讨会”，来自海内外近 40 所大学和研究机构的代表共 70 余人参加，为华夏传播学在我系的发展起到了特别重要的作用。2005 年我系承办福建省社会科学界第二届学术年会“传播与社会公正”论坛，与会的有来自福建省内 12 所院校 38 位代表。2005 年新闻传播系发起并承办了“世界华人传播学研讨会”，这是首次全球性的华人传播学术研讨会，会议由厦门大学新闻传播系以及大陆的“中国传播学会（CAC）”，美国的“华人传播研究学会（ACCS）”，国际性的“国际中华传播学会（CCA）”共同主办，与会代表来自美国、澳大利亚和我国台湾地区、澳门地区以及内地各高校等海内外传播学者 70 多人，极大地提升了我系在全国新闻传播院系乃至国际新闻传播学界的影响。

图 3-7　我系承办的第三届世界华文传媒与华夏文明传播国际学术研讨会部分与会学者合影（2003 年 10 月 25 日）

这一时期的国际交流和合作中还有一项重要的成绩，2005 年我系与菲律宾《世界日报》签署合作协议，共建厦门大学新闻传播系《世界日报》研究与实习基地，建立起了我系乃至我院与菲华社会尤其是菲华报界的紧密关系。我系先后派出五位硕士研究生赴菲律宾世界日报社带薪实习，我系赵振祥教授在《世界日报》开设了随笔专栏“北风在线”，以“北风”笔名主持专栏数年，发表随笔数百篇。这一合作也直接促成了 2011 年中国新闻史学会“台湾与东南亚华文新闻传播史研究委员会”的成立大会在马尼拉召开，为海外华文传媒研究与交流起到了重要的平台和推动作用。同年，我系还与中国新闻社签署“建立战略性合作关系共同推进我国对外华文新闻传播事业协议书”，凸显出我系在海外华文研究方面的重要地位。

图 3-8 时任校长朱崇实和赵振祥教授与菲律宾世界日报社主要领导合影(2005 年 7 月 8 日)

我系师资队伍建设的发展以及国内国际交流平台的搭建等，使得我系不断提升影响力。我系先后举办第三届“世界华文传媒与华夏文明传播国际学术研讨会”和第四届“世界华人传播学学术研讨会”，不仅提升了我系的国际交流层次，吸引了在国际一流新闻传播学院系就读的博士生，让我系得以能在更高的层次上选聘人才，而且使我系在国内的新闻传播院系中成为全球华人传播学者最熟知和向往的学术交流平台。与菲律宾最有影响的华文报纸《世界日报》签订合作协议，与中国新闻社签署“建立战略性合作关系共同推进我国对外华文新闻传播事业协议书”等对外合作项目让我系在海外华文媒体研究方面独树一帜，得以逐渐以点带面，发展起全面的对东南亚华文媒体的研究。2002—2006 年，我系邀请国内外专业学者和业界精英来校开设讲座 70 余场，让全校师生注意到一个规模较小的系所蕴含的巨大能量。这些都为我系的持续发展壮大奠定了坚实的基础。

第五节　科研取得丰硕成果

随着师资队伍建设的完善，国际国内合作交流水平的提高，新闻传播系在正式建院前这8年中持续取得丰硕的科研成果，获得多项国家社科、省社科的纵向科研立项和有社会影响力的横向研究课题，出版了多部有全国影响力的专著、译著和教材。我系先后承担了"社会主义市场经济时代的大众传播与爱国主义教育"和"广告传播学研究"两项国家社科基金项目。出版专著、译著、教材等55部，发表论文近300篇。获得省社科优秀成果奖5项，其中一等奖1项，二等奖1项，三等奖3项。

获奖的科研成果有：陈培爱的著作《中外广告史》2000年获得福建省第四届优秀社科成果奖二等奖；陈嬿如的专著《中国市场经济时代的传播战役与民族凝聚力》2003年荣获福建省第五届社会科学优秀成果一等奖，是第一届到第七届评奖中新闻学与传播学类唯一的一等奖。陈嬿如的另外两部专著《让高尚成为自然——爱国主义教育效果研究》和《与和谐同行——大众传播与社会发展》又分别在2007年和2009年获得福建省第七届和第八届社会科学优秀成果三等奖。陈培爱的《广告策划原理与实务》、赵振祥的《唐前新闻传播史论》、陈扬明等的《台湾新闻事业史》在2003年荣获福建省第五届社会科学优秀成果三等奖。

这一时期，我系发表的有较大学科影响力的科研成果还包括李展副教授1999年发表在《厦门大学学报》（哲社版）的论文《因特网上的跨文化传播》，这篇论文获《新华文摘》全文转载，是《厦门大学学报》（哲社版）史上首次获《新华文摘》全文转载的论文。这篇论文被引率很高，2009年上海交通大学出版社出版的《中国新闻传播学高影响论文评介》一书基于CSSCI和CNKI两个引文数据库的统计，评定这篇文章在"中国新闻传播学高被引论文影响力排序"中名列第8位。

为了提升科研水平，2002年我系成立了"品牌与广告研究所"，黄合水任第一任所长，并在2006年创刊《广告学报》，陈培爱任主编，黄合水任常务副主编。

这本学术期刊在相当长的时期里成为我国广告学研究最重要的学术发表平台之一，尤其是在倡导运用实证研究方法对品牌和企业形象等领域进行深入研究方面建立了声名显著的引领地位，与华夏传播研究一道，成为我系突出的学术优势领域。

下面对我系本时期做出重要贡献的代表性学者做简要介绍：

一、陈培爱与厦门大学广告教育的进展

陈培爱作为我系在人文学院到正式建院前这一时期的系主任，在学科发展的所有方面都对我系乃至建院后广告学的发展做出了非常重要的贡献。2004年，陈培爱被评选为“25年来中国广告界最有影响的人物的第一人”，大家公认“他是中国广告教育界具有开创性的一代宗师，勤勉持重，学术精深，他的专著成为莘莘学子的必读书目，他的名字是中国广告教育界的一座丰碑”。

1983年，在厦门大学中文系任教的陈培爱来到初创的新闻传播系，负责建设中国第一个广告学专业，是真正的白手起家，从零起步。陈培爱带领广告学专业的教师，在一无师资、二无课程模式、三无教材的情境下开始了学科建设，在不到十年时间里，就主编推出了中国第一套权威的广告学教材——包括10部著作的“21世纪广告丛书”，被全国百所以上高校所使用，不但为我系的广告学教育全面打下基础和框架，更是为全国广告教育的大发展奠定了扎实基础，这是历史性的成就。

陈培爱在广告学教材建设和教学模式创新方面对我系和全国的广告学发展的贡献是持续性的。2003年，陈培爱主编的国家“十五”规划广告学系列教材15本陆续出版，2005年，陈培爱牵头的“广告学人才培养模式”项目获得“福建省本科教学优秀成果一等奖”及国家级奖项“国家本科教学优秀成果二等奖”，这是迄今为止该学科设立的唯一国家级奖项最高奖，代表了厦门大学广告学科在同类学科中的最高地位。2006年，陈培爱的“广告学概论”和“广告策划”两门课程获得福建省精品课程奖，“广告理论研究”课程获得福建省优质硕士课程奖，陈培爱教授获得福建省第二届教学名师奖。2006年，陈培爱的“广告传播研究”课题获得国家社科基金立项。这些成果对我系在2006年获得以广告学科为主导的“传播学博士点”起到了重要的作用。

陈培爱倡议建立的各项广告学科竞赛活动使厦门大学成为全国广告学子心

中的殿堂，为全国广告学师生提供了实践平台，连通了业界和学界的互动，为促进培养社会需要的复合型广告人才做出了巨大贡献。1999 年，我系倡议主办了中国广告学院奖，面向全国各地高校学生征集参赛作品，几年下来大赛越来越热闹，参赛作品越来越多，影响越来越大，成为全国高校广告学学生的“奥斯卡”，无形中也让厦门大学成为中国广告教育活动的中心。

陈培爱在各级学术共同体中担任领导，付出了巨大的精力，始终引领着中国广告学发展的方向。1999 年陈培爱促成“中国广告教育研究会”在厦门大学成立，团结全国百所以上高校进行定期学术交流，使新生的广告学科加快了发展步伐。2001—2005 年，陈培爱担任教育部高等学校新闻学学科教学指导委员会委员。2004 年，厦门大学新闻传播系被选为中国广告教育研究会会长单位，陈培爱当选为会长。2004 年陈培爱当选为中国新闻史学会副会长。2004 年陈培爱当选为福建省传播学会首任会长。2006 年陈培爱和黄星民任教育部 2006—2010 年高等学校新闻学学科教学指导委员会委员。2006 年陈培爱当选为中国广告协会学术委员会主任。

图 3-9　陈培爱教授被授予“中国广告学术发展终身贡献奖”

陈培爱秉持“用大爱浇灌莘莘学子”的信念培养本科生、硕士生、博士生，这些学生在他的指导下成为社会认可度非常高的业界人才和教育人才。陈培爱对新闻传播系在人文学院到正式建院这 8 年里的贡献是突出的，他的贡献在建院后也是厦大广告人的厚重财富。他培养的学生，在这一时期里还处于职业生涯的起步阶段，他们的优秀将在下一个十年中逐渐崭露，厦门大学新闻传播系亦得到了社会的广泛认可。

二、黄星民与厦门大学华夏传播学的情缘

黄星民教授 1983 年在厦门大学中文系毕业，同年考入新闻传播系研究生，成了徐铸成与刘季伯两位老先生的学生。为培养首批研究生，厦门大学聘请甘惜分教授、方汉奇教授等国内顶级新闻学者，张隆栋教授、陈韵昭教授，赵玉明教授等我国新闻学领域的顶级学者与传播学先驱者，来厦门为他们授课。后来又赴中国社会科学院新闻研究所进修学习，在美国伊州大学芝加哥分校学术访问，受到较好的新闻传播学术训练。在美国探亲期间，曾在《芝加哥时报(中文)》兼职，在摩托罗拉大学教汉语。因此，具有国内外生活经验与较广的学术视野。

图 3-9　黄星民(右)与洪浩(左)合影(洪浩提供)

黄星民从小随父学习中医，打下了古文与国学的基础，大学本科专注中国文化与中国古典文学学习。研究生阶段，自称“躲在新闻系读旧闻”，专注中国传统

文化与传播学研究，1986 年完成了《试论礼乐传播》学位论文，提出的礼乐传播活动是原始的大众传播形态创新性观点。毕业后留校任教，开设传播学概论、基础写作、外国新闻史等课程，又继续研究中国传统文化与传播学，逐渐形成他从中国哲学方法论研究传播活动与观念的学术风格，强调用媒介研究来区别传播学与文史学科观点。先后发表了《礼乐传播初探》《从礼乐传播看非语言大众传播形式的演化》《“染论”与“难论”》等华夏传播研究论文，为华夏传播研究增薪积火。

黄星民 1995 年回国复职，在传播研究所协调余也鲁先生海天基金会支持“中国传播研究资助项目”。在郑学檬、郑松锟以及陈培爱的领导下，为该项目招标与评审，中期会议审议，印刷出版做了大量具体的工作。项目成果将以丛书形式推出时，初定为“中国文化与传播丛书”，黄星民提议借用孙旭培先生《华夏传播论》，命名为“华夏传播研究丛书”，得到郑学檬与余也鲁肯定。此后，黄星民发表了《华夏传播研究刍议》，对华夏传播研究历史、概念内涵与学术与时代意义做了说明。这个研究领域因此获得明确的名称，标志这一研究领域的确立。黄星民担任了系（学院）领导后，为华夏传播研究布局，引进哲学与外语人才，希望华夏传播研究在研究出成果的同时又能走向世界。当年引进厦门大学哲学系谢清果博士，入职以来倾心投入华夏传播研究，发表许多论文，出版一系列著作，创办期刊杂志，召开学术会议，在国内产生了广泛影响，成了厦门大学的华夏传播研究领军人物，巩固了本院华夏传播研究继续在国内的中心地位。

黄星民对本院（系）的学科建设做出了贡献。2004 年 3 月，黄星民以系副主任身份主持系的工作。他与系里老师一起讨论，提出了“面向海洋的亚洲一流的当代新闻传播学院”定位。围绕着定位，采取“一个中心，两轮驱动，三个转变”方针，即以学科建设为工作中心，以改革和开放为两轮驱动，实现“单特色向双特色，教学型向研究型，自主式向开放式”三个转变，发展思路清晰，符合系的实际，确实可行。他用定位与方针布局学科发展，凝聚了全系力量，上下共同努力，学科发展迅速。在这三年期间，建立了新闻传播专业硕士授权点，新闻传播硕士授权点由一级提升为两级，传播学二级学科博士授权点，基本上达到了“三个转变”在这基础上黄星民推动学院创建，成为新闻传播学院创院常务副院长。建立学院后，在张铭清院长领导下，学科建设又上一层，获得新闻传播一级学科博士授权点，建立了新闻传播学博士后流动站，厦门大学建立了完整的新闻传播教育体系。同时，与讲座教授吕行与李展博士共同努力，创立了以口语传播为核心的传播专业，成立了传播系，扩大了本院的办学规模，成为本院又一特色学科。

黄星民老师思维活跃，接受新事物快，是国内早期的网络传播教育先行者。他1995年从美国回来，就带回大量互联网资料，当年夏天举办了介绍互联网讲座，1996年开设了中国大陆第一门的网络传播课程，推动本系网络传播研究与教学，发表《谈电子商务在广告教研中的地位》《因特歌一曲，狂飚从网起》等文章。同时，通过余也鲁先生向林祖庚校长汇报开展网络传播教学与研究的设想，争取到网络建设的专项经费20万。洪强老师用这经费，在1997年建立中国大陆第一个新闻传播教育专用局域网，使我系在新闻教育界率先迎接数字化浪潮。黄星民还于2001年向福建人民出版社提交出版网络传播教材的出版规划，受到重视。受刘亚忠副社长委托，出面邀请南大杜骏飞，暨大董天策等六所南方重点高校老师，汇集福州，共同讨论，分工撰写。出版了杜骏飞与刘亚忠主编的我国第一套网络教材《大学新闻专业网络传播教材》，并为这套教材写了总序。

黄星民具有闽南人爱拼的精神，对工作非常投入。身体不好，长年胃出血，一年少则两三次，多则七八次，但他常常不遵医嘱卧床休息。甚至在因尿血彩超初步诊断肾内肿瘤，出差时起床起立不稳，初诊中风由救护车送入医院的时候，他都默声坚持，边检查治疗边工作。他长年独自一人在厦门，能够全身心地投入工作，得到在美国家人的支持，做出了牺牲。

三、黄合水与厦门大学的广告定量研究

黄合水1990年从北京师范大学心理学系硕士毕业后进入厦门大学新闻传播系广告学专业任教，后在职攻读获得北京师范大学心理学博士学位。黄合水的研究工作最突出的特点是用实证研究方法研究社会，并因其研究的科学性而能够很好地指导社会实践。改革开放之前，大学文科院系长期普遍采用人文学科的传统研究范式，缺乏对社会现实的实证研究，因而难以作为决策依据，所谓"产学研的结合"往往被社会默认为是理工科的事情，与文科院系无关。这种状况在21世纪第二个十年后随着越来越多受过社会科学系统训练的博士加入高校教师队伍而有了大大的改观。从我系发展的历史来看，黄合水在正式建院前的这一时期中，在提升社会各界认识和接受社会科学研究指导社会实践方面做出了重要贡献。

黄合水2005年出版的《广告心理学》一书被选为国家“十五”规划教材高等学校广告专业系列教材；2000年出版的《市场调查概论》、2003年出版的《广告调研技巧》（入选“教育部2004—2005年度研究生教学用书”）、2004年出版的《品牌建设精要》、2006年出版的《品牌与广告的实证研究》等著作，不但成为多所高校选用的教材，同时更成为了广告业界的方法论指南。黄合水作为核心研究成员创建了一套电视媒体质化评估体系，用客观的结果测量电视媒体质量，这一实证研究方法是全国公认的具有开创性的研究方法，被中央电视台长期应用于CCTV广告经营和管理中心的实践。从2005年起黄合水正式获聘为中央电视台广告部策略顾问，并接受委托开展一系列相关研究，包括“央视传播优势的研究”“中央电视台体育营销效果”“各品牌世界杯广告效果研究”等。这些研究所涉及的经济效益都是以十亿元为单位计量的，黄合水成功地让中央电视台这样影响力巨大的媒体认识和接受了用科研指导实践的理念，让社会认识到社会科学研究也同样能实实在在地实现“产学研”的结合。

图3-10　黄合水老师

黄合水对国际金牌赛事厦门马拉松的市场价值和赞助回报的研究更是典范。2005年开始，黄合水将其开发出的一整套体育赛事市场价值和赞助回报的评估模型和方法运用于对厦门马拉松赛事的相关研究中。其研究成果以其客观性和对未来的准确预测给厦门马拉松赛事的主办单位提出了具体可行的策略选择，每年的马拉松赛事主办单位都邀请黄合水开展合作研究，客观上促进了厦门马拉松的健康良性发展，使厦门马拉松成为具有国际影响的、可以与北京马拉松和上海马拉松媲美的国内三大马拉松赛事之一。其他城市的马拉松赛事也有运用这套评估模型进行研究的，如海南儋州马拉松，让社会科学研究的价值逐渐广为社会认识，对促进社会的现代化发展起到了潜移默化的作用。

黄合水在 2004 年到正式建院前这一时期，作为副系主任与黄星民教授共同主持新闻传播系的领导工作，共同领导了这一时期我系确立的新发展特色、获得二级学科传播学博士点等决定学院成立后发展根基的成果。作为广告学专业教师，黄合水对广告学在正式建院前这 8 年的发展更是贡献巨大，不但取得了丰硕的研究成果，包括多部著作和多篇论文，以及多项国家社科项目等，还具体负责《现代广告》期刊的出版事宜，这些工作和成就在正式建院后仍然得以延续。

四、陈嬿如与厦门大学的发展传播学研究

陈嬿如是我系国际新闻专业 1985 级本科生，1999 年从新加坡南洋理工大学获得传播学博士学位，但因等候学位证和学历认证之故，才于 2000 年 1 月成为人文学院引进的第一个留学归国博士。也是新闻传播系录用的第一个传播学博士，她回系任教后，在教学和科研方面迅速成为骨干。陈嬿如开设了本科双语课程“跨文化传播”，是这一时期我系响应学校本科教育教学改革的重要成果之一，她用英语开设的 20 多门本科和研究生课程都广受学生欢迎。陈嬿如相继获得了多项科研课题，其中 2000 年获得立项的教育部科研项目“大众传播在社会主义精神文明建设中的作用”是全系第一个教育部课题；2002 年获得立项的课题“社会主义市场经济时代的大众传播与爱国主义教育”是新世纪我系获得的首个国家基金课题，也是当年全校文科所有院系共获得的 13 项国家基金课题之一。

图 3-11　2008 年陈嬿如老师(居中)在“跨文化传播”课堂上与学生合影

陈嬿如 2003 年的专著《中国市场经济时代的传播战役与民族凝聚力》荣获福建省第五届社会科学优秀成果一等奖，是第一届到第七届评奖中新闻学与传播学类唯一的一等奖。2007 年和 2009 年，另外两部专著《让高尚成为自然——爱国主义教育效果研究》和《与和谐同行——大众传播与社会发展》又分别获得福建省第七届和第八届社会科学优秀成果三等奖。2004 年陈嬿如获得“福建省第三届优秀青年社会科学专家”称号，并于同年入选教育部首批“新世纪优秀人才支持计划”，2006 年入选“共青团中央全国青联社会科学工作者联谊会会员”，是全国传播学界和业界唯一入选该组织的专家。2005 年作为传播学方向的学术带头人为新闻传播学科申请二级学科博士点做出了重要贡献。

除了教学和科研工作上的成就，陈嬿如还在重要报刊上发表多篇文章。她从 2004 年开始，为《中国日报》英文版理论版的头牌栏目“中国论坛”撰写了许多文章，受到编辑、领导和报社外国专家的一致好评；她为《光明日报》和中国作家协会机关报《文艺报》撰写了大量文艺评论，几乎每篇都刊发于相关版面头条；她在《中国青年报》的“思想者”版发表了三篇文章，等等。在这一时期，陈嬿如在报刊杂志上发表的诸多高水平文章典型地体现了我系教师在研究和新闻业务实践能力方面并行发展的特点，这也是我系能够持久地培养高水平新闻传播业界人才和研究领域专门人才的重要原因。

我系在人文学院期间到正式建院前的这段时期里，除了上述几位教授在各个方面对我系的发展做出的突出贡献，全系所有师生员工都在各自岗位上做出了自己的贡献。2003 年 10 月，我系举办了新闻传播系建系 20 周年庆典活动。新闻传播学界和业界老前辈、专家学者，老系友、新同学以及活跃在全国各大媒体的新闻人、广告人欢聚一堂，共同庆祝厦门大学新闻传播系建系 20 周年。20 年弹指一挥间的感慨，收获着一份沉甸甸的喜悦，20 周年庆典活动是对新闻传播系 20 年办学经历的总结和回顾，也是整装再出发的新起点。2004 年，黄星民任新闻传播系副主任（主持工作），新一届的系领导班子着手进行全国第一轮一级学科评估和博士点申报工作。2004 年一级学科评估名列全国第五，2006 年传播学博士点成功设立，这些都为学院的建立提供了坚实基础。

关于陈嬿如的专著《让高尚成为自然——爱国主义教育效果研究》，还有一段后续的学术佳话。该书出版 14 年后，2019 年，国家颁布《新时代爱国主义教育实施纲要》，《人民教育》杂志期刊编委会主任在寻找作者时看到了《让高尚成为自然》，激动不已，认为其内容在新时代仍具有重大现实意义，可以为《人民教育》的读者——全国中小学校长和教师——提供参考和指导，于是特意打电话向陈老师约稿。陈老师的论文《让高尚成为自然——新时代爱国主义教育如何取得实效》经过严格审阅，成为《人民教育》2020 年第 3～4 期合刊“智库”栏目的唯一论文。

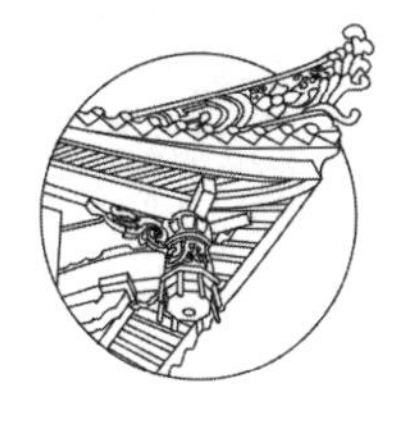

第四章
立足新起点
谋划新发展
（2007—2021）

2007 年新闻传播系升格为学院，学院的发展开启了新篇章。经过几届领导班子的接力谋划，学院的学科建设、人才培养、社会服务和对外交流，都迈入了一个新时代。特别是获得一级学科博士授予权和国家社科基金重大项目等，把学院的发展推向一个又一个坚实的新台阶。

第一节　由系升院的积极谋划

2004 年厦门大学新闻传播系班子换届，黄星民当选为新闻传播系副主任（主持工作），黄合水当选为新闻传播系副主任。黄星民回忆说，当时，系工作运作挺好的，本科教学质量非常高。学科建设方面已经有了二级硕士点，有省内重点学科传播学，但是评博成绩只有 13 分。

上任伊始，黄星民将自己研究心得“中—和—庸”哲学方法论用来管理系务。他解释说，中是不高不低的定位；和是找人找钱，用制度与人情把大家聚到定位上面来；庸是大用，在应用时不断纠偏以保证定位实现。

第一步就是定位。经慎重分析认真考虑，黄星民提出了“面向海洋，建设亚洲著名的当代新闻传播系”。其中两个要素：“面向海洋”，指厦门面海，属地利；“当代”，指数字化时代，属天时。在此基础上提出三个转变：1.单学科向双学科转变；2.自主型向开放型转变；3.教学型向研究型转变。当时考虑有几点：只有广告一个特色，体量偏小，需要新的学科增长点，能形成特色的当然是台湾传媒研究了；与新闻媒体联系少，对媒体开放，加强联系，推行双导师制；教学很好，学生质量全国一流。出版图书主要是教材，得到全国奖项也是教学，需要重要期刊论文与厚重的研究专著来支撑。

整个系发展方向与思路明确后，就基本按这思路组织力量，具体运作。接下来，集中精力在学科建设上，就是完成学校硬任务，申请二级学科博点。经过艰苦努力，2005 年 10 月，我系的二级学科传播学博士授予点终于获批。

博士点获批后，开始启动建院的工作。时任校长朱崇实认为，建院的关键是找到胜任的院长，找不到合适的院长就不要建院。于是厦大就在全国乃至海外物色新闻传播学院院长。经多方接洽，学校决定聘请曾任国台办新闻发言人的张铭清担任首任院长。

图 4-1　厦门大学新闻传播学院创院首任院长张铭清教授

图 4-2 厦门大学新闻传播学院成立庆典揭牌仪式

2007 年 6 月 6 日 9 时，厦门大学新闻传播学院成立庆典在克立楼隆重举行。庆典冠盖云集，集一时之盛，被称为当代我国大学二级学院最高规格的成立庆典。

出席庆典的嘉宾包括全国政协副主席张克辉，全国政协外事委员会副主任、国务院新闻办原主任赵启正，国务院台办副主任孙亚夫，中国记协党组副书记赵晨仔，香港凤凰董事局主席兼行政总裁主席刘长乐，香港阳光文化基金会董事局主席、著名电视主持人杨澜，福建省政协副主席叶家松，厦门大学党委书记朱之文、校长朱崇实，中国人民大学教授方汉奇，复旦大学教授童兵，厦门市领导陈修茂、杜明聪、洪碧玲等人，此列还有来自台港澳的其他嘉宾：中国国民党政策委员会副执行长兼大陆事务部主任张荣恭，中国时报集团常务董事兼时报周刊董事长胡鸿仁，联合报系文化基金会执行长夏训夷，东森电视公司董事长魏启林，贤德惜福文教基金会董事长、“台湾有线电视之母”周荃，香港中国评论杂志社社长郭伟峰、总编辑周建闽（厦大校友）等等。

建院庆典收到近百件海峡两岸知名人士的题词，主要有：中国记协主席，人民日报原社长、总编辑邵华泽：立足中华，面向海洋；中国国民党荣誉主席连战：己欲立而立人，己欲达而达人；中国国民党主席吴伯雄发来贺信：鸿猷大展，英才辈出；亲民党主席宋楚瑜：平理若衡，照辞如镜，动墨横锦，摇笔散珠；新党主席郁慕明：作育英才；台湾当局立法机构负责人王金平：文化先锋；朱之文书记：传播优秀文化;朱崇实校长:繁荣新闻传播事业。

发来贺电、贺信的有:中国新闻出版总署署长柳斌杰,教育部港澳台办主任曹国兴等 26 份,通过视频发来的台湾新闻界朋友有 30 多位。

庆典结束后,紧接着是赵启正、童兵、刘长乐、杨澜、张荣恭五场南强学术讲座,三场兄弟院校代表学术讲座和五场杰出校友的演讲。赵启正有中国形象化妆师的雅号,他的题为“学新闻的人要内知国情外知世界”的演讲广征博引,口若悬河,现场气氛热烈,在提问互动环节,更为活跃,问得新颖,答得精彩,效果甚佳。过后,他说,你们厦大的学生水平相当不错,可与北大、清华和人大比肩,他很享受这种高水平,甚至尖锐的问题的挑战。

图 4-3　厦门大学新闻传播学院成立庆典

第二节　以特色入主流：新学院、新定位

早在2006年11月20日，厦大在给向国务院台湾事务办公室发出的关于敦聘张铭清出任我校新闻传播学院院长的函中，就明确指出“为落实中央关于台湾工作的一系列指示，我校新闻传播学院把台湾媒体研究作为一个重要发展方向并培养相关的专门人才。台湾媒体对台湾目前的政治生态、台湾民众政治倾向都具有非常重要的影响。我校的新闻传播学院将充分发掘我校台湾研究院传统学科优势，利用‘语言相通、习俗相近’的地缘优势，培养两岸新闻传播人才。我们将利用与台湾媒体、台湾新闻院系的良好人脉关系，扩大招收台湾新闻传播学生，并积极吸引台湾媒体的现有从业人员前来学习或培训。我们希望通过这一工作能加深两岸新闻传播界的相互了解和认识，从而为祖国的完全统一做出一份贡献。张铭清教授有良好的新闻背景，长期从事新闻工作，特别是对台宣传工作。张铭清教授若能应允担任我校新闻传播学院院长，将有力地促进我校新闻传播学院上述目标的实现。为此，专函商请贵办支持”。国台办回函明确要求：充分发挥优势，做好两岸交流的大文章，支持学院开展两岸新闻传播理论的研究和促进两岸新闻交流，把学院办成两岸新闻传播理论的研究和促进两岸新闻交流的平台。

建院庆典上，朱崇实代表学校表示，厦门大学新闻传播学院要把对台湾和东南亚各国新闻媒体的研究以及打造“对台宣传人才培养基地及两岸新闻交流中心”，作为办学特色目标之一，除了保持已有的学科优势，还要努力成为我国东南地区培养高层次新闻人才的重要基地和海峡两岸新闻交流的一个中心。

学院成立后，张铭清提出的“一国两制新闻学”的课题，获国家社科基金特别委托项目立项。经过国内重要专家学者论证后，改为“‘一国两制’下的新闻理论与实践研究”。2008年6月5日，全国哲学社会科学规划办公室通知，以批准号08@ZH019获重点项目立项。经过课题组的同心协力，项目于2011年7月顺利结项，国家社科基金颁发了结项证书。

学院坚持“以特色学科实现学科建设跨越式发展”的思路，突出对台的特色。2009 年，围绕学院台湾地区、东南亚媒体研究新特色的打造，积极开展与台湾地区、东南亚的交流合作。与台湾世新大学签署两校合作交流意向书，增进两校间学术交流，提升两校教学科研的发展，还与世新大学、厦门广电集团合作举办两岸新闻采编与媒介管理高级研修班，“海峡两岸新闻院校＋具有地缘优势的大陆媒体”的合作模式，将专业院校的理论学养、新闻媒体的实务技术与两岸资源的互补相结合，为两岸新闻交流翻开了新的一页。

2010 年，学院进一步提出要借助厦大得天独厚的“侨、台、特、海”的区位优势，积极探索“教育特区”的办学模式，发挥学院作为中国广告学“黄埔军校”的传统学科优势，面向台港澳地区和东南亚的地缘优势，具备借助本校台湾、南洋研究力量，形成研究合力，以及中央加大对台新闻传播研究投入的政策优势，实现学院科学发展。

2011 年 6 月，由我院与复旦大学新闻学院、海峡导报社联合主办的第二届“海峡两岸新闻与传媒论坛”在厦举行，来自两岸 50 多家著名高校、媒体的高层和专家围绕“后 ECFA 时代下两岸新闻的交流与合作”这一主题进行一系列研讨。11 月，“华文传媒与海外华人社会”学术研讨会在菲律宾首都马尼拉召开。中国驻菲律宾大使刘建超、国内外新闻传播院校著名学者、菲华媒体及文化界人士共 100 多人出席了研讨会。此次研讨会由我院以及菲律宾世界日报社、“台湾与东南亚华文新闻传播史研究委员会”三家单位联合主办，由菲律宾世界日报社承办。“台湾与东南亚华文新闻传播史研究委员会”由民政部审批成立，隶属于中国新闻史学会，我院赵振祥教授担任首任会长。这也是我院唯一一个由全国一级学会辖属的二级学术分会。新华社、中新社、腾讯网、人民网以及菲律宾等诸多媒体大幅报道了会议盛况，大大扩大了我院在华文传媒研究领域方面的影响力。

2012 年 12 月 22 日—23 日，学院主办、台湾世新大学口语传播系协办了“第一届海峡两岸口语传播学术研讨会”，会议的主题是“数字时代的口语传播：理论、方法、实践”。数字时代突显出口语传播、尤其是电子口语传播在公共传播领域中的重要性，厦门大学和台湾世新大学是亚洲口语传播研究和教学的先行者。研讨会上，台湾世新大学游梓翔教授，厦门大学讲座教授、美国伊利诺大学荣誉学院副院长张惠晶教授，厦门大学讲座教授、荷兰乌特列支大学传播系 Paul van den Hoven 教授，浙江大学长江学者特聘教授施旭教授等四位国际著名传播学者就数字时代与口语传播做了大会报告。30 多位海内外专家学者做了小组报告并展开了热烈的研讨。中新社、中国台湾网、新华网、凤凰网、新浪网、搜狐网、21CN 新闻网、《海峡导报》等多家媒体对此次研讨会进行了报道。

图 4-4　海峡两岸口语传播学术研讨会全体参会者合影（2012 年 12 月 23 日）

2013 年 9 月 28 日上午，厦门大学新闻传播学院成立 30 周年庆典暨“两岸资讯一体化与新闻事业发展”学术研讨会和“华文传媒发展与华人话语权”学术研讨会隆重举行。近两百名国内外新闻传播界专家学者相聚一堂，共同展望华文传媒事业的美好前景。张铭清院长从大历史的视角强调指出，两个研讨会的主题词为“发展”，大国的崛起首先是精神的崛起，是软实力的崛起；没有精神和软实力的支撑，GDP 便没有意义。他进一步指出，现今华人话语权存在的问题是没有构建起自己的话语体系，而继续沿用以欧美为主的西方话语体系。因此，在提升国际话语权，构建中国特色的话语体系问题上，华文媒体和华人社会责无旁贷，需要发挥全世界华文媒体各自的长处，充分应用新概念、新范畴、新表述，构建具有中国特色、中国风格、中国气派的话语体系，共同争取属于中国人自己的话语权。中国新闻史学会会长、北京大学新闻与传播学院副院长程曼丽认为，厦门大学新闻传播学院自建院以来，以台湾地区和东南亚传媒研究为重点取得了不少丰硕的研究成果。她还强调，这次的华文传媒发展与华人话语权国际学术研讨会应该形成华文传媒界对外的大外宣格局，而厦门大学新闻传播学院在这方面有着独特的地理优势，应该担负着更大的研讨责任。30 年来，厦门大学新闻传播学科培养了 5416 名毕业生，承担了多项国家级、省部级课题以及横向课题，在广告学研究、台湾东南亚媒体研究、华夏传播研究等领域形成了鲜明的特色，并享有盛名。

为了实现“立足中华，面向海洋”的建院初衷，除了大力加强和推动对台特色，学院进一步提出“新三个转变”的发展思路，即双特色转变为三特色，开放型转变为合作型，研究型转变研发型。转变为“三特色”，即增加口语传播的特色学科，借鉴改造美国、台湾口语办学经验，在大陆首创“口语传播”专业，并在这基础上建立了传播系。2008 年，经教育部批准学院设立传播学本科专业。2009 年招收第一批传播学专业本科生 23 人。2009 年第二轮全国一级学科评估中，厦门大学新闻传播学在全国新闻传播学一级学科中名列第十。2010 年，根据应用性学科特点和人才市场的需要，增设新闻传播学专业硕士学位授权点，2011 年 9 月，招收首批专业硕士学位学生 12 人，至此新闻传播硕士培养分学术型和专业型硕士。

2011 年 3 月，学院获得新闻传播学一级学科博士学位授权点。经过 30 多年的努力和发展，厦门大学新闻传播学院正式形成涵盖学士、硕士、博士完整的新闻传播教育体系。2011 年 4 月，成立传播学系。至此，新闻传播学院下共设有新闻学系、广告学系、传播学系三个系。2012 年，设立新闻传播学博士后流动站，按新闻学、广告学、传播学 3 个专业招生博士后，共招收博士后 4 人。2013 年，随着新媒体技术的发展，以及本科专业目录的调整，广播电视新闻学专业改名为广播电视学专业。2013 年，第三轮全国一级学科评估中，厦门大学新闻传播学排名并列第 13 名。

第三节　发展新动能：从部校共建到“双一流”

为适应国家现代传播体系建设和媒体变革、新闻人才培养模式改革的需要，根据中宣部、教育部《关于地方党委宣传部门与高等学校共建新闻学院的意见》

要求，2014 年，福建省委宣传部与我校共建新闻传播学院，主要在学科研究平台、精品课程、骨干队伍、实践基地、研究智库等方面进行共建。学院以舆情调研、课题研究、咨询服务为重点，与省委宣传部共建服务福建经济社会和新闻事业发展的研究智库，着重对福建省新闻传播相关的课题进行研究。部校共建为学院发展带来了新的契机。

同年，我院积极参与学校牵头的“2011 两岸关系和平发展协同创新中心”的申报和建设。“两岸关系和平发展协同创新中心”通过教育部、财政部认定，成功跻身国家队的“协同创新中心”。学院扎实推进繁荣计划“华人话语权研究、品牌传播研究、台湾媒体舆情监测研究”三个子项目的研究工作。2014 年，召开“中国品牌健康指数（2013）发布会”，发布了《中国市场品牌健康监测报告（2013）》，同时出版了《中国品牌百科全书（食品卷）》；出版了“海峡两岸新闻与传播研究丛书”，繁荣计划项目取得了一定成绩。

2014 年学院面向全校单独自主招收转专业学生 15 名，与本院 20 名新闻学专业学生组成国际新闻实验班，培养具有国际视野和跨文化传播能力的国际新闻传播人才。为进一步推动学院与新闻传播业界的合作和交流，学院与人民日报社、新华社亚太总分社以及深圳广电集团、人民日报福建分社、经济参考报社等签署合作协议。合作双方发挥各自优势，在新闻传播、舆论宣传、人才培养、教育培训、学术研究、品牌推广等方面开展合作。

2015 年，两岸关系和平发展协同创新中心两岸社会整合平台主办了“两岸传播、电商与社会发展论坛”和“台湾青年议题专题研讨会”，主办了第二届中国品牌健康指数新闻发布会，发布了《中国市场品牌健康监测报告（2014）》《中国品牌百科全书（家电卷）》两份研究成果，圆满完成福建省新闻战线第二届“好记者讲好故事”演讲比赛。持续推进“海西传媒讲坛进高校”活动，举办三期活动，分别邀请了赵鹏、顾勇华、翁星等业界资深记者来学院举办讲座。同时开设马克思主义新闻观理论课程，加强马克思主义新闻观教育，把马克思主义新闻观的教育工作做到常态化、规范化，并形成长效机制。

2016 年，学院成立厦门大学舆论研究中心，着重开展舆论学基础理论、台湾舆论研究、舆情管理与舆情形象研究、新媒体舆论研究、跨舆论场传播等方向的研究工作，组建以邹振东教授为学术带头人的海峡两岸舆论创新团队。与省委宣传部共同发起筹建福建媒体发展研究院。

图 4-5　2017 年中国传播论坛暨金砖国家传媒国际研讨会参会学者合影(2017 年 8 月 26 日)

2017 年 8 月 25 日—26 日，为了配合金砖五国领导人厦门会晤，学院主办了“2017 中国传播论坛暨金砖国家传媒国际研讨会”。来自金砖五国以及芬兰、英国、土耳其等国的传媒学者们，在五个英文专场和六个中文专场中就“一带一路”背景下金砖国家传媒的发展及其对国际传播秩序的挑战，进行了深入研讨。中央电视台新闻频道将本次会议作为金砖五国领导人厦门会晤的相关活动予以报道，中国新闻社、厦门电视台、《厦门日报》等媒体也对会议进行了采访报道，产生了较大的社会影响。

2017 年，为了建设高等教育强国和实现人力资源强国战略，教育部实施和公布了“双一流”高校建设，厦门大学进入“双一流”建设高校名单。按照学校“提升内涵、彰显特色、融合发展”的思路，学院认真梳理学科发展现状，围绕国家和区域重大需求，强化问题和需求导向，凝练了两岸关系研究、马克思主义新闻观研究、“一带一路”国家品牌传播研究、“一带一路”跨文化传播研究 4 个学科方向，以学科方向为基础组建 4 支学术团队，申报纳入人文与艺术基础学科群、马克思主义理论学科群、两岸关系和平发展交叉学科、“一带一路”研究交叉学科等学科群的“双一流”建设规划中。经最后审核，我院新闻传播学一级学科进入“一带一路、两岸关系和平发展学科群”建设方案。成立“厦门大学福建媒体发展与对外传播协同创新中心”，充分发挥政、产、学、研、用的协同创新优势，实现提升学院科学研究、学科建设和人才培养能力，推进福建媒体改革、提高传媒产业发展竞争力及增强对外传播能力。成立福建媒体发展研究院，旨在建设成部校共建的集科研、教学、社会服务、国际交流于一体的高水平学术机构、高端智库和卓越新闻传播人才教育培养基地以及部校共建新闻传播学院的实践平台。继续加强马克思主义新闻理论与实践等讲座课程建设，邀请到国台办新闻局副局长安峰山开展“国情教育”专题讲座，邀请王君超、张红、丁柏铨、祝华新、尹韵公等 5 位学界和业界专家为学生授课，真正地把马克思主义新闻观的教育工作做到常态化、规范化，并形成长效机制。2017 年，第四轮全国一级学科评估中厦门大学新闻传播学在全国新闻传播学一级学科中获得 B+。

第四节　承担新使命，开启新百年

2018 年 4 月 12 日上午，学校聘请人民网总编辑余清楚为厦门大学新闻传播学院院长。校党委书记张彦代表学校颁发聘书，为余清楚院长佩戴校徽。余清楚表示要以敬畏之心接受任命，以感恩之心承担使命，以奋斗之心迎接挑战，始终坚持马克思主义新闻观，与全院师生一道，建设好厦大新闻传播学科，为学校的振兴做出自己的贡献。

余院长带领新一届领导班子在立足新时代、瞄准新目标、谋划新发展上下功夫。对照第四轮学科评估 B+结果，结合学科建设规划和发展实际，对学科发展水平进行自我分析，查找学科优势与不足，提出学科建设新目标、新思路：进一步完善组织机制，加强学院顶层设计；制定长远战略，细化阶段执行步骤；凝聚学科力量，打造优势特色团队。争取在第五轮学科评估中保 B+，冲 A-。

图 4-6　厦门大学张彦书记为新闻传播学院余清楚院长颁发聘书

为了更好地向国内传统新闻院校看齐，站到学科发展的最新前沿，余院长一边“走出去”，到兄弟院校参观学习；一边“请进来”，精心组织了“2018 新闻传播学院院长论坛”“新闻传播学科创新发展座谈会”等高水平研讨会。凤凰花开，群贤毕至。出席院长论坛的嘉宾有，人民日报社副总编辑卢新宁，福建省委常委、宣传部部长、秘书长梁建勇，厦门大学党委书记张彦，教育部高等教育司司长吴岩，以及全国知名高校新闻传播学院的领导和专家学者，互联网新闻信息传播平台、企业代表等共计约 500 人。

院长论坛上，嘉宾们建言献策。《人民日报》副总编辑卢新宁指出，新闻传播学院是培养新闻人才最主要的基地。在新的时代背景下，如何守正创新，培养让党和人民放心的新闻传播事业的接班人，是应该高度重视的时代课题。业界和学界需要积极行动起来，未雨绸缪、提早布局，规划培育有马克思主义新闻学底色、有国际眼光、有跨学科全媒体融合技能的新型人才，把党和政府的声音传播更远。福建省委宣传部部长梁建勇在致辞中表示，福建各有关部门、高校、新闻媒体愿与大家一起携手共进，共同探索推进新闻人才的培养，希望进一步推动新闻传播学院之间的沟通交流常态化、自动化，也希望业界和学界加强交流互动，进一步来完善互聘交流的机制，学习实践的机制，课程体系共建的机制，日常工作联动的机制。厦门大学党委书记张彦提出，随着互联网技术的广泛应用，信息流通呈现出爆炸式的增长，人们获得资讯的渠道越来越多元，接触的信息量越来越大，新闻传播对信息受众价值观的养成正在产生越来越重要的影响。在这样一个时代大背景下，坚持马克思主义新闻观、用中国特色社会主义新闻理论教书育人，培养造就一大批具有家国情怀、国际视野的高素质全媒化复合型专家型新闻传播后备人才，为巩固壮大主流思想舆论、讲好中国故事、传播好中国声音提供有力支撑，是所有新闻传播教育工作者的共同责任。教育部高等教育司司长吴岩认为，一个新闻传播行业和新闻传播教育事业健康繁荣发展的时代，就是一个国家文明发达的重要标志，就是社会安定和谐的重要条件。新闻传播教育担当了神圣、庄严、重大的使命。新闻传播学院院长和老师们需要从战略高度把握三大趋势：第一是敏锐把握时代发展的大势，第二是敏锐把握高等教育发展的大势，第三是敏锐把握新闻传播教育发展的大势。复旦大学新闻学院院长米博华、清华大学新闻与传播学院常务副院长陈昌凤、上海交通大学媒体与传播学院院长李本乾、暨南大学新闻与传播学院院长范以锦、厦门大学新闻传播学院院长佘清楚、今日头条副总裁李涛等学界和业界专家，也围绕“立德树人、入脑入心”主题对马克思主义新闻观教育，促进高校新闻传播教学研究与媒体融合发展实践更加紧密结合等进行了主旨发言。

两年后，2020 年 6 月 6 日上午，学院再次邀请业界学界精英，主办了厦门大学新闻传播学科创新发展座谈会。60 多位重量级嘉宾围绕新闻传播学科的创新发展主题，就学科建设、校院发展、人才培养和科研合作等展开了对话和交流。厦门大学党委书记张彦，福建省委宣传部副部长叶雄彪，新华社福建分社社长邹声文，教育部高等学校新闻传播学类专业教学指导委员会主任、长江学者特聘教授、中国传媒大学新闻传播学部学部长高晓虹，北京大学国家战略传播研究院院长程曼丽，厦门大学新闻传播学院兼职教授、学院奖教金奖学金捐赠者林念生，莆田学院校长宋建晓，招商银行总行网络经营服务中心党委书记、总经理蓝益民，福建省委宣传部新闻出版处处长陈钦灿，福建省委宣传部记者工作处处长陈惠勤，厦门大学校友总会秘书长曾国斌等嘉宾以及部分院友和学院师生出席了座谈会。

图 4-7　厦门大学新闻传播学科创新发展座谈会合影

座谈会上，厦门大学党委书记张彦表示，在厦门大学百年校庆即将到来之际，学校启动了“十四五”规划编制工作，希望在新的一百年开好局、起好步。两年来，厦门大学贯彻落实教育部、中宣部《关于提高高校新闻传播人才培养能力实施卓越新闻传播人才教育培养计划 2.0 的意见》，将新闻传播学科列入厦门大学一流学科建设行列。张书记提出要创新办学方法，加强新闻单位与高校合作，“创造更多‘进基层、懂国情、长本领’新闻传播实践育人项目，为社会培养更多扎根中国大地、具有全球视野的新闻传播人才”。福建省委宣传部副部长叶雄彪充分肯定厦门大学新闻传播学院历年来为福建省宣传工作所做的突出贡献。他强调，2014 年以来，福建省委宣传部与厦门大学的部校共建取得了丰硕成果，有效促进了传媒业界与新闻学界之间的交流融合。叶雄彪副部长在讲话中还特别指出，厦门大学新闻传播学院科研团队 2019 年申报国家社会科学基金重大项目“人类命运共同体视阈下中国国家形象在西方主流媒体的百年传播研究”获得立项，是福建省新闻传播学科首个通过全国竞标获得立项的国家社科重大项目，这个项目的研究对提升福建省新闻传播学科的整体水平、改善福建媒体对外宣传的传播效果将产生积极的影响。教育部高等学校新闻传播学类专业教学指导委员会主任、长江学者特聘教授、中国传媒大学新闻传播学部的学部长高晓虹高度评价厦门大学新闻传播学科的建设水平，认为厦门大学新闻传播学院在国家社科基金立项数和学科最优期刊上发表论文数处于“新闻传播学立项高校群的第一方阵”。

余清楚院长表示，学院要“主动跟进新媒体发展步伐，加快教学改革和学科融合”；“以虔诚之心，以开放胸怀，认真学习厦大其他学院的先进经验，借鉴其他高校新闻传播学院的办学理念”。守正创新、立德创新，开创学院工作的美丽春天。

2020 年 10 月 31 日，恰逢党的十九届五中全会胜利闭幕，学院举办了“华夏文明与传播学中国化高峰论坛”。本次高峰论坛为厦门大学百年校庆系列论坛之一，以“范式与学派：传播学中国化高峰论坛”为主题，邀请了全国高校 40 余位专家学者、业界精英和青年学子探讨传播学中国化的理论创新成果，挖掘、整理、研究华夏文明的传播智慧，畅想构建传播学“中华学派”的路径。

图 4-8　华夏文明与传播学中国化高峰论坛嘉宾合影

第五节　立德树人、守正创新，“新”火相传、“闻”以载道

面向新时代，培养有家国情怀、有使命担当的新时代新闻人才，是新一届院领导班子最牵肠挂肚的工作，也是学院所有工作的根本目标。在这方面，余院长亲自下课堂，抓住一切重要机会对全院师生反复宣导。2019 年 6 月 21 日下午，

作为特别安排面向2019届毕业生的最后一课，也是面向本院全体师生的第一堂公开课，余清楚院长在科学艺术中心音乐厅作了题为“按照‘四力’要求，做好全媒记者”的讲座。讲座伊始，余院长表达了自己开启学院工作的期待和展望。余院长祝贺同学们即将毕业，走向新的人生，“来日方长，未来可期，机会总是留给有准备的人”。他希望同学们能够用大学的知识积累和成长的能力面对充满挑战的社会，重点分享了自己对学习习近平总书记“四力”要求的心得体会，阐述了新闻人应该如何按照“四力”要求，当好全媒记者。

余院长认为，脚力是坚持以人民为中心的工作导向，从基层一线源源不断获得创作和写作的资源和材料，写出不负时代的优秀作品的能力。新闻工作者要用自己的脚去丈量土地，我们应当“站在天安门想问题，站在田间地头找感觉”，要到实践一线了解国情、社情、民情，写出“冒热气、沾泥土、带露珠”的新闻作品。眼力是面对纷繁复杂的各类信息，能够准确快速地发现问题、解决问题的能力。记者应当做到辨识真伪、明辨是非、捕捉亮点、抓住关键。增强眼力最重要的是要提高洞察力、发现力和判断力。脑力是通过深入思考以提高分析事物本质和分析复杂形势的能力。如今是一个头脑风暴时代，是一个创意时代，当务之急是提升创新能力和策划能力。为了锻炼同学们的能力，顺应时代发展，余院长表示，学院将设置“院长好新闻奖”，鼓励同学们做出更优秀的创意作品、优秀稿件和视频产品，靠自己的脑力、体力、智力赢得获得感、幸福感、成就感。笔力是记者的基本技能，是脚力、眼力、脑力的集中反映。新媒体时代对于记者的笔力要求更高。没有文字基本功，没有掌握新技术，没有创新策划能力，就不会有自己的得意之作和精彩华章，会不会做AR、VR、H5、短视频、抖音等新媒体“爆款”产品，是在互联网和移动化时代对媒体人最基本的技术要求和能力检阅。余院长希望同学们在“四力”上勤下功夫，同时，在熟练运用中文的前提下掌握一门外语，熟谙新技术。

一年后，又是一届学生毕业时。2020年6月22日下午，厦门大学新闻传播学院2020届毕业典礼在科学艺术中心音乐厅举行。余清楚发表了题为《在凤凰花开的季节为你送行》的讲话，从学院的成果回顾到对同学们的殷切期望，提出同学们要保持一颗“善良”的心，并赠言同学们在走向社会后，能够爱自己的父母、老师、同窗、同事，祝愿同学们“在凤凰花开的季节起航，向前走，昂起头，莫回头，光明在前头”。

2021年既是中国共产党建党百年，也是厦门大学百年校庆，同时是“十四五”规划的开局之年，学院班子积极谋划。1月9日召开了全院教职工大会，总结过去，展望未来。1月29日，学院首次召开主题为“梦起榕树下 志随凤凰飞”的学科高质量发展校内院友座谈会。厦门大学副校长邓朝晖出席了此次座谈会。

图4-10　邓朝晖副校长在座谈会上发言

座谈会由厦门大学新闻传播学院党委书记曾铮主持，其议程包括新闻传播学院余清楚院长介绍学科建设情况、参会院友和3名老教授发言、厦门大学副校长邓朝晖讲话。三个半小时的座谈会在愉快轻松的气氛中进行，与会院友动情地回忆起当年在学院学习和工作的点点滴滴，并且积极踊跃地为学院未来发展建言献策。座谈会结束时，余清楚院长为参会老师们一一赠送了他亲自书写的“福”字，大家于院楼前合影留念。

图 4-11　校内院友座谈会合影

最美人间四月天，最亲厦大新传人。4 月 5 日上午，在百年校庆前夕，新闻传播学院举办了隆重的院友欢迎会。在南光二号门前的广场，摆满了鲜花和展示院友摄影作品和创作图片的展板。写着“我爱你、再相见”的签名板和彩色门吸引着院友纷纷摄影留念。来自全国各地数百位院友齐聚在大榕树下、南光二门前，共庆母校百年华诞。院友欢迎会在一首新传师生创作的《我爱你，再相见》的歌曲中开启。

余清楚代表学院热烈欢迎院友回家。他在致词中表示：

百年厦大，桃李春风，人才辈出。新闻传播学院春华秋实，十步芳草。30 多年来，我们培养了博士 84 名，硕士 1320 名，学士 3029 名，全日制大专毕业生 64 名，函授本、专科毕业生 497 名，应用型自考大专毕业生 1000 余名，以及各类进修、培训人员近 5000 名。同学们从五湖四海来到母校，既重温百年名校的古老建筑，体会最美校园的万般风情。更为重要的是，这里还有各位院友的“乡愁”“离愁”“情愁”。再一次看看当年恩师的音容笑貌，再一次触摸当年上课的书桌、住过的宿舍、走过的草坪，“一草一木成记忆”“一枝一叶总关情”。同学们对母校母院的美好记忆，长留在心灵的柔软处，此生此世，难以磨灭。

南光门前，抒发百年情怀；大榕树下，畅叙师生之谊。长久以来，我们学院拥有一批在中国新闻传播教育领域赫赫有名的老教授。陈培爱老师每每说到自己的爱徒，必定赞不绝口。许清茂老师老当益壮，温文尔雅，喝点小酒，欣欣然有喜色也。黄星民老师爽朗的笑声、声如洪钟的大嗓门，恰如同学少年。张铭清老院长于我亦师亦友，有“四同”之谊：一是系友，同毕业于中国社科院研究生院新闻系，他是黄埔一期的。二是同在人民日报记者部工作过。三是同在人民日报福建分社工作过，他是创建者。四是同在学院工作，前后任院长。张老师为人低调，充满智慧，做人做事做学问，均为吾师。学院还有许许多多任劳任怨、默默无闻、辛勤耕耘的老师，桃李芬芳，深受敬重，永远值得同学们铭记于心。

我们学院，既有深植百年的“嘉庚精神”的传统基因，又有自身铸就的引领时代的无尚荣光。早在1921年11月，我们便率先成立了新闻学部，开启了中国人创办新闻教育的先河。首任系主任孙贵定先生及其他老一辈教授，虽已长眠于地下，但也许不会想到，今天的在院学生已超过千人，研究生已超过本科生，人丁兴旺、家族繁荣，呈现出“忽如一夜春风来，千树万树梨花开”的兴盛局面。闽商有一种精神，叫“爱拼才会赢、敢为天下先”。我们学院也是观念领先，思维创新，屹立潮头。1983年成立新闻传播系时，就在中国大陆率先以“传播”二字冠名，那时的新闻教育人还不知道“传播”二字的语义。同时，并在中国大陆高校中，首先创办广告学专业，使我们的广告学系成为了中国广告业的“黄埔军校”。

一份耕耘，一份收获。一代代老师在教书育人、培养人才的同时，在学院建设、科学研究等方面，也是硕果累累，成绩喜人。2019年，学院历史上第一次获得立项国家社科基金重大项目。2016—2021年，在新闻传播学国家社科基金立项中，我们学院立项数量17项，处于新闻传播学立项高校群的第一方阵，在全国承担同类社科项目高校中排名第六。在学术期刊发表上，我们学院六年来在《新闻与传播研究》《国际新闻界》《现代传播》《新闻大学》等4类代表性核心期刊上发文80余篇，在同期刊发表数排名全国高校前10名。邹振东教授获得中宣部“四个一”人才称号。2020年底，陈培爱教授荣获“第八届范敬宜新闻教育良师奖”，广告学专业获批国家级一流专业，广播电视学获批福建省级一流专业。2020年我们学院与校宣传部合作申报获批教育部“教育融媒体”试点单位。我们学院的国际新闻、公共关系、海峡传播研究、口语传播研究、算法新闻研究、华夏传播研究等已在全国处于领先位置，赢得同行尊重和重视。

百年厦大，百年学院。一届届学生在老师的谆谆教诲、循循善诱下，“博学之，审问之，慎思之，明辨之，笃行之”，最终“不飞则已，一飞冲天；不鸣则已，一鸣惊人”，成为党之人才、国之栋梁，为学校添砖加瓦，为学院增光添彩。同学们梦起榕树下，志随凤凰飞，在母院学到了本领，增长了才干，走向了社会，成为了栋梁。希望各位院友遵循“自强不息、止于至善”的校训，继续努力，抱团取暖，团结互助，“新”火相传，“闻”以载道，乘风破浪，扬帆远航，驶向更加美好的明天。

图4-12 学院领导与院友合影

图 4-13　厦门大学百年影像史暨影像辞典高峰论坛合影(2020 年 12 月 5 日)

第六节　喜人的业绩：教学、科研与社会服务

学院在教学工作中始终坚持以提高人才培养质量为主线，以促进学生德智体美全面发展为重点，不断更新教育观念，深化教育教学改革，坚持内涵发展，实现“立德树人”根本任务，着力培养具有家国情怀、国际视野的高素质全媒化复合型专家型新闻传播后备人才。

本科教学举措方面。不断推进教学体制机制的改革，重视学生全面发展，促进学生个性成长，提升学生创新能力，增加学生国际竞争力，建立人才培养新体系。在继续深化大类招生和大类培养、三学期制、主辅修制、弹性学分制、本科生导师制改革的同时，推动培养国际化，增强学生国际竞争力。2013 年，设立“国际新闻实验班”，在全校一、二年级本科生范围内选拔进入国际新闻班学习的学生，引进国外优质课程，组织留学回国高水平教师开设全英文课程，营造国际化学术氛围。试行与境外高校联合培养机制：2012 年，与美国密苏里大学开展“新闻传播学科本科双学位联合培养项目”；2013 年，与美国伊利诺伊大学开展“新闻学和广告学专业“3＋2”培养项目”；同时与美国伊利诺伊大学、台湾大学、台湾政治大学、铭传大学等高校开展学生短期交流项目。2015 年，厦门大学设马来西亚分校，2015 年 9 月，马来西亚分校设立新闻学本科专业，2018 年 7 月，设立广告学本科专业，学院积极参与马来西亚分校新闻学和广告学专业教学计划制订，选派骨干教师前往授课，加强多元种族与多元文化新闻传播人才的培养，推动中国高等教育国际化。2019 年 3 月，新闻学专业获得学校“国际化专业建设计划”2.0 项目立项，建设与国际对接的课程体系和先进的教学模式，进一步深化国际化人才培养。结合社会需要和技术手段的不断发展，继续深化课程建设，加强核心通识课程、大类平台课程、网络课程建设，获批 2 门省级精品在线开放课程。

根据人才培养目标的不断变化，不断推进课程设置改革，强化因材施教，修订人才培养方案。2012 年，启动新一轮人才培养方案修订，采取国际对标研究的方法，按照“优化课程结构、强化实践创新能力、突出个性培养、均衡课程安排、规范课程管理”的总体原则，制订更为灵活、多样、个性化的新方案。新的方案，压缩学分，降低总学分，课程瘦身；优化课程结构，一、二年级主要学习大类平台课程，三、四年级根据不同需求学习不同模块课程，适应学生个性化学习需求；增加弹性，增加选修学分，学生学习自由度更大；强化实践，增加实践学分，2 个创新创业学分由选修变为必修。2018 年，再次修订人才培养方案。按照“全面发展、差异培养、学科交叉、知行合一、学修结合、课程优化”的原则修订人才培养方案。将通识教育理念贯穿人才培养全过程，强化课程育人，推动学科交叉、科教文理融合。将创新创业教育与专业教育有机融合，强化创新实践。突出“能力轴翻转”，加大选修比例。全面实施本硕博优质课程资源贯通，强调因材施教。

强化实践育人理念，深化实践教学改革，培养实践创新能力，创新人才培养模式。不断推进实验教学改革，加强实验条件投入，2012 年争取中央专项经费 690 万，投入对实验设备的更新换代。2014 年推行实验室 6S 管理，使实验室管理规范化、标准化。加强实习实践环节管理，推动校外实践基地建设。2012 年厦门广播电视集团校外实习实践基地建成为国家级校外实习实践教育基地，获得建设经费 200 万，还建成其他各级各类实习实践基地 20 余个。此外，还试行海外实习实践基地建设，2007 年与跨国公司奥美广告签署实习实践基地建设协议,2017 年与人民网澳大利亚公司建设中国国际新闻传播澳大利亚实习实训基地。2017 年首次选送 2014 级国际新闻实验班 5 名本科生赴澳大利亚悉尼的澳洲新快传媒集团进行了为期两个月的实习。打造科创竞赛平台,启动科创竞赛创新模式,扎实推进创新创业教育。实施大学生创新创业训练计划,2013 年至 2019 年共获得国家级大学生创新创业计划项目立项 34 项,省级立项 23 项。搭建学生实践交流和学业竞赛平台。2005 年起,连续主办 11 届大学生广告艺术大赛福建(海南)赛区赛事,我院学生在大赛中获得优秀成绩,同时学院获得教育部高教司颁发的组织奖;2014 年起,连续举办 6 届两岸大学生影像联展暨凤凰花季毕业影展,2015 年起连续 4 年被列为教育部港澳台办对台教育交流重点项目,成为具有广泛影响力的青年人电影盛会,提升了学生实践创新能力;2015 年起,连续协办 5 届"看中国・外国青年影像计划",为学生提供了与外国知名大学青年电影人合作的机会,以独特视角制作记录短片并公开展映,弘扬中华文化,是一项优质跨文化体验项目;2018 年承办第六届中国大学生公共关系策划创业大赛;连续主办 12 届"我爱你,再见"毕业摄影展等实践活动。同时,积极落实教育部、中宣部《关于加强高校新闻传播院系师资队伍建设实施卓越新闻传播人才教育培养计划的意见》,加强马克思主义新闻观教育,加强人才培养基地建设,推动高校与新闻单位从业人员互聘工作。

研究生教学举措方面。2008 年起试行研究生培养机制改革,研究生全部改为自筹经费培养,全面提高研究生奖、助学金的金额和受益面,同时学校试行对研究生导师收取培养配套经费,我院硕士研究生配套经费由学院统筹。深化研究生招生改革,在坚持全国统一考试和常规推免工作的基础上,2016 年起,开始举办夏令营,目前学院推免生占研究生录取比例的 70%,有效地提高了生源质量。在研究生课程设置上,2011 年新闻与传播专业学位硕士点建立后,逐渐将学术型硕士和专业型硕士的课程设置区分开来。专业型硕士教学形式以课程教学为主,兼有案例分析、专题讲座、模拟演练、现场实习等多种形式的教学方式。教学内容重视基本理论及实际应用,注重对学生新闻与传播实务能力的培养。同时聘请业界专家作为专业学位硕士的兼职导师,开设短学期实践性课程,以厦门大学校友品牌论坛等学术活动为依托,建立业界专家与学生在实践领域传帮带的教学机制。2014 年,按新闻传播一级学科制订培养方案,硕博培养打通,改变硕士博士培养方案截然分开的做法,实现优质资源共享和学科交叉融合。

2014 年起，严格博士生中期考核制度，打通硕博学制，实施研究生弹性学制，博士生学制由 3 年延长为 4 年，推行硕博连读制度，截至 2019 年 12 月共有 8 人通过硕博连读考核，多渠道改善博士生生源质量。推进研究生培养国际化，打通国内国际培养，鼓励学生申请国家公派出国留学项目，前往国外高水平大学访学交流，参加学术会议，2013 年至 2019 年，6 名博士研究生获得国家留学基金委资助赴国外高校进行高水平博士联合培养，2 名硕士研究生攻读国外高校博士学位，学校和学院资助研究生赴国外交流学习 46 人次。利用短学期邀请境内外专家学者来校讲课，近 5 年来，短学期共邀请境外专家学者 31 人次，共开设课程 31 门，讲座 6 场。2014 年学校实施博士生培养科研配套经费制度，将培养过程与科学研究相融合，以项目带动研究生培养。优化研究生课程教学体系，按一级学科统一课程质量标准，实行一级学科课程质量评估和考核，建立课程开课准入机制和竞争机制。鼓励研究生开展原创性科研，实现课内学习与课外创新创业相融合，鼓励研究生开展田野调查研究，参加实习实践等课外创新创业活动。2014 年以来，博士研究生共获批田野调查项目 2 项，硕士研究生获得 3 项，共获资助经费 7.8 万元。

教学改革成果方面。2007 年厦门大学广告学专业获教育部、财政部批准为国家第一批高等学校特色专业建设点，同时获批准为省级高等学校特色专业建设点，2012 年获批福建省本科高校“专业综合改革试点”项目。2008 年，新闻传播实验教学中心被评为福建省高等学校省级实验教学示范中心。2009 年，“外宣人才培养创新实验区”获批为福建省创新人才实验区。2010 年，新闻学专业获批福建省高等学校第六批特色专业建设点；2016 年，广播电视学专业获批福建省高等学校服务产业特色专业建设点；2016 年，“新闻传播学专硕教学案例库”项目获省级专业学位研究生教学案例库立项。“华夏文明传播研究团队”被评选为 2019 年省级专业学位研究生导师团队。2015 年以来获得省级高等学校本科教育教学改革研究项目 3 项，省级高等学校研究生教育教学改革研究项目 2 项。2 门本科课程获省级精品在线开放课程认定。

学院始终以立德树人为根本，坚持质量立院，人才培养屡创佳绩。学院团队连续获得 4 届中国大学生公共关系策划大赛总决赛金奖；获得 One Show 中华青年创意竞赛终赛全场最佳洞察奖 1 项，银奖 3 项，铜奖 4 项，优秀奖若干项；在 2014 年 One Show 中华青年创意节终极提案大赛终赛中获金、银、铜奖各 1 项，获得终极提案金奖暨“金铅笔”奖，还受邀参加在美国举行的国际广告学生创意营；获得第三届“电通·创新人才培训营”全场唯一大奖；获得全国大学生广告艺术大赛全国赛区一等奖1项，二等奖5项，三等奖17项，优秀奖69项；2012年，由新闻传播实验教学中心发起，组建了“凤凰花影社”，近年来，影社拍摄的作品获得许多奖项，成绩斐然。微电影《大卫镇》荣获第23届中国金鸡百花电影节微电影作品优秀奖，并入围“2014深圳国际微电影艺术节”；原创歌舞微电影《厦至45.8℃》在“第三届中国网络视听大会”上获得大学生微电影组组委会大奖，是网络视听界国家级最高奖，还获得中国电影金樽奖的最佳剧情片奖和最佳导演奖；微视频《绝美！航拍厦大木棉花开，赏花惜人不负春光》被央视新闻移动网推荐至精选页大图轮播的显著位置播出，获得了较高点击量。社团活动在提高学生实际动手能力的同时，也加强了与社会的广泛联系，提高了学生的综合素质。2013级博士生刘毅参加2016年6月在日本福冈举办的第66届国际传播协会年会；2014级博士生侯凡跃的学位论文《水墨画的审美心理机制与水墨广告的效果研究》获2018年福建省优秀博士学位论文；2014级国际新闻实验班团支部被团中央评为“2016年全国高校活力团支部”，所有种种，都是对厦门大学新闻传播人才培养的肯定。

师资队伍建设方面，学院始终坚持在吸引、培养和用好人才上下功夫，努力建成一支朝气蓬勃，具有国际视野，富有创新精神的教学科研队伍。一是加快引进力度。2007年至2019年12月，共引进专任教师33人，其中教授3人，副教授5人，助理教授21人，长期外教4人；引进实验室专业技术人员1人；新聘厦门大学讲座教授3人。二是创造条件，加强培养力度。在此期间，有12人晋升教授职务，29人晋升副教授职务，1人晋升高级工程师职务，2人晋升工程师职务，9人在职攻读博士学位，其中8人获得博士学位。新增教育部新世纪优秀人才支持计划入选者1人，福建省新世纪优秀人才支持计划4人，福建省特殊支持“双百计划”哲学社会科学领军人才及厦门市第九批拔尖人才1人，福建省第一批引进台湾高层次人才“百人计划”及厦门市第四批台湾特聘专家1人，厦门市重点人才3人，厦门市高层次留学人员5人，享受国务院政府特殊津贴1人，厦门大学特聘教授2人，厦门大学南强青年拔尖人才支持计划A类人才1人。新增福建省高校以马克思主义为指导的哲学社会科学学科基础理论研究创新团队1个。同时，积极鼓励和支持教师赴境外交流学习，开阔国际视野，提升国际竞争力。近五年来，派出 16 人次赴国外为期 1 年期的访学，教师 180 余人次赴境外参加学术会议或短期交流。三是在学校人才评价改革的框架上，结合学科特点和学科发展的实际，建立较为适合的人才评价体系和评价标准。2007 年制定《新闻传播学院专任教师聘任实施细则》，2013 年修订《新闻传播学院教师岗位职责与任职条件细则》，2018 年 12 月制定《新闻传播学院专任教师岗位绩效考核评价实施细则(试行)》和《新闻传播学院工程、实验等系列专业技术岗位绩效考核评价实施细则(试行)》。同时，近几年引进了不少素质较高、科研实力强的年轻教师，但由于我院的副教授岗位已满，许多年轻有实力的教师职称上不去，严重影响和制约学科发展，造成人才的流失，鉴于这种情况，我院及时制定聘任补充规定，给特别优秀的人才提供一条职称提升的途径，因此，解决了 10 名优秀教师的职称问题；同时争取 2 位台籍教师职称晋升不受岗位编制限制的政策。提高了学院的师资队伍高级职称比例，进一步优化了结构。截至 2021 年 12 月，学院现有在职教职工 66 人，包括专任教师 46 人，党政管理人员 14 人，实验室专业技术人员 6 人。专任教师中教授 14 人，副教授 21 人，高级职称人员占全院专任教师总数 76.09%，专任教师中具有博士学位者占全院专任教师总数 95.65%。

学院科研方面，展现出实力雄厚、成果丰硕、特色鲜明的局面。2007 年以来，承担的科研项目特别是国家级和省部级科研项目从量到质较以前都有了显著突破。国家社科基金立项项目 34 项，其中重大项目 1 项，特别委托重大项目 2 项，重点项目 2 项，一般项目 26 项，后期资助 3 项；国家自然科学基金项目 4 项。教育部人文社科一般项目 12 项，省级社科基金(软科学)项目立项 64 项，其他纵向课题 45 项，横向委托课题 212 项，纵向项目合同经费 1500 多万元，横向项目合同经费 1600 多万元。2007 年以来，主编出版了“品牌与广告系列丛书”“厦门大学海峡传媒文化研究丛书”“海峡两岸新闻与传播丛书”“中华文化与传播研究丛书”“华夏文明传播研究文库”等丛书，出版学术专著、译著、教材 140 部，正式发表学术论文 1000 余篇，获省部级社科优秀成果奖 28 项，其中一等奖 4 项，二等奖 6 项，三等奖 15 项，青年佳作奖 2 项。2014 年以来，有 1 篇调研报告被国家领导人批示，省 2 篇研究报告被省部级领导批示，23 篇报告被党委政府相关部门采纳。2010—2017 年，还与现代广告杂志社联合创办《现代广告》(学术季刊)，为中国广告研究提供了交流平台，并于 2013 年被厦门大学定为一类核心期刊论文。

学院始终坚持“特色乃做强之道”的理念，在广告学研究、台湾东南亚媒体研究、华夏传播研究、舆论研究等领域形成了鲜明的特色，并享有盛名。搭建研究平台，凸显特色研究。厦门大学是国内最早开展广告教育和广告理论研究的院校，30 多年来，在广告学的教学科研工作上积淀深厚，在广告史、广告理论、品牌理论、媒体效果、广告心理、新媒体广告等领域取得了丰硕成果。品牌与广告实证研究也走在全国前列，2013 年，在原系下属的品牌与广告研究所基础上成立了厦门大学品牌与广告研究中心；以此为契机，2014 年起连续召开 3 届中国品牌健康指数发布会，发布品牌健康监测报告，编撰《中国品牌百科全书》。台湾东南亚传媒研究，立足中华，面向海洋，充分发挥地缘优势，服务国家战略需求，深入研究台湾及东南亚媒体发展状况，取得一系列研究成果，不仅得到两岸学术界的关注，还被国台办等有关部门重视和采用；同时还建立研究平台，广泛开展学术交流与合作。2008 年，与复旦大学新闻学院、海峡导报社共同成立“海峡两岸新闻与传播研究交流中心”，成为与台湾地区媒体研究交流的重要平台。2009 年成立厦门大学海峡媒体研究中心，主动融入到国家统一大业和海峡两岸经济区建设当中，对接国家重大需求，承接重大科研项目，进而成为国家和福建省及厦门市对台新闻宣传的思想库和学术研究基地。2010 年，组建了中国新闻史学会下属的“台湾与东南亚华文新闻传播史研究委员会”，我院成为该委员会会长单位。华夏传播研究，早在 1993 年，学校就成立传播研究所，中国大陆开始开展有计划有组织的华夏传播研究，出版了论文集、专著、丛书以及系列论文等，华夏传播研究由此成为传播学引人注目的研究领域。随着师资队伍的不断扩大，海外传播学博士加入团队，学院坚持以“华夏传播研究”为基础，融合西方科学的传播理论，在“传播学中国化”这个领域中继续探索，并取得许多重要成果。2013 年，创办华夏传播研究的刊物《中华文化与传播研究》，2018 年又创办《华夏传播研究》集刊，开创了国内华夏传播研究以及传播学本土化研究的新局面。2018 年，中华文化传播研究中心成为福建省高等学校人文社会科学研究基地。2014 年以来，舆论学研究成为学院新研究特色，2016 年成立厦门大学舆论研究中心，形成了厦门大学新闻舆论规律研究创新团队，同时入选省级创新团队。2018 年，第一本探索舆论哲学的专著《弱传播》正式出版，成为几大电商平台中社会科学类最畅销商品，引起社会的广泛关注和很好的反响。舆论学研究的系列成果也得到相关部门采纳和国家领导人的批示。2020 年，谢清果带领团队完成的

《中国扶贫实践的文明意蕴》《扶贫传播：中国之治的当代实践》两篇论文，在由中国扶贫发展中心、全国扶贫宣传教育中心主办的 2020 年度“学习习近平总书记关于扶贫工作的重要论述”主题征文活动中被评为获奖论文。

深化对外交流与合作，提升国际竞争力和国际影响力。学院坚持实施“走出去，请进来”的政策，强化师资队伍培养工作，2007 年以来，先后选派教师赴美国、英国、荷兰、日本、澳大利亚、新加坡、菲律宾等国家和我国台湾、香港地区攻读学位和访学。坚持长期聘请境内外新闻传播界的前辈和知名学者以及业界精英担任兼职教授或来校短期讲学，2007 年以来，邀请境内外专家来校开设课程 155 门，开设讲座 400 余场。学院与国内外学界和业界建立了密切广泛的联系，并致力于推动高层次的学术交流：成功举办本学科重要国际性学术会议 6 次，全国性学术研讨会 19 次，海峡两岸暨香港会议 7 次；与美国、日本、韩国、新加坡等国家和我国台湾、香港地区的院校和研究所互派学生交流访学，2007 年以来，共派出学生赴境外交流访学 600 余人次；与国内高校开展学生交流项目，2007 年以来，共接收国内高校本科生到学院交流访学 200 人次；与美国伊利诺伊大学香槟分校和美国密苏里大学新闻学院正式签署联合培养项目协议；还先后与业界如奥美公司、人民网澳大利亚公司以及中国新闻社、菲律宾《世界日报》、凤凰网、人民网、厦门广电集团等媒体建立了实习协作关系。

继续在社会服务方面发挥作用。根据学校建设研究型大学的定位，退出低层次办学，发展高端人才的继续教育。随着构建学习型社会，完善终身教育体系，大兴学习之风时代的到来，各界从业人员重返高校研修学习成为社会现实行为。借此发展契机，我院适时发展新闻传播高端人才的继续教育。举办了新闻发言人、网络舆情应对与危机处理、新闻采编与媒介管理、品牌管理、广告创意与实战等短期高级研修班。社会服务区域辐射至江西、浙江、云南、广东、陕西、山西、贵州、山东、江苏、广西、湖北、福建省等地市宣传部门、媒体部门、企事业单位，共培养了短期高端人才 2100 多人。积极对接国家重大需求，对接社会和区域经济发展，承担课题研究工作，提供咨询服务，发挥智库作用，多份研究报告被相关部门采纳。

如今，“双一流”建设的聚集号已吹响，新时代的奋进之笔已挥毫，时值百年校庆之际，我院继续秉承“自强不息，止于至善”的校训，不忘初心，共同携手，砥砺奋进，为加快建设中国特色世界一流大学做出新的更大的贡献。

第五章
党政管理

在学校的统一领导和管理下，院系的设置与调整是随着社会需求、国家教育需要、学校教学科研及各项工作和体制改革需要而变化。新闻传播学院的设置与调整，大至划分为四个阶段：早期新闻学科阶段、系复办阶段、并入人文学院阶段、成立学院阶段。

第一节　党政机构

一、早期新闻学科阶段（1921—1926 年）

1921 年 11 月，厦门大学创办新闻学部。1922 年 7 月，全国招生入学。1923 年 4 月，新闻学部改称“新闻科”。1924 年 6 月，厦门大学本科设文、理二科，新闻科并入文科，改为“新闻学系”。1926 年 1 月，厦门大学董事会议决定停办新闻学系，当年秋季停止招生。

二、新闻传播系复办阶段（1982—1998 年）

1982 年 6 月 5 日，成立厦门大学新闻传播系筹备委员会。1983 年 6 月 30 日，成立厦门大学新闻传播系。1984 年 11 月，建立中共厦门大学新闻传播系支部。1990 年 9 月，中共厦门大学新闻传播系支部改为中共厦门大学新闻传播系总支部。

三、新闻传播系并入人文学院阶段(1999—2006 年)

1999 年，成立人文学院，学院下设中文系、历史系、哲学系、新闻传播系等，新闻传播系并入人文学院，由人文学院统一管理。

四、成立新闻传播学院阶段(2007 至今)

2006 年 12 月 14 日，学校发文决定成立新闻传播学院。2007 年 6 月 4 日，成立中共新闻传播学院委员会。2007 年 6 月 6 日，新闻传播学院举行成立大会，新闻传播学院宣布正式成立，学院成立时下设新闻学、广告学两个系。2011 年 4 月，设立传播学系，截至 2021 年，学院共下设新闻学系、广告学系、传播学系 3 个系。

第二节　历任党、政领导

一、早期新闻学科阶段(1921—1926 年)

1923 年，英国爱丁堡大学哲学博士孙贵定担任新闻科主任。

二、新闻传播系复办阶段(1982—1998 年)

(一)厦门大学新闻传播系筹备委员会(1982 年 6 月—1984 年 11 月)

主 任 委 员　徐铸成

副主任委员　未力工、刘季伯

（二）厦门大学新闻传播系（1983 年 11 月—1999 年 10 月）

1.中共厦门大学新闻传播系支部（总支部）（1984 年 11 月—1999 年 10 月）

（1）中共厦门大学新闻传播系支部

书　　记　杨金德（1984 年 11 月 1 月—1990 年 9 月 19 日）

（2）中共厦门大学新闻传播系总支部

书　　记　杨金德（1990 年 9 月 19 日—1993 年 12 月 31 日）
　　　　　司卓亚（1996 年 1 月 31 日—1999 年 10 月 29 日）

副 书 记　尤国顺（1992 年 4 月 18 日—1993 年 12 月 31 日）
　　　　　司卓亚（1993 年 12 月 31 日—1996 年 1 月 31 日）
　　　　　陈国强（1996 年 4 月 1 日—1999 年 10 月 29 日）

2.新闻传播系行政领导班子（1984 年 11 月 1 月—1999 年 10 月 29 日）

主　　任　许栋梁（1987 年 3 月 1 日—1993 年 12 月 31 日，代系主任）
　　　　　郑松锟（1993 年 12 月 31 日—1995 年 9 月 28 日，代系主任）
　　　　　郑松锟（1995 年 9 月 29 日—1997 年 5 月 1 日）
　　　　　陈培爱（1998 年 5 月 1 日—1999 年 10 月 29 日）

副 主 任　陈安全（1984 年 11 月 1 日—1993 年 12 月 31 日）
　　　　　吴　伟（1990 年 9 月 1 日—1994 年 8 月 1 日）
　　　　　朱健强（1993 年 12 月 1 日—1999 年 12 月 13 日）
　　　　　陈培爱（1997 年 1 月 28 日—1998 年 5 月，主持工作）
　　　　　朱月昌（1997 年 1 月 28 日—1999 年 10 月 29 日）

三、厦门大学新闻传播系并入人文学院（1999 年 10 月—2006 年 12 月 31 日）

（一）中共人文学院委员会（1999 年 10 月—2006 年 12 月 31 日）

书　　记　白锡能（1999 年 10 月 29 日—2002 年 9 月 20 日）
　　　　　林建德（2002 年 9 月 20 日—2012 年 12 月 22 日）

副 书 记　徐珊娜（1999 年 10 月 29 日—2002 年 11 月 28 日）
　　　　　林金枝（1999 年 10 月 29 日—2004 年 3 月 24 日）

陈国强(1999 年 10 月 29 日—2004 年 3 月 24 日)
范　丽(2002 年 11 月 28 日—2007 年 8 月 25 日)
邱旺土(2004 年 3 月 24 日—2014 年 3 月 26 日)

(二)人文学院院行政班子

院　　长　陈支平(1999 年 10 月 29 日—2008 年 1 月 27 日)
副 院 长　黄鸣奋(1999 年 10 月 29 日—2004 年 11 月 3 日)
郑振满(1999 年 10 月 29 日—2008 年 1 月 27 日)
徐梦秋(1999 年 10 月 29 日—2008 年 1 月 27 日)
陈培爱(1999 年 10 月 29 日—2008 年 1 月 27 日)
朱水涌(2005 年 3 月 24 日—2010 年 12 月 29 日)

(三)新闻传播系行政领导班子(1999 年 10 月—2007 年 6 月 6 日)

主　　任　陈培爱(1999 年 10 月 29 日—2004 年 4 月 20 日)
副 主 任　朱健强(1999 年 12 月 13 日—2004 年 4 月 20 日)
黄星民(2004 年 4 月 20 日—2007 年 6 月 6 日,主持工作)
黄合水(2004 年 4 月 20 日—2007 年 6 月 6 日)

四、厦门大学新闻传播学院(2016 年 12 月至今)

(一)中共厦门大学新闻传播学院委员会(2007 年 6 月至今)

书　　记　邓朝晖(2007 年 12 月 25 日—2012 年 12 月 22 日)
郑树东(2012 年 12 月 22 日—2020 年 11 月 26 日)
曾　铮(2020 年 11 月 26 日至今)
副 书 记　邓朝晖(2007 年 6 月 5 日—2007 年 12 月 25 日)
林盛铨(2008 年 3 月 26 日—2016 年 7 月 8 日)
叶　虎(2008 年 4 月 26 日—2012 年 12 月 22 日)
聂　鑫(2013 年 7 月 3 日—2021 年 10 月 8 日)
黄　辉(2016 年 7 月 8 日至今)
李芬芬(2021 年 10 月 8 日至今)

（二）新闻传播学院行政领导班子（2006 年 12 月至今）

院　　长　张铭清（2006 年 12 月 31 日—2016 年 2 月 3 日）
　　　　　余清楚（2018 年 4 月 13 日至今）
常务副院长　黄星民（2007 年 6 月 6 日—2012 年 9 月 20 日）
　　　　　黄合水（2012 年 12 月 22 日—2020 年 3 月 5 日）
副 院 长　黄合水（2007 年 6 月 6 日—2012 年 12 月 22 日）
　　　　　赵振祥（2007 年 6 月 6 日—2013 年 9 月 23 日）
　　　　　阎立峰（2012 年 12 月 22 日—2020 年 3 月 5 日）
　　　　　林升栋（2014 年 4 月 26 日—2019 年 12 月 23 日）
　　　　　苏俊斌（2020 年 3 月 5 日至今）
　　　　　陈素白（2020 年 3 月 5 日至今）
　　　　　谢清果（2020 年 3 月 5 日至今）

（三）新闻传播学院下设机构（2007 年—）

1.新闻学系

主　　任　庄鸿明（2008 年 6 月 12 日—2017 年 1 月 16 日）
　　　　　殷　琦（2020 年 5 月 11 日至今）
副 主 任　阎立峰（2008 年 6 月 27 日—2013 年 2 月 7 日）
　　　　　岳　淼（2013 年 2 月 7 日—2016 年 2 月 29 日）
　　　　　苏俊斌（2016 年 2 月 29 日—2020 年 5 月 11 日）
　　　　　孙慧英（2020 年 5 月 11 日至今）

2.广告学系

主　　任　林升栋（2012 年 1 月 7 日—2014 年 12 月 08 日）
　　　　　罗　萍（2014 年 12 月 8 日—2019 年 4 月 1 日）
　　　　　曾秀芹（2020 年 5 月 11 日至今）
副 主 任　曾　晶（2008 年 6 月 27 日—2011 年 5 月 17 日，主持工作）
　　　　　李　展（2008 年 6 月 27 日—2011 年 10 月 20 日）
　　　　　罗　萍（2012 年 1 月 7 日—2014 年 12 月 8 日）
　　　　　曾秀芹（2014 年 12 月 8 日—2020 年 5 月 11 日）
　　　　　宫　贺（2020 年 5 月 11 日至今）

3.传播学系

主　　任　邱红峰(2020 年 5 月 11 日至今)

副 主 任　李　展(2011 年 10 月 20 日—2020 年 5 月 11 日,主持工作)

　　　　　史冬冬(2020 年 5 月 11 日至今)

五、行政领导简介

(一)新闻传播系(1983—2007)系行政领导个人简介

1.许栋梁

代系主任。1934 年 7 月 10 日出生,汉族,中国共产党员。

教育背景:1960 年 7 月中国人民大学新闻学专业本科毕业。

工作经历:1950 年 6 月参加工作,1962 年 3 月来校工作,1987 年 3 月 1 日至 1993 年 12 月 31 日任厦门大学新闻传播系代系主任。

主要学术领域或研究方向:新闻学。

2.郑松锟

系主任。1948 年 6 月 24 日出生,汉族,中国共产党员。

教育背景:1976 年 7 月厦门大学中文系汉语言文学专业本科毕业。

工作经历:1976 年来校工作,1993 年 12 月 31 日至 1995 年 9 月 28 日任新闻传播系代系主任,1995 年 9 月 29 日至 1997 年 5 月 1 日任新闻传播系主任

主要学术领域或研究方向:华夏传播等。

3.陈培爱

教授,博士生导师;新闻传播系主任,人文学院副院长。1950 年 1 月 23 日出生,汉族,中国共产党员。

教育背景:1976 年厦门大学中文系汉语言文学专业本科毕业。

工作经历:1968 年 4 月参加工作,1976 年 7 月来校工作,1997 年 1 月 28 日至 1998 年 5 月任新闻传播系副主任(主持工作),1998 年 5 月 1 日至 1999 年 10 月 29 日任新闻传播系主任,1999 年 10 月 29 日至 2008 年 1 月 27 日人文学院副院长。

主要研究方向:广告学理论、广告文案、广告策划、广告文化、广告史、品牌与广告、广告教育等。

4.陈安全

教授,系副主任。1942 年 9 月 15 日出生,汉族,中国共产党员。

教育背景:1964 年 7 月厦门大学英语语言文学专业本科毕业。

工作经历:1964 年 8 月来校工作,1984 年 11 年 1 日至 1993 年 12 月 31 日任新闻传播系副主任。

主要学术领域或研究方向:英语语言文学、传播学等。

5.吴伟

教授,系副主任。1955 年 11 月 1 日出生,汉族,中国共产党员。

教育背景:1986 年 7 月厦门大学英语语言文学硕士研究生毕业,获美国印第安纳大学博士学位。

工作经历:1987 年 11 月来校工作,1990 年 9 月任新闻传播系副主任,1993 年 7 月赴美留学,1995 年 9 月从厦门大学辞职。

主要学术领域或研究方向:领导与管理、企业沟通、公共关系、危机管理等。

6.朱健强

副教授,硕士生导师,系副主任。1956 年 10 月 31 日出生,汉族,中国民主促进会会员。

教育背景:1983 年 8 月江南大学工业设计专业本科毕业。

工作经历:1975 年 8 月 1 日参加工作,1989 年 5 月来校工作,1993 年 12 月 1 日至 2004 年 4 月 20 日任新闻传播系副主任。

主要研究方向:品牌传播、视觉传播、广告设计。

7.朱月昌

教授,硕士生导师,系副主任。1946 年 10 月 21 日出生,汉族,中国共产党员。

教育背景:1969 年北京广播学院新闻系本科毕业,1982 年北京广播学院硕士研究生毕业。

工作经历:1969 年 9 月参加工作,1983 年 1 月来校工作,1997 年 1 月 28 日至 1999 年 10 月 29 日任新闻传播系副主任。

主要研究方向:广播电视学、广告学。

(二)新闻传播学院(2007年至今)院行政领导个人简介

1.张铭清

教授,博士生导师,院长。1945年11月5日出生,汉族,中国共产党员。

教育背景:1981年8月中国社会科学院新闻学专业硕士研究生毕业。

工作经历:1981年至1993任《人民日报》福建记者站记者、首席记者、站长,《人民日报》记者部副主任、高级记者。1993年以后曾任国务院台湾事务办公室主任助理、新闻局局长、新闻发言人,海峡两岸关系协会副会长。2007年4月正式来校工作,2006年12月31日至2016年1月20日任新闻传播学院院长。

主要研究领域:对台和对外宣传。

2.余清楚

教授,博士生导师,院长。1959年02月25出生,汉族,中国共产党员。

教育背景:1989年7月中国社会科学院新闻学专业硕士研究生毕业。

工作经历:曾任人民网总编辑、人民网研究院院长、人民网书画研究院院长、人民日报社报刊管理部主任、中国报协副会长兼秘书长、人民日报社福建分社社长、人民日报驻江西记者站站长。2018年4月13日起任新闻传播学院院长。

主要学术领域或研究方向:新媒体、新闻学等。

3.黄星民

教授,博士生导师 ,常务副院长。1952年09月19日出生,汉族。

教育背景:1983年厦门大学中文系本科毕业,1986年8月厦门大学新闻传播系硕士研究生毕业。

工作经历:1971年年9月参加工作,1986年8月来校工作,2004年4月20日至2007年6月5日任新闻传播系副主任(主持工作),2007年6月6日至2012年9月20日任新闻传播学院常务副院长。

主要学术领域或研究方向:中国文化、华夏传播、传播学理论、媒介发展史等

4.黄合水

教授,博士生导师 ,常务副院长。1963年12月05日出生,汉族,九三学社社员。

教育背景:1990年3月北京师范大学心理学系硕士研究生毕业,2002年7月北京师范大学教育学专业博士研究生毕业。

工作经历:1990 年 3 月来校参加工作,2004 年 4 月 20 日至 2007 年 6 月 5 日任新闻传播系副主任,2007 年 6 月 6 日至 2012 年 12 月 21 日任新闻传播学院副院长,2012 年 12 月 21 日至 2020 年 3 月 5 日任新闻传播学院常务副院长。

主要学术领域或研究方向:品牌、广告效果、媒体效果。

5.赵振祥

教授,博士生导师 ,副院长。1963 年 03 月 06 日出生,汉族,中国共产党员。

教育背景:1991 年吉林大学中文系硕士研究生毕业,1999 年 6 月于上海师范大学中国语言文学专业博士研究生毕业。

工作经历:1986 年 8 月参加工作,1999 年 6 月来校工作, 2007 年 6 月 6 日至 2013 年 9 月 23 日任新闻传播学院副院长,2013 年 6 月挂职厦门理工学院副校长,2018 年 3 月 1 日正式调任厦门理工学院副校长。

主要学术领域或研究方向: 媒体关系、新闻理论、新闻业务。

6.阎立峰

教授,博士生导师 ,副院长。1970 年 02 月 26 日出生,汉族,中国共产党员。

教育背景:2000 年 7 月西北大学文学院硕士研究生毕业,2003 年 6 月南京大学戏剧专业博士研究生毕业。

工作经历:1989 年 10 月参加工作,2003—2005 年于北京师范大学艺术学博士后流动站从事博士后研究工作,2005 年 9 月来校工作,2008 年 6 月 27 日至 2013 年 2 月 7 日任新闻传播学院新闻学系副主任,2012 年 12 月 22 日至 2020 年 3 月 5 日任新闻传播学院副院长。

主要学术领域或研究方向: 当前研究领域:新闻学、影视艺术、台湾传媒与文化。

7.林升栋

教授,博士生导师,副院长。1976 年 11 月 8 日,汉族,中国民主促进会会员。

教育背景:1997 年 7 月厦门大学会计专业本科毕业,2000 年 7 月厦门大学广告学专业硕士研究生毕业,2005 年 12 月于中山大学社会学专业博士研究生毕业。

工作经历:2000 年 7 月参加工作,2008 年 11 月来校工作, 2012 年 1 月 7 日至 2014 年 12 月 8 日任新闻传播学院广告学系主任,2014 年 3 月 26 日至 2019

年 12 月 4 日任新闻传播学院副院长。

主要学术领域或研究方向：跨文化广告传播、本土公益传播、中庸心理学。

8.**苏俊斌**

副教授，硕士生导师，副院长。1970 年 6 月 19 日出生，汉族，中国共产党员。

教育背景：1991 年 7 月上海科技大学无线电系本科毕业，2002—2008 年清华大学社会科学学院硕博连读，2008 年毕业，获得哲学博士学位。

工作经历：1991 年 8 月参加工作，1991—2002 年在媒体工作；2008 年 11 月来校工作，2016 年 2 月 29 日至 2020 年 5 月 11 日任新闻学系副主任，2020 年 3 月 5 日起任新闻传播学院副院长。

主要学术领域或研究方向：新闻算法伦理、社会网络中的节点影响力评价、标准化协商过程中的集体行动共识机制。

9.**陈素白**

教授、博士生导师，副院长。1979 年 1 月 22 日出生，汉族，中国共产党员。

教育背景：2001 年厦门大学广告专业本科毕业，2004 年中国传媒大学广告学院硕士研究生毕业，2007 年于中国传媒大学广告学院博士研究生毕业。

工作经历：2007 年 7 月来校工作，2020 年 3 月 5 日起任新闻传播学院副院长。

主要研究领域和研究方向：消费变迁与广告文化，新媒体广告效果研究。

10.**谢清果**

教授、博士生导师，副院长。1975 年 9 月 25 日出生，汉族，中国共产党党员。

教育背景：1998 年福建农业大学经贸学院金融系本科毕业，2003 年福建师范大学管理学系硕士研究生毕业，2006 年于厦门大学哲学系博士毕业，获哲学博士学位。

工作经历：1998 年 9 月参加工作，2006 年 6 月来校工作，2006—2009 年厦门大学人文学院历史学博士后流动站从事博士后研究，2020 年 3 月 5 日任新闻传播学院副院长。

主要研究领域和研究方向：华夏传播学、文明传播学、媒介学、海峡传播研究。

第六章 学科发展

厦门大学新闻传播学科，拥有新闻传播学一级学科博士学位授予权和硕士学位授予权，还拥有新闻传播学硕士专业学位授予权和新闻传播学博士后流动站，层次齐全。本学科坚持马克思主义在意识形态领域的指导地位，"十八大"以来，坚持以习近平新时代中国特色社会主义思想为指引，以马克思主义新闻观为统领，加强在广告传播、台湾研究等方面的既有优势，以口语传播为新的学科增长点，培养造就一大批具有家国情怀、国际视野的高素质全媒化复合型专家型新闻传播后备人才，培养具备广博而精深的基础知识，具有诚信务实的学术道德的新闻传播学专业的博士和硕士研究生。

第一节　博士授予点、硕士授予点

一、新闻学

新闻学硕士点于 1993 年 12 月获批，设立新闻学（包括广播电视学）和广告学两个方向，当时毕业生不仅能满足于报纸、杂志、广播、电视四大传统媒体的专业人才需求，而且树立了国际新闻和广告营销公关特色人才培养范式。2000 年 12 月，传播学以广告学专业为特色，新闻学继续发挥文化、地理优势，打造"台湾东南亚媒体"学术特色，以厦门大学台湾研究院为依托，主动与台湾新闻教育界和新闻传播业界建立长期密切的关系，积极开展对台湾媒体的研究，承担国家社科基金项目"台湾新闻研究""两岸新闻交流史"，出版专著《台湾新闻事业史》，组建了中国新闻史学会下属的“台湾与东南亚华文新闻传播史研究委员会”，2011年11月19日于马尼拉成立。2011年3月，获批新闻传播学一级学科博士点，新闻学专业包含媒体关系研究、台湾传媒研究、电子传媒研究等方向。目前新闻学已增加新媒体、传媒经济与产业发展、舆论学等研究方向。一直以来，厦门大学是对台传播人才的培养基地，毕业生主要活跃在全国各级新闻战线上。

二、传播学

传播学硕士点于2000年12月获批，已形成传播学研究的三大优势：中国传统文化传播研究、台湾媒介传播研究、应用传播研究。其中，中国传统文化传播研究是在国内率先开始的，是传播理论中国化的奠基项目，具有开拓性和基础性的重要价值；台湾媒介传播研究以陈扬明副教授牵头的团队围绕国家级社科重点课题研究，已形成《台湾新闻事业史》专著出版；应用传播研究着重在网络传播、广播电视传播、广告公关应用等方面开拓，已出版各类著作20余本。至2006年传播学博士一级学科点获批时，传播学专业分为广告学、传播史、传播理论等方向。广告学方向已建立了一套完整的广告专业教材。传播史重视华夏传播研究，从传播学的角度，采用传播学的方法，研究中国古代的传播活动与传播观念，整理成研究华夏传播发展史、华夏传播理论，这一发展思路，受到了国台办与福建省政府的重视；同时，重视广告史的研究和台湾新闻史的研究。传播理论方向主要是关于大众传播与精神文明建设关系的研究和关于网络等电子传播的研究。2009年，传播学明确了“口语传播”专业方向，此定位在国内同专业中是具有特色和比较优势的。至2011年新闻传播学一级学科博士点获批时，传播学专业单独设立传播和社会发展、媒介发展史等研究方向，目前，传播学专业主要包含环境与健康传播、传播与社会、华夏文明传播与媒介学研究等研究方向。

三、广告学

广告学专业创立于1983年6月，是中国大陆第一个广告学专业，素有中国广告人才的“摇篮”、中国广告教育的“黄埔军校”之誉。1993年新闻学硕士点获批，广告学专业归属新闻学；2000年12月传播学硕士点获批，广告学专业归属于传播学。在陈培爱等学科带头人的引领下，广告学从无到有，从有到优。2003

年15部国家级“十五”规划广告教材正式出版；2005年“十年磨一剑——中国广告人才培养模式的创建和推广”项目荣获国家优秀教学成果二等奖，同年，教材《广告调研方法》成为迄今为止广告学科唯一的教育部推荐“研究生教学用书”；2007年，我院广告专业又成为国内同类专业唯一获教育部批准的“特色专业”建设点。2012年5月，厦门大学新增广告学专业为自主设置的二级学科。目前，广告学专业包含品牌与广告、广告与消费、新媒体广告、文化传播等研究方向。厦门大学制定的广告专业人才培养方案及课程体系，对全国兄弟院校广告专业人才培养产生深远的影响。目前在中国广告学界和业界的骨干力量和领军人物中，就活跃着厦门大学广告毕业生的身影。

四、专业硕士

2010年新闻与传播专业硕士点获批后，自2011年首招硕士研究生，确定了以培养德才兼备，具有现代传播理念与国际化视野，了解中国基本国情，熟练掌握新闻传播技能与方法的高层次、应用型专门人才的培养目标。培养过程中以课程教学为主，兼有案例分析、专题讲座、模拟演练、现场实习等多种形式的教学方式。教学过程密切联系我国新闻传播业和国际同行业的实际问题，教学内容重视基本理论及实际应用，注重对学生新闻与传播实务能力的培养。在全面提升学生新闻传播能力的同时，着重培养学生广告实践能力、对台新闻传播能力及口语传播能力。同时，加强新闻传播院校与新闻传播实务单位及管理部门的联系和交流，聘请新闻与传播实践单位的专家和相关部门的管理者参与研究生教学及培养。实行指导教师和导师组集体培养相结合的方式。在专业方向上，专业型硕士研究生设置三个不同的方向：(1)新闻学：主要研究国际、国内新闻业务及媒体，特别是台湾新闻及传媒的发展状况、发展规律，以提高学生的新闻实践能力。(2)传播学：主要研究传播特别是口语传播的基本规律、基本方法和基本技能，以提高学生在实践中的传播能力。(3)广告学：主要研究国内、外广告实践的基本规律、基本技能以及存在的问题，以提高学生的广告实践能力。

根据近年来用人单位的反馈，本院毕业生在走上就业岗位后，表现出“理论顶天，技能立地”的专业素养，深受单位高度认可。因此，许多用人单位积极与学院建立专项协议，对本学院推荐的优秀毕业生优先录用，甚至也有单位专程来学院招聘优秀人才。

五、博士

2006 年 1 月传播学博士一级学科点获批，2007 年 9 月首次在广告学系招收传播学博士研究生。2011 年 3 月，新闻学一级学科博士点获批，2012 年 9 月，新闻学系开始招收新闻学博士研究生。2012 年厦门大学新增广告学专业为自主设置的二级学科，使厦门大学新闻传播学院研究生教育形成了更为清晰和完整的体系。2013 年 9 月，新闻学系、广告学系、传播学系在各系招收各专业的博士研究生，并在各自博士研究生导师指导下进行有明确研究方向的、专门性的研究性学习。为了提高博士研究生生源质量，选拔具有突出创新能力和科研潜力优秀创新人才，2015 年 12 月，学院制定了《新闻传播学院硕博连读研究生选拔工作实施细则》，并选拔 2016 级硕博连读博士研究生，从 2016 级至 2021 级，共选拔了 14 位硕博连读博士研究生。通过对博士研究生创新能力、科学研究能力方面的培养，造就具有国际化学术视野和深厚理论功底，把握学科发展前沿，具有学术创新能力，能够胜任高水平教学和研究需要的国际型学术人才。

第二节　科研机构

一、传播研究所

现任负责人：谢清果

研究方向：大众传播学、口语传播学、策略传播学

成立时间：1993 年

厦门大学传播研究所正式成立于 1993 年 3 月 18 日，以“华夏传播研究”为特色。是在时任厦门大学常务副校长郑学檬教授的直接关心和指导下成立的。郑学檬为荣誉所长。成立时所长为吴伟老师，后由黄星民老师接任，建院时由李展老师任所长。2015 年起谢清果教授任所长。28 年来，研究所举办了多场有影响力的学术研讨会，出版了《从零开始》《华夏传播论》《华夏传播学引论》《华夏文

明与传播学本土化研究》等近30部著作，推出了“华夏传播研究丛书”“华夏文明传播研究文库”“华夏传播学文丛”“华夏传播研究论丛”等多套丛书，创办了《中华文化与传播研究》《华夏传播研究》两本集刊，并发起成立了以研究所为秘书处的全国性研究会——华夏传播研究会，主持全校性通识课程——“华夏文明传播”，建设中国大学慕课——“华夏传播学引论”，打造研究生导师团队——“华夏文明传播研究团队”，与中盐金坛公司共建校企科研平台——“华夏文明传播研究中心”，构建本硕博一体化的华夏传播研究教学体系，主持“华夏文明传播学”的学科体系建设，等等。当前，传播所努力以“不忘初心，牢记使命”的精神，把研究所打造成海内外从事中华文化传播研究的“厦大学派”。

二、品牌与广告研究中心

现任负责人：黄合水

研究方向：企业品牌建设及其手段研究、品牌与消费者研究、品牌传播效果的研究、中国品牌的国际化发展研究、跨文化品牌传播研究、广告的作用研究

成立时间：2002年

2002年成立，原为厦门大学新闻传播系系属研究所，2013年正式升格为厦门大学校属研究中心。

研究人员12人，教授5人，副教授6人，助理教授1人。所长黄合水教授，副所长林升栋教授和陈经超副教授。研究人员在许多机关、企事业机构担任顾问，在国内的各种品牌建设、广告、营销、公关比赛中担任评委。

研究领域包括品牌、广告、媒体及其有关问题。

研究中心创建以来，获得7项国家级课题，多项省部级课题，获得CCTV广告经营管理中心、CCTV移动传媒、建设银行、招商银行、百度、厦门广电集团、厦门联发集团、厦华电子、厦门消防、厦门BRT等企事业单位的横向合作课题几十项，如“中央电视台广告传播优势研究”“招商银行品牌管理经验研究”“各品牌世界杯广告效果研究”“中央电视台体育营销效果追踪研究”“中央电视台奥运营销效果追踪研究”“CCTV移动传媒创新盈利模式和频道拓展研究”“竞争情报信息处理技术研究”“数字传媒的受众研究”，以及十几年来一年一度的“厦门马拉松相关问题研究”和“联发集团满意度研究”等。很多研究成果在实践中得到有效运用。出版、发表了大量的论著。发布了具有相当影响力的中国品牌健康指数

和系列公益广告现场实验结果，编著的《品牌一二三》《广告五字诀》在广告界、营销界广为传播。

三、海峡媒体研究中心

现任负责人：阎立峰

研究方向：台湾传媒与文化、对台传播

成立时间：2009 年

厦门大学海峡媒体研究中心于 2009 年 9 月 28 日正式成立。张铭清教授担任中心主任，阎立峰教授为副主任。

海峡媒体研究中心的成立，有利于在涉台学术研究、人才培养、新闻实务和行政管理各领域之间建立起长期、持续和稳定的合作关系，提升厦大新闻传播学科的学术地位和影响力，从而大大加快向着建设亚洲一流的新闻传播学院的目标迈进的步伐。

中心以两岸资讯传播及两岸传媒产业和文化产业合作交流的现状远景作为基本研究方向，以服务于国家重大需求，推动两岸资讯一体化为核心目标，以大学、媒体、政府三方共建作为机制保障，走“产学研”一体化的路子，注重成果的实际应用性和现实指导性。同时加强与台湾学术界和新闻界在“产学研”各领域的合作，构筑两岸新闻传播研究交流平台。

海峡媒体研究中心现有研究力量包括教授 7 人，副教授和助理教授共 10 人，学术梯队人员充足，年龄和知识结构分布合理，同时还聘请国家涉台及文化宣传部门负责人担任中心的兼职研究员。

中心依托新闻传播学院的一级学科博士点和一级学科硕士点，招收培养“台湾新闻研究”方向的博士生和硕士生，并接收进修教师和国内外访问学者。

2007 年建院至今，厦门大学新闻传播学院的台湾新闻研究领域成果丰硕。张铭清院长所倡导的“一国两制”新闻理论和“华人话语权”理念，在海峡两岸新闻界和学术界中产生较大反响。

厦门大学海峡媒体研究中心的成立得到了国台办新闻局、厦门大学社科处的鼎力支持。

四、舆论研究中心

现任负责人:邹振东

研究方向:舆论学基础理论、台湾舆论研究、舆情管理与舆论形象研究、新媒体舆论研究、跨舆论场传播

成立时间:2016 年

厦门大学舆论研究中心成立于 2016 年 11 月,挂靠厦门大学新闻传播学院,由福建省与厦门大学共建。中心聚集了厦门大学新闻传播领域的优秀学者,现有成员 11 人,其中主任 1 人,为厦门大学新闻传播学院特聘教授邹振东,研究员 10 人,为厦门大学新闻传播学院教师,成员全部获得国内外一流大学博士学位。

中心的校外共建机构主要有人民网、新华网和美亚柏科等。与美亚柏科、人民网、新榜合作,借助大数据,对政府和企事业单位进行远程舆论诊断和舆论指导。与中国家居建材智库研究院(中国社科院、中国建筑装饰协会厨卫工程委员会、中国建材品牌发展联盟)合作,对建材领域进行舆论服务。与美亚柏科及教育部合作,对全国高校舆情从业人员进行培训。与人民网合作,对全国舆情分析师进行培训。与国家网信办合作,对全国网评员进行培训。中心的研究旨在填补舆论学相关学术空白,促进舆论学发展成熟,为党政部门搜集社情民意并提供决策参考,促进社会和谐、稳定发展。

舆论研究分为外部研究和内部研究。舆论的外部研究探讨的是舆论的外部规律,研究的对象是舆论的外部关系,如舆论与政治、经济、社会、历史的关系,重点研究舆论的地位、作用、管理和控制,关注舆论与政党、政府、社会的互动。比如用政治学导入舆论研究,强调对舆论进行把关,要求政治家办报,把握正确的舆论导向;用管理学导入舆论研究,强调对舆论进行管理,探讨应对舆论的体制机制、决策对策等;用社会学、统计学导入舆论研究,强调对舆论的风险控制,加强对舆情的预警监测和影响分析。而舆论的内部研究探讨的是舆论内在的动力学问题,例如舆论场中不同个体的不同态度和行为、舆论内容在传播过程中的变异,研究的对象是舆论的内部关系,包括舆论主体、舆论受众、舆论客体、舆论形式、舆论本体等之间的关系,重点研究舆论的演化、传播、运用和解读,关注舆论内在要素的关联与逻辑。对任何事物的认识都有一个由外到内、由内到外的螺旋上升过程,舆论的研究也如此。中心以五个研究方向为主,一直致力于探寻舆

论的规律，就是希望通过舆论规律的研究，打破固有的关于舆论的错误认知，在新的时代背景下更有效地掌握话语权。

中心的研究特色之一在于台湾舆论研究。这里的台湾舆论研究是指以台湾舆论或涉台舆论为研究对象，或者用舆论方法研究台湾的研究。其研究范围包括但不限于台湾的舆论主体研究、舆论议题研究、舆论意见领袖研究、舆论形式研究等。台湾舆论研究在学术谱系中的定位，有两个区间。一个区间是处在台湾研究的学术谱系中。台湾舆论研究属于台湾研究的子系统，它与台湾政治研究、台湾经济研究、台湾社会研究、台湾文化研究、台湾历史研究、台湾文学研究、两岸关系研究等子系统一起，共同组成台湾研究的大系统。台湾舆论研究的另一个区间处在中国舆论研究的学术谱系中。台湾舆论研究是中国舆论研究的重要一环。台湾舆论研究作为中国舆论研究不可多得的区域研究特例，其在中国舆论研究谱系中，地位举足轻重。中心作为中国台湾舆论研究唯一的机构，走在台湾舆论研究的前列。

舆论学学科填补学术空白的需求和当今时代下争夺话语权的紧迫感都呼唤加强舆论学规律地探寻和深入。本研究中心拟以社会舆情为突破口，探索其内在的演化规律，研究舆论能量与舆论的诸要素之间的内在关联，为相关部门提供一整套可以解释中国舆论现象的解释工具、可以分析重大突发事件舆论战场的分析工具、可以指导“直接进入战壕”用舆情应对舆论的实战工具，将重大突发事件的舆论应对策略，具体化为“用舆论的方法打赢一场舆论战的操作指南”，从而把舆论研究从外部引向内部，从“站在岸上”的研究变成“游在水里”的研究。

中心的研究重点主要有以下五个方面：第一，以舆论学的基本理论和基本概念研究为基础，让舆论学“回家”，致力打造可以解读中国舆论现象的舆论学解释工具和分析工具，可以和国际学术界对话的舆论学理论创新与方法创新。第二，以台湾舆论研究为突破口，成为中国台湾舆论研究唯一加第一的研究机构。第三，以舆情管理与舆论形象研究为支撑，服务社会，拓展研究经费。第四，以新媒体舆论研究为前沿，抢占舆论研究的新阵地。第五，以跨舆论场传播为延伸，将研究视野从两岸舆论场，扩大到中美舆论场、中日舆论场、中印舆论场、“一带一路”跨舆论场、基督教与伊斯兰舆论场等领域。

中心成立以来，共获得科研项目 18 项，其中国家社科基金特别委托（重大）项目 1 项，国家社科基金重点项目 1 项，国家社科基金一般项目 1 项，国家社科基金青年项目1项,省部级项目6项,企事业单位委托项目6项,高校科研经费专项2项;发表期刊论文18篇;出版著作1部;提交咨询报告7篇,其中被省部级以上单位采纳的有7篇;获奖4项,其中国家级奖项1项,省部级奖项2项,厦门市奖项1项。

预期目标是打造成为最具实践能力的中国舆论学研究基地,打造成为中国舆论学基础研究重镇(全国前三),发现和总结一整套可以解释中国舆论现象的解释工具、可以分析重大突发事件舆论战场的分析工具、可以指导"直接进入战壕"用舆论应对舆论的实战工具。

五、福建媒体发展与对外传播协同创新中心

现任负责人:阎立峰

研究方向:对台传播、面向东南亚传播、媒体发展与转型、新媒体建设、危机公关和舆情管理

成立时间:2017年

2017年3月,在福建省委宣传部、福建省教育厅及厦门大学领导的倡议与支持下成立。厦门大学为牵头单位,福建师范大学、福建省广播影视集团、福建日报为核心协同单位。中心在"对台传播""面向东南亚传播""媒体发展与转型""新媒体建设""危机公关和舆情管理"等领域展开跨学科、跨院校、跨部门、跨领域的协同创新,按照"国家急需、世界一流、制度先进、贡献重大"的要求,打造国内乃至世界范围内媒体发展与对外传播的研究重镇与核心智库、卓越新闻人才培养的基地、知名媒体行业信息交流平台。

六、福建媒体发展研究院

现任负责人:苏俊斌

研究方向:媒体发展与转型、新媒体建设

成立时间:2017年

2017年9月成立,是由中共福建省委宣传部和厦门大学共同发起成立并合作共建的集科研、教学、社会服务、国际交流于一体的高水平学术机构。院务委员会设主任、副主任,院务委员会成员由省委宣传部、省委外宣办(网络办)、省教

育厅、省财政厅、省新闻出版广电局、福建日报社、省广播影视集团、厦门市委宣传部等单位负责人、厦门大学宣传部、社科处、研究生院、新闻传播学院等单位主要领导组成。

七、中华文化传播研究中心

现任负责人:谢清果

研究方向:"一带一路"背景下海外受众对中华文化(含闽文化)的认知研究、中华文明(含闽文明)对世界人类优秀文明未来发展的积极贡献、中华文化(含闽文化)传播的路径与策略、中华文化(含闽文化)传播者与我国外交工作研究

成立时间:2018 年

中心于 2018 年获批为福建省高等学校人文社会科学研究基地,首任基地主任是林升栋教授。2019 年底林升栋教授调离我院。2020 年 3 月基地主任改由谢清果教授担任。该基地致力于三个方面的使命:一是传承厦门大学华夏传播研究的光辉历史和优良传统,推进"一带一路"背景下中华文化传播研究;二是推进中华文化传播智库建设,实现教学、科研与社会服务三位一体格局的科学发展;三是为我国政府、企业和个人"讲好中国故事,特别是福建故事"提供研究支持。

第三节　重点实验室及成就

厦门大学新闻传播实验中心前身为厦门大学新闻传播系传播技术实验室,创建于 1989 年,初期设备由香港传播学界知名学者余也鲁教授募集和捐赠。余也鲁先生不断邀请实验室筹建团队到香港各高校及广播电台、电视台参观考察,实验室的基本构架一开始就是按当时最先进的演播系统为蓝本,学院演播厅、录音棚还保有国内演播系统少见的双层隔音墙系统,大厅 7 米层高设计也早有规划。

1989 年,新闻传播系演播大楼落成,厦门大学新闻传播系传播技术实验室

正式成立。时任校长林祖赓与各届名流云集会场祝贺，并亲自为大楼揭牌。随着演播楼的建设完成，新闻传播学院实验教学进入了快车道。我系有自己的演播大厅、导播系统、录音棚、化妆间、计算机剪辑房等，后来也是全国最早开始使用非线性剪辑的实验室。当年的厦门大学新闻传播系的传播技术实验室在设备上居于全国领先地位。厦门电视台也多用本院实验室制作节目，学院还成立了厦门大学新闻传播系广告公关事务所，承接对外的服务项目。事务所为当年厦门市四所广告公司之一。

图 6-1 郑学檬（前排左一）、余也鲁（前排右一）等考察实验室

1994 年厦门大学新闻传播系学生第 1 次拍摄微电影（当时称为 DV），成为当年全国挑战杯仅有的 4 件视频作品之一。学院的实践课程体系也由此建立起来。

1995 年，在国家 211 建设评估中，各高校的专家交口称赞：厦门大学新闻传播系的实验室在建设水平上是全国一流。因此新闻系实验室成为学校参观、接待宾客的重点单位，全国高校都来此参观取经。

1997 年开始，新闻传播系的学生每年都要创作自己的毕业影像作品，由岳淼老师的课程承担。许多毕业生在实习时拿出的自制作品，令专业媒体院校也自叹不如，在校制作影片的经历也成为他们大学时代最难忘的时光。这个期末制片的传统一直坚持了 10 多年，变成新闻传播学院重视实践的传统。

1998年，学校宣传部从原本与电教中心合作转向与新闻传播系合作，成立正式的厦门大学电视台，《厦大新闻》由此诞生（之前叫《每周要闻》）。双方协商在一系列节目中做出改革，让这一栏目收视率大增，真正做到全校师生必看，成为学校信息上传下达，展示各院系风采的重要渠道。由于采编播都是由学生团队为主力，因此也培训了大量的优质实践人才。

1999年厦门大学新闻传播系并入人文学院，新闻传播系传播技术实验室更名为新闻传播教学实验中心。但是由于新闻传播系在人文学院中的边缘化地位，实验室的发展进入一个低潮期，在长达七八年的时间里零经费投入，最困难时期出现磁带缺乏的严重局面。

2002年实验室升级为教学实验中心，并于2003年由学校拨款购入价值约150万元的设备，用于更新部分广播电视设备。2007年至2008年间，再次购入价值约180万元的实验设备，用于更新电脑设备、购买高清摄像机、建设完整的模拟电视台网络、改造演播厅灯光系统等，使得中心的教学设备能更加符合实际教学需求。另外拨付100万元用于实验室的外围设备建设。

2007年，厦门大学新闻传播学院广告学专业获得教育部本科特色专业，获得建设性拨款80万元，同时厦门大学配套80万元，大部分款项分三批投入到实验中心建设中来，用于购买广告调查专用设备，包括电话调查室、定性研究室、广告效果测试室等。

新闻传播学院成立后，为新闻传播教学实验中心的发展注入了新的机遇，当年获得了300万的资金投入，并成功被福建省教育厅批准为“福建省实验教学示范中心”。

2011—2012年，与人文学院、软件学院共建创意产业平台，学院获得教育部资金700多万元，更新了几乎所有实验室的主体设备，并新增了数字电影调色实验室、数字摄影棚、舆情调查等实验室。

2011年起学校开始逐步重视科创竞赛工作，实验中心接手了学院的本科教学工程“大学生创新性实验计划”的管理工作，2012年起“大学生创新性实验计划”更名为“大学生创新创业训练计划”，并开始要求扩大学生参与覆盖面。为顺利开展大创工作，实验中心的老师承担了大量的大创指导工作，迄今为止实验中心老师指导的省级以上大创项目就有20项。同时中心负责了学院科创竞赛的所有相关工作，包括大创项目和学业竞赛的组织申报、管理和结题验收，以及学生的创新学分审核推荐免试研究生科创加分审核、厦门大学本科生创新创业年会的数据采集，组织相关奖项申报等。

2013年加入两岸关系和平发展协同创新中心。在这些政策的加持帮助下，学院的实验室建设进入了第二个黄金期。以实验中心为依托的“凤凰花影社”成立于2013年，2017年立项为校级本科生创新实践平台。影社成员每年完成大量视频类作品的创作，部分作品除了参与“两岸大学生影像联展暨凤凰花季毕业影展”的展映和交流活动外，还在国内许多赛事上获得多项大奖。

实验室主要负责创办两岸大学生影像联展暨凤凰花季毕业影展，影展创办于2014年，首届影展于2014年5月30日在厦门大学正式开幕，迄今已成功举办6届。该影展被教育部港澳台事务办公室列为2015年度对台教育交流重点项目；2016年至2019年连续四年被教育部港澳台事务办公室列为对台教育交流一般项目。影展在教育部港澳台办的指导下，由厦门大学主办，由厦门大学新闻传播学院承办，是首个由大陆及港澳台地区多所知名高校共同参与的高校电影盛会。该“影展”集中展播各高校学生优秀影像作品，六届影展共收集了两岸近百所高校的1222部作品，放映优秀作品259部，其中台湾高校作品90部。影展一直致力于实现真正的“两岸大学影像联展”，体现厦门的地域优势。影片放映结束后，主创人员将会上台与观众或其他学校的影片创作者交流互动学习。2018年将短视频单元纳入影展，已经举办两届短视频大赛，2019年短视频单元与人民视频合作进行评奖，共决出24部获奖短视频作品。

在学院教师的指导下，我院学生产出了一系列有温度的作品，在国内外的各类竞赛中获得殊荣。

2013年在One Show中华青年创意竞赛上，我院学生共有五部作品获得视频类优秀奖和互动与整合传播类优秀奖。同年的第二届中国西部电影节上，学生拍摄的《虚无汉堡》获得短片类一等奖，《娱乐至死》获短片类二等奖，《日与夜》获短片类三等奖。在第三届福建省大学生影像大赛上，学生拍摄的《大山深处》《裸与活》等共获得了五个奖项，以及最佳导演、最佳摄影奖各一项。

2014年，《大卫镇》获得的是第二十三届中国金鸡百花电影节微电影作品大赛优秀奖，同时入围第五届西安国际影像节暨首届丝绸之路国际电影节国际短片展映单元最佳影片奖和最佳摄影奖，入围“2014年深圳国际微电影艺术节”，荣获首届厦门国际青年微电影节“黑天鹅奖”实验单元提名影片奖。学生拍摄的纪录片《春更》在2014年10月中国高等院校影视学会主办的“第五届中国影视学院奖”中获得纪录片优秀奖。学生作品在2014年One Show中华青年创意竞赛中获得大中华区终极提案金奖。

2015年在第三届中国网络视听大会评委会上，学生原创歌舞微电影《厦至45.8℃》获得大学生微电影组组委会大奖，学院另一部微电影《不忍》获得三等奖，厦门大学获得第三届中国网络视听大会优秀组织奖。在第六届G客盛典暨G客原创视频大赛上，《厦至45.8℃》获得“青春影像微电影大赛”单元的最佳创意奖。在第二届厦门国际青年微电影节中，《厦至45.8℃》获得最佳校园微电影奖。在中国电影金樽奖——第二届华语视艺节中，我院作品《厦至45.8°C》获得最佳剧情片、最佳导演奖，《落雨》获得最佳剪辑奖、洪强和迟月利获得最佳指导奖，《黑夜里我们都是盲人》获得最佳编剧奖。厦门大学获得高校特别贡献奖。在2015年度北京电影学院“学院奖”短片大赛中，《厦至45.8°C》获最佳音乐奖、优秀短片奖。在2015年海峡两岸大学生微电影大赛中，《落雨》获最佳剪辑奖，《冬日摇篮》获最佳剧本奖和最佳微电影奖，纪录片《群贤 we are heroes》获最佳纪录片提名，《逆流》获最佳剧本和最佳创意两项提名。在福建省传播学会2015年会暨第四届福建省大学生影像大赛中，我院学生作品获奖的有剧情片类一等奖:《浮舟》《黑夜里我们都是盲人》，二等奖:《交租》《树洞》，优秀奖:《转转转》《变成空心的我怎么办》;纪录片类二等奖:《浅浅的海峡》，三等奖:《Amitabha》《厦夜》《再唱一遍 厦门》，优秀奖:《天地人和(Tulousophy)》《台下》等共计获奖27项。

2016年“看中国·福建行”纪录片《源》获海峡两岸大学生微电影大赛最佳微纪录片。《逆流》获2016年国家新闻出版广电总局“弘扬社会主义核心价值观 共筑中国梦”优秀原创网络视听节目(剧情类)内容建设扶持项目，入选2016“中国梦”原创网络视听节目推选活动获奖作品制作。《线牵》获得2016年度金目奖最佳文化发现奖，《源》获得金目奖三等奖，厦门大学荣获最佳组织奖。在中国电影金樽奖——第3届华语大学生视觉映像艺术节中，苏陈铭浩凭借《神经西西的夏天》获得最佳表演奖(男演员)奖项，《Boxed Heart》获得最佳实验片奖，厦门大学获得最佳组织奖奖项。

2017年度“金目奖”，《表述》获得一等奖和最佳艺术表达奖，《一脉“香”传》获得特别奖。2017年4月学院师生与厦门广电集团融媒体中心联合制作的微视频——《绝美！航拍厦大木棉花开，赏花惜人不负春光》，在厦门广电官微、央视新闻移动网矩阵号等多个新媒体平台同步发布，并两次将其作为热点推荐在央视新闻移动网精选页大图轮播中显著呈现。

2018 年，《一脉“香”传》和《表述》获得金鸡百花电影节第三届国际微电影展映国际优秀作品。学院在第四届中国“互联网+”大学生创新创业大赛“我的创新创业故事”暨微视频征集比赛中获得一等奖两项，优秀奖一项。《自拍》入围第八届福建省高校艺术设计奖数字动画类。在首届中国—东盟大学生短片节，动画片《纸片人》获得优秀奖。在厦门广电集团融媒体中心举办的“看见厦门”微视频征集活动中，我院选送的视频作品《筼筜湖畔百鹭齐飞》，2018 年 5 月 19 日在厦门广电官微和官博、“看厦门”APP、厦门广电网、央视新闻移动网五个平台重磅推送，央视新闻移动网第一时间精选，并以《鹭岛之上 筼筜之滨 来厦门看白鹭舞影翩跹的美景》为题，在显著位置推荐该视频，引起网友的极大关注，这部微视频播出后还引起厦门环保部门的重视，将其推荐至国家生态环境部举办的“六五环境日”主题宣传展上进行展播。

2019 年学院师生完成了庆祝中华人民共和国成立 70 周年华诞的各项任务，包括制作厦门大学“歌唱祖国”视频，在央视《新闻联播》上播出，并获得央视新闻微博账号、央视新闻公众号转发，总计达上千万流量；制作教育部“今天是你的生日”活动视频，得到新华社、中宣部、教育部认可，并得到学习强国的推送；拍摄厦门大学军训拉练灯绘“中国有我”，在人民日报视频播出。学院在高校庆祝新中国成立 70 周年“新时代大学生看厦门”短视频大赛获得二等奖两项，三等奖一项。学生作品在福建省第六届大学生影像大赛获得剧情片类一等奖一项，二等奖一项，三等奖一项，优秀奖一项；纪录片类获得二等奖一项，优秀奖一项；短视频类优秀奖一项。在庆祝新中国成立 70 周年第二届福建省大学生影像作品展中，获得最佳剧本奖一项，三等奖一项，优秀奖两项。在第二届“丝路光影”国际微视频德宏影展获得两项入围奖。在澎湃“燃 ing 中国——2019 美好生活短视频大赛”获得 Insta360 美好摄影奖一项，优秀作品奖一项。13 部作品入围“美在两岸——2019 青年网络视听作品创作大赛”，《折纸人》获创意动画短片奖。学院师生在人民网活动“共享新时代，我和我的‘小确幸’”中获优秀奖两项。

2014 年新闻传播学院被中华全国工作者协会指定为中国新闻奖高校试点报送单位，实验中心人员承担了中国新闻奖报送过程的组织工作和具体报送事宜，至2021年连续参与了8年，累计报送作品24件，获奖作品11件，其中二等奖4件，三等奖7件。历年报送作品情况见表6-1。

表6-1 厦门大学新闻传播学院历年报送作品情况

序号	年份	体裁	单位	标题	获奖情况
1	2014	广播专题	福建省广播影视集团	海疆渔歌	二等级
2	2014	通讯	人民日报	驻村三日	三等奖
3	2014	连续报道	武汉晚报	武汉首推“奖文明”旅游协议	未获奖
4	2015	广播电视 新闻访谈节目	深圳广播电影电视集团	垃圾去哪儿：“邻避”困局何解？	三等奖
5	2015	广播电视新闻专题	厦门广播电视集团	“奇迹宝宝”的故事	未获奖
6	2015	报纸消息	中国国防报	千名海岛军娃喜读城市好学校	未获奖
7	2016	系列报道	海峡都市报	守护母亲河——直击猪场污染	未获奖
8	2016	通讯	新华社每日电讯	林巧稚：“万婴之母”，大医之魂	未获奖
9	2016	新闻专题	中国国际广播电台	记者亲历尼泊尔7.5级强震 中国救援力量经受考验	未获奖
10	2017	国际传播电视评论	东南卫视	《中国正在说》之《崛起中大国的国际战略》	三等奖
11	2017	通讯	人民日报	三明医改	未获奖
12	2017	通讯	新华社	西藏边境千年古村的“凤凰涅槃”——新华社记者六上地震重灾区乃村影像记	未获奖
13	2018	广播新闻专题	福建省广播影视集团	中国扶贫第一村脱贫之后	二等奖
14	2018	网络新闻专题	人民网	56个民族儿女寄语十九大	三等奖
15	2018	电视系列（连续、组合）报道	中央电视台	鹭岛风华	未获奖

续表

序号	年份	体裁	单位	标题	获奖情况
16	2019	通讯与深度报道	新华通讯社	真理的力量	二等奖
17	2019	广播系列报道	福建省广播影视集团	人间正道是沧桑	二等奖
18	2019	新闻现场直播	珠海电视台	跨越——港珠澳大桥通车运营特别直播	三等奖
19	2020	媒体融合创新	人民日报社	刘兰芳两会评书	未获奖
20	2020	短时频现场新闻	厦门电视台	黄智贤：我们这一代要把台湾带回家！	未获奖
21	2020	电视消息	广西电视台	“人退猴进”和谐共生	三等奖
22	2021	电视评论	福建广电集团	别让村民在“美丽乡村”受“洋罪”	未获奖
23	2021	报纸消息	新华社	福建 GDP 首超台湾 两岸融合发展现新机	未获奖
24	2021	电视消息	厦门电视台	最暖心的延误：推迟 8 小时厦门航空顺利接回 96 名中国同胞	三等奖

2021 年实验中心已拥有约 1500 万元的设备资产。下属实验室有：演播厅、导播室、录音棚、摄影棚、混音棚、数字电影调色室，非编机房、广告心理实验室、舆情研究实验、广告设计实验室。为学院四个专业开设了三十多门实验课程，并承担学生课外技能训练任务。实验室实行开放式管理，学生可在其中充分利用实验设备资源，建立自己的工作小组，开展自主、互助式学习。承担了厦门大学校新闻中心的新闻采编播工作，并承担着学校一些重大活动及其他部门的一些专题片和精品课程等的拍摄、制作工作。

同时，实验中心作为教学保障部门，还承担着学院的服务性工作，包括协助实验课程教学、学院重大活动直播和拍摄、教学科研技术支持和设备维护、海报设计、本科实践教学相关的项目组织申报、设备和耗材的采购验收入库和报废，以及固定资产账、物、卡的管理工作等。

总之，实验室发展 20 多年来，牢牢坚持实践的传统，也希望这种从做中学，理论顶天、技能立地的教学思想能一直持续下去。

下面择其要，介绍学生所获的各类奖项，以期这样的成绩能够不断延续发展（见表6-2）。

表6-2 学生竞赛获奖情况

竞赛项目名称	获奖奖项	指导教师	获奖学生姓名
第五届全国大学生课外学术科技作品竞赛(1997)	优秀奖	洪强	林容、陈洁等
第三届中国大学生广告艺术节学院奖	二等奖	罗萍	苏文
第三届中国大学生广告艺术节学院奖	三等奖	朱健强	王苦舟、薛世伟、林嫣妮、魏亚萌、杜莉
第三届中国大学生广告艺术节学院奖	三等奖	朱健强	章颖、郑滟、林钰真、李朵朵、王丹
第三届中国大学生广告艺术节学院奖	优秀奖	罗萍	陈琳珊、黄书诚
第三届中国大学生广告艺术节学院奖	优秀奖	罗萍	洪旭君
第三届中国大学生广告艺术节学院奖	优秀奖	陈非	林聪元
第三届中国大学生广告艺术节学院奖	优秀奖	姚世奕	张洪源
第三届中国大学生广告艺术节学院奖	优秀奖	陈非	柯婷婷
第三届中国大学生广告艺术节学院奖	优秀奖	罗萍	黄哲文
第三届中国大学生广告艺术节学院奖	优秀奖	周雨	黄琼微、刘烨琳
第三届中国大学生广告艺术节学院奖	优秀奖	朱健强	宋津津、吴雅菲、齐飞、陈江柳
第三届中国大学生广告艺术节学院奖	优秀奖	朱健强	李文瑾、侯雪、王东熙、陈卉、高巍华
第三届中国大学生广告艺术节学院奖	优秀奖	罗萍	蒋辰琛、翁靖荧、陈琳珊

续表

竞赛项目名称	获奖奖项	指导教师	获奖学生姓名
第四届中国大学生广告艺术节学院奖	优秀奖	罗萍	林孟贤、崔傲寒、薛滨娜
第四届中国大学生广告艺术节学院奖	优秀奖	罗萍	黄伟彬
第四届中国大学生广告艺术节学院奖	优秀奖	罗萍	李璇
第四届中国大学生广告艺术节学院奖	优秀奖	罗萍	刘存晗、黄超、陈稳
第四届中国大学生广告艺术节学院奖	优秀奖	罗萍	李苑、梁蕾、蔡燕菁
第四届中国大学生广告艺术节学院奖	优秀奖	罗萍	徐奕鸣、杜啸、朱晓
第四届中国大学生广告艺术节学院奖	优秀奖	罗萍	张航、姜恬、胡元君
第四届中国大学生广告艺术节学院奖	优秀奖	王晶	孙菁、樊珊、马婕、陈富财、李月诗
第四届中国大学生广告艺术节学院奖	优秀奖	王晶	王忠闽、郑晓敏、刘娟、杨晓颖、刘家颖
第四届中国大学生广告艺术节学院奖	优秀奖	罗萍	张智勇、陈昭晖、赵光浩
第六届中国大学生广告艺术节学院奖	铜奖	罗萍	李谕
第六届中国大学生广告艺术节学院奖	入围奖	陈培爱	黄燕琳
第六届中国大学生广告艺术节学院奖	入围奖	罗萍	赵艺谦
第六届中国大学生广告艺术节学院奖	入围奖	罗萍	谢馨
第六届中国大学生广告艺术节学院奖	入围奖	罗萍	施少群、徐翔
第六届中国大学生广告艺术节学院奖	入围奖	罗萍	赵艺谦

续表

竞赛项目名称	获奖奖项	指导教师	获奖学生姓名
第六届中国大学生广告艺术节学院奖	入围奖	罗萍	黄丽香
第六届中国大学生广告艺术节学院奖	入围奖	罗萍	魏昀
第六届中国大学生广告艺术节学院奖	入围奖	罗萍	朱琳、许雪晶、唐绍钧(播种篇)
第六届中国大学生广告艺术节学院奖	入围奖	罗萍	朱琳、许雪晶、唐绍钧(非常可乐)
第八届中国大学生广告艺术节学院奖	佳作奖	罗萍	彭靖佳、刘琦婧
第八届中国大学生广告艺术节学院奖	佳作奖	罗萍	燕乔匀、林梦桦、曾译霆
第八届中国大学生广告艺术节学院奖	佳作奖	罗萍	张王月儿、吴靖宇
第八届中国大学生广告艺术节学院奖	佳作奖	罗萍	刘琦婧、彭靖佳、肖立、黄绍其
第八届中国大学生广告艺术节学院奖	佳作奖	罗萍	张月
第九届中国大学生广告艺术节学院奖	银奖	林升栋	魏昀
第九届中国大学生广告艺术节学院奖	铜奖	罗萍、方志鑫、洪强	韦律、卢俊洁、谢渊泉、陈璐瑶
第九届中国大学生广告艺术节学院奖	佳作奖	方志鑫、洪强	周秋萍、黄琬丽、张靖庭、施怡文、孟素
第九届中国大学生广告艺术节学院奖	佳作奖	方志鑫	李靖宇、马芳静、王昊、陈雪芬、肖诗予
第九届中国大学生广告艺术节学院奖	佳作奖	周雨、罗萍	王孜乔
第九届中国大学生广告艺术节学院奖	佳作奖	朱健强	倪玮

续表

竞赛项目名称	获奖奖项	指导教师	获奖学生姓名
第九届中国大学生广告艺术节学院奖	佳作奖	朱健强	李寒松
第九届中国大学生广告艺术节学院奖	佳作奖	朱健强	林楚东、叶少航、王文
第九届中国大学生广告艺术节学院奖	佳作奖	黄合水	曹冰涛
第九届中国大学生广告艺术节学院奖	佳作奖	朱健强	郑晓敏
第九届中国大学生广告艺术节学院奖	佳作奖	朱健强	张月
第十届中国大学生广告艺术节学院奖	银奖	朱健强	张璧纯
第十届中国大学生广告艺术节学院奖	银奖	朱健强	卢静芳
第十届中国大学生广告艺术节学院奖	优秀奖	朱健强	郑晓敏
第十届中国大学生广告艺术节学院奖	优秀奖	王晶	梁蕾、许江山、李璇、柯群芬、吕金曦
第十届中国大学生广告艺术节学院奖	优秀奖	朱健强	薛滨娜、车进兴
第十届中国大学生广告艺术节学院奖	优秀奖	朱健强	吴文峰
第十届中国大学生广告艺术节学院奖	优秀奖	朱健强	吕金曦
第十届中国大学生广告艺术节学院奖	优秀奖	赵洁	吴文峰
第十届中国大学生广告艺术节学院奖	优秀奖	周雨	李静环
第十届中国大学生广告艺术节学院奖	入围奖	王晶	张璧纯、留青、陈稳、王黎明、王孜乔
第十届中国大学生广告艺术节学院奖	入围奖	王晶	张梦璐

续表

竞赛项目名称	获奖奖项	指导教师	获奖学生姓名
第十届中国大学生广告艺术节学院奖	入围奖	朱健强	柏超
第十届中国大学生广告艺术节学院奖	入围奖	朱健强	李璇
第十届中国大学生广告艺术节学院奖	入围奖	朱健强	尹丹阳
第十届中国大学生广告艺术节学院奖	入围奖	朱健强	林美准
第十届中国大学生广告艺术节学院奖	入围奖	朱健强	刘存晗、王思钦、黄超
第十届中国大学生广告艺术节学院奖	入围奖	朱键强	林美准、林科果、苏振顺
2014 One Show 中华青年创意节终极提案大赛	金奖	朱建强	陈爽、陈强、李颖、吴纵、司宇彤
2014 One Show 中华青年创意节终极提案大赛	银奖	罗萍	孙陶嫣然、陈境晴、隋婵
2014 One Show 中华青年创意节终极提案大赛	铜奖	陈素白	周晓杰、胡锐、王唯佳、王布铎、张子轩、陈楚仪
第六届全国大学生广告艺术大赛全国赛区	二等奖	王晶	吴凯瑜、崔凯、张宇弛、庞昕瀚、王菁
第二十三届中国金鸡百花电影节	优秀奖	迟月利	李佳栩、林伟彬、刘伟翔、陈俊翔、林乐鑫、朱沁、蔡培清
第六届全国大学生广告艺术大赛全国赛区	三等奖	罗萍	刘瑜
人民网“最具潜质新闻人”大赛·新闻采编奖	三等奖	苏俊斌	上官仪
One Show 中华青年创意竞赛	优秀奖（1项）	罗萍	孙陶嫣然、陈境晴、隋婵、施煜燊
第六届全国大学生广告艺术大赛全国赛区	优秀奖	罗萍	王唯佳
第六届全国大学生广告艺术大赛全国赛区	优秀奖	罗萍	付梦圆

续表

竞赛项目名称	获奖奖项	指导教师	获奖学生姓名
第六届全国大学生广告艺术大赛全国赛区	优秀奖	罗萍	王蓉琦
第六届全国大学生广告艺术大赛全国赛区	优秀奖	王晶	胡慧婧、陈楚仪、刘芳伶、石雪梅、黄峥
第六届全国大学生广告艺术大赛全国赛区	优秀奖	王晶	谢佳永、孙陶嫣然、丁月婷、张亦潇
第六届全国大学生广告艺术大赛全国赛区	优秀奖	王晶	蔡冰滢、马靖、蔡少婷、孙兴盛、王信
第六届全国大学生广告艺术大赛全国赛区	优秀奖	罗萍	王蓉琦、张雨歌
第六届全国大学生广告艺术大赛全国赛区	优秀奖	罗萍	毕森、范颖、郑镕佳
第十二届中国大学生广告艺术节学院奖	优秀奖	罗萍	王蓉琦
第十二届中国大学生广告艺术节学院奖	优秀奖	罗萍	刘一林
第十二届中国大学生广告艺术节学院奖	优秀奖	陈经超	王倩
第十二届中国大学生广告艺术节学院奖	优秀奖	罗萍	黄健
第十二届中国大学生广告艺术节学院奖	优秀奖	罗萍	张宇弛
第十二届中国大学生广告艺术节学院奖	优秀奖	罗萍	方欣
第十二届中国大学生广告艺术节学院奖	优秀奖	罗萍	李威
第十二届中国大学生广告艺术节学院奖	优秀奖	罗萍	胡锐
第十二届中国大学生广告艺术节学院奖	优秀奖	罗萍	范颖
第十二届中国大学生广告艺术节学院奖	优秀奖	罗萍	刘瑜

续表

竞赛项目名称	获奖奖项	指导教师	获奖学生姓名
第十二届中国大学生广告艺术节学院奖	优秀奖	洪强	马媛元、阮伟凌、张琪、张谭于靖、许雨晴
第十二届中国大学生广告艺术节学院奖	优秀奖	陈素白	高原、刘雅群、邢楠、张凌晓、冯露露、唐小眉
第十二届中国大学生广告艺术节学院奖	优秀奖	陈素白	涂嘉萍、汤怡琳、项倩
第十二届中国大学生广告艺术节学院奖	优秀奖	罗萍	吴钰莹
第十二届中国大学生广告艺术节学院奖	优秀奖	罗萍	李玉秀
第十二届中国大学生广告艺术节学院奖	优秀奖	罗萍	朱佳丽
第十二届中国大学生广告艺术节学院奖	优秀奖	罗萍	刘彩薇
第十二届中国大学生广告艺术节学院奖	优秀奖	周雨	张晓妍
第十二届中国大学生广告艺术节学院奖	优秀奖	罗萍	林婧男、蔡少婷、黄丽嘉、马靖、曾莉玲
第十二届中国大学生广告艺术节学院奖	优秀奖	罗萍	傅佳蕾
第十二届中国大学生广告艺术节学院奖	优秀奖	罗萍	王唯佳
西安民间影像奖	最佳摄影提名奖	迟月利	林伟彬
2014 深圳国际微电影艺术节	入围奖	迟月利	李佳栩、林伟彬、刘伟翔、陈俊翔、林乐鑫、朱沁、蔡培清
中国大学生微电影创作大赛	入围奖	迟月利	彭达、吴纵、董泽飞、沈梦婷、龚彬丹、李扬、陈捷
中国大学生微电影创作大赛	入围奖	迟月利	李佳栩、林伟彬、刘伟翔、陈俊翔、林乐鑫、朱沁、蔡培清
第五届大学生公共关系策划大赛	金奖	陈经超	李敢、刘恩会、叶小燕、毛海婷、杨宇星

续表

竞赛项目名称	获奖奖项	指导教师	获奖学生姓名
第七届全国大学生广告艺术大赛	二等奖	罗萍	吴倩
第三届中国网络视听大会“2015 年度优秀网络视听作品”	大学生微电影单元组委会大奖	洪强	孙兴盛、周晓杰、陈强、葛静等
第五届大学生公共关系策划大赛	一等奖	陈经超	李敢、刘恩会、叶小燕、毛海婷、杨宇星
第五届大学生公共关系策划大赛	一等奖	陈经超	杜秋雅、钱颖、刘闻莺、周子扬、杨祎纯
2015 One Show 中华青年创新竞赛终极提案大赛	内容创新银奖	迟月利	朱健恒、李佳仪、毛珮瑶、邓梦含
2016 One Show 中华青年创新竞赛终极提案大赛	内容创新银奖	迟月利	刘雪莹、张旭、李靖一、艾菁芃、郑琪
第四届大学生公共关系策划大赛	一等奖	陈经超	酒泽津、殷毅雄、王晨、宋文祎、陈俊翔
第四届大学生公共关系策划大赛	一等奖	陈经超	张艳、刘瓅、周瑄、祝敬宇、黄烜烜
第四届大学生公共关系策划大赛	二等奖	陈经超	田碧琪、杨欣凌、张百合、黄济文、胡熠慎
第四届大学生公共关系策划大赛	二等奖	陈经超	冎昊甦、丰帆、傅晶晶、闫牧云、牛天璇
第四届大学生公共关系策划大赛	二等奖	陈经超	杜雯倩、徐维、王霄鹏、李雪梅、蔡曙萍
第四届大学生公共关系策划大赛	三等奖	陈经超	赖创希、石源、王思琪、庄珊珊
第四届大学生公共关系策划大赛	三等奖	陈经超	郑艺萍、辛成琳、马姗姗、伍叶瑶、周慧
第四届大学生公共关系策划大赛	三等奖	陈经超	陈小佩、龙奕瑭、魏小冰
第四届大学生公共关系策划大赛	三等奖	陈经超	曲昌宇、卿爽

续表

竞赛项目名称	获奖奖项	指导教师	获奖学生姓名
第四届大学生公共关系策划大赛	优秀奖	陈经超	吕嘉欣、雷雨、秦璇、蔡慧君
第四届大学生公共关系策划大赛	优秀奖	陈经超	舒展、罗蕊、侯雨君、李博研
第四届大学生公共关系策划大赛	优秀奖	陈经超	李瑜涵、计雪婷、高意达、张楠、陈鹏奋
第四届大学生公共关系策划大赛	优秀奖	陈经超	曹越、曹磊
第四届大学生公共关系策划大赛	优秀奖	陈经超	冯喆、麦钰敏、于江、苗菁菁、刘宇昕
第四届大学生公共关系策划大赛	优秀奖	陈经超	吴莹淋、温文、刘捷、洪森、桂足
第四届大学生公共关系策划大赛	优秀奖	陈经超	朱婧芸、卢颖涵、石蕾、严强、陈洁
第四届大学生公共关系策划大赛	优秀奖	陈经超	曾瑜、严明君、吴凯莉、梁艳、叶梦琦
第四届大学生公共关系策划大赛	优秀奖	陈经超	余伟杰、刘永健、林紫薇、林佳馨
第四届大学生公共关系策划大赛	优秀奖	陈经超	李威、张柏林、王一戎、朱建飞、谢佳永
第四届大学生公共关系策划大赛	优秀奖	陈经超	方朝、何怀志
第四届大学生公共关系策划大赛	优秀奖	陈经超	李宇欣、吴迪、孟闪闪
第四届大学生公共关系策划大赛	入围奖	陈经超	蔡婧蓉、马靖、林伟彬、郝思祺、李文姣
第四届大学生公共关系策划大赛	入围奖	陈经超	王泉、许丹仪、胡星月、郭兴宇
第四届大学生公共关系策划大赛	入围奖	陈经超	赖俊浩、温阳阁、赵恺雷、温文尔、贾子玮
第四届大学生公共关系策划大赛	入围奖	陈经超	陈之阳、李雪、李晓迪、于歌

续表

竞赛项目名称	获奖奖项	指导教师	获奖学生姓名
第四届大学生公共关系策划大赛	入围奖	陈经超	陆德龙、欧阳张蓓、陈强、张策
第四届大学生公共关系策划大赛	入围奖	陈经超	张晨、黄佳榆、林日祎、林安琪、李在芳
第四届大学生公共关系策划大赛	入围奖	陈经超	刘月洁、王智亮、王嘉艺、刘璐、徐洋
第四届大学生公共关系策划大赛	入围奖	陈经超	王忠彬、凌莉君、许颖怡、傅娴婧、齐叶盛
第四届大学生公共关系策划大赛	入围奖	陈经超	王一平、翁秀妹、秦雯、李梦琛
第四届大学生公共关系策划大赛	入围奖	陈经超	何炜翔、卢榕龙、欧阳清莹、张琪茜、赵霖
第四届大学生公共关系策划大赛	入围奖	陈经超	王祺滢、杨蒙、孟凡彤、刘思雨
第四届大学生公共关系策划大赛	入围奖	陈经超	龚彦竹、韩洁泳、李薇、林鑫、袁野
第四届大学生公共关系策划大赛	入围奖	陈经超	王燚、郑舒馨、韩思远、林洁、李翊枫
第四届大学生公共关系策划大赛	入围奖	陈经超	孙礼炯、张东强、邵少勇、潘宁惠、蔡雯君
第四届大学生公共关系策划大赛	入围奖		梁嘉嘉、吴倩、陈东市、马多多、武亚敏
第四届大学生公共关系策划大赛	入围奖	陈经超	汪哲华、翁飘、孙玉平、胡异源、康浩
第四届大学生公共关系策划大赛	入围奖	陈经超	高玲、韩晓焱、兰孟然、余凯
第四届大学生公共关系策划大赛	入围奖	陈经超	朱嘉雯、郭玮、邵伊静、谢莉莎、曾婉情
第四届大学生公共关系策划大赛	入围奖	陈经超	姜然、崔灿、王丽、徐悠优、张洋
第四届大学生公共关系策划大赛	入围奖	陈经超	胡伊凡、柳荷、黄莉莉

续表

竞赛项目名称	获奖奖项	指导教师	获奖学生姓名
第四届大学生公共关系策划大赛	入围奖	陈经超	李亦婷、胡丽婷、胡今桥、刘玮康、肖柳婷
第四届大学生公共关系策划大赛	入围奖	陈经超	耿晓文、洪晓萍、朱佩
第四届大学生公共关系策划大赛	入围奖	陈经超	胡月云、林巧英、梁芷淇
第四届大学生公共关系策划大赛	入围奖	陈经超	姚旺、陈若薇、龚仕莉
第四届大学生公共关系策划大赛	入围奖	陈经超	束博、周天、王琳、林松源、沈闻达
第四届大学生公共关系策划大赛	入围奖	陈经超	付佳、梁珊珊、杨婷婷、王颖、邵吟淇
第四届大学生公共关系策划大赛	入围奖	陈经超	赵寄言、刘杨、陈昕怡、郑燕婷、缪韵
第四届大学生公共关系策划大赛	入围奖	陈经超	张晓雨、邓可、谢璐、曾小贞
第四届大学生公共关系策划大赛	入围奖	陈经超	高慧、倪瑛琼、李笠、陶然
第四届大学生公共关系策划大赛	入围奖	陈经超	刘泽龙、崔鹏飞、连林静、常悦扬
第四届大学生公共关系策划大赛	入围奖	陈经超	林静霞、张炫
第四届大学生公共关系策划大赛	入围奖	陈经超	吴雪汀、李晗露、莫颜毓、章韵洁
第四届大学生公共关系策划大赛	入围奖	陈经超	葛冬、林慧、何丹阳、林楠、邱皓
第四届大学生公共关系策划大赛	入围奖	陈经超	庄佳坤、张甜、陈芃芃、陈玲
第五届大学生公共关系策划大赛	二等奖	陈经超	李茜、吕嘉莹、王文龙、蔡滨琪、成耀
第五届大学生公共关系策划大赛	三等奖	陈经超	李培煜、汪思雨、韵佳、者航、张健

续表

竞赛项目名称	获奖奖项	指导教师	获奖学生姓名
第五届大学生公共关系策划大赛	三等奖	陈经超	王婉颖、刘菲、卢劝丽、何梦灵、白雪
第五届大学生公共关系策划大赛	三等奖	陈经超	葛静、欧梦婷、王依萍、汪佳琦
第五届大学生公共关系策划大赛	三等奖	陈经超	吴倩、郑苑仪、张怀雨、庄煌培、申屠名琛
第五届大学生公共关系策划大赛	三等奖	陈经超	吴毓萱、吴纵、李颖、林听雨、吴雅璇
第五届大学生公共关系策划大赛	三等奖	陈经超	徐森、黄苗红、游淑华、诚菲儿
第五届大学生公共关系策划大赛	三等奖	陈经超	朱健恒、李陈煜、沈瑜、廖明兰、齐梓涵
第五届大学生公共关系策划大赛	三等奖	陈经超	刘秋雯、王红、卢雨琪、刘雪莹、郑琪
第五届大学生公共关系策划大赛	三等奖	陈经超	阙恩伶、焦靖涵、杨文玲、黄丁楠
第五届大学生公共关系策划大赛	优秀奖	陈经超	肖雅婷、郭欣、蒋令仪、袁煜坷
第五届大学生公共关系策划大赛	优秀奖	陈经超	东晓琪、付彤彤、杜俞瑾、陈煜坤、张迪越
第五届大学生公共关系策划大赛	优秀奖	陈经超	王庆青、郭思佳、李曼曼、刘艳红
第五届大学生公共关系策划大赛	优秀奖	陈经超	孙兆康、林纯伊、毕肖磊、黄奇锋、林威丞
第五届大学生公共关系策划大赛	优秀奖	陈经超	马沁雪、张曼琦、喇瑞红、徐情、陈子威
第五届大学生公共关系策划大赛	入围奖	陈经超	邵晓涵、吴玉琦、李心怡、姜宇晗、袁杜丹
第五届大学生公共关系策划大赛	入围奖	陈经超	肖瑶、张宸希、王璐、李志鹏、宁博
第七届全国大学生广告艺术大赛	三等奖	罗萍	郭静

续表

竞赛项目名称	获奖奖项	指导教师	获奖学生姓名
第七届全国大学生广告艺术大赛	优秀奖	罗萍	黄苗红、张雨桐
第七届全国大学生广告艺术大赛	优秀奖	罗萍	方梦婷
第七届全国大学生广告艺术大赛	优秀奖	罗萍	邓梦含
第七届全国大学生广告艺术大赛	优秀奖	罗萍	付彤彤
第七届全国大学生广告艺术大赛	优秀奖	罗萍	郭静
第三届中国网络视听大会"2015年度优秀网络视听作品"	大学生微电影单元三等奖	洪强、迟月利	蒋小燕
2017 One Show 中华青年创新竞赛终极提案大赛	广告创新铜奖	洪强、迟月利	李嘉洁、林华东等
2018 One Show 中华青年创新竞赛终极提案大赛	内容创新铜奖	洪强、迟月利	杨堃、沈梦婷、王雅璇、赵鑫钰、黄俣杰
2019 One Show 中华青年创新竞赛终极提案大赛	提案大赛铜奖	洪强、迟月利	庄煌培、徐情、李敢、沈旭城、葛静
2019 One Show 中华青年创新竞赛	入围奖	洪强、迟月利	杨堃、沈梦婷、赵鑫钰
金樽奖-第2届华语大学生视觉映像艺术节	主竞赛单元最佳剪辑奖	洪强、迟月利	goh sei yee、杨金婉、者航、金鑫、黄苗红
金樽奖-第2届华语大学生视觉映像艺术节	主竞赛单元最佳剧情片奖	洪强	林乐鑫、蔡培清
金樽奖-第2届华语大学生视觉映像艺术节	主竞赛单元最佳剧情片提名	洪强、迟月利	孙兴盛、周晓杰、陈强、葛静等
金樽奖-第2届华语大学生视觉映像艺术节	主竞赛单元最佳剧情片提名	洪强、迟月利	李嘉洁、林娜、周伽宏等

续表

竞赛项目名称	获奖奖项	指导教师	获奖学生姓名
金樽奖-第2届华语大学生视觉映像艺术节	主竞赛单元最佳剧情片提名	洪强、迟月利	施瑜亮、王婉颖、李扬等
金樽奖-第2届华语大学生视觉映像艺术节	主竞赛单元最佳编剧奖提名	洪强、迟月利	林伟彬、陈广仪、白佳琪等
金樽奖-第2届华语大学生视觉映像艺术节	主竞赛单元最佳编剧奖提名	洪强、迟月利	江楠
金樽奖-第2届华语大学生视觉映像艺术节	主竞赛单元最佳导演奖提名	洪强、迟月利	韩冬
第二届厦门国际青年微电影节	校园微电影单元最佳影片奖	洪强	林伟彬
第二届厦门国际青年微电影节	校园微电影单元优秀影片	洪强、迟月利	孙兴盛、周晓杰、陈强、葛静等
第二届厦门国际青年微电影节	品牌广告微电影单元做手影片	洪强、迟月利	李嘉洁、林娜、周伽宏等
第十三届戛纳幼狮中国区选拔赛中国区学生组	第一名	罗萍	艾菁芃
第四届中国网络视听大会“弘扬社会主义核心价值观　共筑中国梦”	优秀原创网络视听节目（剧情类）	洪强、迟月利	江楠、吴璜、赖清羽、张晨曦、樊晓丽、徐培原
2016第三届华文公关奖暨亚太华文公关年会	学生创意奖金奖	陈经超	王红、郑琪、欧梦婷、刘雪莹、董婳婳
全国高校网络安全公益广告作品征集活动	卡通漫画组一等奖		吴纵、王唯佳
2016 One Show中华青年创新竞赛、创新营	终极提案大赛银奖		祝嘉慧、邓立韬、俞梦雅、葛静、徐情、邓梦含、韩冬

续表

竞赛项目名称	获奖奖项	指导教师	获奖学生姓名
第八届全国大学生广告艺术大赛	三等奖	罗萍	者航
第八届全国大学生广告艺术大赛	三等奖	罗萍	李陈煜
第八届全国大学生广告艺术大赛	三等奖	王晶	林茹、赵秋月、孙笑月、沈旭城
第八届全国大学生广告艺术大赛	三等奖	王晶	刘蕴、陈澍、牛小月、毛珮瑶、金鑫
第八届全国大学生广告艺术大赛	三等奖	王晶 罗萍	李雪、付雨棋、林姝媛、茹寒越、陈炜
2016 One Show 中华青年创新竞赛	内容创新类优秀奖		齐梓涵、杨金婉、张萌睿、邓梦含、韩冬
2016 One Show 中华青年创新竞赛	内容创新类银奖		朱健恒、李陈煜、林堃琰、王璐、林缘
G客原创视频大赛	最佳创意奖	洪强	孙兴盛、周晓杰、陈强、葛静
2016 One Show 中华青年创新竞赛	内容创新类铜奖		祝嘉慧、邓立韬、俞梦雅、葛静、徐情
2016 One Show 中华青年创新竞赛	内容创新类铜奖		祝嘉慧、邓立韬、俞梦雅、葛静、徐情
全国高校网络安全公益广告作品征集活动	二等奖		郑琪
全国高校网络安全公益广告作品征集活动	三等奖		林锦仪
全国高校网络安全公益广告作品征集活动	三等奖		刘雪莹
金樽奖-第三届华语大学生视觉映像艺术	最佳表演奖	洪强、 迟月利	苏陈铭浩
金樽奖-第三届华语大学生视觉映像艺术	最佳实验片	洪强、 迟月利	吴纵、黄俣杰、马逸涵、王乙喃
看中国·金目奖	最佳文化发现奖	迟月利	陈舒颖

续表

竞赛项目名称	获奖奖项	指导教师	获奖学生姓名
第八届全国大学生广告艺术大赛	优秀奖	罗萍	林梓
第八届全国大学生广告艺术大赛	优秀奖	罗萍	谢璐
第八届全国大学生广告艺术大赛	优秀奖	罗萍	林梓
第八届全国大学生广告艺术大赛	优秀奖	罗萍	郑琪
第八届全国大学生广告艺术大赛	优秀奖	罗萍	郑琪
第八届全国大学生广告艺术大赛	优秀奖	罗萍	艾菁芃
第八届全国大学生广告艺术大赛	优秀奖	罗萍	曹玲玲
第八届全国大学生广告艺术大赛	优秀奖	罗萍	李陈煜
第八届全国大学生广告艺术大赛	优秀奖	罗萍	柯丽娜
第八届全国大学生广告艺术大赛	优秀奖	陈经超	廖礼慧、唐小眉、毛璐璐、周怡苇、陈艳芳
看中国·金目奖	优秀奖	迟月利	金鑫
第九届全国大学生广告艺术大赛	一等奖	王晶	张十五郎、葛静、赵秀丽、刘闻莺、耿润平
第九届全国大学生广告艺术大赛	二等奖	罗萍	陈燕燕
第九届全国大学生广告艺术大赛	二等奖	罗萍	赵家满
第九届全国大学生广告艺术大赛	三等奖	罗萍	杨惠如
第九届全国大学生广告艺术大赛	三等奖	王晶	赖清羽、李佳仪、吴若宁、蔡至璇

续表

竞赛项目名称	获奖奖项	指导教师	获奖学生姓名
第九届全国大学生广告艺术大赛	三等奖	王晶	邓梦含、林梓、骆冰艺、解坤涵、曹玲玲
第九届全国大学生广告艺术大赛	优秀奖	罗萍	赵曦
第九届全国大学生广告艺术大赛	优秀奖	罗萍	王秋慧
第九届全国大学生广告艺术大赛	优秀奖	罗萍	黄嘉玮
第九届全国大学生广告艺术大赛	优秀奖	罗萍	柯颖妮
第九届全国大学生广告艺术大赛	优秀奖	罗萍	杨惠如、杨梦琦
第九届全国大学生广告艺术大赛	优秀奖	罗萍	吴樊
第九届全国大学生广告艺术大赛	优秀奖	罗萍	陈睿
第九届全国大学生广告艺术大赛	优秀奖	罗萍	杨惠如
第九届全国大学生广告艺术大赛	优秀奖	罗萍	赵方玮
第九届全国大学生广告艺术大赛	优秀奖	罗萍	吴樊
第三届电通、创新人才培训营	优秀奖（全场大奖）	陈素白	祝嘉慧、邹佳莹、杨彧凌、杨慧、应伟豪、刘江枫
第六届中国大学生公共关系策划创业大赛（总决赛）	金奖	陈经超 胡悦 宫贺	毛雅楠、王秋慧、廖礼慧、康博雅
第六届中国大学生公共关系策划创业大赛（总决赛）	铜奖	陈经超	王可欣、解坤涵、王子昀、杨金婉
第六届中国大学生公共关系策划创业大赛	一等奖	陈经超	毛雅楠、王秋慧、廖礼慧、康博雅

续表

竞赛项目名称	获奖奖项	指导教师	获奖学生姓名
第六届中国大学生公共关系策划创业大赛	一等奖	陈经超	王可欣、解坤涵、王子昀、杨金婉
第六届中国大学生公共关系策划创业大赛	一等奖	陈经超	田园、许静怡、谢婷婷
第六届中国大学生公共关系策划创业大赛	二等奖	陈经超	余航、彭玉芳、黄家俊、刘江枫
第六届中国大学生公共关系策划创业大赛	二等奖	陈经超	杨翔、陈晓蔓、马振东
第六届中国大学生公共关系策划创业大赛	二等奖	陈经超	林丹雯、马小涵、伊灵、王涵怡
第六届中国大学生公共关系策划创业大赛	三等奖	陈经超	陈帅彤、陈晓嘉、滕梦瑶、曾敏瑜
第六届中国大学生公共关系策划创业大赛	三等奖	陈经超	胡荻子、刘嘉文、徐欣怡、孙珂
第六届中国大学生公共关系策划创业大赛	三等奖	陈经超	陈楠、李思琪、王博桦、郑曼琳
第六届中国大学生公共关系策划创业大赛	优秀奖	陈经超	黄明燕、刘雯、邱诗舒、郑文慧
看中国·金目奖	一等奖、最佳文化表达奖	迟月利	
看中国·金目奖	特别奖	迟月利	
2017 One Show 中华青年创新竞赛	优秀奖	迟月利	陈秋虹、王子昀、王毅、曹慧敏
第五届中国"互联网+"大学生创新创业大赛	高教主赛道金奖	江子扬	安晓霞、朱琳、孙颢宁、贡沛轩、刘佳驹、许佳滢、刘晓璇、袁成先、李洋项(新闻)、夏晨阳、周思汝、昝扬、林曦、张颖颖
2019 戛纳幼师选拔赛中国区学生组	金奖	罗萍	古越
2019 戛纳幼师选拔赛中国区学生组	银奖	罗萍	刘若岩

续表

竞赛项目名称	获奖奖项	指导教师	获奖学生姓名
2019 戛纳幼师选拔赛中国区学生组	铜奖	罗萍	王小莉
第十一届全国大学生广告艺术大赛(全国赛区)	二等奖	王晶	吴月、王媛青、刘朝今、黄舒婷、范惟晴
第十一届全国大学生广告艺术大赛(全国赛区)	三等奖	罗萍	吴培源
第十一届全国大学生广告艺术大赛(全国赛区)	优秀奖	罗萍	刘静涵
第十一届全国大学生广告艺术大赛(全国赛区)	优秀奖		刘嘉敏
第十一届全国大学生广告艺术大赛(全国赛区)	优秀奖	罗萍	马雪晨
第十一届全国大学生广告艺术大赛(全国赛区)	优秀奖	罗萍	黄巧倩
第十一届全国大学生广告艺术大赛(全国赛区)	优秀奖	罗萍	赵茹
第十一届全国大学生广告艺术大赛(全国赛区)	优秀奖	罗萍	陈禹漾
第十一届全国大学生广告艺术大赛(全国赛区)	优秀奖	罗萍	陈珂
第十一届全国大学生广告艺术大赛(全国赛区)	优秀奖		孙庆
第十一届全国大学生广告艺术大赛(全国赛区)	优秀奖		刘嘉敏
第十一届全国大学生广告艺术大赛(全国赛区)	优秀奖	罗萍	曾佳怡
第十一届全国大学生广告艺术大赛(全国赛区)	优秀奖	罗萍	白青阳
第十一届全国大学生广告艺术大赛(全国赛区)	优秀奖	罗萍	林忆凡
第十一届全国大学生广告艺术大赛(全国赛区)	优秀奖	罗萍	陈珂

续表

竞赛项目名称	获奖奖项	指导教师	获奖学生姓名
第十一届全国大学生广告艺术大赛(全国赛区)	优秀奖	罗萍	陈星羽
第十一届全国大学生广告艺术大赛(全国赛区)	优秀奖	王霏	隆晓杰、吴培源、王小莉、顾睿、陈乔
第七届中国大学生公共关系策划创业大赛	金奖	陈经超	陈熙、董一婷、付海浒、李天昊、邹雨欣
第七届中国大学生公共关系策划创业大赛	铜奖	陈经超	王潇晗、李伯媛、丹增德萨、郭宸、刘雨瑞
第七届中国大学生公共关系策划创业大赛	一等奖	陈经超	陈熙、董一婷、付海浒、李天昊、邹雨欣
第七届中国大学生公共关系策划创业大赛	一等奖	陈经超	魏萌、黄诗莹、权若昕、冯韦隽、郑奇
第七届中国大学生公共关系策划创业大赛	一等奖	赵邦秀	王倩雯、朱紫来、林堃钰、陈玮佳、肖巩
第七届中国大学生公共关系策划创业大赛	一等奖	陈经超	何幸棋、郝培璇、邵梓萌、肖慧
第七届中国大学生公共关系策划创业大赛	一等奖	陈经超	陈思泱、陈雨童、李儒青、张扬、肖理浩
第七届中国大学生公共关系策划创业大赛	一等奖	陈经超	王潇晗、李伯媛、丹增德萨、郭宸、刘雨瑞
第七届中国大学生公共关系策划创业大赛	二等奖	陈经超	曾佳怡、刘嘉敏、刘静涵、刘书颖、林忆凡
第七届中国大学生公共关系策划创业大赛	二等奖	陈经超	梁婧薇、金菲扬、黄晨昕、李怡琛、徐怡
第七届中国大学生公共关系策划创业大赛	二等奖	陈经超	卢涵文、高扬、柏文、姚丽钦
第七届中国大学生公共关系策划创业大赛	二等奖	陈经超	章立汸、廖懿蓉、马雅雯、权心儿
第七届中国大学生公共关系策划创业大赛	二等奖	陈经超	蔡咏昕、丁小雨、洪可俐、胡红梅、李蕊珊
第七届中国大学生公共关系策划创业大赛	二等奖	陈经超	田蜜、王书禹、刘洁滢、覃香妮、赵士洁

续表

竞赛项目名称	获奖奖项	指导教师	获奖学生姓名
第七届中国大学生公共关系策划创业大赛	二等奖	陈经超	刘森君、刘婉宁、汪苏扬、庄懿琛、陈皇屹
第七届中国大学生公共关系策划创业大赛	二等奖	黄裕峯	陈禹漾、单亚楠、马雪晨、王小莉、吐尔兰·吐尔逊别克
第七届中国大学生公共关系策划创业大赛	三等奖	陈经超	张雪儿、顾明霞、朱晗钰、劳芸雅、刘怡
第七届中国大学生公共关系策划创业大赛	三等奖	陈经超	梁昶、范晗馨、林梦真、卢慧、苏奥楠
第七届中国大学生公共关系策划创业大赛	三等奖	宫贺	华少楠、戴雨霏、林俊炜、赵子霖、臧嘉愉
第七届中国大学生公共关系策划创业大赛	三等奖	陈经超	任雪纯、徐云泽、黄堃榆、叶帆
第七届中国大学生公共关系策划创业大赛	三等奖	宫贺	王梓璇、欧阳成、杨景涵、邓丰伟
第七届中国大学生公共关系策划创业大赛	三等奖	陈经超	张靖晨、张莉巧、吴舒涵、曾瑶婷、陈昕烨
第七届中国大学生公共关系策划创业大赛	优秀奖	陈经超	传佳欣、陈佳慧、王平丽、魏丛郁
第七届中国大学生公共关系策划创业大赛	优秀奖	陈经超	黄丽美、李颜玥晗、陈露、吴琦、王泓鑫
第七届中国大学生公共关系策划创业大赛	优秀奖	陈经超	王光源、邓雯、吴维翔、何秋月、李巧萍
第七届中国大学生公共关系策划创业大赛	优秀奖	宫贺	贾晨茜、邓月欢、吴雨伦、廖文璐、史卓凡
第七届中国大学生公共关系策划创业大赛	优秀奖	宫贺	张劲竹、齐佳颖、侯景博、叶钊松
第七届中国大学生公共关系策划创业大赛	优秀奖	陈经超	刘若琪、李晗、舒艺、张宇涵、朴祉欣
第七届中国大学生公共关系策划创业大赛	优秀奖	陈经超	张婧祺、王晨焱、郑潇可、郑冰妍
第七届中国大学生公共关系策划创业大赛	优秀奖	陈经超	王尧、米湘月、宋雨星、余梦琦、陆澍铮

续表

竞赛项目名称	获奖奖项	指导教师	获奖学生姓名
第七届中国大学生公共关系策划创业大赛	优秀奖	陈经超	彭丹妮、肖冰滢、刘冠兰、陈静文、孙于晴
第七届中国大学生公共关系策划创业大赛	优秀奖	宫贺	叶淑敏、林雨昕、侯思琦、罗梦洁、付星宇
第七届中国大学生公共关系策划创业大赛	优秀奖	宫贺	柳亚泽、林婉沁、甘辛、刘宗勋、沈熠文
第七届中国大学生公共关系策划创业大赛	优秀奖	陈经超	唐湘婷、罗筱媛、黑湘铃、周之韵、陈君怡
第七届中国大学生公共关系策划创业大赛	优秀奖	陈经超	王暕珺、李亚迪、黄小丽、张嘉璐、奇珍
第七届中国大学生公共关系策划创业大赛	优秀奖	宫贺	龚俊语、韩昭、黄雨竹、黄迪迪
第七届中国大学生公共关系策划创业大赛	优秀奖	宫贺	李广林、倪丹阳、温欣、秦俊哲、王希昊
第七届中国大学生公共关系策划创业大赛	优秀奖	陈经超	薛晟韬、曹哲源、林毅、牟广、刘栩欣
第七届中国大学生公共关系策划创业大赛	优秀奖	陈经超	陈筱翊、达格妮、梁烨、彭茜、温林川
中国大学生广告艺术节学院奖	优秀奖		林忆凡、陈禹漾、赖以晨
中国大学生广告艺术节学院奖	入围奖		王一婷、喻心玥
中国大学生广告艺术节学院奖	入围奖		王一婷、喻心玥
中国大学生广告艺术节学院奖	入围奖		刘若岩、高墨涵、田艺凡、陈珂、詹舒涵
第九届“视友杯”中国高校电视奖	纪录片类一等奖	杜筠	陈熙、蔡咏昕、赵凯旋、李雅雯、吴昕蔚、陈文浩、黄详程、董一婷、关芷薇
第九届“视友杯”中国高校电视奖	专题类一等奖	陈瑶华	陈靖、高墨涵、魏萌、黄诗莹、胡新月、蒋娟、赵凯旋
第九届“视友杯”中国高校电视奖	形象类一等奖	杜筠	陈文浩、权若昕

续表

竞赛项目名称	获奖奖项	指导教师	获奖学生姓名
第九届“视友杯”中国高校电视奖	形象类三等奖	陈瑶华	赵凯旋、高墨涵、叶恒、黄详程、郑培森
2019 年全国大学生英语竞赛	c 类二等奖		温欣
2019 年全国大学生英语竞赛	c 类三等奖		黄诗莹
2019 年全国大学生英语竞赛	c 类三等奖		杨伊凡
第五届全国移动互联创新大赛	高校组一等奖	洪强、阎立峰	安东、王暕珺、蔡佳莹、赵森
燃 ing 中国——2019 美好生活短视频大赛	美好摄影奖		姚孟君
燃 ing 中国——2019 美好生活短视频大赛	美好摄影奖		谢婷婷
批改网 2019 百万同题英语写作活动	优秀作品奖		黄小丽
“普策奖”大学生翻译比赛	一等奖		权心儿
第三届全国大学生环保知识竞赛	优秀奖		魏萌
首届国强传媒学子创作竞赛	三等奖		王光源
全国 2018“感谢恩师 · 你我同行”大型公益活动	优秀传承奖		朱晗钰
2019“还乡手记”非虚构故事大赛	图文组三等奖	唐次妹	王暕珺
2019“还乡手记”非虚构故事大赛	图文组三等奖	唐次妹	潘森军
第十二届大学生广告艺术大赛	一等奖	王晶	林忆凡、贺玉婷、吴培源、赖以晨、陈星羽
第十二届大学生广告艺术大赛	三等奖	罗萍	周之韵

续表

竞赛项目名称	获奖奖项	指导教师	获奖学生姓名
第十二届大学生广告艺术大赛	优秀奖	罗萍	王泓鑫
第十二届大学生广告艺术大赛	优秀奖	罗萍	靳绪辉
第十二届大学生广告艺术大赛	优秀奖	罗萍	李儒青
第十二届大学生广告艺术大赛	优秀奖	王晶	顾睿、王小莉、马梦梦、李东妍、孙文月
第十二届大学生广告艺术大赛	优秀奖	王晶、周雨	赵茹、马雪晨、郑菁莹、魏萌、马莉蓉
第十二届大学生广告艺术大赛	优秀奖	王霏	薛晟韬、温欣、黄堃榆、何幸棋、王泓鑫
第十二届大学生广告艺术大赛	优秀奖	王霏	潘琦、张群锋、李东明、洪婕
第十二届大学生广告艺术大赛	优秀奖	王霏	陈思泱、陈雨童、王雅雯、边雨、翁远祺
第十二届大学生广告艺术大赛	优秀奖	王霏	古越、徐云泽、郑冰妍、李儒青、张景岚
第十二届大学生广告艺术大赛	优秀奖	王霏	周奕彤、刘若琪、刘怡、王悌、许晶
第十二届大学生广告艺术大赛	优秀奖	王霏	郑潇可、张婧祺、陈筱翊、周之韵、郑漫漫
“开往春天创作季”新视频大赛	最佳视频奖	唐次妹	李天昊、高宏雨、赵雅婧
“开往春天创作季”新视频大赛	最佳创意奖	唐次妹	卢涵文
“开往春天创作季”新视频大赛	视频组三等奖	唐次妹	卢涵文
“开往春天创作季”新视频大赛	入围奖	唐次妹	李沁桦
“开往春天创作季”新视频大赛	入围奖	唐次妹	温欣

续表

竞赛项目名称	获奖奖项	指导教师	获奖学生姓名
第四届全国大学生网络文化节	公益广告类一等奖		林静怡、李济东、黄小鑫
第二十八届中国金鸡百花电影节	手机影片竞赛优秀作品		林心怡
2020年全国大学生组织管理能力大赛	三等奖		潘德明
金犊奖:旺旺集团广告设计奖-品牌类	优秀奖		邓必赢、林静怡
金犊奖:旺旺集团广告设计奖-品牌类	佳作奖		邓必赢、林静怡
金犊奖:旺旺集团广告设计奖-品牌类	优秀奖		林静怡
2020年第二届全国高校创新英语挑战活动综合能力赛(大众组)初赛	优秀奖		崔秀芳
2020学院奖春季征集活动	铜级奖		潘楠
One Show 中华青年创意竞赛	入围奖		赖以晨、单亚楠、林忆凡、陈禹漾、刘若岩
One Show 中华青年创意竞赛	入围奖		陈思泱、陈雨童
One Show 中华青年创意竞赛	入围奖		王小莉、李自得、林小贝
L'OREAL BRANDTORM 2020	Top250		温欣
2020第一届企鹅 news 实验室摄影大赛	三等奖		温欣
第四届全国大学生环保知识竞赛	优秀奖		温欣
2020年度全国大学生语言文字能力竞技活动	优秀奖		温欣
第十三届大学生广告艺术大赛(全国赛区)	一等奖	王晶	郑潇可、何幸棋、王泓鑫、徐云泽、薛晟韬

续表

竞赛项目名称	获奖奖项	指导教师	获奖学生姓名
第十三届大学生广告艺术大赛(全国赛区)	二等奖	王晶	陈思泱、陈雨童、陈筱翊、王玖玲、张婧祺
第十三届大学生广告艺术大赛(全国赛区)	三等奖	罗萍	陈贝迪
第十三届大学生广告艺术大赛(全国赛区)	三等奖	罗萍	林志鑫
第十三届大学生广告艺术大赛(全国赛区)	优秀奖	罗萍	朱嫣
第十三届大学生广告艺术大赛(全国赛区)	优秀奖	罗萍	张如茵
第十三届大学生广告艺术大赛(全国赛区)	优秀奖	罗萍	张如茵
第十三届大学生广告艺术大赛(全国赛区)	优秀奖	王晶	张景岚、古越、郑冰妍、李儒青
第十三届大学生广告艺术大赛(全国赛区)	优秀奖	罗萍	凌仔鑫
第八届中国大学生公共关系策划创业大赛	一等奖	陈经超	林宥辰、林永涵、陈亚琦、袁琳、王萌
第八届中国大学生公共关系策划创业大赛	一等奖	陈经超	凌仔鑫、刘世棋、欧尔雅、李子薇、周妮
第八届中国大学生公共关系策划创业大赛	一等奖	陈经超	何若溪、王星宇、赵蓉
第八届中国大学生公共关系策划创业大赛	二等奖	陈经超	马敬雯、石芊、聂新蕾、张乐瑶
第八届中国大学生公共关系策划创业大赛	二等奖	陈经超	毛语晨、徐庆琳、董瑞晗、周思婷
第八届中国大学生公共关系策划创业大赛	二等奖	陈经超	陈佳瑜、李潇雅、简奕晗、黄雪、林诗沁
第八届中国大学生公共关系策划创业大赛	二等奖	陈经超	陈春艳、杨德财、伍玥霖、陈忆玲
第八届中国大学生公共关系策划创业大赛	二等奖	陈经超	李佳蕾、方炳尧、杨昕、田欣鹭

续表

竞赛项目名称	获奖奖项	指导教师	获奖学生姓名
第八届中国大学生公共关系策划创业大赛	二等奖	陈经超	李佳蕾、方炳尧、杨昕、田欣鹭
第八届中国大学生公共关系策划创业大赛	二等奖	陈经超	吕希、吕明峻、徐妍迪、郑涵仪、邢春钰
第八届中国大学生公共关系策划创业大赛	二等奖	陈经超	林梦欣、赵梓涵、徐梓婕、麦恺欣、李逸凡
第八届中国大学生公共关系策划创业大赛	二等奖	陈经超	邱文彬、柯雅清、邱思洁、章立汸、骆羽骅
第八届中国大学生公共关系策划创业大赛	三等奖	陈经超	邓必赢、刘依璇、何任泽一、周嘉悦
第八届中国大学生公共关系策划创业大赛	三等奖	陈经超	李佳雯、张如茵、朱嫣、奉琛宇
第八届中国大学生公共关系策划创业大赛	三等奖	陈经超	宋迪、陈淑云、顾蕙晞、梁颖琳、罗千
第八届中国大学生公共关系策划创业大赛	三等奖	陈经超	江婉佳、万嘉希、王晶晶、张柯楠
第八届中国大学生公共关系策划创业大赛	三等奖	陈经超	魏琦、潘婷、汪思言、陈佳、洪欣燕
第八届中国大学生公共关系策划创业大赛	三等奖	陈经超	颜佳、胡安琪、黄亦晨
第八届中国大学生公共关系策划创业大赛	三等奖	陈经超	曾明真、姜锦桦、罗若兰、林虹、彭程程
第八届中国大学生公共关系策划创业大赛	三等奖	陈经超	王子涵、林可垚
第八届中国大学生公共关系策划创业大赛	三等奖	宫贺	谢莉苹、钱正寒、张力文、倪新纪、何小豪
第八届中国大学生公共关系策划创业大赛	三等奖	陈经超	张怡文、李夏秋雨、李晓倩、林瑞祺、姚韵棋
第八届中国大学生公共关系策划创业大赛	三等奖	陈经超	黎佳欣、陈奥、肖泞、李卓然
第八届中国大学生公共关系策划创业大赛	三等奖	陈经超	杨田、付国雄、张至垚、刘金奕、战中鸿烁

续表

竞赛项目名称	获奖奖项	指导教师	获奖学生姓名
第八届中国大学生公共关系策划创业大赛	三等奖	陈经超	魏燕宁、黄佳琪、罗玉冰、张蓓玫
第八届中国大学生公共关系策划创业大赛	优秀奖	陈经超	李奕含、王小露、杨柳
第八届中国大学生公共关系策划创业大赛	优秀奖	陈经超	谭芷程、黄慧珊、谢嘉敏、陈淑桦
第八届中国大学生公共关系策划创业大赛	优秀奖	陈经超	尚子钧、徐莹、储恩哲、卢树俊、桂州
第八届中国大学生公共关系策划创业大赛	优秀奖	陈经超	陈旺、王祥康、李健城、李鸿彬
第八届中国大学生公共关系策划创业大赛	优秀奖	陈经超	黄嘉怡、曾湘杰、许愿、刘雅思、余灵吉
第八届中国大学生公共关系策划创业大赛	优秀奖	陈经超	王增妍、李欣然、李凤
第八届中国大学生公共关系策划创业大赛	优秀奖	陈经超	张菲烨、吴玲玲、黄曼华、庄湘怡
第八届中国大学生公共关系策划创业大赛	优秀奖	陈经超	史习远、李怡璇、王赫、杨童
第八届中国大学生公共关系策划创业大赛	优秀奖	陈经超	刘欣然、范姗姗、田竹、刘冀哲、李家权
第八届中国大学生公共关系策划创业大赛	优秀奖	陈经超	许睿尧、于源源、刘鹏韩、赵紫云、孙文希
第八届中国大学生公共关系策划创业大赛	优秀奖	陈经超、宫贺	李明鸽、郭羿彤、王舒雨、王逸轩、Jenny Suyue Weinert
第八届中国大学生公共关系策划创业大赛	优秀奖		于琇、李庭富、陈子轩、蒲承杭、满源
第十三届大学生广告艺术大赛(福建赛区)	一等奖	罗萍	杨霖
第十三届大学生广告艺术大赛(福建赛区)	一等奖	王晶	郑潇可、何幸棋、王泓鑫、薛晟韬、徐云泽
第十三届大学生广告艺术大赛(福建赛区)	一等奖	王霏	徐惠婷、李逸凡、李子薇、刘清浦、沈丁凡

续表

竞赛项目名称	获奖奖项	指导教师	获奖学生姓名
第十三届大学生广告艺术大赛(福建赛区)	一等奖	罗萍	刘金奕
第十三届大学生广告艺术大赛(福建赛区)	二等奖	王晶	陈思泱、陈筱翊、陈雨童、王玖玲、张婧祺
第十三届大学生广告艺术大赛(福建赛区)	二等奖	罗萍	刘世棋
第十三届大学生广告艺术大赛(福建赛区)	二等奖	王晶	陈思泱、陈筱翊、陈雨童、王玖玲、张婧祺
第十三届大学生广告艺术大赛(福建赛区)	二等奖	罗萍	沈丁凡
第十三届大学生广告艺术大赛(福建赛区)	二等奖	潘垚、罗萍	周之韵
第十三届大学生广告艺术大赛(福建赛区)	二等奖	罗萍	刘清浦
第十三届大学生广告艺术大赛(福建赛区)	二等奖	罗萍	刘依璇
第十三届大学生广告艺术大赛(福建赛区)	二等奖	罗萍	宋鸿磊
第十三届大学生广告艺术大赛(福建赛区)	二等奖	罗萍	朱嫣
第十三届大学生广告艺术大赛(福建赛区)	二等奖	罗萍	邱思洁
第十三届大学生广告艺术大赛(福建赛区)	二等奖	罗萍	邱思洁
第十三届大学生广告艺术大赛(福建赛区)	二等奖	罗萍	张洁
第十三届大学生广告艺术大赛(福建赛区)	二等奖	罗萍	李逸凡
第十三届大学生广告艺术大赛(福建赛区)	二等奖	罗萍	李逸凡
第十三届大学生广告艺术大赛(福建赛区)	二等奖	罗萍	谢莉苹

续表

竞赛项目名称	获奖奖项	指导教师	获奖学生姓名
第十三届大学生广告艺术大赛(福建赛区)	二等奖	罗萍	哈泠羽
第十三届大学生广告艺术大赛(福建赛区)	二等奖	罗萍	洪欣燕
第十三届大学生广告艺术大赛(福建赛区)	二等奖	罗萍	林静怡
第十三届大学生广告艺术大赛(福建赛区)	二等奖	罗萍	郑兆杰
第十三届大学生广告艺术大赛(福建赛区)	二等奖	罗萍	唐瑶璇
第十三届大学生广告艺术大赛(福建赛区)	二等奖	罗萍	林心怡
第十三届大学生广告艺术大赛(福建赛区)	二等奖	罗萍	郭羿彤
第十三届大学生广告艺术大赛(福建赛区)	二等奖	罗萍	凌仔鑫
第十三届大学生广告艺术大赛(福建赛区)	二等奖	罗萍	张如茵
第十三届大学生广告艺术大赛(福建赛区)	二等奖	罗萍	庄银鸿
第十三届大学生广告艺术大赛(福建赛区)	二等奖	罗萍	倪新纪
第十三届大学生广告艺术大赛(福建赛区)	二等奖	罗萍	陈贝迪
第十三届大学生广告艺术大赛(福建赛区)	三等奖	罗萍	战中鸿烁
第十三届大学生广告艺术大赛(福建赛区)	三等奖	罗萍	林心怡
第十三届大学生广告艺术大赛(福建赛区)	三等奖	罗萍	李子薇
第十三届大学生广告艺术大赛(福建赛区)	三等奖	罗萍	吴柳

续表

竞赛项目名称	获奖奖项	指导教师	获奖学生姓名
第十三届大学生广告艺术大赛(福建赛区)	三等奖	罗萍	朱嫣
第十三届大学生广告艺术大赛(福建赛区)	三等奖	罗萍	邱思洁
第十三届大学生广告艺术大赛(福建赛区)	三等奖	罗萍	陈佳瑜
第十三届大学生广告艺术大赛(福建赛区)	三等奖	罗萍	李明鸽
第十三届大学生广告艺术大赛(福建赛区)	三等奖	罗萍	张景惠
第十三届大学生广告艺术大赛(福建赛区)	三等奖	罗萍	欧尔雅
第十三届大学生广告艺术大赛(福建赛区)	三等奖	罗萍	金燕
第十三届大学生广告艺术大赛(福建赛区)	三等奖	罗萍	金燕
第十三届大学生广告艺术大赛(福建赛区)	三等奖	罗萍	柯雅清
第十三届大学生广告艺术大赛(福建赛区)	三等奖	王晶	邵梓萌、张宇涵、靳绪辉、谢丹熔、李怡琛
第十三届大学生广告艺术大赛(福建赛区)	三等奖	罗萍	史鹭佳
第十三届大学生广告艺术大赛(福建赛区)	三等奖	罗萍	赵诗琪
第十三届大学生广告艺术大赛(福建赛区)	三等奖	罗萍	刘世棋
第十三届大学生广告艺术大赛(福建赛区)	三等奖	罗萍	潘婷
第十三届大学生广告艺术大赛(福建赛区)	三等奖	罗萍	史鹭佳
第十三届大学生广告艺术大赛(福建赛区)	三等奖	罗萍	滕亚伦

续表

竞赛项目名称	获奖奖项	指导教师	获奖学生姓名
第十三届大学生广告艺术大赛(福建赛区)	三等奖	罗萍	王泓鑫
第十三届大学生广告艺术大赛(福建赛区)	三等奖	罗萍	战中鸿烁
第十三届大学生广告艺术大赛(福建赛区)	三等奖	王霏	刘雨嫣、赵诗琪、吴柳、孙英智、徐庆琳
第十三届大学生广告艺术大赛(福建赛区)	三等奖	王霏	朱嫣、郭羿彤、张如茵、邱思洁、刘依璇
第十三届大学生广告艺术大赛(福建赛区)	优秀奖	罗萍	林心怡
第十三届大学生广告艺术大赛(福建赛区)	优秀奖	罗萍	刘世棋
第十三届大学生广告艺术大赛(福建赛区)	优秀奖	罗萍	刘世棋
第十三届大学生广告艺术大赛(福建赛区)	优秀奖	罗萍	李子薇
第十三届大学生广告艺术大赛(福建赛区)	优秀奖	罗萍	李子薇
第十三届大学生广告艺术大赛(福建赛区)	优秀奖	罗萍	林静怡
第十三届大学生广告艺术大赛(福建赛区)	优秀奖	罗萍	林静怡
第十三届大学生广告艺术大赛(福建赛区)	优秀奖	罗萍	徐惠婷
第十三届大学生广告艺术大赛(福建赛区)	优秀奖	罗萍	徐心仪
第十三届大学生广告艺术大赛(福建赛区)	优秀奖	罗萍	沈丁凡
第十三届大学生广告艺术大赛(福建赛区)	优秀奖	罗萍	简奕晗
第十三届大学生广告艺术大赛(福建赛区)	优秀奖	罗萍	简奕晗

续表

竞赛项目名称	获奖奖项	指导教师	获奖学生姓名
第十三届大学生广告艺术大赛(福建赛区)	优秀奖	罗萍	张如茵
第十三届大学生广告艺术大赛(福建赛区)	优秀奖	罗萍	江心茹
第十三届大学生广告艺术大赛(福建赛区)	优秀奖	罗萍	金燕
第十三届大学生广告艺术大赛(福建赛区)	优秀奖	罗萍	林志鑫
第十三届大学生广告艺术大赛(福建赛区)	优秀奖	罗萍	柯雅清
第十三届大学生广告艺术大赛(福建赛区)	优秀奖	罗萍	刘欣然
第十三届大学生广告艺术大赛(福建赛区)	优秀奖	曾舒凡	孙千涵
第十三届大学生广告艺术大赛(福建赛区)	优秀奖	王晶	张景岚、古越、郑冰妍、李儒青
第十三届大学生广告艺术大赛(福建赛区)	优秀奖	罗萍	陈佳瑜
第十三届大学生广告艺术大赛(福建赛区)	优秀奖	罗萍	邓必赢
第十三届大学生广告艺术大赛(福建赛区)	优秀奖	罗萍	林静怡
第十三届大学生广告艺术大赛(福建赛区)	优秀奖	罗萍	唐瑶璇
第十三届大学生广告艺术大赛(福建赛区)	优秀奖	罗萍	战中鸿烁
第十三届大学生广告艺术大赛(福建赛区)	优秀奖	罗萍	曾湘杰
第十三届大学生广告艺术大赛(福建赛区)	优秀奖	罗萍	关雯文
第十三届大学生广告艺术大赛(福建赛区)	优秀奖	罗萍	赵诗琪

续表

竞赛项目名称	获奖奖项	指导教师	获奖学生姓名
第十三届大学生广告艺术大赛(福建赛区)	优秀奖	王霏	陈佳瑜、林静怡、邓必赢、严旭、宋鸿磊
第十三届大学生广告艺术大赛(福建赛区)	优秀奖	王霏	张洁、Jenny、王逸轩、钟雯雯、蔡思远
第十三届大学生广告艺术大赛(福建赛区)	优秀奖	王霏	凌仔鑫、刘世棋、周妮、倪新纪、麦恺欣
第十三届大学生广告艺术大赛(福建赛区)	优秀奖	王霏	张景惠、庄银鸿、林诗沁、宋迪、金燕
第十三届大学生广告艺术大赛(福建赛区)	优秀奖	王霏	谢莉苹、欧尔雅、游自强、毛语晨、帕丽扎
第三届福建省大学生影像展	二等奖	迟月利	《一苇以航》剧组
第三届福建省大学生影像展	二等奖	迟月利	《日出》剧组
第三届福建省大学生影像展	三等奖	迟月利	《玻璃珠》剧组
第三届福建省大学生影像展	优秀奖	迟月利	《照片》剧组
2020“看见闽西南”微视频征集大赛	三等奖	洪强、迟月利	余盈洁
第十五届“挑战杯”福建省大学生课外学术科技作品竞赛红色专项活动	一等奖		何小豪

第七章 教学改革

随着新闻传播技术的不断革新、中国社会及其教育整体水平的逐步提高，尤其是随着新中国70年来人民教育事业的快速发展，中国新闻传播教育从无到有，从小到大，从最初的报学发展到新闻学，延伸至广告、广播电视、出版、公共关系、新媒体等诸多领域，建成从职业教育到不同层次学历教育的新闻传播人才培养体系，并形成了一个蔚然壮观的新闻传播教育事业。[①] 自获批设立一级学科新闻传播学硕士点、一级学科新闻传播学博士点后，厦门大学新闻传播学科建成了涵盖学士、硕士、博士的完整教育体系。

厦门大学的本科新闻教育历史悠久。历经30余年，学院形成了完善的本科生教育体系。厦门大学新闻传播学院的本科教育可以分为4个阶段：

第一阶段，1921年到1926年，先河试水期。新闻教育萌芽于教育体系建立和职业教育思潮的兴起。中国近代新闻业的发展推动了新闻教育的诞生。新闻教育的设立与发展离不开业界的支持。1918年10月14日，北大新闻学研究会成立，成为中国第一个系统讲授新闻学课程并集体研究新闻学的新闻学术团体。[②] 厦门大学于1921年成立厦门大学新闻学部，同时期燕京大学新闻学系(1924年)、复旦大学新闻学系(1929年)、中央政治学校新闻系(1935年)等大学新闻学系纷纷开始建立，中国新闻教育事业迎来了一个快速发展时期。厦门大学新闻学部成立后开始了早期的新闻教育，开启了中国人办新闻学高等教育的先河，后于1926年，新闻学科停办。这一时期的新闻教育由业界推动，理论讲授与实践教学并重，注重学生的实践，并开设文史哲类课程，帮助学生培养人文社

---

① 邓绍根，李兴博：《百年回望：论中国新闻传播教育发展历程及其特点》，《现代传播》2019年第6期，第155页。

② 邓绍根：《中国新闻学的筚路蓝缕：北京大学新闻学研究会》，清华大学出版社2015年版，第297页。

会科学素养，注重通识型人才的培养。

第二阶段，1983 年到 1992 年，恢复成长期。中国新闻教育事业在“文化大革命”期间受到严重破坏，1978 年后开始恢复，并有较大发展。1983 年 5 月，由中宣部和教育部联合召开的、新中国成立后第一次全国新闻教育工作座谈会在北京举行，会议讨论了新闻教育发展规划和新闻教育改革问题。同年 8 月，中宣部和教育部联合发出《关于加强新闻教育工作的意见》，提出要加速发展新闻教育、积极进行新闻教育改革等意见，要求在保证教学质量的基础上，加快新闻教育事业的发展。厦门大学积极响应国家号召，尤其是在香港老报人刘季伯先生的提倡下，1983 年成立新闻传播系（挂靠在人文学院下），在中国大陆率先以“传播”冠名，创办广告学专业、国际新闻学专业，体现了厦大新闻传播人敢为人先的开拓精神。长期以来，中国高校的新闻系普遍只有新闻学一个专业，1983 年以后开始陆续新增一些专业。1983 年，厦大在中国大陆高校中首创广告学专业，涌现了诸如陈培爱等一批名师。1985 年，厦门大学又创办了广播电视新闻学专业，1989 年正式招收第一批学生。

第三阶段，1992 年到 2006 年，迅猛发展期。1993 年教育部修订本科专业目录，新闻学类增加国际新闻、广告学、播音、体育新闻四个专业。厦门大学新闻传播系的筹建得到了施拉姆的中国弟子余也鲁先生的鼎力支持。余先生提出海峡两岸暨香港合作多学科系统“中国传”大规模研究计划。在厦门大学林祖庚校长、郑学檬副校长的支持下，由余也鲁海天资金会资助，厦门大学于 1993 年成立传播研究所，致力于开展余也鲁先生的研究项目。研究所成立之后，余也鲁先生与时任厦门大学副校长的历史学家郑学檬、台湾政治大学文理学院院长徐佳士、中国社会科学院新闻研究所所长孙旭培、厦门大学新闻传播系主任郑松锟联合向全国发出了“中国传”研究的倡议，并在《新闻与传播研究》期刊上公布了研究项目招标广告，得到全国广泛的关注与响应①，全国华夏传播研究开始有组织地开展。1993 年 5 月，“海峡两岸中国传统文化中传的探索座谈会”在厦门大学召开，并于 1994 年出版了会议论文集《从零开始》——“这是中国大陆出版最早的

① 黄星民：《堂堂溪水出前村——关于两岸三地合作“华夏传播研究项目”的回顾》，许清茂主编：《海峡两岸文化与传播研究》，厦门大学出版社 2005 年版，第 1 页。

具有本土文化视角的传播研究文集”[1]。1994 年 11 月 29 日—30 日，余也鲁、徐佳士、郑学檬、孙旭培和郑松锟在厦门大学开会讨论，落实了《华夏传播论》一书的写作计划，并对华夏传播研究项目进行了规划。华夏传播研究项目在《新闻与传播研究》上发布招标后，很快得到了全国各地的积极响应。黄星民先生也在这一时期加盟厦大，在一批学者的共同努力下，厦大传播学迅速发展，华夏传播学崭露头角。在这一时期，厦门大学新闻传播本科教育逐步完善，1993 年，厦门大学教务处修订厦门大学本科专业教学计划，1994 年国际新闻专业由五年学制改为四年，新闻传播学教育体制进一步完善；1998 年根据教育部新颁布的学科及专业目录，国际新闻专业改名为新闻学专业，国际新闻办学方向不变。从 1996 年到 2002 年，厦大新闻传播系不断分专业完善；设立国际新闻、广告学、广播电视新闻学三个本科专业。2003—2006 年，开始施行大类招生方案；这一时期，新闻传播教学体系不断完善。

第四阶段，2007 年至今，快速发展期。2007 年，厦门大学新闻传播学院成立，厦门大学新闻传播教育进入了新的快速发展时期。随着互联网技术的发展，传统的新闻传播教育模式已难以适应时代需要，厦大新闻传播学院主动适应媒体深度融合的发展趋势，不断调整人才培养理念，力求在技能培养上与业界需求保持一致。在“部校共建”政策的推动下，厦门大学新闻传播学院与福建省委宣传部合作共建，确定校外实践基地和校外班导师的七项工作模式。贯彻教育部、中宣部的办学意见，结合厦大新闻传播的发展优势，厦门大学新闻传播学院确立了以马克思主义新闻观作为指导思想和核心教育内容，及具有全媒体新闻传播知识和能力的应用型、复合型、创新型人才的培养目标；实施学界和业界互聘计划，优化师资结构；课程体系和内容也适时调整，与培养目标契合。2008 年，学院开设台湾生班并单独设置培养方案；2011 年开始，新闻学专业引入体育特长生班，此后每三年一届，现已培育了 2011 级、2014 级、2017 级三届学生；2012 年，设置国际新闻实验班；2013 年，出台新的培养方案，学生修课门数减少。在这一时期，厦门大学新闻传播学院不断改革课程体系，致力于培养应用型、复合型、创新型人才。2013 年教育部修订本科专业目录，广播电视新闻学专业改为

---

① 王怡红、胡翼青主编:《中国传播学 30 年》，中国大百科全书出版社 2010 年版，第 105 页。

广播电视学专业。

早在1983年，厦门大学就开始了新闻传播学研究生教育。1983年9月，以刘季伯、徐铸成为导师，首次招收了第一批新闻传播研究方向硕士研究生黄星民、朱家麟、陈金武3人，也就是说，厦门大学新闻传播学硕士研究生招生是早于本科生招生的。三位硕士研究生1986年厦门大学新闻系研究生毕业，经毕业答辩，授予研究生毕业证书。由于厦大还没有硕士点，1987年赴武汉大学申请硕士学位，经考核与学位答辩，授予法学硕士学位。虽然人少，但这一届硕士的培养为之后的研究生培养积累了经验。由于种种原因，之后未再招收研究生。1993年12月，厦门大学获批国务院学位委员会第五批新闻学专业硕士授权点，正式设立新闻学专业硕士点，下设传播学、广告学2个方向。1995年9月开始，正式独立招收新闻学专业硕士研究生，下设新闻学、广告学两个专业方向。此后，研究生教育经历两个阶段：

第一阶段，1995年至2006年，研究生教育摸索阶段。随着本科教育的迅猛发展，研究生教育招收了硕士，初步实现了小目标，接下去的任务便是如何让整个研究生教育充实起来。2000年增设传播学专业硕士点，传播学专业下设传播学、广告学、公共关系学3个方向。2005年开始在历史学科招收广告史方向博士研究生；在2006年获得新闻传播学一级学科硕士学位授权点和传播学二级学科博士学位授权点之后，2007年首次招收传播学专业的博士研究生。至此，厦门大学新闻传播学科建成了涵盖学士、硕士、博士的完整教育体系。

与此同时，由于厦大新闻传播学科享有盛誉，在2005—2007年获批2006年在深圳地区招收新闻学专业硕士研究生单考资格学生，又在2006—2008年招收高等学校在职教师攻读硕士学位研究生班。

第二阶段，2007年至今，研究生教育快速发展。为顺应学科发展新趋势，在全体教职员工的努力下，伴随着2010年新闻传播学专业硕士学位点获批、2011年新闻学一级学科博士点获批、2012年厦门大学新增广告学专业为自主设置的二级学科，使厦门大学新闻传播学院研究生教育形成了更为清晰和完整的体系：拥有一级学科博士点，分别有新闻学、传播学和广告学专业；拥有一级学科硕士点，分别有新闻学、传播学和广告学专业；拥有新闻与传播专业硕士学位点，不区分研究方向。

地处中国经济特区，厦门大学新闻传播学院始终保持开拓进取的精神，在新闻专业教学、英文新闻教学、文史哲教学方面全面兼顾，培养“理论顶天，技能立地”的新闻专业人才。并根据新形势的需要，开始建设面向台湾和东南亚的传媒人才培养体系。新闻学系紧跟迅猛发展的数字化技术，在国内率先开设了网络传播、新媒体方面的课程，建立了最早的专用局域网。本院学术交流活跃，每年邀请境内外专家、新闻业界人士前来举办讲座，开设课程。新闻传播学院拥有省级新闻传播实验教学示范中心，设备先进。新闻学系与新华社、中新社、人民网、《中国日报》《环球时报》、上海东方卫视、江苏卫视、凤凰网等一批境内外媒体建立实习合作关系。一些毕业生现已成为新华社、中新社、人民日报社、中国日报社等中央及地方媒体的部门领导和骨干力量。厦门大学新闻传播学院以打造面向海洋、亚洲一流的现代化新闻传播学院为目标，正在努力为中华民族的复兴，培养立足中华并具有国际化眼光的新闻传播高级人才而奋斗。

第一节　专业设置沿革

新闻传播学(Journalism and Communication)是国家一级学科，据教育部发布的《普通高等学校本科专业目录(2020 年版)》，新闻传播学类下设广告学、网络与新媒体、新闻学、传播学、广播电视学、编辑出版学、国际新闻、数字出版等 10 个专业。厦门大学新闻传播学院的本科教育长期具有开拓精神。厦门大学于 1983 年创立新闻传播系，在中国大陆率先以“传播”冠名，并同时创办了国内综合性大学首家国际新闻专业，在中国大陆高校中首创广告学专业。1989 年创办广播电视新闻学专业。随后对专业设置多次修改完善。目前，厦门大学新闻传播学院本科专业包括新闻学系、广告学系、传播学系三个系，学院开设的专业包括：新闻学、广播电视学、广告学、传播学 4 个专业，其中新闻学具体又分为新闻学和国际新闻学两个方向，厦门大学新闻传播学院的本科专业设置在国家的引导和不断适应社会的发展过程中逐步调整完善，接下来对各个专业的历史发展进行具体说明。

一、新闻学系的专业设置沿革

新闻学是研究新闻事业和新闻工作规律的科学。新闻学是以人类社会客观存在的新闻现象作为自己的研究对象，研究的重点是新闻事业和人类社会的关系，探索新闻事业的产生、发展的特殊规律和新闻工作的基本要求的一门科学。它研究的内容是新闻理论、新闻史和新闻业务。厦门大学新闻教育历史悠久。早在1922年至1926年，厦门大学就有了自己的早期新闻教育，开创了中国人自己办新闻教育的历史。直至1983年，厦门大学成立新闻传播系，恢复新闻教育，并“面向世界”，设置了中国最早的国际新闻专业；还“面向现代化”，开办了广播电视新闻学专业，融入了电子传播时代。随着时代的发展，新闻学又细化为国际新闻学和新闻学两个方向，新闻学系的主要专业的历史变革如下所示：

（一）国际新闻专业与新闻学

厦大最早于1989年颁布《国际新闻专业教学计划表》，设立国际新闻学专业，将学制定为五年。到了1998年，制定《新闻学专业教学计划表》，将学制调整为四年。直至2003年，厦大再次修订《新闻传播系教学计划》，新闻学系专业方向一分为二：新闻学方向和国际新闻学方向，其中国际新闻专业方向要求熟练运用英语进行新闻采写和交流。同时，采用专业大类招生培养计划，自二年级下学期开设自由选修专业基础课程，学生尝试选择未来就业方向。二年级下学期采取双向选择的方式决定专业方向，在学生自愿的基础上，挑选、统筹安排和结合专业安排。

厦大注重学生的综合素质教育，早在1989年，就在国际新闻学专业计划中为学生开放中国近代史、中国古典文学、世界经济、翻译、音乐名著欣赏等限制性选修课程。1991年，根据厦门大学教务处发布的《厦门大学本科专业教学计划、厦门大学本科学分制教学计划总则》，厦门大学新闻传播系制定了《国际新闻专业教学计划表》，将国际新闻专业的学制确定为五年，这一时期以我国社会主义“四化”建设事业为主要背景，以马列主义、毛泽东思想为主要指导思想；以“培养德智体全面发展的文、理、财经、政法、技术科学、艺术教育学科的专门人才。学生毕业后可从事本专业理论和应用研究、教学及有关部门的实际工作”为培养目标，注重培养学生的实务能力，国际新闻专业的主要课程设置包括新闻理论、中国传播史、外国传播史、传播学概论、新闻采写、摄影、新闻编辑、传播学研究方法、电视采编、国际传播、传播学研究方法应用、新闻评论、新闻翻译等课程。

1993 年 3 月，厦门大学教学务处修订《厦门大学本科专业教学计划》，更新《厦门大学本科学分制教学计划总则》。在此基础上，制定了《国际新闻学专业教学计划表》，学制仍为五年。相较于上一版教学计划，本计划为专业添置了非限制选修课程，如世界经济地理、美学概论、书画美学、商业经济、欧美文学简介等可跨系、跨专业任意选修的课程，体现了对学生综合素质能力的看重。

到 1998 年，由厦门大学教务处修订的针对 1999 级本科生的《厦门大学修订本科教学计划总则》（下称《总则》）在指导思想上发生了较大的变化，在此背景下，新闻学系的专业设置也发生了大的变化。《总则》要求各专业教育应当全面贯彻党的教育方针，努力吸取教育思想与教育观念、教学内容与课程体系、教学方法与教学手段等方面已经取得的改革成果，大胆借鉴国外成功的教学经验和管理模式，并提倡拓宽专业口径，按院、系或专业大类招生、培养并设计教学计划。在院、系或专业大类内可根据国家专业目录分设若干柔性专业课程组。同时又要求正确处理理论与实践、课内教学与课外指导的关系，为学生自主学习和独立思考留有足够的时间和空间；追踪学科发展动态，设置学生最必要、最先进、最有效的基本课程。在体现国家对人才的质量基本要求外，要努力反映本校的办学优势特色，要建设我校的特色课程和“名牌”课程。同时为学生发现、发展各自的志趣、潜力和特长创造条件，因材施教，把培养学生的创新思维和创造能力融于教学的全过程之中。培养目标特别强调学生应当具有一定的人文社会科学和自然科学基本理论知识，掌握本学科的基础知识、基本理论、基本技能，具有独立获取知识、提出问题、分析问题和解决问题的基本能力及开拓创新的精神，具备一定的从事本学科业务工作和适应相邻学科业务工作的基本能力，以及较高的文化素质。并具有体育和军事基本知识，掌握科学锻炼身体的基本技能，养成良好的体育锻炼身体的基本习惯，受到必要的军事训练，达到国家规定的大学生体育和军事训练合格标准，具备健全的心理和健康的体魄，能够履行建设祖国和保卫祖国的神圣义务。结合学校要求，并综合考虑学院的专业设置，新闻传播学院制定了《新闻学专业教学计划表》，将学制调整为四年。

2000 年 9 月 10 日，教育部高等教育司向有关文科高等学校下发了《新闻学类专业基本教学条件》的通知。就新闻学、广播电视新闻学、广告学、编辑出版学

4个专业，提出了在师资、教学方案、教材、图书资料、专业实验、校外教学实习基地6个方面的具体要求，为新闻传播教育该如何发展，指明了方向。2003年，厦大再次修订《新闻传播系教学计划》，以培养宽口径、厚基础、适应未来我国新闻传播事业的专门人才为原则；以培养和保持我系中国新闻传播院校中的专业特色和学科优势为目标；以新闻传播一级学科为基本框架整合各专业的优势，发挥专业系课的特点，为全系开出特色课程，扩大学生自主选课专业课程的空间；以学生为中心，给学生较大的选择专业、课程的自主性，努力培养多样性、复合型人才；注重课程体系和结构的合理性和可操作性，条块结合，力求改变因人设课、管理被动、混乱的现状。新闻学一分为二：新闻学方向和国际新闻学方向，其中国际新闻专业方向要求熟练运用英语进行新闻采写和交流。要求通过大学英语四级全国统考，能运用英语进行本专业的交流，并鼓励学生通过大学英语六级；参加计算机等级考试，能熟练运用与专业相关的计算机应用软件从事所在领域的工作。特别是在人文素养上，要求按照规定限修一定学分的跨学科和自然科学课程；具有较高的艺术修养和人文精神，具有健康的体魄，熟练掌握一至两项终身体育的健身项目，学制仍然统一维持在四年。

（二）广播电视学专业

1985年，厦门大学创办广播电视新闻学专业，并于1989年制定《广播电视新闻学专业教学计划表》，正式招收第一批学生。除本专业课程外，厦大还为学生提供了中国通史、中国古典文学、美术基础等限制性选修课程，注重培养学生的综合人文素养。1991年，根据厦门大学教务处发布的《厦门大学本科专业教学计划、厦门大学本科学分制教学计划总则》，厦门大学新闻传播系制定了《广播电视新闻学专业教学计划表》，将广播电视新闻学专业的学制确定为四年。1993年3月，厦门大学教学务处修订《厦门大学本科专业教学计划》，更新《厦门大学本科学分制教学计划总则》。在此基础上，制定了《广播电视新闻学专业教学计划表》，学制仍为四年。相较于上一版教学计划，本计划为广播电视新闻学专业添置了非限制选修课程，如美学概论、人类学概论、欧美文学简介、自然科学概论等课程，体现了让学生全面发展的指导思想。

由厦门大学教务处修订的针对1999级本科生的《厦门大学修订本科教学计划总则》（下称《总则》）在指导思想上发生了较大的变化。《总则》要求各专业教育应当全面贯彻党的教育方针，努力吸取教育思想与教育观念、教学内容与课程体系、教学方法与教学手段等方面已经取得的改革成果，大胆借鉴国外成功的教学经验和管理模式，并提倡拓宽专业口径，按院、系或专业大类招生、培养并设计教学计划。结合学校要求，并综合考虑学院的专业设置，新闻传播学院制定了《广播电视新闻学专业教学计划表》，学制为四年。广播电视新闻学专业以培养具备广播电视新闻学基本理论和宽广的文化科学知识，能在广播电视战线及其他新闻宣传部门从事新闻及管理工作的高级专门人才为己任，学生主要学习马列基本原理、新闻传播学、广播电视学以及与广播电视有关学科的基本知识，着重关注广播电视新闻采制、编导、节目主持等专业训练。

2003 年，厦大再次修订《新闻传播系教学计划》。广播电视新闻学专业要求通过大学英语四级全国统考，能运用英语进行本专业的交流，并鼓励学生通过大学六级；参加计算机等级考试，能熟练运用与专业相关的计算机应用软件从事所在领域的工作。特别是在人文素养上，要求按照规定限修一定学分的跨学科和自然科学课程；具有较高的艺术修养和人文精神，具有健康的体魄，熟练掌握一至两项终身体育的健身项目，学制仍然统一维持在四年。

2013 年教育部修订本科专业目录，广播电视新闻学专业改为广播电视学专业。

（三）大类招生

2003 年，学院进一步吸纳近年来学校在教学内容与课程体系、教学方法与手段等方面已经取得的改革成果，使之固化在新的教学计划中，并积极适应学科专业交叉发展和多模式培养人才的时代特征，按照“厚基础、宽口径”原则，设置为专业大类招生培养并设计教学计划。这一时期的新闻学系本科专业计划，鼓励教师重新整合教学内容，压缩讲授时数。大类招生后，设置《新闻传播系教学计划》，下设新闻学（含新闻学方向、国际新闻学方向）、广播电视新闻学、广告学三个具体专业供学生选择，以培养宽口径、厚基础、适应未来我国新闻传播事业的专门人才为原则，以培养和保持我系中国新闻传播院校中的专业特色和学科优势为目标，以新闻传播一级学科为基本框架整合各专业的优势，发挥专业系课的特点，为全系开出特色课程，扩大学生自主选择专业课程的空间；以学生为中心，给学生较大的选择专业、课程的自主性，努力培养多样性、复合型人才；注重课程体系和结构的合理性和可操作性，条块结合，力求改变因人设课、管理被动、混乱的现状。学院自二年级下学期开设自由选修专业基础课程，让学生尝试选择未来就业方向。二年级下学期采取双向选择的方式决定专业方向，在学生自愿的基础上，挑选、统筹安排和结合专业安排。学制为四年，力求将学生培养成为热爱祖国、拥护中国共产党、拥护社会主义，具有崇高理想和良好道德修养，身心健康，具有较高的政治素质、人文素养、专业技术、实践能力和创新意识，适应21世纪知识经济时代需要的新闻传播应用型高级专门人才。

随着互联网科技的进步，为适应社会要求，进一步提高学生的实际工作能力，2005年版的《厦门大学本科教学计划》针对新闻传播学与时代发展紧密关联的特点，针对新闻传播学专业，有意识地增加了学生社会实践的时间，并增加了三个专业间的通融性，以扩宽学生的就业面。

现阶段，新闻学专业旨在依据新媒体的发展和全球化背景下国家对外传播人才的需求趋势，在原有的国际新闻专业培养方案的基础上，培养具有新闻传播理论和国际视野、掌握中英文新闻业务及网络传播技能、有较强的英语听说读写能力、宽广知识面及高度社会责任感、能够胜任中英文媒体及行政企事业宣传部门工作的对内对外新闻传播高级人才。在申请学位前，学生应完成146学分。学生需要完成的主要课程包括传播学概论、中外新闻传播史、传播学研究方法、舆论学、新闻理论、新媒体概论、新闻采访、新闻编辑、新闻评论、新闻综合英语、英语新闻写作、对外新闻报道、国际新闻报道、新闻编译、新闻法规与伦理、马列原著选读、广播英语导听、英文报刊选读、新闻摄影、杂志编辑学、媒介批评等。

广播电视新闻学专业则旨在熟悉新闻传播理论及国内外电子媒体发展趋势，掌握广播、电视、网络等电子媒体业务，具有宽广知识面及高度社会责任感、能够胜任电子媒体及企事业宣传部门的编辑、采访、节目制作、节目策划、媒介经营管理等工作的新闻传播高级人才。广播电视新闻学专业学生需要修习的主要课程包括传播学概论、中外传播史、传播学研究方法、新闻理论、电视新闻采写、新闻编辑、新闻评论、新闻摄影、广播电视系统原理、电视摄像、电视解说词写作、电视艺术学、影视剧作基础、电视节目制作、电视照明、电视画面剪辑、广播电视广告、音响制作与编辑、非线编辑、媒介经营与管理、马列原著选读等。

二、广告学系的专业设置沿革

广告学是研究广告活动的历史、理论、策略、制作与经营管理的科学。1983年，厦门大学成立新闻传播系，经国家教育部批准，厦门大学“面向未来”，在大陆高校中创办了中国第一个广告学专业，在全国领先确立了中国广告教育的基本模式，并涌现了诸如陈培爱等一批名师。广告学系主要专业的历史变革如下所示：

1989年，制定《广告学专业教学计划表》，注重学生综合素质的培养，此时已经开放中国现代文学市场学、社会心理学、社会统计学、商业经济、人类学概论等限制性选修课程。1991年，根据厦门大学教务处发布的《厦门大学本科专业教学计划、厦门大学本科学分制教学计划总则》，厦门大学新闻传播系制定了《广告学专业教学计划表》，将广告学专业的学制确定为四年，这一时期以我国社会主义“四化”建设事业为主要背景，以马列主义、毛泽东思想为主要指导思想；以“培养德智体全面发展的文、理、财经、政法、技术科学、艺术教育学科的专门人才。学生毕业后可从事本专业理论和应用研究、教学及有关部门的实际工作”为培养目标，注重培养学生的实务能力，广告学专业的主要课程包括广告设计基础、广告学概论、公共关系、新闻采写、新闻编辑、传播学概论、中外广告简史、广告与营销、广告心理学、摄影、广播广告、印艺传播、公关实务等。

1993年3月，厦门大学教务处修订《厦门大学本科专业教学计划》，更新《厦门大学本科学分制教学计划总则》。在此基础上，制定了《广告学专业教学计划表》，学制仍为四年。相较于上一版教学计划，本计划为广告学专业添置了非限制选修课程，如统计学原理、世界经济地理、外国传播史、社会心理学、书画欣赏、商业经济、欧美文学简介、自然科学概论等可跨系、跨专业任意选修的课程，体现了让学生全面发展的指导思想。

和国际新闻学专业的发展轨迹相同，到了1998年，结合学校要求，并综合考虑学院的专业设置，新闻传播系制定了《广告学专业教学计划表》，学制同为四年，以培养具有学科基础扎实，知识面宽，实践创新能力强，能胜任于各类专业广告传播公司、新闻媒体、企业单位以及政府机构等，从事广告、公关等传播实务、管理以及研究工作的高级应用型广告专业人才为己任。

2000年9月10日，教育部高等教育司向有关文科高等学校下发了《新闻学类专业基本教学条件》的通知，就新闻学、广播电视新闻学、广告学、编辑出版学4个专业，提出了在师资、教学方案、教材、图书资料、专业实验、校外教学实习基地6个方面的具体要求，为新闻传播教育该如何发展，指明了方向。2003年，厦大再次修订《新闻传播系教学计划》，以培养宽口径、厚基础、适应未来我国新闻传播事业的专门人才为原则；以培养和保持我系中国新闻传播院校中的专业特色和学科优势为目标；以新闻传播一级学科为基本框架整合各专业的优势，发挥专业系课的特点，为全系开出特色课程，扩大学生自主选课专业课程的空间；以学生为中心，给学生较大的选择专业、课程的自主性，努力培养多样性、复合型人才；注重课程体系和结构的合理性和可操作性，条块结合，力求改变因人设课、管理被动、混乱的现状。广告学专业学制仍然统一维持在四年，但对学生提出了更高的要求：通过大学英语四级全国统考，能运用英语进行本专业的交流，并鼓励学生通过大学英语六级；参加计算机等级考试，能熟练运用与专业相关的计算机应用软件从事所在领域的工作。特别是在人文素养上，要求按照规定限修一定学分的跨学科和自然科学课程；具有较高的艺术修养和人文精神，具有健康的体魄，熟练掌握一至两项终身体育的健身项目。

这一时期的广告学本科专业计划，进一步吸纳近年来学校在教学内容与课程体系、教学方法与手段等方面已经取得的改革成果，使之固化在新的教学计划中；积极适应学科专业交叉发展和多模式培养人才的时代特征，按照“厚基础、宽口径”原则，注重课程体系和结构的合理性和可操作性，条块结合，力求改变因人设课、管理被动、混乱的现状。自二年级下学期开设自由选修专业基础课程，让学生尝试选择未来就业方向。二年级下学期采取双向选择的方式决定专业方向，在学生自愿的基础上，挑选、统筹安排和结合专业安排。学制为四年，力求将学生培养成为热爱祖国、拥护中国共产党、拥护社会主义，具有崇高理想和良好道德修养，身心健康，具有较高的政治素质、人文素养、专业技术、实践能力和创新意识，适应21世纪知识经济时代需要的新闻传播应用型高级专门人才。随着互联网科技的进步，为了适应社会要求，进一步提高学生的实际工作能力，2005年版的《厦门大学本科教学计划》针对新闻传播学与时代发展紧密关联的特点，针对新闻传播学专业，有意识地增加了学生社会实践的时间，并增加了三个专业间的通融性，以扩宽学生的就业面。2007年厦门大学成为教育部首批唯一的广告特色专业，在教育部的经费支持下，经过广告系全系教师历时两年对国内外广告教育状况、广告实践要求的调研、分析和讨论，群策群力地推出一套完整、系统的厦大广告专业人才培养方案，并于2009年施行。该方案明确了人才培养目标是“培养高级AE人才”；增设了扩大学生知识面的“综合知识课程”，还增设了一些具有前瞻性的课程，如顾客关系管理、电子商务、活动营销等。

现阶段，广告学专业旨在培养具备高素质，熟悉和掌握广告策划、品牌规划、媒体计划、公共关系、广告创意、广告文案写作、广告设计、视听广告制作、广告管理、市场调研、活动营销等综合能力，并适应新媒体传播环境的高级AE人才。广告学专业需要修习的主要课程包括传播学概论、中外传播史、传播学研究方法、广告英语、广告学概论、公共关系学概论、市场营销、广告心理学、品牌学、广告史、广告策划、媒体计划、市场调查、广告文案写作、广告创意与表现、视觉艺术基础、视觉设计基础、平面广告设计、视听广告制作、广告摄影、广告经营与管理、艺术美学、活动营销、电子商务、平面动画、新媒体艺术概论、广告综合知识等。

三、传播学系的专业设置沿革

传播学又称传学、传意学等，是通过汇集各种观点和方法论来研究各种传播活动的学科。传播学是研究人类一切传播行为和传播过程发生、发展的规律以及传播与人和社会的关系的学问，是研究社会信息系统及其运行规律的科学。简言之，传播学是研究人类如何运用符号进行社会信息交流的学科。它具有交叉性、边缘性、综合性等特点。1983年，厦门大学成立新闻传播系，在中国其他高校均采用“新闻”命名之际，率先以“传播”冠名，集中体现了厦大新闻传播人敢为天下先的开拓精神。华夏传播研究在厦大生根发芽，是厦大传播学开创的特色方向，注重中华传统文化的传承研究是厦大传播学本科教育的特色。

厦大的传播学本科教育于2009年展开，此时的传播学挂靠在广告学系下，并在已有的广告学、广播电视新闻学等专业的培养方案上设计教学计划，传播学专业课程同样分为公共基本课程、全校通识课程、院系通识课程、学科类方向性课和学科类通修课程五种类别，学生必须修满146个学分，方可毕业。新生入学采用大类招生的方式，一、二年级以选修本专业和本学院课程为主；三年级主要开设论文写作指导、学科前沿讲座等课程，并安排教学、跨系选修(含跨专业选修)，聘请校外专家各占三分之一，力求将学生培养成为热爱祖国、拥护中国共产党、拥护社会主义，具有崇高理想和良好道德修养，身心健康，具有较高的政治素质、人文素养、专业技术、实践能力和创新意识，适应时代需要的传播高级专门人才。

随着我国高校新闻传播教育日益繁荣，在繁荣背后所隐藏的新闻传播教育困境也日趋明显。新闻传播教育中"量的扩张"和"质的滞后"这一矛盾所导致的直接后果是新闻教育的媒体认可率较低，同时新闻专业毕业生从事媒体工作的比例也较低。在数字技术广泛应用及媒介融合的背景下，新闻传播教育究竟走素质通识之路还是走职业技术之路，是全世界新闻传播院系在构建人才培养模式时都须面对的问题。在对厦大新闻传播教育近三十年教学经验的总结扬弃，以及对于国际一流新闻传播院校课程设置的借鉴基础上，2013 年，针对传播学专业学生，学院再次修订《传播学培养方案》，紧紧围绕着培养应用型、复合型新闻传媒人才的目标，在"厚基础、宽口径"的基础上，以"理论顶天、技能立地"为原则，致力于解决素质与技术之间的矛盾，并使其达到对立面的统一。一方面，适应不断变化的市场需求，转变人才培养目标，除了为广播、报纸、电视等传统媒介培养新闻传播人才，还可以为网络媒体甚至是政府和企业等输送复合型人才。另一方面，尝试跨学科培养模式，淡化新闻院校专业系别建制，打破原有的新闻学、传播学、广告学、广播电视学等专业的设置界限，让各专业教学之间实现更多的交叉互动，通过学科融合促进新闻传播教育发展。在 2019 年版《传播学专业培养方案》中，传播学进一步明确培养目标，致力于培养学生具备良好的人文素养与思想品德修养，通过系统地学习中外大众传播、口语传播和战略传播等理论和训练个人沟通技能，使学生能够胜任政府部门和企事业单位等社会组织机构中的战略传播工作，以将学生培养成为能够运用战略传播的理论和方法塑造组织形象、通过媒体与公众沟通、组织对内对外新闻发布和信息沟通的高素质传播人才为培养目标。

现阶段，传播学专业旨在传播基础理论和沟通技能的训练，传播学专业的培养目标是使学生成为熟悉中外大众传播与口语传播及战略传播理论及技能，在政府部门、企事业单位等社会组织机构中，能运用战略传播的观点和方法，组织对外信息发布和信息沟通，以及负责组织内部沟通等传播活动的高素质人才。传播学专业学生需要修习的主要课程包括大众传播学、中外传播史、传播心理学、媒介与文化、广播电视主持人艺术、新闻综合实务、政治传播、环境传播、健康传播、人际传播、小团体传播、组织传播、跨文化传播、语艺批评、公共演讲、说服沟通、非言语传播、辩论、新闻发布、礼仪传播、战略传播、公共关系理论与实务、媒体关系、危机公关、地区形象营销等。

第二节 历年课程体系改革

【本科部分】

新闻传播学是文学门类下设的一个专业类，主要以文学、政治学和社会学为学科基础，同时又与哲学、经济学、管理学、艺术学、心理学和历史学等学科密切相关。厦门大学秉承“自强不息，止于至善”的校训，始终坚持为国家培养精英人才的办学思想。进入新世纪，学校以科学发展观统领全局，深刻把握当代高等教育发展规律和现代大学功能，经过深入思考凝练、积极探索实践，形成了当前和今后一段时期内学校工作的指导思想：以习近平新时代中国特色社会主义思想同马克思列宁主义、毛泽东思想、邓小平理论、“三个代表”重要思想、科学发展观一道确立为党的指导思想，坚持社会主义办学方向，全面贯彻党的教育方针，遵循高等教育发展规律；坚持科学发展观，坚持以本为本，坚持人才培养、科学研究与社会服务三大职能协调发展；贯彻“巩固、深化、提高、发展”的八字方针，以发展为主题，以改革创新为动力，实施人才强校战略，走精英教育之路，全面提高办学水平和办学效益，逐步把厦门大学建设成为世界知名的高水平研究型大学。新闻传播学本科教育具有较强的政治性，要求学生坚持马克思主义新闻观和正确的政治立场。新闻传播学类专业同时具有较强的实践性和融合性，要求教学能紧跟传媒实践的快速发展，学生掌握扎实的新闻传播知识，能够胜任未来新闻传播相关行业的工作。1991—1993 年，厦大新闻传播学相关专业的本科教学课程设置基本相同，主要分为必修和选修课两大模块；1999 年，本科教育进行了改革，转变为公共基本课程组、文化素质课程、学科或专业课程、其他教学环节 4 个板块；2003 年再次进行调整，将“文化素质课程”调整为“通识教育课程”。在时代特色课程方面，1991—1993 年开设的“中国革命史”课程，在 1999 年开始调整为“毛泽东思想概论”和“邓小平理论”课程，本科的课程设置紧跟时代变化。其实，新闻传播系于1985级学生的入学第一年就开设了基本的计算机编程课程，1993年全校必修课开始开设计算机基础课程，在厦门大学全面展开计算机技术教育与普及工作。新闻传播学类专业在我国高等教育以及国家建设与社会发展中占有重要地位，承担着培养新闻传播、编辑出版、策划营销、媒介管理和文化创意人才的任务。随着媒介在当今世界社会文化生活中作用的不断凸显，新闻传播学类专业教育将在我国经济建设，政治建设和文化建设中起到越来越重要的作用。接下来将结合课程体系改革的几个重要历史节点进行具体说明：

一、1983年的创系复课：制订开课计划并开展本科教育

1983年5月，中宣部和教育部在北京共同召开第一次全国新闻教育工作座谈会，着重讨论了新闻教育发展规划和新闻教育改革问题，最后形成《关于加强新闻教育工作的意见》。该文件提出“加速发展新闻教育，有计划、有步骤地培养新闻干部”“积极进行新闻教育改革，不断提高教学质量”等指导意见。全国新闻高级职称评审委员会办公室认定，新闻学有完整的学科理论基础，是一门综合性学科，并提出应把新闻编辑、记者纳入国家学术、技术职称系列。在这些有利因素的推动下，中国新闻传播教育逐渐恢复发展。

正是在此背景下，1983年厦门大学率先以“传播”冠名，成立新闻传播系，恢复新闻教育，并“面向世界”，设置了中国最早的国际新闻专业；并“面向未来”，在大陆高校中创办了中国第一个广告学专业，在全国领先确立了中国广告教育的基本模式，自此展开了厦大新闻传播学的本科教育。1987年，分别针对国际新闻1984—1987级学生、广告学1984—1987级学生分专业统一制定《1987—1988学年开课计划表》。其中1987级学生因国家教委临时布置军训，本学年的教学计划在时间上作相对调整。从1987年9月7日至10月17日，安排5周军训，一周入学教育周。1987年10月19日至1988年2月6日为第一学期上课时间，共16周，实际上课15周。值得注意的是，自1986年始，厦大就已开设小学期课程，1988年短学期自1988年8月22日起，至9月30日止，共6周。1988级新生9月3日到校报到，9月4日至10月8日安排军事训练(含入学教育)，可获得3学分；1987级、1986级学生主要安排校内选修课程，每人可选修5～6学分课程；1985级学生主要安排社会实践活动或小课题科研训练。参加实践的，根据

学习量大小和学习成果，可获得 3～5 学分，参加选课的可选修 5～6 学分课程。新闻系的短学期课程主要有杂志编辑、新闻成语、公共关系、广告学、摄影入门 5 门课程。

二、1989 年明确学分安排：完善教学计划和课程目录

1989 年的本科教育围绕培养合格的社会主义“四化”建设专门人才为中心，要求全面贯彻党的教育方针，加强高等学校学生思想政治教育工作，引导学生坚持坚定正确的政治方向，树立良好的道德品质，养成文明行为习惯，勤奋学习。早在 1985 年，厦大新闻传播系在原有的广告学和国际新闻学专业的基础上，“面向现代化”，开办了广播电视新闻学专业，融入电子传播时代。但直到厦大新闻传播系在 1989 年颁布《本科教学计划》，设置了国际新闻专业、广告学专业和广播电视新闻学专业三个专业的教学计划表后，才正式招收第一批广播电视新闻学专业学生。

1989 年的教学计划明确规定了各专业的课程及学分安排，国际新闻专业需要学习的课程包括中国革命史、政治经济学、哲学、思想品德、法律基础、军事理论、体育、算法语言、英语精读、英语泛读、英语口语、英语听力、基础写作、新闻理论、中国传播史、外国传播史、新闻采写、传媒概论、公共关系、传播学概论、摄影、新闻编辑、新闻传播学、传播学研究方法、电视采编、新闻英文写作、国际传播、专题报道、电脑写作编辑、在职编辑学、传播学研究方法应用、说服理论（人际传播）、经典作家新闻评论评析、舆论学、新闻评论、实习报纸等，此外还需完成军事训练、生产实习、毕业论文等内容方能顺利毕业；广告学专业需要学习的课程包括中国革命史、政治经济学、哲学、思想品德、法律基础、军事理论、体育、英语、算法语言、新闻理论、基础写作、广告设计基础、广告学概论、公共关系、新闻采写、消费者心理学、印艺传播、新闻编辑、传播学概论、中外广告简史、广告专题、广告与营销、摄影、广播广告、电视采编、广告写作艺术、电视广告、新闻传播学、广告实务与管理、广告传播研究、西方文化概论等，此外还需完成军事训练、生产实习、毕业论文等内容方能顺利毕业；广播电视新闻学专业需要学习的课程包括中国革命史、政治经济学、哲学、思想品德、法律基础、军事理论、体育、英语、算法语言、基础写作、新闻理论、中国传播史、广告学概论、外国传播史、采访学、说服理论、新闻写作、新闻、电视原理与系统操作、大众传播学、新闻编辑学、电视剪辑、

录音报道、音乐与音乐编辑、公共关系、广播节目主持人、评论写作、照明技术与影响、电视节目制作与节目主持人、广播电视广告、音响制作与编辑、电视片文稿写作、广播电视媒介管理、广播节目制作、影视编导与作品分析等,此外还需完成军事训练、生产实习、毕业论文等内容方能顺利毕业。

无论是《广告学专业教学计划表》还是《国际新闻学专业教学计划表》,亦或是《广播电视新闻学专业教学计划表》,其课程设置都注重学生综合素质的培养,在专业课之外,还为学生设置了限制性选修课程,如在国际新闻学专业计划中为学生开放中国近代史、中国古典文学、世界经济、翻译、音乐和名著欣赏等限制性选修课程;广播电视新闻学专业提供了中国通史、中国古典文学、美术基础等限制性选修课程;广告学专业开放中国现代文学、市场学、社会心理学、社会统计学、商业经济、人类学概论等限制性选修课程。

三、1991 年改革课程体系:调整为必修课与选修课

1991 年,为全面贯彻党的教育方针,以"厚基础、宽口径、强能力、重质量、多样化"为指导思想,厦大新闻传播系对教学内容与课程体系进行规划和设计。这一时期以"培养德智体全面发展的文、理、财经、政法、技术科学、艺术教育学科的专门人才。学生毕业后可从事本专业理论和应用研究、教学及有关部门的实际工作"为培养目标,将课程设置分为必修课和选修课两大类,其中主要以必修课为主,占总学分的 70%左右,选修课占总学分的 30%左右。政治理论课有"中国革命史"等具有时代特色的课程。时间分配共 202 周,含课内教学(含毕业论文等)152 周;生产实习或科研训练 6 周;军事训练 4 周;劳动 4 周;入学教育、毕业教育各 1 周;寒暑假 34 周。生产劳动不计学分,但要考核。实行"三学期制",第一、第二学期主要安排课程教学;"短学期"安排军训、全校性选修课程、社会实践或小课题科研训练。

第一类,必修课,即为达到基本的培养规格而规定的必读课程。包括学校统一规定的政治理论课、思想品德教育课、军事理论课、法律基础课、外语课、体育课及大部分专业基础课、专业课。全校统一规定的必修课具体包括:中国革命史:6 学分;政治经济学:6 学分;哲学:6 学分;法律基础:2 学分;思想品德:2 学分;军事理论:2 学分;外语:16 学分;体育:4 学分,以及专业必修课。第二类是选修课,即为加深专业知识和拓宽知识面而开设的课程。其中又具体包括限制

性选修课和非限制性选修课。在指定的一些课程范围内引导学生选修的课程为限制性选修课。在本系本专业，亦可跨系跨专业任意选修的课程为非限制性选修课。新闻学的专业课程包括新闻理论、中国传播史、外国传播史、传播学概论、新闻采写、摄影、新闻编辑、传播学研究方法、电视采编、国际传播、传播学研究方法应用、新闻评论、新闻翻译等。国际新闻专业限制性选修课包括：中国近代史、世界经济、广告学概论、欧美文学、自然科学概论、中国古典文学、中国现代文学、音乐欣赏、国际政治。广告学专业的专业课程包括：广告设计基础、广告学概论、公共关系、新闻采写、新闻编辑、传播学概论、中外广告简史、广告与营销、广告心理学、摄影、广播广告、印艺传播、公关实务等。广告学限制性选修课包括：中国现代文学、市场学、社会心理学、社会统计学、商业经济、人类学概论、音乐欣赏、中国近代史、中国古代文学、世界经济地理、世界经济、欧美文学简介、自然科学概论。广播电视新闻学专业的专业课程包括新闻理论、中国传播史、广告学概论、采访学、说服理论、新闻摄影、电视原理与系统操作、音乐与音乐编辑、公共关系、广播节目主持人、广播电视广告、音响制作与编辑、电视片文稿写作、广播电视媒介管理、广播节目制作、影视编导基础与作品分析。广播电视新闻学的限制性选修课则较少，包括中国通史、中国古典文学、美术基础、中国现代文学、广告学概论、西方文化概论。此外，课程体系还包含毕业论文和社会实践(含社会调查、实习、小课题科研训练、咨询服务、军事训练等)，算入学分。

在课程的时间安排上：实行“三学期制”，每一学年分为一“短”(6 周)、一“中”(称为第一学期，约 17 周)和一“长”(称为第二学期，约 19 周)三个学期。第一、第二学期主要安排课程教学，第一学年“短学期”则安排军训；第二、第三学年“短学期”安排全校性选修课程；第四学年“短学期”安排社会实践或小课题科研训练。四学年制本科时间分配如下(共 202 周)：课内教学(含毕业论文等)152 周；生产实习或科研训练 6 周；军事训练 4 周；劳动 4 周；入学教育、毕业教育各 1 周；寒暑假 34 周。

四、1993 年顺应时代发展：开设计算机基础课程

与上一版课程设置相比，本版《本科专业教学计划》的课程安排增加了计算机基础课程，作为全校必修课开设。其他课程设置进行了微调，总体而言仍旧分为必修课和选修课两大类，其中主要以必修课为主，占总学分的 70%左右，选修

课占总学分的30%左右。特色课程方面,政治理论课有“中国革命史”等具有时代特色的课程。

自1993年始,学校坚持以马列主义、毛泽东思想为指导,让学生们树立劳动观点、群众观点、辩证唯物主义和历史唯物主义观点,同时具有良好的道德品质修养,为祖国“四化”建设事业献身的理想和艰苦奋斗、为人民服务的精神,自觉遵纪守法。课程时间分配共201周,各学期计划周数均为18周。含课内教学(含毕业论文等)148周;生产实习或小课题科研训练6周;军事训练4周;入学教育、毕业教育各1周;寒暑假37周。在这一时期,新闻传播系为本科学生同时开放了限制性选修课程和非限制性选修课程。

这一时期的课程设置同1991年版差别不大,同样分为必修课和选修课两类。为达到基本的培养规格而规定的必读课程包括学校统一规定的政治理论课、思想品德教育课、军事理论课、外语课、体育课及大部分专业基础课、专业课。为加深专业知识和拓宽知识面而开设的课程包括限制性选修课和非限制选修课。在指定的一些课程范围内引导学生选修的课程为限制性选修课。可在本系本专业,亦可跨系跨专业任意选修的课程为非限制性选修课。国际新闻专业选修课程限制性选修课程包括国际政治、广告与公关(英语)、电视采编、电视传播、广告学概论、中国现代文学、世界经济,非限制性选修课包括世界经济地理、美学概论、书画美学、商业经济、欧美文学简介。广播电视新闻学专业选修课程限制性选修课程包括世界经济地理、商业经济、书画美学、专业英语、广告学概论、公关交际英语、社会心理学、音乐欣赏,非限制性选修课包括美学概论、人类学概论、欧美文学简介、自然科学概论。广告学专业选修课程限制性选修课程包括中国传播史、新闻采写、中国广告史、商标广告学、新闻编辑、市场学、优秀广告作品评析、市场调查、专业英语、广告传播、电视传播、公关英语、经济法、商品学,非限制性选修课包括统计学原理、世界经济地理、外国传播史、社会心理学、书画欣赏、商业经济、欧美文学简介、自然科学概论。

在时间分配上课程共计201周。其中课内教学(含毕业论文等)148周;生产实习或小课题科研训练6周;军事训练4周;入学教育、毕业教育各一周;寒暑假37周。各学期计划周数均为18周。第一学期全校统一安排入学教育1周、军事训练4周、课内教学13周。

五、1999 年推动学科改革:转为四大模块

1999 年,遵循教育教学的基本规律,坚持知识、能力素质协调发展和综合提高的原则,课程体系进行了较大的调整和变化。为体现不同学科交叉、渗透、融合而推动学科专业发展的时代特征、解决专业问题过于讲求学科自身结构的问题,整合课程设置,根据培养目标构建融会贯通、紧密结合、有机联系的课程体系,按照公共基本课程组、文化素质教育课程组、学科(专业)或专业类课程组以及其他教学环节(论文、实习、社会调查、军事训练等)四大模块规定学生应修课程、学分数和编排教学计划。追踪学科发展动态,设置学生最必要、最先进、最有效的基本课程。

具体而言,由原来的必修、选修两大块转变成 4 个模块,分别是:公共基本课程组(43 学分)、文化素质教育课程(21 学分)、学科或专业课程(80 学分)以及其他教学环节(22 学分左右)。公共基础课取消"中国革命史"课程,新增"毛泽东思想概论"和"邓小平理论"课程。体现了不同学科交叉、渗透、融合而推动学科专业发展的时代特征,并解决了专业问题过于讲求学科自身结构的问题。公共基本课程组包括政治理论课、思想品德课、军事理论课、外语、计算机应用基础、体育。学科(专业)或专业课程组包括学科(专业)基本课或专业课同一系科之内可按照国家专业目录分设若干体现专业方向的课程组供学生选修。

在此基础上,全面贯彻党的教育方针,培养德智体全面发展的社会主义建设事业接班人,1999 年更新制定了《新闻学专业教学计划表》(学制 4 年)、《广播电视新闻专业教学计划》(学制 4 年)、《广告学专业教学计划表》(学制 4 年)。

其中国际新闻专业学生应修满 2631 学时 191 学分,其中,公共基本课程:830 学时 43 学分,具体课程包括毛泽东思想概论、邓小平理论概论、马克思主义政治经济学原理、马克思主义哲学原理、当代世界经济与政治、法律基础、思想品德修养、大学英语、大学计算机、体育、军事概论;文化素质教育课程:255 学时 15 学分,具体课程包括高等数学、跨学科基本课程;学科(专业)或专业类课程:1521 学时 108 学分,分为专业类基本课程、专业类普通课程、专业类选修课程组三类,具体课程包括新闻理论、传播学概论、中国传播史、摄影学、新闻采访与写作、新闻编辑、新闻评论学、社会学概论、综合英语、实用英语会话、网络传播、大众传播理论与研究、基础英文新闻写作、高级英语、新闻翻译、国际信息研究、外国传播

史、英文新闻编辑、新闻专业英语、马列新闻原著选读、广告学概论、电脑编辑、新闻侵权与诉讼、杂志编辑学、英美报刊选读、网络新闻资源查询、战后世界史、谣谚传播史、英文论文指导、跨文化传播、公共关系学概论、社会心理学、市场营销学、影视作品欣赏、人际传播、涉外秘书学、新闻网页制作、传播研究方法、舆论学概论;其他教学环节:25 学分,包括军事训练、社会实践、毕业论文三项。

广播电视新闻专业培养具备广播电视新闻学基本理论和宽广的文化科学知识,能在广播电视战线及其他新闻宣传部门从事新闻及管理工作。具体课程包括毛泽东思想概论、邓小平理论概论、马克思主义政治经济学原理、马克思主义哲学原理、当代世界经济与政治、法律基础、思想品德修养、大学英语、大学计算机、体育、军事概论;文化素质教育课程:255 学时 15 学分,具体课程包括高等数学、跨学科基本课程。学生主要学习马列基本原理、新闻传播学、广播电视学以及与广播电视有关学科的基本知识,着重广播电视新闻采制、编导、节目主持等专业训练。广播电视新闻学专业学生应修满 2504 学时 162 学分,其中,公共基本课程:830 学时 43 学分;学科(专业)或专业类课程:1419 学时 79 学分,其中专业类基本课程:453 学时 25 学分,专业类普通课程: 678 学时 37 学分,专业类选修课程组:288 学时 17 学分,具体课程包括新闻理论、中国传播史、传播学概论、新闻采访与写作、新闻编辑、新闻评论学、外国传播史,摄影学、网络传播、电视新闻采访、广播广告、电视灯光照明、广播电视系统原理、电视摄影与编辑、音响制作与编辑、电视节目解说词写作、电视节目制作、电视广告、电视纪实美学、马列新闻原著选读,视觉艺术原理、杂志编辑学、社会学概论、公共关系学概论、广告学概论、影视作品欣赏、社会心理学、跨文化传播、电脑编辑、古代汉语、音乐欣赏、市场学、新闻网页制作、传播研究方法、广告专业英语;其他教学环节:25 学分,包括军事训练、社会实践、毕业论文三项。

广告学专业旨在培养具有学科基础扎实,知识面宽,实践创新能力强,能胜任于各类专业传播公司、新闻媒体、企业单位及政府机构等,从事广告、公关等传播实务、管理及研究工作的高级应用型传播专业人才。学生应修满 2337 学时 150 学分,其中,公共基本课程:830 学时 43 学分,具体课程包括毛泽东思想概论、邓小平理论概论、马克思主义政治经济学原理、马克思主义哲学原理、当代世界经济与政治、法律基础、思想品德修养、大学英语、大学计算机、体育、军事概论;文化素质教育课程:255 学时 15 学分,具体课程包括高等数学、跨学科基本课程;学科(专业)或专业类课程:419学时79学分,其中专业类基本课程:453学时25学分,专业类普通课程:678学时37学分;专业类选修课程组:288学时17学分,具体课程分别包括传播学概论、中国传播史、广告学概论、公共关系学概论、传播学研究方法、市场营销学、广告设计基础、市场调查、广告管理、广告专业设计、广告文案写作、广告创意、印刷媒体广告、广播广告、广告心理学、广告策划、电视广告、电脑广告制作、组织理论与行为、电视摄影与编辑、音响制作与编辑、组织传播学概论、新闻编辑、英文应用文写作、广告专业英语、广告美学、社会心理学、广告论文写作、公共关系实务、CI策划与设计、商标广告、广告摄影、社会学概论、口语传播、美国社会文化与广告发展、音乐欣赏、统计学原理、现代文学作品选读、视觉艺术原理、写作、跨文化传播、人际传播、网络传播、外国新闻史、新闻采写、英语广告文案基础、商品学、古典文学赏析;其他教学环节:25学分,包括军事训练、社会实践、毕业论文三项。

在时间分配上,共计202周。各学期上课计划周数均按18周计算。第一学期全校统一安排入学教育毕业教育各1周、军事训练4周、课内教学13周、寒暑假34周。其余各学期视专业不同情况排定课内教学和其他环节的周数。

六、2003年采用大类招生:补充通识教育课程

2000年9月10日,教育部高等教育司下发《新闻学类专业基本教学条件》的通知。就新闻学、广播电视新闻学、广告学、编辑出版学4个专业,提出了在师资、教学方案、教材、图书资料、专业实验、校外教学实习基地6个方面的具体要求,为新闻传播教育该如何发展,指明了方向。2003年,新闻传播系在1999年的基础上再次对课程设置进行了调整,课程仍然分为4个模块,但是将“文化素质教育课程”调整为“通识教育”,因此,调整后的4个模块分别是:公共基本课程组(38～41学分)、通识教育课程、学科或专业课程(80学分左右)以及其他教学环节(22学分左右)。在时间分配上,同1999级施行的教学计划相同,均为202周,各学期上课计划周均按18周计算。课内教学(含毕业论文等)156周,第一学期全校统一安排入学教育、毕业教育各1周、军事训练4周、课内教学13周;寒暑假期34周。其余各学期视专业不同情况排定课内教学和其他环节的周数。在课程体系方面,自二年级下学期开设自由选修专业基础课程,学生尝试选择未来就业方向。二年级下学期采取双向选择的方式决定专业方向,在学生自愿的

基础上，挑选、统筹安排和结合专业安排，培养学生成为热爱祖国、拥护中国共产党、拥护社会主义，具有崇高理想和良好道德修养，身心健康，具有较高的政治素质、人文素养、专业技术、实践能力和创新意识，适应21世纪知识经济时代需要的新闻传播应用型高级专门人才。学生除符合国家规定的普通高等学校本科毕业标准、主修一门新闻传播类专业方向，具有厚实而全面的基础理论、基本知识和实际业务技能外，还必须达到通过大学英语四级全国统考、参加计算机等级考试，能熟练运用与专业相关的计算机应用软件从事所在领域的工作、有较高水平的人文素养和综合素质，按照规定限修一定学分的跨学科和自然科学课程、具有较高的艺术修养和人文精神，具有健康的体魄，熟练掌握一至两项终身体育的健身项目的要求才能申请本科毕业。此外，针对国际新闻专业方向的学生，还要求能够熟练运用英语进行新闻采写和交流。

2003年，学院采用专业大类招生培养并设计教学计划，大类招生后，设置《新闻传播系教学计划》，下设新闻学（含新闻学方向、国际新闻学方向）、广播电视新闻学、广告学三个具体专业供学生选择，以培养宽口径、厚基础、适应未来我国新闻传播事业的专门人才为原则；本版课程设置改动很大，公共基本课程调整为大学英语、体育、毛泽东思想概论、思想品德修养、大学计算机、法律基础、邓小平理论概论、军事理论、马克思主义政治经济学原理、马克思主义哲学原理、当代世界经济与政治；通识教育包括高等数学E、生命科学导论和跨学科课本课程组三门全校通识课程以及社会学原理、心理学原理、视觉美学原理、文学经典作品研读、院跨系短课五门院系通识课程。

各专业学生统一修读学科类通修课程，包括中国传播史、广告学、新闻学、公共关系学、广播电视学、传播研究方法、外国传播史七门课程；广播电视新闻学方向需选修广播电视新闻采访、广播电视系统原理、电视解说词写作、新闻编辑、电视摄影、广播电视新闻评论、电视灯光原理、电视画面剪辑、新闻法规与伦理、广播电视主持人节目、音响制作与编辑课程；广告学方向需选修广告摄影、市场营销学、视觉设计基础、广告调查与效果评估、广告策划、广告文案写作、广播电视广告、广告创意、广告媒体策略、印刷媒体广告、广告法规与管理、广告心理学、公共关系实务课程；新闻学方向需选修新闻摄影、新闻采访、广播电视系统原理、新闻写作、新闻编辑、新闻法规与伦理、新闻评论、电视摄影、网络新闻、新闻专题策划、电视画面剪接、受众分析研究课程；国际新闻学方向需选修新闻摄影、新闻采访、英语新闻写作、大众传播伦理(英语)、新闻写作、新闻编辑、新闻综合理论英语、新闻评论、对外新闻报道、国际新闻报道、新闻翻译、英语新闻口语、新闻法规与伦理课程。

设置方向性选修课,即系内各专业方向均需从以下课程中选修18学分,包括组织传播学、视觉美术基础、音乐欣赏、数字非线编辑、广播专题制作、艺术作品分析、电视短片制作、电视专题制作、广播电视广告、广播电视专业英语、电脑应用软件基础、媒介策略、商标广告学、中外广告史、广告专业英语、广告作品与案例分析、美国社会文化与广告发展、品牌形象设计、广告与文化、品牌策略、数字媒体广告、英文新闻作品选读、高级英语、跨文化传播、新技术传播(英语)、传播研究方法(英语)、东南亚新闻媒介与社会、欧美新闻媒介与社会、台湾新闻媒介与社会、马列新闻原著选读、杂志编辑学、媒介经营与管理、新闻网页制作、网络新闻资料查询、新闻专题策划、报刊电脑排版与设计、谣谚传播学等课程,并需要按要求完成军事训练、毕业论文、社会实践学分。

七、2007年新闻传播学院成立后:新闻传播教育迅猛发展

2007年,厦门大学新闻传播学院成立,新闻传播系培养方案中部分课程转为院级平台课,厦门大学新闻传播教育进入了新的快速发展时期。此后,厦门大学新闻传播学院不断改革课程体系,致力于适应互联网发展的时代特征,培养应用型、复合型、创新型人才。2008年,学院开设台湾生班并针对台湾学生单独设置培养方案,发布《新闻学系台湾生班主修专业教学计划》,要求各专业学生必须修满146个学分,方可毕业。其中公共基本课程包括大学体育、大学英语(一)、大学英语(二)、计算机基础、思想道德修养与法律基础、中国近现代史纲要、大学英语(三)、大学英语(四)、军事理论;1学分的院系通识课程必修1门:新闻传播类学科入门指导;全校通识课程必修3门:高等数学E、跨学科基本课程、生命科学导论;37学分的学科类通修课程以及39学分的学科类方向性选修课:传播学概论、实用美学、新闻理论、心理学原理、中国文学(上)、公共关系概论、广告学概论、中国文学(下)、广播电视概论、社会学概论、新媒体基础、中国新闻传播史、传播法规与伦理、传播研究方法、外国新闻传播史、言语传播基础、媒介批评、媒介经营与管理、中国大陆现当代文学专题、中国大陆新闻媒体生态专题、大陆纪录片专题、广播电视史、广播电视系统原理、电视新闻采访(上)、电视新闻采访

(下)、影视艺术鉴赏、新闻传播基础英语、传播心理学、新闻摄影学、新闻英语作品选读、马克思主义新闻经典选读、新闻采访与写作、报纸编辑、新闻评论、应用统计学、电视艺术学、对外新闻报道、广告策划、国际新闻报道、广告设计基础、市场营销学、广告创意与表现、广告文案写作、市场调查课程;其他教学实践包括军事训练、毕业论文、社会实践学分。其他三个专业培养方案中,马克思主义新闻经典选读、新闻采访与写作、对外新闻报道等13门课程为新闻学专业主修课程,这些课程同时为其他专业的选修课程。短学期期间一、二年级以选修本系和本学院课程为主。三年级主要开设论文写作指导,学科前沿讲座等课程。本系安排教学、跨系选修(含跨专业选修)、聘请校外专家各占三分之一。学生本科毕业必须达到的要求则同本院系其他专业同学相同,需通过大学英语四级全国统考,参加计算机等级考试,按照规定限修一定学分的跨学科和自然科学课程,熟练掌握一至两项终身体育的健身项目。

2009年,学院增设传播学本科专业,学制为4年,人际传播学基础、组织传播等10门课程为传播学专业主修课程,这些课程同时为其他专业的选修课程。其他教学计划与课程方案基本与之前相同。2011年,引进体育特长生班,并针对体育特长生设置新闻学班,单独制定《新闻学专业体育特长生培养计划》,课程设置与新闻学专业相同,包括公共基本课程、通识课程、院系通识课、学科类方向性课构成。值得特别注意的是,体育生特长班的其他教学环节只包括军事训练和毕业论文两个环节,其学分则由专业课(包括公共基本可和专业课)90学分和体育学分40学分构成,自2011级开始,体育特长生班每三年招生一次,目前已培育了2011级、2014级、2017级三级,就读新闻学专业。2012年,设置国防生班,国防生按照专业培养方案进行培养,其课程设置与专业课程设置是同一套方案。在这一时期,新闻学系进一步改进,包括新闻学和广播电视新闻学两个专业,其中新闻学采用中英授课,广播电视新闻学偏重业务层面。

2013年6月教育部、中宣部联合下发《关于加强高校新闻传播院系师资队伍建设实施卓越新闻传播人才教育培养计划的意见》,要求高校深化新闻传播教育改革,创新人才培养模式,强化实践教学环节。意见下发后,高校新闻院系积极行动,与相关媒体开展紧密合作,搭建教学平台,探索校媒合作办学模式。厦门大学新闻传播学院也相应对培养方案和课程体系进行了修改,修订新的培养方案。

2013 年版本厦门大学各专业的教学计划相较于之前的培养方案,差异主要体现为学生需要选修的课程门数减少,尤其是广播电视学,更注重实践应用。随着互联网技术的发展,传统的新闻传播教育模式已难以适应时代需要,厦大新闻传播学院主动适应媒体深度融合的发展趋势,不断调整人才培养理念,力求在技能培养上与业界需求保持一致。对新闻学、广播电视学、广告学和传播学而言,这一时期在我国高校新闻传播教育日益繁荣背后所隐藏的新闻传播教育困境也日趋明显。新闻传播教育中“量的扩张”和“质的滞后”这一矛盾所导致的直接后果是新闻教育的媒体认可率较低,同时新闻专业毕业生从事媒体工作的比例也较低。新闻传播教育具有双重属性:新闻教育作为职业教育以及新闻教育作为大学教育。就前者而言,新闻教育通向职业,培养的是职业人;对于后者来说,重在对学生知识体系的完善和健全人格的塑造,培养的是学生的综合素质。新闻传播教育究竟走素质通识之路或者走职业技术之路,是全世界新闻传播院系在构建人才培养模式时都须面对的问题。尤其在数字技术广泛应用及媒介融合的背景下,该问题显得尤为紧迫。

故而,厦门大学新闻传播学院于 2013 年发布的该版本的各个专业教学计划,都紧紧围绕着培养应用型、复合型新闻传媒人才的目标,在“厚基础、宽口径”的基础上,以“理论顶天、技能立地”为原则,以广告传播为方向,着重关注广告传播的性质、特点、规律、实务以及应用型学科的科学性、实践性、创造性;培养具有既广又专素养的广告策划、创作人才;培养学生的思辨与创新能力、广告创意、广告文案写作、广告设计、广告制作等广告专业人才,直接服务于国家现代化经济建设。具体特征有:第一,新媒体环境下人才培养目标有变。新媒体环境下人才的市场需求已经有所变化,新的行业方兴未艾,这就要求广告教育除了服务于传统行业还更需要为网络媒体、政府和企业等输送复合型的人才。第二,转变人才培养模式。传统教育以教师为中心,而新技术新媒介的发展对教师提出了新的挑战。授人以鱼不如授人以渔,教师重点培养学生的信息整合能力、分析解决问题的能力及持续学习的能力。第三,完善课程设置体系。尝试跨学科培养模式,淡化新闻院校专业系别建制,打破原有的新闻学、传播学、广告学、广播电视学等专业的设置界限,让各专业教学之间实现更多的交叉互动,通过学科融合促进新闻传播教育发展。然而,无论是增量改革还是跨学科合作,要应对新媒体所带来的挑战,单靠新闻传播院校孤军奋战显然是远远不够的,这就需要高校加强和业界的联系，多方合作，共同培养合格的新闻传播人才以及具备新闻传播专业能力的复合型人才。第四，致力于与国际接轨。新的教学计划是建立在对厦大新闻传播教育近三十年教学经验的总结扬弃，以及对于国际一流新闻传播院校课程设置的借鉴的基础上。它强化素质教育，要求夯实学生的通识文化基础；针对理论教学与实际相结合的问题，在完善主干课程的同时重视选修课程设计，强调对学生的素质拓展。第五，针对课堂教学形式单一，知识传授实效性较弱的问题，此成果加强了实践教学的比重，并将实践环节纳入教学计划整体评价体系。同时使实践教学形成多形式、分层次的格局，以锻炼学生的实务技能，提高创新能力。

具体而言，在课程设置上，各专业进行了修订，其修订的主要内容包括：洞察行业的发展，增加了新媒体课程；贯彻教育部指示，增加了学生社会实践活动的时间；进一步拓宽学生的知识面，增加四个专业的通融性；进一步加强学生的专业素质的培养，强化论文写作科学规范的同时增加了毕业设计内容供学生选择；进一步加强学科培养计划的科学性，对原计划中某些不合理的地方作适当的调整。该课程体系下，无论是广告学，还是传播学、新闻学、广播电视学，都统一要求学生必须修满 140 个学分，方可毕业。具体要求如下：公共基本课程：29 学分；全校通识课程：14 学分；院系通识课程：1 学分；学科类通修课程：33 学分（必修课 23 学分，选修课 10 学分），学科类方向性选修课：学生至少修满 48 学分；其他教学环节 15 学分。根据学生的个性、兴趣爱好，在专业或方向性课程中设置 4 个模块，学生根据自己的个性、兴趣爱好，在学院指导下选择不同的课程模块修习，并根据不同模块要求选修专业选修课或跨学科选修课程。专业或方向性课程分别为：模块 1 为新闻学专业，模块 2 为广播电视学专业，模块 3 为广告学专业，模块 4 为传播学专业。选修不同模块的学生须学习相同的公共基础课、通识教育课程和专业通修课程。一年级按专业大类培养，不分方向，二年级实行分专业培养，按学生意愿选择不同模块的专业方向。新闻采访与写作、新闻评论等 16 门课程为新闻学专业主修课程，这些课程同时为其他专业的选修课程。广播电视系统原理、电视摄像等 15 门课程为广播电视学专业主修课程，这些课程同时为其他专业的选修课程。广告心理学、市场营销学等 21 门课程为广告学专业主修课程，这些课程同时为其他专业的选修课程。媒介发展史、组织传播等 15 门课程为传播学专业主修课程，这些课程同时为其他专业的选修课程。短学期是本科培养的重要环节。在短学期将安排与专业方向相关的前沿性讲座，邀请校内外学者开设专题性的选修课等。学生的实践(实习)也是短学期教学的重要内容，具体包括专题调查、社会实践、科研训练和创新创业训练等。

在2013年开始实施的“卓越新闻传播人才教育培养计划”与部校共建相配套。在“部校共建”政策的推动下，2014年，厦门大学新闻传播学院与福建省委宣传部合作共建，确定校外实践基地和校外班导师的七项工作模式。贯彻教育部、中宣部的办学意见，结合厦大新闻传播的发展优势，厦门大学新闻传播学院确立了以马克思主义新闻观作为指导思想和核心教育内容，及具有全媒体新闻传播知识和能力的应用型、复合型、创新型人才的培养目标；实施学界和业界互聘计划，优化师资结构；课程体系和内容也适时调整，与通过跨专业、跨学科培养拥有广博的文化和社会科学知识、复合型的知识结构、深厚的人文修养、全面的专业技能，富有发展潜质的新闻传播人才的培养目标相契合。

2018年9月17日，教育部、中宣部又联合下发《关于提高高校新闻传播人才培养能力实施卓越新闻传播人才教育培养计划2.0的意见》，该意见就高校新闻传播专业建设的目标、任务和重点举措提出了进一步的要求。在该计划的政策支持下，厦门大学新闻传播学院以马克思主义新闻观教育为核心，加强学界和业界交流，探索新闻传播人才培养新模式，将新闻传播学科列入厦门大学一流学科建设行列，有效促进了传媒业界与新闻学界之间的交流融合。

八、2019年的教学改革：提升新闻传播教育标准

新闻传播学类专业在我国高等教育以及国家建设与社会发展中占有重要地位，承担着培养新闻传播、编辑出版、策划营销、媒介管理和文化创意人才的任务。2018年，《新闻传播学类教学质量国家标准》发布，《新闻传播学类教学质量国家标准》是全国新闻传播学类本科专业教学质量的基本标准，从2019级学生开始实施。结合《厦门大学本科培养方案修订总则》，参考教育部和中宣部联合下发的《关于提高高校新闻传播人才培养能力实施卓越新闻人才教育培养计划2.0的意见》，并综合考虑厦门大学新闻传播学院的自身定位和办学特色，厦门大学新闻传播学院更新制订了2019年版培养方案。

教育部指出，新闻传播学教育应当坚持以习近平总书记关于新闻舆论工作的重要论述为指导，深入贯彻落实《中共中央关于加强和改进党的新闻舆论工作

的意见》，加强和改进高等学校新闻传播专业建设，建设中国特色、世界水平的一流新闻传播专业。全面落实立德树人根本任务，坚持马克思主义新闻观，用中国特色社会主义新闻理论教书育人，培养造就一大批具有家国情怀、国际视野的高素质全媒化复合型专家型新闻传播后备人才。

在 2019 年新闻学专业培养方案中，在原有国际新闻实验班培养方案的基础上，以国际新闻本硕连读全英文项目为建设目标，培养坚持马克思主义新闻观，坚持正确政治立场和方向，具有家国情怀和国际视野，掌握中英文语言和网络传播技能的全媒体专家型复合型国际新闻传播专门人才。申请毕业的学生应该修满培养方案所要求的 140 以上的学分，并具备培养目标所要求的知识结构、传播技能和综合素质。知识结构包括通识基础知识、学科实论知识、专业方向知识以及专业前沿知识。其中要求建构较宽的通识基础，从跨学科选修课程中获得的学分应当不少于 10 分。传播技能包括外语表达和理解能力、跨文化沟通能力、新闻采写技能融合媒体技能。其中通过专业方向性课程获得的学分不少于 44 分，通过实践课程获得的学分 14 分。综合素质包括政治素质、身体素质、心理素质、审美素质、理论素质、实践素质和创新素质等方面，要求学生分别达到公共基本课程、通识教育课程、学科通修课程、科研训练、创新实践以及毕业实习等环节的相关学分要求，鼓励学生在学期间出国出境交流实习。

在 2019 年广播电视学专业培养方案中，面对新时代中国特色社会主义建设事业对卓越新闻传播人才的要求，培养坚持马克思主义新闻观，坚持正确政治立场和方向，具有家国情怀、国际视野并且掌握融媒体影像传播技能的全媒化复合型专家型新闻传播专门人才。申请毕业的学生应该修满培养方案所要求的 140 以上的学分，并且具备培养目标所要求的知识结构、传播技能和综合素质。

在 2019 年传播学专业培养方案中，培养学生具备良好的人文素养与思想品德修养，通过系统地学习中外大众传播、口语传播和战略传播的理论和训练个人沟通技能，使学生能够胜任政府部门和企事业单位等社会组织机构中的战略传播工作，成为能够运用战略传播的理论和方法塑造组织形象、通过媒体与公众沟通、组织对内对外新闻发布和信息沟通的高素质传播人才。申请毕业的学生应修满培养方案所要求的 140 分以上的学分，并且具备培养目标所要求的知识结构、传播技能和综合素质，成为关心社会公益、自觉培养现代公民素养的创新型人才。

在2019年广告学专业培养方案中，培养学生具备良好的人文素养与思想品德修养，系统地学习马克思主义新闻观及广告学的基本理论与基础知识，具备较强的广告实践能力和一定的研究能力。具体包括熟悉广告史、广告策划、市场调查、广告创意、广告文案写作、广告设计制作、广告公关、品牌计划、广告管理、现代媒体技术、市场营销学等专业实务；了解广告行业的有关方针政策、法律法规；关心行业发展趋势和动态；具有良好的沟通能力和组织协调能力、创新思维能力；基础扎实，适应力强，能为国家和广告事业发展服务的德才兼备、高素质的应用性、复合型高级专门人才。要求广告学专业学生应系统学习和掌握广告学基本知识和基本理论，具备广告学的相关实务技能，能从事广告运作的基本工作。广告学毕业生应获得以下几个方面的知识和能力：(1)有较全面的学科素养、良好的沟通能力，以及品牌方面的知识；(2)熟悉广告的伦理、法规；(3)具有广告调研、广告策划、广告创意或广告设计的实践能力；(4)了解境内外行业发展现状与趋势；(5)具有逻辑思维能力、科学研究和分析解决问题的能力；(6)具备计算机和现代新媒体技术的应用能力；(7)掌握一门外语，具备较高的应用水平；(8)具备一定的创业素质与能力。

各专业的学生都可以根据自己的个性、兴趣爱好，在学院指导下选择不同的课程模块修习，并根据不同模块要求选修专业选修课或跨学科选修课程。一年级按专业大类培养，不分方向，二年级实行分专业培养，按学生意愿选择不同模块的专业方向。广告史、广告创意等课程为广告学专业主修课程，广播电视史、电视摄像等课程为广播电视学专业主修课程，大众传播史、跨文化传播等课程为传播学专业主修课程，新闻采访、新闻写作等课程为新闻学专业主修课程，这些课程同时为其他专业的选修课程。短学期是本科培养的重要环节。在短学期将安排与专业方向相关的前沿性的讲座，邀请校内外学者开设专题性的选修课等。学生的实践(实习)也是教学的重要内容，具体包括专题调查、社会实践、科研训练和创新实践等。

总而言之，课程设置始终以培养新闻传播学科的专门人才、精英人才、国际化人才为目标，学生毕业后可从事本专业理论和应用研究、教学及相关部门的实际工作。1991—2003年教学计划时间分配维持在201～202周，基本含课内教学、生产实习或小课题科研训练、军事训练、入学教育、毕业教育、寒暑假37周等几大模块。社会实践时长安排自1999年起从其他教学环节编入课程设置模块。

1991 年起本科教学开始实行三学期制，各学期视专业不同情况排定课内教学和其他环节的周数。在我国高等教育大众化的进程中，研究型大学必须坚持走精英教育之路，构筑精英人才培养的教学平台，营造精英人才成长的教学环境，造就适应社会发展需要的精英人才。在经济全球化和高等教育国际化的进程中，学校积极参与国际交流与合作，汲取和借鉴世界一流大学的成功经验，坚持开放办学，培养具有广阔的国际视野、良好的国际竞争能力的一流本科人才。厦门大学新闻传播学院尤其着力打造新闻传播人才德育新模式。强化思想引领和价值塑造，构建思想政治教育、职业道德教育、专业知识教育“三位一体”新闻传播育人体系。普遍开设新闻伦理、新闻职业精神、职业道德等专门课程，深挖新闻传播专业课程的育人元素、育人内涵和育人功能。加强国情教育，强化实践育人，建设一批“进基层、懂国情、长本领”新闻传播实践育人项目，推动师生深入基层、深入群众，培养学生为党为国为人民的深厚情怀和担当意识。

九、2020 年深化教学改革，线上线下齐联动，推动建章立制

深化本科生培养模式改革，促进学生全面发展。开展 2021 级培养方案修订工作，落实各专业 2019 年本科培养方案及教学大纲。2020 年国内新冠疫情发生后，根据教育部关于“停课不停学”的要求，春季学期采取线上直播、录播等线上授课形式开设本科课程 56 门，短学期开设线上课程 5 门，开课率 100%，做到了“学习不延期，质量有保障”。疫情期间，学院按照精准施策的原则，设定不同的工作方案，组织线上线下相结合的期末考试，线上转专业面试，录取 25 名转专业学生，组织 7 场毕业论文答辩，142 名学生线上答辩。尽力争取实习资源，并制订了疫情期间的本科生实习替代方案，确保学生完成实习任务。加强专业建设，广告学专业获推荐申报国家级一流专业，广播电视学专业获推荐申报省级一流专业。深化课程建设，“影视语言与技术”课程组“以课为媒”教学创新项目获得省级优秀教学成果一等奖、厦门大学优秀教学成果特等奖，“传播学概论”“广告文案写作”2 门课程获省级一流本科线下课程立项，“深度报道”获省级一流本科社会实践课程立项。

加强实践教育，推动学生全面发展。2020 年，大学生创新创业训练计划新立项 44 组，完成结题 45 组，其中 4 组项目获厦门大学优秀大学生创新创业训练计划项目。组织学生参加学业竞赛，获得第十二届全国大学生广告艺术大赛全

国赛区一等奖 1 项、三等奖 1 项、优秀奖 11 项，同时学院获得优秀分赛区奖和优秀指导单位奖。学院 3 组作品入围 2020 年 One Show 中华青年创新竞赛创新营。《春羔》获第五届两岸青年网络视听优秀作品展最佳短视频。手机短视频《一分钟》入围第 28 届中国金奖百花电影节手机影像单元。学院团队获得福建省第七届大学生影像大赛一等奖 2 项、二等奖 10 项、三等奖 8 项；获得厦门广电集团举办的庆祝新中国成立 70 周年"看见闽西南"微视频征集大赛团体组织奖一等奖。开展厦门大学学生寒假返乡调查竞赛，配合刺猬公社、快手、简书等新媒体平台联合举办的"Epoch 非虚构故事大赛"，学院获得最佳视频奖 1 件，最佳创意奖 1 件，入围奖 5 件。

【研究生部分】

随着国际政治经济文化竞争日益加剧，研究生教育被视为增强国家实力和国际竞争力的重要因素。新闻传播学的研究生课程在课程设置上一直随着社会需求的变化、师资能力增强而进行调整。20 世纪 90 年代的研究生毕业生进入广播、报社、电视台、广播电视台的比例，是衡量人才培养的重要指标。因此，人才培养主要围绕满足四大传统媒体的需求进行。1995 年至 2002 年，课程以"中国传播思想发展史""大众传播行为研究""新闻理论研究""大众传播理论研究""广告传播研究"为专业学位课，辅以"传播研究方法""广告策划研究"等 7 门课程为必修课，"跨文化传播研究"等 11 门为选修课程。其中，"中国传播思想发展史"用马克思主义观点对我国各个不同历史时期的传播思想作清理和研究，寻找我国传播思想研究的轨迹；"大众传播行为研究"研究大众传播，对办好广播、电视、报纸、杂志具有现实意义；"新闻理论研究"以马克思主义新闻观为指导，根据现代新闻事业的实际，重点研究中国社会主义的理论，在较高层次上分析新闻现象、探索新闻活动的基本规律。"大众传播理论"以大众传播现象为研究对象，包括传播者、传播媒介、传播内容、受众、传播效果等，同时探讨传播与社会发展的关系；"广告传播研究"以传播学理论为指导，围绕广告活动全过程，对广告活动的规律进行探讨和总结。这一阶段是个学科摸索的过程，传播学是一个模糊的概念，专业范围并不突出，新闻传播学以新闻学方向(包括广播电视)和广告学方向这两个明确的专业为主。

2000 年后新闻学的课程设置以传播学、广告学、公共关系学和广播电视新闻学等方向为主，以培养学生具有坚实的理论基础和广泛的相关知识，掌握现代信息传播技术和网络技术为目标，从而开设了专业学位课程 7 门，必修课 9 门，选修课 9 门。这个时期课程设置最大变化，是紧跟厦门大学人才培养指导思想，以素质教育为主，增加了实践课程。因此，课程设置增加了“公共关系学研究”“广播电视新闻学”为专业学位课程，增加了“企业形象研究”“组织行为研究”“新闻理论研究”为必修课。

2004 年课程设置分新闻学专业和传播学专业。必修课的课程变化不大，新闻学专业包含“中国传播思想史”“大众传播行为研究”“新闻理论研究”“传播研究方法”；传播学专业包含“中国传播思想史”“传播理论研究”“公共关系研究”“传播研究方法”。由于新引进的国内外的教师资源，丰富了选修课程的设置，如“网络传播研究”“跨国媒体个案研究”“广告心理研究”“品牌研究”“媒介经营管理”“电视新闻节目研究”等课程。

2006 年博士点获批之后，设置了博士生必修课程“研究前沿”“经典研读”，硕士生设置“史论精解”“研究方法”课程，并且博硕士课程打通，课程可以互选。2010 年以后开始突出新媒体的课程，必修课增加了“媒介发展史”“综合实务”的课程。选修课程增加“纪录片研究”“电子媒体批判”“视觉传播研究”“高级新闻采编”“台湾新闻研究”“影视艺术鉴赏”等课程。

2011 年新闻与传播专业硕士点获批后，逐渐将学术型硕士和专业型硕士的培养目标和课程设置区分开。专业型硕士教学形式以课程教学为主，兼有案例分析、专题讲座、模拟演练、现场实习等多种形式的教学方式。主要以“传播理论研究”“传媒管理专题研究”“中国传播思想史”“传播学研究方法”为专业学位必修课。教学内容重视基本理论及实际应用，注重对学生新闻与传播实务能力的培养。因此必修课程遵照全国新闻与传播学位研究生教育指导委员会发布的“新闻与传播硕士专业学位研究生指导性培养方案”，根据学院师资力量进行制定，选修课上充分利用教学资源，打通学术型和专业型硕士的课程平台。聘请业界专家作为专业硕士的兼职导师、开设短学期实践性课程，以院友为基础，以厦门大学校友品牌论坛等活动为纽带，建立起院友、业界专家与在读学生在实践领域传帮带的机制。

2012 年开始，课程设置按博士（新闻学、传播学、广告学）、硕士（新闻学、传播学、广告学)和新闻与传播专业硕士设置课程的必修和选修课。针对培养的层次不同,专业不同,进行区分设置。新闻学专业以“大众传播理论研究”“中国传播思想史”“传播研究方法”“新闻理论研究”“新闻综合实务”为专业学位必修课;广告学专业以“传播理论研究”“消费行为研究”“传播研究方法”“广告理论研究”“广告综合实务”“公共关系研究”为专业学位必修课;传播学专业以“媒介发展史”“传播理论研究”“口语传播研究”“传播学研究方法”“公共关系研究”为专业学位必修课。博士课程设置一直中规中矩,以前沿课程和经典研读为主,辅以各个博士生导师的主要研究方向作为选修课程。

2014—2020 年,培养方案以一级学科制订培养方案,通盘统筹安排所有教学内容,科学衔接硕士、博士课程设置、教学内容与培养的各个环节,避免了重复或简单的延伸。其中专业学位必修课程“史论精解”“研究前沿”“经典研读”分别设置新闻、传播、广告方向,每个方向 1 学分;“研究方法”一课设置到 6 个学分,5 个模块,分别是定性研究,内容分析法,调查法,实验法和数据分析法;新闻与传播专业硕士加以“新闻综合实务”“广告综合实务”“融媒体综合实务”等课程作为专业学位必修课。培养方案体现新闻传播学学科整体实力在研究生培养过程中的作用,让研究生更广泛地接触到本学科最优秀的师资,共享本学科的各种优质课程教学条件和实验室资源。课程内容具有前沿性,课程选课形式新颖独特。为了更有效地保证教学质量,课程设置中,学位课课程采取平行班授课的方式,用市场化淘汰机制,让学生自主选择同一课程不同任课老师授课。若选课人数达不到学校规定 5 人的要求,则此课程该任课老师停开,换其他老师授课。这种竞争淘汰机制保证了研究生教学的质量与水平。同时,新的培养方案的其他培养环节方面还增加了以下内容:(1)加强学术规范和学术道德教育,对学术规范教育的要求、考核方式进行了更加细致的规定。(2)为鼓励研究生的科研产出,把论文写作指导课程作为专业必修课,设定 1 学分。根据培养层次和学术特点,按照博士研究生、硕士研究生进行授课。(3)为把控硕士研究生的论文质量,考察科研能力,了解研究进展情况,进一步严格规范了硕士研究生开题报告的要求、考核时间和考核方式。(4)为促进研究生增加学术交流,根据学校规定,结合本学院的实际情况,要求硕士生至少应在学科或学院(系)的范围内公开做一次学术(读书)报告;要求博士生应至少参加一次所在学科领域的全国或国际性学术会议,并在学术会议上宣读自己的研究成果。

科学技术突飞猛进和知识经济崛起的新形势下，国家对高层次创新人才地需求不断扩大，对研究生教育提出了更高的要求。研究生教育也由培养研究型人才向培养应用型、复合型、创新型人才为目标转变。因此，新闻传播学研究生培养方案的课程设置仍在不断摸索和梳理中，借以整合课程资源，优化课程内容，培养以马克思主义新闻观为根本素养、立足中华并具有国际化的新闻传播理念、具有熟练新闻传播实务能力的高层次专门人才。

2020—2021年，深化研究生培养模式改革。贯彻落实全国研究生教育工作会议精神，更新研究生培养理念，修订完善2020级研究生培养方案。加强研究生课程建设，“中国传播理论研究”专业课程获厦门大学课程思政建设计划立项；创新授课模式，上半年受新冠疫情影响，22门研究生课程和短学期9门课程均采取线上授课，圆满完成教学任务。深化研究生教育质量保障体系建设，进一步优化课程设置、学术讲座、开题报告、中期考核、教学实践、学术交流等培养环节，制定“新闻传播学院博士研究生申请学位创新成果认定办法”。近两年，学院不断梳理各项规章制度，加强研究生培养全过程管理，科学设置学位授予质量标准，完善质量保障机制，提升研究生培养质量。

第三节　精品课程与教改项目

自2007年厦门大学成立新闻传播学院以来，厦门大学新闻传播教育进入了快速发展期。这一时期，特别重视本科课程建设与教学改革，已建设“社会与文化概论”“华夏传播概论”“视觉设计基础”“新闻编译”“马克思主义新闻经典著作选读”等课程思政项目，建设“道德经”“华夏传播学引论”“传播第一课”“马克思主义新闻理论与实践”等10门在线开放课，开设了“道德经”“华夏文明传播”“社会心理学”3门核心通识课程，“广告心理学”“广告学概论”“广告策划”“传播学概论”等6门课程入选校级精品课，先后获得高等教育国家级教学成果二等奖、厦门大学教学成果奖校级一等奖等奖项。广告学、新闻学专业发展势头迅猛，“华夏传播”成为传播学本科教育的一道亮丽的风景线。

思政课程。思想政治理论课是大学生思想政治教育的主渠道，但并非只有思想政治理论课具有思想政治教育功能。中央 16 号文件明确指出："要深入发掘各类课程的思想政治教育资源，在传授专业知识过程中加强思想政治教育，使学生在学习科学文化知识过程中，自觉加强思想道德修养，提高政治觉悟"，"要把大学生思想政治教育摆在学校各项工作的首位，贯穿于教育教学的全过程"。习近平总书记在全国高校思想政治工作会议上进一步强调："把思想政治工作贯穿教育教学全过程，实现全程育人、全方位育人。""课程思政"的课程观强调把思想政治教育融入各类各门课程的教学和改革，正是体现了把思想政治工作贯穿教育教学全过程的要求，担负着加强和改进新形势下高校思想政治工作的重要职责，是高校思想政治工作不可忽视的课程面最广、更加贴近学生学习实际的重要组成部分。"广告视觉设计"课程在 2019 年获得厦门大学首批"课程思政"建设示范课程立项，是新闻传播学院获得厦门大学课程思政建设示范课程立项的 3 门课程之一。"中国传播理论研究"由谢清果负责，该课程引导学生深入理解中华优秀传统文化，感受古老文明传承的传播观念与传播机制，从而从根本上指导学生学以致用，实现中西传播理论的对话，推动传播学本土化研究，建构具有中国话语、中国气派、中国风格的传播理论。该课程于 2019 年、2020 年连续两年获得厦门大学研究生课程思政建设立项。厦门大学新闻传播学院历年"课程思政"示范课程建设计划立项名单如表 7-1 所示：

表 7-1 厦门大学新闻传播学院 2018—2020 年"课程思政"示范课程建设计划立项名单

序号	年度	项目名称	负责人	课程类别
1	2018	社会与文化概论	阎立峰	本科生
2	2019	华夏传播概论	谢清果	本科生
3	2019	新闻编译（下）	李德霞	本科生
4	2019	视觉设计基础	罗萍	本科生
5	2020	马克思主义新闻经典著作选读	毛章清	本科生
6	2019	中国传播理论研究	谢清果	研究生
7	2020	中国传播理论研究	谢清果	研究生

在线开放课程。在线开放课程也被称为慕课，教育部于 2018 年 1 月 15 日召开新闻发布会，推出了首批 490 门"国家精品在线开放课程"。首批入选的

490 门课程包括 468 门本科教育课程和 22 门专科高等职业教育课程，以公共课、专业基础课、专业核心课为重点，涵盖中华优秀传统文化课、创新创业课以及思想政治课等。其中，厦门大学新闻传播学院共有 12 门课程入选，具体课程名单如表 7-2 所示：

表 7-2　厦门大学新闻传播学院 2016—2020 年在线开放课程名单

序号	名称	教师	省级	校级	省级建设
1	道德经	谢清果	2019	2017	2018
2	传播第一课	邹振东		2016	2017
3	马克思主义新闻理论与实践	阎立峰		2016	
4	社会与文化概论	阎立峰		2017	
5	华夏传播学引论	谢清果		2019	
6	广播电视系统原理	洪强		2019	
7	传播研究方法	李展		2019	
8	口语传播基础	熊慧		2019	
9	品牌学概论	王霏		2019	
10	语艺学	史冬冬		2019	
11	华夏文明传播	谢清果		2020	
12	传播学概论	佘绍敏		2020	

通识课程。2003 年，厦门大学调整课程规划，将课程安排中的“文化素质课程”调整为“通识教育课程”，将通识教育纳入课程体系。通识教育是教育的一种，目的在于打破学科的孤立割裂，培养学生能独立思考且对不同的学科有所认识，以至能将不同的知识融会贯通，最终目的是培养出完全、完整的人。我院开设的核心通识课程名单如表 7-3 所示：

表 7-3　新闻传播学院核心通识课程名单

序号	课程名称	负责人	职称	年份
1	道德经	谢清果	教授	2016
2	华夏文明传播	谢清果	教授	2017
3	社会心理学	王霏	副教授	2017

精品课程。精品课程是具有一流教师队伍、一流教学内容、一流教学方法、一流教材、一流教学管理等特点的示范性课程；是高等学校教学质量与教学改革工程的重要组成部分。分校、省、国家三级精品课程。为贯彻落实党的十六大精神，实践“三个代表”重要思想，切实推进教育创新，深化教学改革，促进现代信息技术在教学中的应用，共享优质教学资源，进一步促进教授上讲台，全面提高教育教学质量，造就数以千万计的专门人才和一大批拔尖创新人才，提升我国高等教育的综合实力和国际竞争能力，教育部决定在全国高等学校（包括高职高专院校）中启动高等学校教学质量与教学改革工程精品课程建设工作。厦门大学新闻传播学院积极参与国家的精品课程建设，学院开设的精品课程名单如表 7-4：

表 7-4　新闻传播学院精品课程名单

序号	课程名称	负责人	省级	校级
1	广告心理学	黄合水	2007	2005
2	广告学概论	陈培爱	2005	2005
3	广告策划	陈培爱	2006	2006
4	传播学概论	佘绍敏		2006
5	广告设计基础	罗　萍		2007
6	新闻评论	赵振祥		2008

学院特色课程与一流本科课程。2007 年，我院广告学专业入选第一批国家级特色专业建设点名单；2010 年，新闻学专业入选为福建省特色专业建设点名单。2019 年，我院广告学专业被列为年度省级一流本科专业建设点；由周雨老师开设的广告文案写作以及由佘绍敏老师开设的传播学概论被推选为 2019 年省级线下一流课程，并有 22 门课程入选校级一流课程。学院校级一流课程名单如表 7-5：

表 7-5　新闻传播学院校级一流课程名单

序号	年度	课程名称	负责人	团队成员	课程模式
1	2019	新媒体时代的公关	宫贺	胡悦、李鑫、潘姗姗、王雯、王宇辰	线下课程
2	2019	市场营销学	陈素白	周雨、王晶、段秋婷、张晓旭	线下课程

续表

序号	年度	课程名称	负责人	团队成员	课程模式
3	2019	口语传播基础	熊慧	宫贺、冯国章、黄文静	线上线下混合课程
4	2019	广告心理学	曾秀芹	黄合水、陈瑞、苏文	线下课程
5	2019	品牌学概论	王霏	白海青	线上线下混合课程
6	2019	语艺学	史冬冬	杨颖、刘方洁、霍雅倩	线上线下混合课程
7	2019	广播电视概论	邹振东		线下课程
8	2019	广告文案写作	周雨	王晶、陈素白	线下课程
9	2019	传播研究方法	李展	甘续林、邓然、冯建悦、汪俊	线上线下混合课程
10	2019	视听广告创作	王晶	陈素白、周雨、王霏、苏文	线下课程
11	2019	活动营销	陈经超	乐媛、罗锦才、尤小波、周瑄、戴佩玲、高艺倩、孙薇	线下课程
12	2019	新闻编译(上)	李德霞	刘鸿儒	线下课程
13	2019	华夏传播概论	谢清果	林凯、杜恺健、田素美、张丹、王婷	线上线下混合课程
14	2019	深度报道	唐次妹	苏俊斌、曹立新、叶虎、赵鹏、刘万永、叶铁桥	线下课程
15	2019	媒体经营管理	殷琦	孙慧英、李晓霞、吴淑冰、朱恩民	线下课程
16	2019	道德经	谢清果	林凯、王婷、董熠、吴文文、黎兰	通识教育课程
17	2020	新闻采访与写作	曹立新	曹立新、叶虎、苏俊斌、孙慧英	线下一流课程
18	2020	媒体关系	邱红峰	邱红峰、熊慧、黄含韵	线下一流课程
19	2020	电视采访学	孙慧英	孙慧英、唐次妹、曹立新、苏俊斌、高宏斌	线下一流课程
20	2020	视觉设计基础	罗萍	罗萍、吴美琪、陈刘嘉懿	线上线下混合式一流课程
21	2020	新媒体概论	苏俊斌	苏俊斌	线上线下混合式一流课程

续表

序号	年度	课程名称	负责人	团队成员	课程模式
22	2020	媒体技术基础	洪强	洪强、吴懋雯	线上线下混合式一流课程
23	2020	新闻评论	吴琳琳	吴琳琳、赵振祥、冯国章、苏俊斌、唐次妹	线上线下混合式一流课程
24	2020	传播学概论	佘绍敏	杨颖	线下一流课程
25	2021	广告学概论	周雨	苏文、李达军	线上线下混合式一流课程
26	2021	新闻编辑	唐次妹		线上线下混合式一流课程
27	2021	社交媒介与公共关系	宫贺		线上线下混合式一流课程
28	2021	财经新闻	吴琳琳		线上线下混合式一流课程
29	2021	公共关系实务	胡悦		线上线下混合式一流课程
30	2021	媒介批评	史冬冬		线下一流课程
31	2021	新闻学概论	殷琦	苏俊斌、曹立新、孙慧英	线下一流课程
32	2021	影视语言	孙慧英		线下一流课程
33	2021	深度报道	唐次妹		社会实践一流课程

教学改革研究项目。教学改革项目立项具有引领性、创新性和示范性的作用,有利于推动高等教育内涵式发展。学院持续改进教学成效,力争在教学成果培育等方面取得一批重大标志性成果,有力支撑一流学科、一流专业、一流课程、一流课堂建设。历年来教改项目如表 7-6 所示:

表 7-6　新闻传播学院历年教改项目名单

序号	项目名称	主持人	省级	校级
1	部校共建下的新闻传播人才培养模式改革创新	阎立峰	2015	2015
2	华夏文明与传播学中国化研究	谢清果	2016	2016

续表

序号	项目名称	主持人	省级	校级
3	发挥部校共建优势协同育人，培养合格的社会主义新闻后备军	阎立峰	2018	2018
4	新媒体时代高校传承中华优秀传统文化的路径与效果评价研究	谢清果		2018
5	“新文科”视角下的大数据创新教育研究	吴胜涛	2019	2019
6	环境公共传播：跨学科产学研课程建设	孙蕾	2018	2018
7	华夏文明传播学的理论体系、教学模式与实践探索的综合改革研究	谢清果	2019	2019
8	讲好中国故事：国际新闻人才培养的创新实践	殷琦		2020
9	基于“翻转课堂”的活动营销实务课程改革实践研究	陈经超		2020
10	实验法在新闻传播学中的深刻介入改革研究	王霏		2020
11	高校青年学生马克思主义新闻观教育的实践与探索	黄辉	2020	2020
12	以实践为检验标准的卓越新闻传播人才培养模式	曾秀芹		2020
13	国际新闻传播人才培养模式改革	阎立峰		2021
14	新文科视野下数据分析课程教学质量提升路径	苏俊斌		2021

2020 年，我院中标五项教学改革研究项目，立项数量位居全校第一。其中，黄辉的创新创业教育项目“高校青年学生马克思主义新闻观教育的实践与探索”获得厦门大学推荐参评省级教改项目。

厦门大学新闻传播学院的本科教育长期具有开拓精神，厦门大学新闻传播本科教育成绩突出。高等教育国家级教学成果奖是国家在教学研究和实践领域中颁授的最高奖项，每 4 年评审一次，获奖项目需在教育教学理论及实践中取得重大突破。2005 年，在第五届高等教育教学成果奖评选中，厦门大学申报的“20 年磨一剑——中国广告人才培养模式的创建与推广”项目获得教育部优秀成果二等奖，福建省优秀教学成果一等奖，项目的主要完成者包括陈培爱、朱月昌、纪华强、朱健强、黄合水等。“中国广告人才培养模式的创建与推广”教学项目标志厦门大学新闻传播本科教育，特别是广告教育在全国名列前茅。厦门大学广告教育在中国素享盛名，被誉为中国广告的“黄埔军校”。

2005 年福建省立项第一批优质硕士学位课程，陈培爱讲授的“广告传播研究”和赵振祥讲授的“新闻理论研究”均获得福建省优质硕士学位课程。2009 年第四批优质硕士学位课程，黄合水讲授的“传播研究方法”获福建省优质硕士学位课程。

新闻传播学院注重并配合学校对于本科生毕业论文情况、课堂情况、教师教案及学生反馈等各方面的教学检查工作，并积极改进。在 2018 年，针对学校的建议，新闻传播学院从课程考核、实验教学、毕业论文（设计）等方面积极努力地整改落实 2017 年度评估中出现的问题，在教书育人、课堂教学、毕业论文、网络课程等方面均有进步，在厦门大学 2019 年教学工作会议暨 2018 年本科教学评估反馈会上，新闻传播学院因 2018 年本科教学工作措施有力，亮点突出，被评为本科教学工作“进步显著学院”。

根据《福建省教育厅关于开展 2018 年省级教学成果奖评审工作的通知》（闽教综〔2018〕6 号）、《关于开展 2018 年厦门大学教学成果奖暨推荐 2018 年省级教学成果奖评审工作的通知》（厦大教〔2018〕14 号），经学校组织教学成果评审委员会现场评审、会议答辩评审，2018 年，由新闻传播学院、中共福建省委宣传部共同完成的“部校共建机制下新闻传播人才培养模式改革与创新”获选厦门大学教学成果奖校级一等奖，成果完成人包括阎立峰、蔡小伟（省宣常务副部长）、邹振东、苏俊斌、朱至刚、李展、孙慧英、迟月利；由新闻传播学院完成的“标语的力量”获选厦门大学教学成果奖二等奖，成果完成人包括林升栋、冯咏薇、陈瑞、黄合水。2020 年，我院邹振东教授领衔的“‘影视语言与技术’课程组‘以课为媒’教学创新”荣获福建省教学成果一等奖，成果完成人包括邹振东、孙慧英、洪强、迟月利、吴琳琳、李世雄、黄勇，谢清果教授领衔的“华夏传播学的理论建构、课程体系与教学模式创新研究”荣获厦门大学教学成果一等奖，成果完成人包括谢清果、史冬冬、吴胜涛、叶虎、李展、李德霞，陈素白教授领衔的“广告学科人才培养体系创新：‘四轮驱动’构建新时代育人生态”荣获厦门大学教学成果二等奖，成果完成人包括陈素白、苏文、周雨、陈经超、罗萍、王晶、黄合水、陈培爱。

第四节　教学团队与部校共建

厦门大学新闻传播学院拥有一支朝气蓬勃,团结和睦的管理与教学科研队伍。目前专职教师41人,兼职、客座教授10人,梯队完整,结构合理,具有一批境内外博士学位,正在脱颖而出的年轻教师。学院还设有讲座教授,从美国聘请著名教授每年来校研究教学。学院强调国际化教学与研究,常年聘任外籍教师在本院工作。

2006年,新闻传播学院陈培爱教授获选福建省级教学名师荣誉称号,厦门大学校级教学名师荣誉称号。根据教育部办公厅历年关于组织开展高等学校教学名师奖评选表彰工作的通知,教育部、财政部关于实施高等学校本科教学质量与教学改革工程的意见和历年厦门大学关于本科教学质量与教学改革工程实施的意见等政策精神,厦门大学展开多届教学名师奖评选表彰工作暨福建省、教育部高等学校教学名师奖评比,以进一步提高本科教学质量、鼓励高水平教师为本科生上课。陈培爱教授1983年参与创建中国大陆高校第一个广告学专业,兼任教育部新闻学学科教学指导委员会委员,中国新闻史学会副会长,中国高校广告教育研究会会长,中国新闻教育学会理事,福建省传播学会会长。2003年,他组织学生参加中国大学生广告辩论赛,本队荣获全国冠军;组织举办第三届世界华文传媒国际学术研讨会;与广告相关的学术课题包括广告学人才培养模式综合改革与研究,全球化背景下的广告传播与文化冲突,国家"十五"规划教材《广告学概论》《广告传播艺术》等;1983年参与创建中国高校第一个广告学专业;1993年始主编国内高校中第一套广告学系列教材"21世纪广告丛书"10本;1997年厦门大学广告学专业获得中广协评估所有"四项"第一;1999年参与首创"中国广告协会学院奖",2003年发展至南京举办。陈培爱教授也因其对中国广告教育的贡献而被广告界誉为"中国广告第一人,中国广告界泰斗"。

厦门大学新闻传播学院积极推行部校共建工作。基于上海市委宣传部与复旦大学共建新闻学院的经验,2013年12月20日,由中宣部、教育部联合主办的

“地方党委宣传部门和高等学校共建新闻学院现场会”在上海复旦大学召开，会议发布了《关于地方党委宣传部门与高等学校共建新闻学院的意见》，“部校共建”的办学模式向全国范围推广。在不影响双方正常业务工作的前提下，建立切实可行的操作机制，将工作落到实处，使来自一线的导师参与高校教学工作，进一步加强学界和业界的交往，对双方都有着重要意义。

2016年，为深入学习贯彻习近平总书记系列重要讲话，特别是党的新闻舆论工作座谈会重要讲话精神，总结交流部校共建经验做法，研究深化共建工作有效举措，更好培养造就高素质新闻后备人才，6月17日，中宣部、教育部召开2016年共建新闻学院工作推进会。为贯彻落实中宣部、教育部2016年地方党委宣传部门与高等学校共建新闻学院工作推进会议精神，根据《中共福建省委宣传部关于启用校外实践教学基地及校外班导师（辅导员）的通知》（闽委宣[2016]109号），厦门大学新闻传播学院召开部校共建校外实践教学基地暨校外班导师工作启动会议，确定了校外实践基地和校外班导师的七项工作模式。厦门大学新闻传播学院与福建省委宣传部合作共建，主要内容包括：厦门大学新闻传播学院将在各校外实践教学基地挂牌，并为校外班导师（辅导员）颁发聘书；各校外实践教学基地为新闻传播学院学生提供实习实践平台；学院邀请基地专家参与各级实务课程的建设，推行双导师制，邀请校外班导师（辅导员）与校内导师共同对在校学生进行指导；学院将邀请基地导师参与大型活动评审、各类科创竞赛和大学生创新创业训练计划、毕业实习的指导工作；学院和基地之间互派教师为对方开设课程或者讲座，取长补短，互通有无，共同进步等。

2018年9月17日，教育部、中宣部联合下发《关于提高高校新闻传播人才培养能力实施卓越新闻传播人才教育培养计划2.0的意见》，该意见就高校新闻传播专业建设的目标、任务和重点举措提出了进一步的要求，对部校共建、全媒化复合型专家型新闻传播人才培养工作提出了更为具体细致的措施。在该计划的政策支持下，厦门大学新闻传播学院以马克思主义新闻观教育为核心，加强学界和业界交流，探索新闻传播人才培养新模式，将新闻传播学科列入厦门大学一流学科建设行列，有效促进了传媒业界与新闻学界之间的交流融合。

按照中宣部、教育部要求，厦门大学新闻传播学院积极探索部校共建合作形式，努力打造合作平台，逐步建立科学合理、行之有效的合作机制，推动协议确定的各项工作实质开展，走出一条具有厦大特色的新闻教学与新闻实践深度融合的新路。2019年，以余清楚院长为首席专家的科研团队立项国家社会科学基金重大项目“人类命运共同体视阈下中国国家形象在西方主流媒体的百年传播研究”，这是福建省新闻传播学科首个通过全国竞标获得立项的国家社科重大项目，这个项目的研究对提升福建省新闻传播学科的整体水平、改善福建媒体对外宣传的传播效果产生了积极的影响。2021年12月底，由中共福建省委宣传部、福建省新闻工作者协会主办，我院承办的全省重要舆论阵地领导干部培训班在厦大科学艺术中心举办，福建省委常委、宣传部部长张彦作开班动员讲话，厦门大学校长张荣致辞。培训内容共5场，分别由厦门大学党委副书记徐进功、人民网副总裁潘健、澎湃新闻总裁刘永钢、厦门大学新闻传播学院院长余清楚、厦门大学特聘教授邹振东授课。福建省、九市一区宣传部门分管领导及全省各新闻单位主要负责人、业务骨干近百人参加培训。在省委宣传部的指导下，学院不断加强与新闻单位的教育合作，相互学习、相互启发，大力开展新闻舆论研究与探索，不断为社会输送优秀新闻人才，为开创新闻舆论工作新局面做出新贡献。

第五节　教材建设

在我国高等教育体系中，教材是教学内容和知识传播的物质载体，是学生获得知识的主要渠道之一，同时也是教师传授知识的主要媒介，是发展高等教育，培养综合型人才、创新型人才的基础，对高校教学的进度和质量有着直接影响。教材建设的重要性不言而喻。

随着科学技术日新月异的发展和社会文化的多方融合，知识更新的速度也越来越快，适时对高校的教材不断进行调整和更新势在必行，这样才能确保在高校教育过程中最大程度上发挥教材的作用，提高教学质量。厦门大学以一流学科建设为引领，坚持以立德树人为根本，以马克思主义为指导，思想政治教育和科学教育相统一，制定《厦门大学教材建设管理办法》，以组织和加强校园教材建设工作，提高教材质量，推动教学改革。其中，由教务处和研究生院负责全校教材建设的统筹规划，将学院作为教材建设的责任主体，学院党委对教材建设的政治方向把关。

一、教育部规划教材

2006年，为全面贯彻落实科学发展观，切实提高高等教育的质量，教育部制定普通高等教育“十一五”国家级教材规划，发布《教育部关于印发普通高等教育“十一五”国家级教材规划选题的通知》(教高〔2006〕9号)在教育部公布的普通高等教育“十一五”国家级教材中，由厦门大学人文学院新闻传播系陈培爱教授编著的《广告学原理(第2版)》成为首批入选“十一五规划”的教材之一。

为全面贯彻落实十七届六中全会精神以及胡锦涛总书记在庆祝清华大学建校100周年大会上的重要讲话精神和教育规划纲要，进一步转变思想观念，创新规划教材遴选机制，根据《教育部关于“十二五”普通高等教育本科教材建设的若干意见》(教高〔2011〕5号)，2011年，教育部高等教育司发布《关于开展“十二五”普通高等教育本科国家级规划教材第一次推荐遴选工作的通知》(教高司函〔2011〕204号)，正式启动“十二五”普通高等教育本科国家级规划教材的第一次推荐遴选工作，紧紧围绕提高人才培养质量，实施规划教材精品战略。由厦门大学新闻传播学院陈培爱教授主编的、高等教育出版社出版的《中外广告史新编》获得“十二五”规划教材立项(立项文件：教高函〔2012〕21号)。作为改革开放以来系统研究我国广告业发展历史和总结国外广告发展历程的一部基础理论著作，出版12年来深得各界好评，成为国内广告史基础理论教育和研究的首选教材和参考资料。此次“新编”，融入21世纪以来广告史研究的新资料、新成果，在大量一手史料基础上整理而成，涉及面广，时间跨度大，作者以“时间为经，事件为纬”阐述了中外广告事业的历史发展。《中外广告史新编》分中外两部分，中国广告史部分上自原始社会、下至21世纪初，上下几千年，按照社会发展进程，阐述了广告在我国发生、发展的状况，并深入分析了其规律。外国广告史部分记录了世界古代、近代广告的发展，重点介绍了美、日、英、法、俄、德国的广告发展情况，并对世界广告的发展作了展望。《中外广告史新编》史料翔实，文图并茂，史论结合，述评得当，许多史料是难得一见的，分别取材于文学与历史典籍，丰富而生动，读来令人兴趣盎然，成为高等学校广告专业系列教材之一。

2014年，教育部发布《教育部办公厅关于开展“十二五”普通高等教育本科国家级规划教材第二次推荐遴选工作的通知》(教高厅函[2014]9号)，由厦门大学新闻传播学院黄合水教授主编，高等教育出版社出版的教材《广告心理学(修订版)》入选(立项文件：教高函〔2014〕8 号)教育部第二批“十二五”普通高等教育本科国家级规划教材名单。“十二五”普通高等教育本科教材建设计划在中央部(委)直属高校、省级教育行政部门推荐以及出版社补充推荐的基础上，经委托中国高等教育学会组织专家评审，网上公示，共有 1688 种教材入选。《广告心理学》是我院黄合水教授集合二十几年广告教学和研究的力作，内容丰富、资料翔实、图文并茂，注重理论性和实用性相结合，是一本有别于国内其他同类著作的广告心理学著作。

二、教材建设类项目

根据《福建省教育厅办公室关于开展 2016 年福建省中青年教师教育科研项目(本科高校教育教学改革研究项目)申报工作的通知》，厦门大学开展 2016 年校级教学改革研究项目暨福建省高校教育教学改革研究项目申报工作，由厦门大学新闻传播学院谢清果教授主持的项目“华夏文明与传播学中国化研究”获批教材建设类省级教学改革研究项目立项(项目编号：JZ160073)，获批 6 万元资金，并于 2017 年 12 月顺利结题。2017 年 7 月出版的华夏文明传播研究特色教材《华夏文明与传播学本土化研究》，从现代传播学的视角观照中国古代文明的形成和发展，深入剖析其特质及发展规律，并结合当前中华民族伟大复兴的战略目标进行研究和探讨，主要是与传播学本土化相结合，探索华夏传播在现今中国社会的发展现状，并且注重挖掘传统文化及其传播思想的当代价值与转型之道，具有重要的现实指导意义。

2017 年，经高校推荐申报，福建省高等教育学会教学管理专业委员会组织专家评审，由厦门大学新闻传播学院曾秀芹教授编著的《新闻传播统计学基础》获选 2017 年福建省级本科优秀教材。本教材结合作者多年为文科大学生和研究生开设的课程“应用统计学”的教学实践经验和国内外优秀统计学教材的成果，讲述了新闻传播学科，管理、营销等人文和社会学科所常用的一些描述性统计方法和推理性统计方法；考虑到文科学生害怕数据、公式和定理的心理，在写法上，没有让人避之不及的数学公式，没有满是数字的图表，并且采用生动诙谐的案例，提出文科生所熟悉的生活话题和本学科的问题。注重应用而弱化理论，并且通过介绍 SPSS 和 Excel 等软件来弱化计算和数学公式。本书宗旨不是要培养统计学家，而且让读者成为一个熟练的应用者，并具备以统计的思想来思考现实问题和学科中所遇到的问题。让读者掌握在何种情况，采用何种统计方法，并且如何正确解读统计软件所产生的报表。

第六节 实习实训基地

新闻传播学院极为重视本科教学过程中的实习、实训、实践创新环节，并开设了创新学分，这是新闻传播学的学科特色所决定的，也是学院一贯支持的本科生培养路径。学院长期主办、承办具有全国性影响力的两岸大学生摄影比赛、微电影比赛等等。同时，我院学生也多次在国际性的科创竞赛中取得优异成绩，为学院、为学校赢得了荣誉。

整合学科资源，聚焦重点方向，推进科研创新。厦门大学新闻传播学院有多个社会实践基地，其中包括实习实训基地和暑期社会实践基地。实习实训基地中包括校级实践基地和院级实践基地。实践基地有：厦门广播电视集团大学生校外实践教育基地、厦门大学新闻传播学院与人民网澳大利亚公司建设中国国际新闻传播澳大利亚实习实训基地、经济新闻人才培养基地、厦门大学《中国妇女报》实习基地、厦门日报社新闻与传播硕士创新人才培养实践基地、厦门华纳文化传播公司、厦门大学新闻传播学院凤凰网实习基地、厦门大学新闻传播系教学与研究基地、“《瞭望》新闻周刊”厦门大学新闻专业实习基地、广州九易广告公司、菲律宾《世界日报》合作协议、《厦门日报》厦门大学新闻专业本科生实习基地、广东英扬传奇广告有限公司、“中国国际广播电台”厦门大学新闻专业实习基地、“财经国家周刊”厦门大学新闻专业实习基地、锦魁尚形行销企划、厦门大学新闻传播学院奥美亚太区实习基地、“人民日报海外版”厦门大学新闻专业实习基地、CNTV 厦门大学新闻专业实习基地、新华社厦门大学新闻专业实习基地、福建旭通广告有限公司、青岛海信营销有限公司品牌拓展部、杭州先智广告传播有限公司、《国际日报》、《大公报》厦门记者站实习基地、厦门尚承文化传播有限公司、厦门大学人民网实习基地、厦门欣易奇文化传播有限公司、东方卫视、《环球时报》、水晶石数字科技有限公司、厦门动静广告公司、厦门尚宇环保股份有限公司、十方控股公司、厦门亚典文化传播有限公司、东娱传媒有限公司、华扬联众数字技术有限公司、软众公共关系咨询有限公司等。暑期社会实践基地则都属于院级，分别包括厦门大学新闻传播学院暑期社会实践基地南平、厦门大学新闻传播学院暑期社会实践基地晋江、厦门大学新闻传播学院社会实践基地平潭，以及位于厦门的社会实践基地等（见表 7-7）。

表 7-7　厦门大学新闻传播学院大学生校外实践教育基地

序号	项目名称	立项年份	国家级	校级
1	厦门大学—厦门市广播电视集团新闻传播类文科教育实践基地	2012	2012	
2	厦门大学新闻传播学院—人民日报社实习实践基地	2014		2014
3	厦门大学新闻传播学院—深圳广播电影电视集团校外实践教育基地	2015		2015
4	厦门大学厦门世纪志诚影视大学生校外实践教育基地	2016		2016
5	厦门大学—厦门意外境界文化传播有限公司校外实践教育基地	2017		2017

第八章 学术成就

1983年以来学院教师发表各类论文1600余篇，出版各类著作（含专著、编著、译著及教材）240余部。其中获得省级以上的科研成果奖33项，市级科研成果奖22项。

厦门大新闻传播学院主要研究方向和特点有以下四个方面：

首屈一指的是广告学研究。我院是国内最早创办广告专业的学院，近40年来，在广告的教研工作上拥有深厚积淀，我院被业界誉为中国广告的“黄埔军校”。陈培爱、黄合水等学术带头人在广告史、广告理论、品牌理论、媒体效果、广告心理、新媒体广告等领域取得了丰硕成果，学院建立了品牌与广告研究中心，品牌与广告实证研究走在全国前列，并将科研成果转化为教学成果，出版“21世纪广告丛书”、广告学系列规划教材等等，形成了独具一格、教研一体、实力雄厚的厦大特色。

第二个特色是台湾东南亚传媒研究。学院立足中华、面向海洋，充分发挥地缘优势，服务国家战略需求。以许清茂、张铭清、赵振祥、阎立峰等学术带头人为代表，深入研究台湾及东南亚媒体发展状况。学院组建了中国新闻史学会下属的“台湾与东南亚华文新闻传播史研究委员会”。与厦门大学台湾研究院共同建立了两岸关系和平发展协同创新中心的两岸社会整合平台。推出“两岸关系与海峡传播研究文库”等丛书。

第三个特色是华夏传播学研究。厦门大学新闻传播系是中国大陆第一个以“传播”命名的系，首开先河，开创了国内华夏传播研究以及传播学本土化研究的局面，黄星民、谢清果等学术带头人探讨认知传播的转向、以在地经验为取向，贯通国学传播的理论和实践。已出版“传播新视野丛书”“华夏传播研究丛书”“中华文化与传播研究丛书”“华夏传播学文丛”“经典与传播研究丛书”“华夏传播学读本丛书”“华夏传播研究论丛”等系列丛书，还主编《华夏传播学年鉴》。

第四个特色是舆论学研究。自2014年人才引进邹振东教授，舆论学成为新兴研究特色，学院建立厦门大学舆论研究中心，形成厦门大学新闻舆论规律研究创新团队。团队立足台湾研究的基础，关注新媒体舆情管理与舆论形象，并不断拓展视野，从两岸舆论场扩大到中美舆论场、中日舆论场、中印舆论场、"一带一路"跨舆论场、基督教与伊斯兰舆论场等领域。打造有中国特色的舆论学解释工具和分析工具，形成与国际学术界对话的舆论学理论创新与方法创新。

一、省级以上科研成果奖

我院在福建省社会科学成果奖的评选中，获奖数量和质量不断提高，已有一等奖5项，二等奖7项，三等奖19项，青年佳作奖2项。

表8-1 省级以上科研成果奖

获奖者	获奖成果名称	成果形式	获奖等级	颁奖单位	年份
陈培爱	中外广告史	专著	二等奖	福建省人民政府	2000
陈安全、高逾、曾丽明、陈嬿如	《英国文学的伟大传统》上、中、下三册	译著	三等奖	福建省人民政府	2000
陈嬿如	中国市场经济时代的传播战役与民族凝聚力	专著	一等奖	福建省人民政府	2003
赵振祥	唐前新闻传播史论	专著	三等奖	福建省人民政府	2003
陈培爱	广告策划原理与实务	教材	三等奖	福建省人民政府	2003
黄合水	广告心理学	教材	二等奖	福建省人民政府	2007
陈嬿如	让高尚成为自然—爱国主义教育效果研究	专著	三等奖	福建省人民政府	2007
黄星民	"染论"与"难论"——从哲学方法论的角度探讨墨翟与韩非的传播效果论	论文	三等奖	福建省人民政府	2007
谢清果	先秦两汉道家科技思想研究	专著	三等奖	福建省人民政府	2009
陈嬿如	与和谐同行——大众传播与社会发展	专著	三等奖	福建省人民政府	2009
唐次妹	清代台湾城镇研究	专著	三等奖	福建省人民政府	2009
谢清果	海峡两岸传媒共同市场专题研究	系列论文	三等奖	福建省人民政府	2011

续表

获奖者	获奖成果名称	成果形式	获奖等级	颁奖单位	年份
孙慧英	多重视域下的第五媒体文化研究	专著	三等奖	福建省人民政府	2011
罗慧	传播公地的重建——西方另类媒体与传播民主化	专著	一等奖	福建省人民政府	2013
谢清果	中国近代科技传播史	专著	三等奖	福建省人民政府	2013
殷琦	从"国家一元论"到多元治理框架的构建:中国传媒治理结构改革的路径、逻辑及其转型取向分析	论文	三等奖	福建省人民政府	2013
邹振东	台湾舆论议题与政治文化变迁	专著	一等奖	福建省人民政府	2016
朱至刚	"西国"映像:近代中国报刊理念的一项生成因素	论文	三等奖	福建省人民政府	2016
史冬冬	在这里想象中国——《南方周末》新年献词的国家叙事研究	论文	三等奖	福建省人民政府	2016
熊慧	范式之争:西方受众研究"民族志转向"的动因、路径与挑战	论文	青年佳作奖	福建省人民政府	2016
朱至刚	早期中国新闻学的历史面相:从知识史的路径	专著	一等奖	福建省人民政府	2018
殷琦	中国传媒组织治理结构创新研究:基于利益相关者理论的视角	专著	二等奖	福建省人民政府	2018
黄含韵	中国青少年社交媒体使用与沉迷现状:亲和动机、印象管理与社会资本	论文	二等奖	福建省人民政府	2018
邹振东	国民党到底输在什么地方	调查报告、咨询报告	二等奖	福建省人民政府	2018
谢清果	华夏文明与传播学本土化研究	教材	三等奖	福建省人民政府	2018
邹振东	弱传播	专著	二等奖	福建省人民政府	2019
谢清果	华夏传播学引论	专著	三等奖	福建省人民政府	2019

续表

获奖者	获奖成果名称	成果形式	获奖等级	颁奖单位	年份
宫贺	公共关系的文化想象——身份、仪式与修辞	专著	三等奖	福建省人民政府	2019
邱红峰	环境风险社会放大的传播治理	专著	三等奖	福建省人民政府	2019
吴琳琳	台湾日据时期“治警事件”中的舆论抗争始末析	论文	青年佳作奖	福建省人民政府	2019
宫贺	多元归因与信任重建：危机传播情境理论的中国情境——以 2018 年问题疫苗事件为例	论文	一等奖	福建省人民政府	2021
黄合水	广告的演变及其本质——基于 1622 条教科书广告定义的语义网络分析	论文	二等奖	福建省人民政府	2021
宣长春	社交媒体使用对广告态度影响的倒 U 形模式研究	论文	三等奖	福建省人民政府	2021

二、市级科研成果奖

表 8-2 市级科研成果奖

获奖者	获奖成果名称	成果形式	获奖等级	颁奖单位	年份
陈培爱	20 世纪中国广告学理论的发展	论文	二等奖	厦门市人民政府	2003
刘训成	议程设置，舆论导向与新闻报道	论文	三等奖	厦门市人民政府	2003
陈培爱	新的媒体生态与媒体创意及策略手法	论文	一等奖	厦门市人民政府	2005
毛章清	戈公振《中国报学史》勘误补遗——厦大早期新闻教育考析	论文	二等奖	厦门市人民政府	2005
陈培爱	广告学概论	著作	三等奖	厦门市人民政府	2005
赵振祥	创新·鲜活·权威·主流——厦门日报、厦门晚报改版系列	论文	三等奖	厦门市人民政府	2005

续表

获奖者	获奖成果名称	成果形式	获奖等级	颁奖单位	年份
黄合水	产品评价的来源国效应	论文	三等奖	厦门市人民政府	2005
赵梅	初中生对父母冲突的知觉结构分析	论文	三等奖	厦门市人民政府	2007
陈培爱	广告跨文化传播与文化安全	论文	三等奖	厦门市人民政府	2007
周雨	文人画：戾家抑或行家？	论文	三等奖	厦门市人民政府	2007
黄合水	广告心理学	专著	一等奖	厦门市人民政府	2007
陈培爱	广告传播学	专著	三等奖	厦门市人民政府	2010
黄合水	品牌学概论	专著	三等奖	厦门市人民政府	2010
叶虎	大众文化与媒介传播	专著	三等奖	厦门市人民政府	2010
谢清果	道家语言传播效果的求美旨趣	论文	三等奖	厦门市人民政府	2010
殷琦	从“国际一元论”到多元化治理框架的构建：中国传媒治理结构改革的路径、逻辑及其转型取向分析	论文	二等奖	厦门市人民政府	2013
史冬冬	台湾报纸在两岸新形势下的多重角色与走向	论文	二等奖	厦门市人民政府	2013
罗慧	传播中的社会冲突、民主实践与应激式改革——以“郭美美事件”为例	论文	三等奖	厦门市人民政府	2013
谢清果、王昀	两岸政治互信中的传媒角色、功能及前景	论文	二等奖	厦门市人民政府	2016
黄含韵	中国青少年社交媒体使用与沉迷现状：亲和动机、印象管理与社会资本	论文	三等奖	厦门市人民政府	2016
殷琦	美国华文传媒：多元文化主义背景下的发展状况	论文	三等奖	厦门市人民政府	2016
熊慧	解析国际传播研究的若干“迷思”——兼议中国媒体国际传播能力的提升机制	论文	三等奖	厦门市人民政府	2016

三、主要著作成就

我院教师已出版一大批学术专著、译著、编著、教材，其中广告学教师出版的一系列专著和国家级规划教材在全国范围内树立了标杆，具有广泛的影响力，且教材随着时代变迁，不断更新改版，已奉为学界的经典之作，见表8-3。

表8-3 主要著作成就

书名	作者	出版社	年度
英语常用成语手册	陈安全	福建人民出版社	1973
英语时态和语态	陈安全	福建人民出版社	1977
现代航天之父布劳恩	陈安全、潘幼仲译	上海译文出版社	1982
美国科学幻想故事集	陈安全、曾丽明译	福建人民出版社	1982
海明威传	陈安全、曾丽明译	香港南粤出版社	1985
丁玲研究在国外	陈安全	湖南人民出版社	1985
英国王子的罗曼史	杨信彰、蔡秉善译，陈安全校	海峡文艺出版社	1986
从莎士比亚到奥斯丁	陈安米、高逾、曾丽明译、陈安全审校	上海译文出版社	1987
英国王子的罗曼史	杨信彰、蔡秉善译，陈安全校	海峡文艺出版社	1986
广告原理与方法	陈培爱	厦门大学出版社	1987
广告原理与方法(修订本再版)	陈培爱	厦门大学出版社	1991
广播广告简论	朱月昌	国家工商出版社	1987
传播学与广告	陈扬明	中国国际广播出版社	1988
如何交际——人际传播的原理与应用	皮尔逊著，陈金武、朱家麟、黄星民译	湖南人民出版社	1988
广告管理学	范家甫、陈培爱等	大连理工大学出版社	1989
广告写作艺术	陈培爱	中国对外经贸出版社	1990
公共关系的基本原理与实务	纪华强	厦门大学出版社	1992
图说人物摄影	李世雄	福建科技出版社	1992

续表

书名	作者	出版社	年度
现代广告专业基础知识	朱月昌	经济管理出版社	1993
广告攻心术	陈培爱	厦门大学出版社	1993
广告策划与策划书撰写	陈培爱	厦门大学出版社	1993
诗书画缘探美	周旻	海峡文艺出版社	1993
福建省报纸广告优秀论文选	陈培爱	厦门大学出版社	1993
公关基本法	纪华强	香港商业出版社	1993
西洋文学史	郑朝宗、郑松锟	厦门大学出版社	1993
电视编辑与后期制作	王寒松译	中国电影出版社	1993
商标广告策划略	陈培爱	厦门大学出版社	1994
广告调研技巧	黄合水	厦门大学出版社	1994
广告创意揭密	王幼江	航空工业出版社	1994
如何成为杰出的广告文案撰稿人	陈培爱	厦门大学出版社	1995
企业 CI 战略	朱健强	厦门大学出版社	1995
广告经营管理术	赵洁	厦门大学出版社	1995
图说人物摄影	李世雄	福建科学技术出版社	1995
电视广告的策划与制作	杨金德、黄合水等	福建人民出版社	1995
CIS:企业形象识别设计全书	杨金德、朱健强等	北京广播学院出版社	1995
公共关系基本法	纪华强	香港商业出版社	1995
CI 视觉设计与传播	朱健强	中国经济出版社	1996
CI:从理念到行为	周旻	中国经济出版社	1996
CI 基本原理	杨金德	中国经济出版社	1996
CIS 基本原理	杨金德	中国经济出版社	1996
广告策划	陈培爱	中国商业出版社	1996
印刷广告艺术	纪华强	厦门大学出版社	1997
中外广告史	陈培爱	中国物价出版社	1997

续表

书名	作者	出版社	年度
“上帝”的偶像——商业企业的CIS战略	杨金德、周宁	中国经济出版社	1997
CIS通鉴——中外企业形象策划案例精解	杨金德	中国经济出版社	1997
英国文学的伟大传统	陈安全译	上海译文出版社	1998
摄影技艺手册	李世雄	江西科学技术出版社	1998
业余摄像技艺图解	洪强、李世雄编著	福建科技出版社	1998
广告心理学	黄合水	上海东方出版中心	1998
新闻采访与写作	袁蓉芳	厦门大学出版社	1999
广告视觉语言	朱健强	厦门大学出版社	2000
市场调查概论	黄合水	上海东方出版中心	2000
广告视觉设计基础	罗萍	上海东方出版中心	2000
China's Window on the World：TV News，Social Knowledge and International Spectacles	陈嬿如合著	Hampton Press	2000
广播电视广告学	朱月昌	厦门大学出版社	2000
广告策划原理与实务	陈培爱	中央广播电视大学出版社	2000
广告策划艺术	陈培爱	中国财政经济出版社	2000
广告管理实务	赵洁	上海东方出版中心	2001
对外宣传报道与英语写作	翟树耀	厦门大学出版社	2001
影视传播概论与技巧	岳淼	厦门大学出版社	2001
传在史中	郑学檬	北京文化艺术出版社	2001
说服君主	黄鸣奋	北京文化艺术出版社	2001
汉字解析与信息传播	李国正	北京文化艺术出版社	2001

续表

书名	作者	出版社	年度
广告战略与决策	纪华强	东北财经大学出版社	2001
组织行为学	张国才	中国财政经济出版社	2001
小预算 大广告(译著)	曾晶	新华出版社	2001
巫与中国古代小说	赵振祥	北方文艺出版社	2001
新闻采访与写作美学讲座	赵振祥	中国财政经济出版社	2001
品牌领导(译著)	曾晶	新华出版社	2001
巫术师(译著)	陈安全	上海译文出版社	2001
新闻传播学	陈扬明(第二作者)	新华出版社	2001
唐前新闻传播史论	赵振祥	中国文联出版社	2002
中国市场经济时代的传播战略与民族凝聚力	陈嬿如	厦门大学出版社	2002
组织传播理论与实务	张国才	厦门大学出版社	2002
新闻英文编译	刘训成	厦门大学出版社	2002
杂志学	许清茂	厦门大学出版社	2002
台湾新闻事业史	陈扬明	中国财政经济出版社	2002
法国中尉的女人	陈安全译	上海译文出版社	2002
旅行摄影	李世雄	江西科学技术出版社	2002
艺术人像摄影	李世雄	江西科学技术出版社	2002
网络媒体与艺术发展	黄鸣奋	厦门大学出版社	2003
文化传播与现代中国文学	马永强	安徽大学出版社	2003
广告,艰难的说服	陈安全译	华夏出版社	2003
凶船上的生灵	陈安全译	上海译文出版社	2003
法国中尉的女人(法国文学名著普及版)	陈安全译	上海译文出版社	2003

续表

书名	作者	出版社	年度
传播学概论	佘绍敏	厦门大学出版社	2003
广告调研技巧	黄合水	厦门大学出版社	2003
奥格威论广告(译著)	曾晶	机械工业出版社	2003
广告学原理	陈培爱	复旦大学出版社	2003
美术高考系列丛书	罗萍	湖北美术出版社	2003
现代广告学概论	陈培爱	首都经济贸易大学出版社	2004
品牌建设精要	黄合水	厦门大学出版社	2004
广告学概论	陈培爱	高等教育出版社	2004
海峡两岸文化与传播研究	许清茂、赵振祥、庄鸿明、岳淼	厦门大学出版社	2005
团队建设与领导	张国才	厦门大学出版社	2005
广告心理学	黄合水	厦门大学出版社	2003
广告心理学	黄合水	高等教育出版社	2005
广告媒体教程	陈培爱、覃胜南	北京大学出版社	2005
传播与保密——情报新闻导论	赵振祥、李明合	中华书局	2005
广告与品牌——案例精解	陈培爱	复旦大学出版社	2005
让高尚成为自然——爱国主义教育效果研究	陈嬿如	厦门大学出版社	2005
斩首之邀	陈安全译	上海译文出版社	2006
品牌与广告的实证研究	黄合水、雷莉	北京大学出版社	2006
东南亚华文传媒研究	赵振祥、朱健强、阎立峰、叶虎	北京世界知识出版社	2006
菲律宾华文报史稿	赵振祥、陈华岳、侯培水等	北京世界知识出版社	2006
平面广告设计	朱健强、罗萍	武汉大学出版社	2006
文人画的审美品格	周雨	武汉大学出版社	2006
广告调研方法	黄合水	厦门大学出版社	2006
广告视觉设计基础	罗萍	厦门大学出版社	2006

续表

书名	作者	出版社	年度
透明	陈安全译	上海译文出版社	2007
中外广告史教程	陈培爱	中央广播电视大学出版社	2007
广告原理与方法	陈培爱	厦门大学出版社	2007
品牌智胜之道	黄合水	厦门大学出版社	2007
中国影视传播史纲	岳淼	中国传媒大学出版社	2007
广告创意与表现	赵洁	武汉大学出版社	2007
广告经营与管理	赵洁	厦门大学出版社	2007
20 世纪后中国文学思潮分析	叶虎	中国文联出版社	2007
先秦两汉道家科技思想	谢清果	东方出版社	2007
老子大道思想指要	谢清果	宗教文化出版社	2007
广告文案创作	陈培爱	厦门大学出版社	2008
中国广告案例精解	陈培爱	厦门大学出版社	2008
创意产业与中国广告业	陈培爱	厦门大学出版社	2008
世界广告案例精解	陈培爱	厦门大学出版社	2008
大众文化与媒介传播	叶虎	学林出版社	2008
闽南新闻事业	许清茂、林念生、庄鸿明、毛章清、叶虎	福建人民出版社	2008
团队建设与领导	张国才	厦门大学出版社	2008
国文英语广告文案	张国才	厦门大学出版社	2008
清代台湾城镇研究	唐次妹	九州出版社	2008
与和谐同行——大众传播与社会发展	陈嬿如	厦门大学出版社	2008
广告传播学	陈培爱	厦门大学出版社	2009
中国广告理论探索三十年	陈培爱	厦门大学出版社	2009
中外广告史新编	陈培爱	厦门大学出版社	2009
著名品牌故事	陈培爱	厦门大学出版社	2009
广告调研技巧	黄合水、陈素白	厦门大学出版社	2009

续表

书名	作者	出版社	年度
媒体与名誉侵权	陈晓彦	西南师范大学出版社	2009
品牌学概论	黄合水	高等教育出版社	2009
广告设计原理与方法	罗萍	厦门大学出版社	2009
闽南文化百科全书之"新闻事业卷"	许清茂、庄鸿明、毛章清、叶虎	福建人民出版社	2009
上海银行公会研究	王晶	上海人民出版社	2009
生命道教指要	谢清果	宗教文化出版社	2009
思考中国电视:文本、受众和机构	阎立峰	山西人民教育出版社	2009
闽南文化百科全书	叶虎	福建人民出版社	2009
中国电视新闻节目发展史研究1958—2008	岳淼	厦门大学出版社	2009
2.0营销传播——互动整合和营销传播策略	赵洁、曹芳华	厦门大学出版社	2009
品牌研究经典案例	黄合水	厦门大学出版社	2010
广告心理学(第三版)	黄合水	厦门大学出版社	2010
广告研究经典案例	黄合水	厦门大学出版社	2010
广告五字决	黄合水	厦门大学出版社	2010
多重视域下的第五媒体文化研究	孙慧英	北京邮电大学出版社	2010
北京走向世界城市	孙慧英(参编第九章)	北京科学技术出版社	2010
他山之石:论宇文所安中国古代文学与文论研究	史冬冬	四川出版集团 巴蜀书社	2010
17世纪上半叶东亚海域的商业竞争	李德霞	云南美术出版社	2009
心传:传播学理论的新探索	陈嬿如	厦门大学出版社	2010
海外华文传媒与中国的形象构建	赵振祥(主编)	菲律宾博览国际传播公司	2010
中国元素与广告营销	陈培爱	厦门大学出版社	2010

续表

书名	作者	出版社	年度
中国科学文化与科学传播研究	谢清果	厦门大学出版社	2011
广告心理学	黄合水	高等教育出版社	2011
市场实验与决策	林升栋、姜婧(学)、杨婧妍(学)、李倩(学)、李光媛(学)、葛承悦(学)、曹金平(学),郑达辉(学)	北京大学出版社	2011
区域产业品牌案例研究	林升栋、王芳(学)、郭晓玲(学)、樊庆磊(学)、彭靖佳(学)、刘琦婧(学)、吕娇燕(学)、张芝云(学)、刘妙娜(学)	厦门大学出版社	2011
广告设计概论	罗萍	武汉大学出版社	2011
新闻教学与学术研究	郑保卫(外)、杨保军(外)、赵振祥、陈玉(外)、许海(外)、殷琦、朱至刚	经济日报出版社	2011
让纸弹飞——战时中国的新闻开放与管制研究(1937—1945)	曹立新	台湾花木兰出版社	2012
新闻评论学	赵振祥	九州出版社	2012
历史视野中的大众媒介公信力	王晶	浙江大学出版社	2013
中国历年广告事件研究	王晶	厦门大学出版社	2013
道家科技思想范畴引论	谢清果	宗教文化出版社	2013
应用电视新闻学	岳淼、迟月利	厦门大学出版社	2014
媒体关系管理——理论与实战	赵振祥	中国财政经济出版社	2014
道教养生哲学与生活传播	谢清果主撰	世界道联出版社	2014
道德经与当代传媒文化	谢清果	世界道联出版社	2014
From Rhetoric to Practices: Enhancing Environmental Literacy of Pupils in China	孙蕾	CD－ß Pres	2014

续表

书名	作者	出版社	年度
中国微博活跃用户研究报告	林升栋、高尚等	厦门大学出版社	2014
消费者行为学案例教程	林升栋、马良等	北京师范大学出版社	2014
超越左与右:中国网络论坛的公共讨论与意识形态图景	乐媛	中国传媒大学出版社	2014
Social Media Generation in Urban China	黄含韵	施普林格出版社	2014
新技术时代的海峡两岸新闻传播教育	黄裕峯	九州出版社	2014
台湾舆论议题与政治文化变迁	邹振东	九州出版社	2014
中国市场品牌健康度监测报告(2013)	黄合水	厦门大学出版社	2014
道德真经精义	谢清果	宗教文化出版社	2015
中国传媒组织治理结构创新研究:基于利益相关者理论的视角	殷琦	厦门大学出版社	2015
广告与品牌研究实例	黄合水	厦门大学出版社	2015
北大新闻史论青年论衡	毛章清、阳美燕、刘泱育	清华大学出版社	2015
数字时代的口语传播:理论、方法与实践:第一届海峡两岸口语传播学术研讨会论文集	李展、邱红峰	厦门大学出版社	2015
镜像与流变:转型期中国城市居民消费变迁(1978年至今)	陈素白	厦门大学出版社	2016
台湾文化创意产业政策研究	陈晓彦	九州出版社	2016
中国宣传战役研究	陈嬿如	施普林格出版社	2016
世界各地反腐倡廉广告汇编	林升栋、宣长春	厦门大学出版社	2016
跨文化传播研究文集(第一辑)	林升栋等	厦门大学出版社	2016
手机媒体与社会文化	孙慧英	世界图书出版公司	2016
当代台湾财经杂志发展研究	吴琳琳	厦门大学出版社	2016
华夏文明与传播学本土化研究	谢清果编著	九州出版社	2016
两岸关系与新闻宣传研究	谢清果等	九州出版社	2016

续表

书名	作者	出版社	年度
华夏传播学读本	谢清果主编	世界道联出版社	2016
大道上的老子——《道德经》与大众传播学	谢清果等	九州出版社	2016
小团体传播	熊慧	厦门大学出版社	2016
台湾传媒与台湾文化研究	阎立峰等	九州出版社	2016
广告中的两性研究	周雨等	厦门大学出版社	2016
早期中国新闻学的历史面相：从知识史的路径	朱至刚	厦门大学出版社	2016
中国市场品牌健康度监测报告(2015 年)	黄合水	厦门大学出版社	2017
中国市场品牌健康度监测报告(2014 年)	黄合水	厦门大学出版社	2017
新闻是匆忙中写就的历史	陈嬿如	上海交通大学出版社	2017
中华文化与传播研究(第 1—8 辑)	谢清果主编	九州出版社	2017—2020
华夏传播学引论	谢清果编著	厦门大学出版社	2017
南海领土争议中的媒体角色研究——以 2010—2014 年为切点	李德霞	厦门大学出版社	2017
媒介中国——现代性的媒介话语叙事	史冬冬	厦门大学出版社	2017
营销传播中的社会影响效果	曾秀芹	九州出版社	2017
标语的力量——来自厦门大学品牌与广告研究中心的报告	林升栋、冯咏薇	厦门大学出版社	2017
活动营销——微博篇	陈经超	厦门大学出版社	2017
环境风险社会放大的传播治理	邱红峰	中国社会科学出版社	2017
消费者在线互动行为——网络口碑对中国旅游者的影响机制研究	苏文	厦门大学出版社	2017
公共关系的文化想象：身份、仪式与修辞	宫贺	社会科学文献出版社	2017

续表

书名	作者	出版社	年度
华夏传播学的想象力——中华文化传播研究著作评介集成	谢清果编	九州出版社	2018
华夏文明与舆论学中国化研究	谢清果编	九州出版社	2018
全国各省市的媒体镜像——基于网络新闻大数据	黄合水	厦门大学出版社	2018
海外华文传媒与中国软实力建设	叶虎	中国传媒大学出版社	2018
中庸的传播思想	谢清果等	九州出版社	2018
他山之石:宇文所安中国古代文论研究中的“非虚构传统”问题	史冬冬、史维	新华出版社	2018
弱传播	邹振东	国家行政学院出版社	2018
华夏传播研究:媒介学的视角	谢清果等	社会科学文献出版社	2019
共生交往观:文明传播的中国方案	谢清果等	九州出版社	2019
庄子的传播思想	谢清果等	九州出版社	2019
和老子一起思考	谢清果等	九州出版社	2019
华夏文明研究的传播学视角	谢清果等	厦门大学出版社	2019
新闻传播统计学基础	曾秀芹	厦门大学出版社	2019
Building Effective Crisis Communications for Disaster Recovery A Case of Earthquake Reconstruction and Rehabilitation in Sichuan, China	胡悦	Peter Lang	2019
广告文案写作进阶指南	周雨	厦门大学出版社	2019
广告心理学(第三版)	黄合水、曾秀芹	高等教育出版社	2020
论语的传播思想	谢清果等	九州出版社	2020
华夏传播学年鉴 2020	谢清果	九州出版社	2020
华夏传播研究文丛(三卷本)	谢清果	九州出版社	2020
实验广告学	王霏	厦门大学出版社	2020
中华文化海外传播的新境界:中西传播思想的分野与对话	谢清果等	中国戏剧出版社	2020

续表

书名	作者	出版社	年度
华夏自我传播的理论建构	谢清果	厦门大学出版社	2020
华夏礼乐传播论	谢清果等	九州出版社	2021
闽台文化记忆与海峡传播研究	谢清果编	九州出版社	2021
海峡两岸数字公共领域与文化认同研究	谢清果等	九州出版社	2021

四、代表性论文

表 8-4　代表性论文

论文题目	作者	刊物名称	年份
与时代并进——摄影艺术观念更新断想	李世雄	现代摄影	1984
试论摄影艺术的审美特性	李世雄	摄影美学初探	1986
摄影现代意识散论	李世雄	人民摄影报	1988
电视广告效果测量与影响因素	黄合水	中国广播电视学刊	1990
对国际传播最现实的挑战——关于建立国际传播新秩序问题	林述安	国际新闻界	1990
企业形象的塑造与公共关系	杨金德	厦门大学学报	1990
谈新闻传播控制与新闻自由	陈扬明	厦门大学学报	1990
我国新闻媒介广告产生、发展的特点和规律刍议(一)	许清茂	中国广告	1990
广告传播中的几个问题	朱月昌	中国广告	1991
国际传播的文化障碍之剖析	林述安	厦门大学学报	1991
国际传播障碍剖析——语言与非语言的视角	林述安	厦门大学学报	1991
戛纳电影广告节述评	吴伟	国际广告	1991
南朝鲜广告业现状	吴伟	国际广告	1991
萨空了、恽逸群和《立报》	许清茂	厦门大学学报	1991
试析负面影响国际传播的心理因素	林述安	国际新闻界	1991

续表

论文题目	作者	刊物名称	年份
新闻媒介广告管理	许清茂	中国广告	1991
新闻媒介广告与政治文化	许清茂	中国广告	1991
英国文学的现实主义传统	陈安全	厦门大学学报	1991
“莎士比亚化”与新闻写作	袁蓉芳	新闻大学	1992
多模式多层次培养广告人才	陈扬明	中国广告	1992
略论广告对市场经济发展的作用	吴伟	中国广告	1992
CIS——便捷有效的企业形象传播系统	朱健强	厦门大学学报	1993
报纸广告如何在夹缝中成长	陈培爱	广告人	1993
关于中国广告业若干问题的思考	陈安全	厦门大学学报	1993
电视广告中语言和图象的相对重要性	黄合水	北京广播学院学报	1993
广播广告的创意与设计	朱月昌	国际广告	1993
广告传播的心理学理论模式	黄合水	厦门大学学报	1993
略论跨国传播对发展中国家民族文化的影响	吴伟	厦门大学学报	1993
努力探索和建立具有中国特色的广告学科	陈培爱	厦门大学学报	1993
试论当代传播文化的价值取向	周旻	厦门大学学报	1993
谈中国广告教育	陈扬明	厦门大学学报	1993
维护新闻的真实性原则	袁蓉芳	厦门大学学报	1993
杂志广告研究	朱月昌	厦门大学学报	1993
在高等院校广告学科教育中进行广告和公关两栖人才培养的探讨	纪华强	厦门大学学报	1993
中日广告管理的异同	赵洁	厦门大学学报	1993
21 世纪呼唤高素质广告人才	陈培爱	现代广告	1994
公共广告研究	朱月昌	国际广告	1994
谈谈广告策划	陈培爱	广告人	1994
创名牌与视觉统一化策略	陈培爱	厦门大学学报	1995

续表

论文题目	作者	刊物名称	年份
电视广告优劣说	朱月昌	国际广告	1995
广告的语言艺术	陈培爱	现代广告	1995
广告文案的妙用	陈培爱	现代广告	1995
规范我国广告市场的思考	朱月昌	中国广告	1995
拉斯韦尔模式与广告传播	朱月昌	厦门大学学报	1995
炼词炼意出神入化	陈培爱	现代广告	1995
我国电视《新闻联播》节目定量分析及比较	庄鸿明，许清茂	中国广播电视学刊	1995
我国广告教育与研究面面观	陈培爱	广告人	1995
总结经验，再创优势	陈培爱，郑松锟	国际广告	1995
论纪实摄影的传学特征	李世雄	光与影	1995
不要卖弄创意技法	陈培爱	现代广告	1996
广告教育从这里起步	陈培爱	现代广告	1996
重要的是提高品牌知名度	黄合水	现代广告	1996
公益广告的创作原则	朱月昌	现代广告	1997
试论品牌的人文意义与社会效应	朱健强	厦门大学学报	1997
试论新闻特写	袁蓉芳	新闻大学	1997
提高我国电视广告社会效益的对策研究	陈培爱	中国广播电视学刊	1997
电视广告传播中的心理噪音	朱月昌	中国广告	1998
对我国高校广告专业本科课程组织的思考	张国才	厦门大学学报(哲学社会科学版)	1998
广告如何诱入人心	黄合水	现代广告	1998
“大众传播”广狭义辨	黄星民	新闻与传播研究	1999
20世纪中国广告学理论的发展	陈培爱	厦门大学学报	1999
广告教育——中国广告业发展的动力	陈培爱	广告世界	1999
我国报刊广告之发端	许清茂	现代广告	1999
杂志广告创作研究	曾晶	中国广告	1999

续表

论文题目	作者	刊物名称	年份
重视黄页	纪华强	现代广告	1999
《遐迩贯珍·布告篇》始末析	许清茂	新闻与传播研究	2000
Constructing International Spectacle on Television: CCTV News and China's Window on the World, 1992—1996	TK Chang, 陈嬿如	Global Dynamics of News	2000
Film and Social Change: The Chinese Cinema in the Reform Era	陈嬿如	Journal of Popular Film and Television	2000
褒扬性新闻也侵犯名誉权吗	陈晓彦	中国记者	2000
从礼乐传播看非语言大众传播形式的演变	黄星民	新闻与传播研究	2000
互联网信息流通中的政府控制	佘绍敏	新闻与传播研究	2000
礼乐传播初探	黄星民	新闻与传播研究	2000
提高有线电视台自办节目水平的思考	朱月昌	中国广播电视学刊	2000
瞬间变数——摄影构成的即时标记	李世雄	光影思维	2001
《华夏传播研究》首批成果介绍	黄星民	新闻与传播研究	2001
2%的限制值得商榷	陈培爱	现代广告	2001
从英雄到名人——兼论电视对青少年的负面影响	陈嬿如	中国广播电视学刊	2001
电视传播专业创新人才培养的探索	丘淼	厦门大学学报	2001
多媒体时代的广告创意思考	陈培爱	新闻大学	2001
广告使男人更男人，女人更女人?	陈嬿如	现代广告	2001
广告在社会主义市场经济建设中的作用	黄合水	广告大观	2001
汉字作为信息媒介的传播学思考	陈培爱	国际新闻界	2001
艰缓的前进	朱月昌	国际广告	2001
如何鉴别和运用网络信息资源	庄鸿明	中国记者	2001
网络采访的背景与技术	庄鸿明	中国记者	2001

续表

论文题目	作者	刊物名称	年份
我国对外大众传播媒介	庄鸿明	现代广告	2001
消费维权与名誉侵权	陈晓彦	中国记者	2001
新闻学的多学科交叉特点与新闻学教学	赵振祥	厦门大学学报	2001
与魔鬼打交道	朱月昌	中国广告	2001
在创新教育中赋予广告人才腾飞的翅膀	陈培爱	现代广告	2001
正正反反看美国电视新闻	孙慧英	中国广播电视学刊	2001
直击女性消费心理	黄合水	现代广告	2001
广告中的女性社会角色	陈嬿如	厦门大学学报	2002
Balancing Ideals and Interests: Toward a Chinese Perspective of Development Communication	陈嬿如	Chinese Communication Theory and Research	2002
论台湾政治广告的运用	岳淼	现代传播(中国传媒大学学报)	2002
美国的传播学研究生教育	陈嬿如	国际新闻界	2002
美国新闻媒体网站竞赛及相关思考	庄鸿明	中国广播电视学刊	2002
全球化背景下中国传媒跨文化传播策略	陈嬿如	中国记者	2002
论品牌资产——一种认知的观点	黄合水,彭聃龄	心理科学进展	2002
强、弱品牌的品牌联想比较	黄合水,彭聃龄	心理科学	2002
提高品牌质量形象的方法	黄合水	广告大观	2002
新闻是匆忙中写就的历史——西方报界如何发现并报道毛泽东的一篇秘密讲话	陈嬿如	新闻大学	2002
雅俗之间的视觉魅力	罗萍	现代广告	2002
议程设置、舆论导向与新闻报道	刘训成	新闻与传播研究	2002
在互动中确立品牌价值	陈培爱	广告大观	2002
政治传播中的媒介权利——论台湾政治广告的运用	岳淼,陈培爱	现代传播(中国传媒大学学报)	2002

续表

论文题目	作者	刊物名称	年份
中国内地广告市场遭遇新世纪挑战	陈培爱	现代传播(中国传媒大学学报)	2002
《湘报》广告考辨	许清茂	新闻与传播研究	2003
20年来中国广告界探讨的热门话题	黄合水	现代广告	2003
产品评价的来源国效应	黄合水	心理科学进展	2003
戈公振《中国报学史》勘误补遗	毛章清	新闻与传播研究	2003
广告业与广告教育笔谈	陈培爱	中国广告	2003
激情何以燃烧——从电视剧收视率谈起	陈嬿如	中国广播电视学刊	2003
解构日本广告	陈培爱	现代广告	2003
具象影像与信息失真研究	黄勇	现代传播(中国传媒大学学报)	2003
毛泽东一篇讲话的“泄密”经过	陈嬿如	中共党史资料	2003
与时俱进宣传爱国主义	陈嬿如	中国记者	2003
理性时代的影像表述——艺用摄影从体验型、情绪型到寓念型的创作走向	李世雄	中国国际艺术摄影高级论坛论文集	2004
20世纪末国外电视研究的部分热点问题	黄合水	中国广播电视学刊	2004
Defining Media's Social Roles	陈嬿如	中国日报(理论版学术类)	2004
From National Day to National Way	陈嬿如	National Days/National Ways 2004	2004
Pondering on Celebrity Culture	陈嬿如	中国日报(理论版学术类)	2004
Pondering Over Patriotism	陈嬿如	中国日报(理论版学术类)	2004
Seeking a Better Class of Teacher	陈嬿如	中国日报(理论版学术类)	2004
传媒力量源于读者	陈培爱	新闻战线	2004
品牌延伸透析	黄合水	现代广告	2004

续表

论文题目	作者	刊物名称	年份
试论报纸广告与版面的和谐	陈培爱	新闻大学	2004
新世纪的阳光媒体	陈培爱	现代广告	2004
“染论”与“难论”——从哲学方法论的角度探讨墨翟与韩非的传播效果	黄星民	新闻与传播研究	2005
“市场细分”对社会文化的解构与重建	陈培爱	现代广告	2005
品牌是医院对患者最庄重、最严肃的承诺	陈培爱	现代广告	2005
全方位自律:新加坡广告标准局的运作模式	赵洁	现代广告	2005
让华夏文化跃然纸上——数字时代电视的新使命	黄星民	中国广播电视学刊	2005
缩小数字鸿沟	佘绍敏	中国日报(理论版学术类)	2005
调整广告人才培养目标	黄合水	现代广告	2005
“学院奖”,放飞中国广告的未来	陈培爱	现代广告	2006
2006 中国广告创意趋势分析	黄合水,周雨	现代广告	2006
Defining Media Functions in China's National Development	陈嬿如	Journal of Development Communication	2006
从传播哲学的角度看“传播”的定义	黄星民	新闻与传播研究	2006
从营销生态角度谈医药广告的行业自律	黄合水	现代广告	2006
美国广告行业自律体制述评	张国才	现代广告	2006
明码标价规定之我见	黄合水	广告大观(综合版)	2006
明确广告主体的权利与义务,突出《广告法》的监管重点	陈培爱	现代广告	2006
日本广告活动规范与制约体系考察	赵洁	现代广告	2006
试析反打镜头在电视节目中的运用	阎立峰	现代传播(中国传媒大学学报)	2006

续表

论文题目	作者	刊物名称	年份
央视招标与品牌建设	黄合水	广告大观(综合版)	2006
赞助效果的影响因素和理论解释	黄合水	广告学报	2006
从谐变、裂变、聚变到散变——进入21世纪艺用摄影观念的新趋向	李世雄	大众摄影	2007
2007电视媒体效应系数研究报告	黄合水,周文,曹晓冬,邱永梅,冯塞洁	现代广告	2007
对海外华人社会欢迎的电视传播分析	阎立峰	中国广播电视学刊	2007
对外华语电视节目的文本、受众和机构	阎立峰	现代传播(中国传媒大学学报)	2007
对新闻教育改革的几点思考	庄鸿明	光明日报(理论版)	2007
福建海峡卫视对外传播策略分析	岳淼	中国广播电视学刊	2007
户外广告传播中的艺术含量与公共责任	罗萍	现代广告	2007
加强网络舆论引导　促进和谐社会构建	岳淼	光明日报理论版	2007
竞争战略在电视精英谈话节目中的运用	岳淼	中国广播电视学刊	2007
当代中国影视中的女性形象之嬗变	陈嫵如	南开学报	2007
跨文化传播原理在我国对外宣传中的运用	陈嫵如	现代传播(中国传媒大学学报)	2007
图书会如何用好中国元素	陈培爱	现代广告	2007
我国新时期新闻政策的演进	岳淼	新闻与传播研究	2007
Civil Defamation Law in China	陈晓彦	Media and Arts Law Review	2008
Defamation Litigation and the Press in China	陈晓彦	International Journal of Communication Law and Policy	2008
Exploring Lee Kong Chian's Knowledge Leadership Style in Nam Aik Company	张国才	Journal of Asian Business	2008

续表

论文题目	作者	刊物名称	年份
Fate,Faith,Family：Communication and Harmony in Chinese TV Drama The Gobi Mother	陈嬿如	China Media Research	2008
From Ideal Women to Women's Ideal：Evolution of the Female Image in Chinese Feature Films：1949—2000	陈嬿如	Asian Journal of Womens Studies	2008
Notes on a New Agenda for Moral Education	陈嬿如	China Daily（理论版学术栏）	2008
从五大乳企性格解读中国企业的应急预案	林升栋	现代广告	2008
反思高校学生的网络生存境遇	谢清果	厦门大学学报	2008
凤凰卫视纪录片：人文理念与商业原则的统一对立	阎立峰	中国广播电视学刊	2008
近代读者与大众媒介关系的历史解读——以民国二十年代京沪读者与报纸的关系为视角	王晶	新闻与传播研究	2008
竞争下的两岸报业透视	张铭清，赵振祥	新闻战线	2008
跨越海峡情缘相牵——关于厦门广电对台宣传与交流的对话	周旻，曾晶，陈富清	中国广播电视学刊	2008
论广告的深度创意与传统文化	谢清果	广告学报	2008
论中国古代印章广告的传播特色	陈培爱	广告学报	2008
难忘中国广告教育30年	陈培爱	现代广告	2008
培育闽南语影视制作产业的对策建议	阎立峰，肖明发，吕博	中国广播电视学刊	2008
全球化背景下的媒介素养教育	佘绍敏	光明日报（理论版）	2008
手机二维码，改变的是什么？	陈培爱	现代广告	2008
外宣“内外有别”原则：地理与心灵的辩证法	阎立峰	现代传播（中国传媒大学学报）	2008
网络口碑对受者品牌态度的影响	龚玲，蓝燕玲，雷莉，黄合水	新闻与传播研究	2008
中国广告教育状况研究报告	黄合水	现代广告	2008

续表

论文题目	作者	刊物名称	年份
2008电视媒体效应系数研究报告	黄合水	广告研究	2008
Metrosexual潮流在中国——对男性时尚电子杂志商业广告的内容分析	周雨,岑清	新闻大学	2009
产学交流,多边共赢	林升栋,张垠洁	现代广告	2009
电视文本的美、善、真	阎立峰	现代传播(中国传媒大学学报)	2009
改革开放30年电视公益广告主题回眸	朱健强	中国广播电视学刊	2009
In Search of Repose for the Soul	陈嬿如	China Daily(理论版学术栏)	2009
Students Balance Culture, the Net	陈嬿如	China Daily(理论版学术栏)	2009
Between Three Worlds: The Internet and Chinese Students' Cultural Identities in the Era of Globalization	陈嬿如	China Media Research	2009
改革开放30年我国电视商业广告回顾	陈培爱	中国广播电视学刊	2009
电视媒体广告效应的测量及产生机制	黄合水	广告学报	2009
广告媒介可信度的因子研究	黄合水	广告学报	2009
短信广告的态度影响因素研究	陈睿,刘振,黄合水	新闻与传播研究	2009
广告主如何选择电视媒体	黄合水	现代广告	2009
技术垄断批判:大众传媒与消费伦理关系研究	史冬冬	新闻界	2009
科名体制下的士人办报—戊戌趋新报刊的一种观察角度	朱至刚	国际新闻界	2009
蓝牙广告,你能走多远?	伍静,林升栋	现代广告	2009
媒体关系的概念内涵、关系形态及其他	赵振祥	厦门大学学报	2009

续表

论文题目	作者	刊物名称	年份
浅析我国文化产业相关研究的区域差异	孙慧英	新闻界	2009
台湾“地下电台”的转型与流变	阎立峰，张苹	中国广播电视学刊	2009
新闻学教育应注重博雅通识	阎立峰	光明日报	2009
灾难报道：有关真实性的两个思考	陈晓彦	新闻界	2009
章太炎在台湾的新闻活动考述	李德霞	台湾研究	2009
植入式广告效果的影响因素	林升梁，林升栋	现代广告	2009
中国广告中的情理诉求——从“非位”(Etic)到“主位”(Emic)的探索	林升栋	新闻与传播研究	2009
重大体育赛事独家转播与公众知情权的平衡——以欧盟体育赛事电视转播权法律为例	陈晓彦	中国广播电视学刊	2009
《“一国两制”下的新闻理论与实践研究》课题中期汇报暨“一国两制新闻学”研讨会综述	殷琦	现代传播（中国传媒大学学报）	2010
Right Mentality for Society	陈嫵如	China Daily（理论版学术栏）	2010
从《全闽新日报》(1907—1945)看近代日本在华南报业的性质	毛章清	国际新闻界	2010
从制播合一到制播分离——从新制度经济学看新一轮制播分离改革	岳淼，许林	新闻界	2010
大中学生广告素质发展规律及影响因素研究	曾秀芹	现代广告	2010
当下西方发达国家另类媒体的概念辨析与内涵界定	罗慧	国际新闻界	2010
海峡两岸传媒共同市场构建的现实需要和理性前瞻	谢清果	现代传播（中国传媒大学学报）	2010
行在当下，功在千秋——论台湾环境生态纪录片的社会介入	迟月利	现代传播（中国传媒大学学报）	2010
影响网络媒体品牌选择的因素	黄合水	广告学报	2010
国内外品牌个性比较研究	黄合水	广告学报	2010

续表

论文题目	作者	刊物名称	年份
对平面广告中性诉求之研究	黄合水	现代广告	2010
媒介圈地的抵制与传播公地的重建	罗慧	新闻大学	2010
时尚杂志广告中的两性形象研究	周雨	现代广告	2010
试论“文人论证”的流变——以报人的自我期许为中心	朱至刚	新闻与传播研究	2010
台湾三大报的新闻评论特色及其启示	谢清果,张汉丽	台湾研究	2010
提速:党委新闻发言人制度建设	岳森	光明日报(理论版)	2010
网络社区中商业谣言的传播研究	张埌洁,伍静,林升栋	现代广告	2010
吴满有:典型生产的典型案例	朱至刚	国际新闻界	2010
五四时期广告教育与广告学研究初探	陈培爱,杜艳艳	新闻与传播研究	2010
新媒体时代广播音乐节目的内容转型	殷琦	新闻界	2010
虚拟环境中的广告传播探析	黄勇	现代传播(中国传媒大学学报)	2010
专为外交所设:清末远东社管窥	朱至刚	新闻大学	2010
“治理”的兴起及其内涵衍变——以其在中国传媒领域中的使用为例	殷琦	国际新闻界	2011
2010台湾“五都”选举民进党竞选策略——以政治营销学的基本模式解析	唐次妹	台湾研究集刊	2011
Multi-dimension Research on Youth Network Surfing	谢清果	Advanced Materials Research	2011
Risk of Social Disruption and Integration Function Development of News Products of Traditional Media in the Digital Age	殷琦	Product Innovation Management	2011
从香港电台看香港公共广播服务的起源与进展	殷琦	现代传播(中国传媒大学学报)	2011

续表

论文题目	作者	刊物名称	年份
从制度变迁看深圳广电集团制播分离改革	岳淼，许林	编辑之友	2011
当前西方另类媒体研究的兴起与走向	罗慧	厦门大学学报（哲学社会科学版）	2011
儿童健康与各国政府对垃圾食品广告的管理	王晶	新闻大学	2011
广告设计作品的内在特质	罗萍	现代广告	2011
跨越时空的文学感动	陈嬿如	光明日报（文学评论版）	2011
老子思想中的媒介拟态环境批判意识及其治理之道	谢清果，于宁	现代传播（中国传媒大学学报）	2011
两岸广告文化价值比较——以长城奖和金像奖为例	周雨，杨琪	现代广告	2011
六十年台湾财经杂志发展刍议(1949—2009)	吴琳琳	国际新闻界	2011
民族主义话语的媒介建构策略研究	熊慧	厦门大学学报（哲学社会科学版）	2011
内向传播视阈下的老子自我观探析	谢清果	国际新闻界	2011
嵌入媒体语境和一面/两面信息对广告说服效果的影响	林升栋，张垠洁	新闻与传播研究	2011
全球化背景下的新传播技术与中国大学生的文化认同	陈嬿如	China Media Report Overseas	2011
时代变迁中的价值推演——当代中国流行广告语内容分析(1979－2009)	陈素白	现代广告	2011
数字时代的社会分裂风险与报纸功能重塑	殷琦	编辑之友	2011
台湾新闻自由的历史变迁与现实困境探析	谢清果，曹艳辉	台湾研究	2011
台湾新闻自由与民众监督的博弈与出路	谢清果，张汉丽	台湾研究集刊	2011
新形势下的两岸新闻交流与合作	李德霞	台湾研究	2011

续表

论文题目	作者	刊物名称	年份
信仰传播效果的3M模式——以《青春之歌》的传播学解读为个案	陈嬿如	厦门大学学报	2011
中美报纸广告中比喻说服的质性比较	林升栋，伍静，周小宇	现代广告	2011
中西方品牌延伸命名差异的语言文化根源探究	魏昀，黄仲强，林升栋	现代广告	2011
基于网络的明显代言价值测量	黄合水	现代广告	2011
“气场”感知对中国消费者精细加工可能性的影响	林升栋，冯咏薇，张芝云	现代广告	2012
探讨社会资本对网络团购使用之影响	许晏瑜，黄合水	现代广告	2012
负面竞选广告综述	黄合水，莫莉	国际新闻界	2012
“一国两制”下的新闻理论与实践研究：基础、内容与方法	阎立峰	现代传播（中国传媒大学学报）	2012
Getting Down to Essentials of Education	陈嬿如	China Daily（理论版学术栏）	2012
Pros and Cons of Soft Power	陈嬿如	China Daily（理论版学术栏）	2012
The Similaries and Defferences of Speech Communication between Face-to-Face Situations and Electronic Situations	谢清果	Advanced Materials Research	2012
从“国家一元论”到多元治理框架的构建：中国传媒治理结构改革的路径、逻辑及其转型取向分析	殷琦	新闻与传播研究	2012
大学出版社改制后的数字出版发展对策研究	阎立峰，张彦华	编辑之友	2012
房地产调控政策出台前后厦门市房地产广告趋势研究	孙菁，曾秀芹	现代广告	2012
公共媒体的公共性构建及其现实困境	殷琦	厦门大学学报（哲学社会科学版）	2012

续表

论文题目	作者	刊物名称	年份
公益广告环境观的多模态批判话语分析	孙蕾	现代广告	2012
国闻报人的隐衷:以“北洋属员”为考察线索	朱至刚	新闻与传播研究	2012
禁烟广告对中国青少年的影响效果:男女有别	伍静,林升栋	国际新闻界	2012
蓝绿政党意识形态对台湾网络舆论的影响初探	乐媛,刘君琳	台湾研究	2012
两岸数字内容产业发展与合作探析	吴琳琳	厦门大学学报(哲学社会科学版)	2012
论新闻生产文化视维的社会学转向	邱红峰	国际新闻界	2012
青少年对广告负面影响的第三人效果研究	曾秀芹,熊慧	国际新闻界	2012
厦门地区男性消费者护肤品冲动购买实证研究	陈素白,冯宣小青	现代广告	2012
社交网站网络口碑研究:以性别差异为向度	陈素白,梁玉麒	国际新闻界	2012
试析建国初期宣传网的建立和撤销:以党的组织力量为考察背景	朱至刚	现代传播(中国传媒大学学报)	2012
台湾杂志版面设计的发展变化——以《天下杂志》为例	吴琳琳	国际新闻界	2012
在这里想象中国——《南方周末》新年献词的国家叙事研究	史冬冬	国际新闻界	2012
纸媒付费墙后的广告模式创新	陈晓彦	新闻界	2012
制播分离背景下的广电机构治理结构改革及其创新路径	殷琦	现代传播(中国传媒大学学报)	2012
中国传统自然观在房地产广告中的呈现	周雨,李静环	现代广告	2012
中国电视广告中的文化价值观:基于横向与纵向的比较	都凌霄,孙晓韵,林升栋	新闻与传播研究	2012
转型政治经济环境下中国传媒治理结构的变迁与走向	殷琦	国际新闻界	2012

续表

论文题目	作者	刊物名称	年份
“对岸”的想象与接触:两岸媒体交流与人际交流的演化历程及都市共同体初探	黄裕峯,吴胜涛	新闻大学	2013
Education Must Nurture as Well as Teach	陈嬿如	China Daily (理论版学术栏)	2013
The Idea Is to Make Education Creative	陈嬿如	China Daily (理论版学术栏)	2013
传媒资讯:两岸一体　全民传播	孙慧英	现代传播(中国传媒大学学报)	2013
电视辩论对两岸大学生“政治支持”的影响研究——基于 2012 台湾大选电视辩论的实验数据	乐媛,潘野蘅	国际新闻界	2013
台湾地区领导人选举中的竞选广告特点研究	黄合水,莫莉	厦门大学学报	2013
范式之争:西方受众研究“民族志”转向的动因、路径和挑战	熊慧	国际新闻界	2013
海外商业性纪录片的原则与实践——以两部“歌舞伎町”作品为例	阎立峰	现代传播(中国传媒大学学报)	2013
环境风险的社会放大与政府传播:再认识厦门 PX 事件	邱红峰	新闻与传播研究	2013
台湾文化创意产业政策及其启示	陈晓彦	台湾研究	2013
网络时代的媒介素养教育	佘绍敏	光明日报	2013
网络使用、公众信任与水污染风险传播	邱红峰,吴胜涛	国际新闻界	2013
菲律宾主流英文媒体对黄岩岛事件的报道分析——以《菲律宾每日问询者报》为例	李德霞	当代亚太	2013
营销传播中的第三人效果研究述评:理论与实践本土化建议	曾秀芹,程煜	国际新闻界	2013
作为观念的“同人报”:以“同人办报”为参照	朱至刚	国际新闻界	2013

续表

论文题目	作者	刊物名称	年份
“西国”映像:近代中国报刊理念的一项生成因素	朱至刚	新闻与传播研究	2014
《人民日报》微博新闻的叙事主体姿态分析	阎立峰,徐欢	现代传播(中国传媒大学学报)	2014
CEO 如何支持 CIO? 基于结构性权力视角的多案例研究	白海青,成瑾,毛基业	管理世界	2014
Writing History in the Age of the Internet	陈嬿如	China Daily(理论版学术栏)	2014
Scientific Research Is an Art not a Craft	陈嬿如	China Daily(理论版学术栏)	2014
South China Sea Disputes: China Has Evidence of Historical Claims	李德霞, Tan Keng Tat	RSIS Commentaries	2014
Xisha (Paracel Islands): Why China's Sovereignty Is “Indisputable”	李德霞	RSIS Commentaries	2014
Xisha (Paracel) Islands: The Inconvenient Truth — Analysis	李德霞, KT Tan	Eurasia Review	2014
艾滋病意义生产的媒体传播偏向及其修正策略	罗慧	国际新闻界	2014
从立场到图景:试论“中国报刊史”的书写缘起和逻辑	朱至刚,张海磊	国际新闻界	2014
海峡两岸新闻交流政策的困境与出路展望	谢清果	现代传播(中国传媒大学学报)	2014
解读新闻性电视谈话节目与台湾选举	黄裕峯	台湾研究	2014
两岸网络公共领域中的身份认同及其交往逻辑的功能考量	谢清果,王昀	台湾研究	2014
新阶级、核风险与环境传播:宁德核电站环境关注的社会基础及政府应对	邱红峰	现代传播(中国传媒大学学报)	2014
政治文化视域下的台湾电视政论节目	邹振东	国际新闻界	2014
“风草论”:建构中国本土化传播理论的尝试	谢清果,陈昱成	现代传播(中国传媒大学学报)	2015

续表

论文题目	作者	刊物名称	年份
Western and Chinese Perspectives on Communication Process and Effects	陈嬿如	The Journal of Development Communication	2015
Just Entertainment: Effects of TV Series about Intrigue on Young Adults	王霏，林开栋，柯学	Frontier in Psychology	2015
公共关系的范式竞争与“文化分析”路径的提出	宫贺	国际新闻界	2015
广告镜像考察：转型期中国城市居民健康消费观念变迁——基于《羊城晚报》(1980—2013)保健食品广告的内容分析	陈素白，高诗劼，熊烨	现代传播（中国传媒大学学报）	2015
环境风险社会放大的组织传播机制：回顾东山 PX 事件	邱红峰，熊慧	新闻与传播研究	2015
记者微博自我表露的性别差异与关系建立广度的相关性研究	熊慧，廖晴	现代传播（中国传媒大学学报）	2015
取向与取舍：“学科”角度下的早期中国新闻学	朱至刚	新闻与传播研究	2015
厦门日报社社长李泉佃谈媒体融合的国家战略	孙慧英	国际新闻界	2015
网军、名嘴与台湾选举	黄裕峯	台湾研究	2015
中国青少年社交媒体使用与沉迷现状：亲和动机、印象管理与社会资本	黄含韵	新闻与传播研究	2015
Fickle Men, Faithful Women: Effects of Mating Cues on Men's and Women's Variety－Seeking Behavior in Consumption	陈瑞，郑毓煌，张岩	Journal of Consuemr Psychology	2016
The Reversed Endowment Effect in Living Goods Transaction	陈瑞	Advances in Consumer Research	2016
Understanding the Behavior of Sharing Information of Wechat Users: An Integrated Model	白海青，何思绪	Advances in Intelligent Systems Research	2016
反酒后驾车广告的说服效果：规避伤害与克制冲动	陈瑞，林升栋	国际新闻界	2016

续表

论文题目	作者	刊物名称	年份
公共健康话语网络的两种形态与关键影响者的角色:社会网络分析的路径	宫贺	国际新闻界	2016
华夏舆论传播的概念、历史、形态及特征探析	谢清果,王昀	现代传播(中国传媒大学学报)	2016
激发应对效能与自我效能:公众适应气候变化的风险传播治理	邱红峰	国际新闻界	2016
集体主义文化与艾滋歧视报道的第三人效果	邱红峰,彭璐璐	新闻界	2016
论闽台影视产业的合作发展——开放型区域经济的视角	岳淼,陈若萱	现代传播(中国传媒大学学报)	2016
锚定效应在网络口碑领域中的考察:以豆瓣电影在线评分为例	陈素白,高诗劼,章怡成	国际新闻界	2016
媒体和组织因素对地方报记者职业角色认知的影响	熊慧,张健	新闻界	2016
漂绿广告的虚假环境诉求及其效果研究	孙蕾,蔡昆濠	国际新闻界	2016
台湾地区新闻自律的历史、现状与问题	阎立峰,蒋航,罗敬霖	现代传播(中国传媒大学学报)	2016
台湾舆论场的政党角力	黄裕峯	台湾研究	2016
台湾舆论研究的存在和发展	邹振东	台湾研究	2016
微传播环境下我国网络流行语论析	叶虎	现代传播(中国传媒大学学报)	2016
中西传播理论特质差异论纲	谢清果,祁菲菲	现代传播(中国传媒大学学报)	2016
《人民日报》微信公众平台的传播与用户行为研究	岳淼,黄琬丽	现代传播(中国传媒大学学报)	2017
1978 年以来中国传媒体制改革观念演进的过程与机制——以“市场化”为中心的考察	殷琦	新闻与传播研究	2017
2011—2016:华夏传播研究的使命、进展及其展望	谢清果	国际新闻界	2017

续表

论文题目	作者	刊物名称	年份
CEO 如何促进高管团队的行为整合——基于结构化理论的解释	成瑾，白海青	管理世界	2017
The Adoption and Use of WeChat among Middle-aged Residents in Urban China	黄含韵，张曦雯	Chinese Journal of Communitaion	2017
基于新闻大数据的中国城市时尚形象研究	黄合水，彭丽霞	厦门大学学报	2017
被嵌入的主角：报刊基层化中的国民党县级党报	朱至刚	国际新闻界	2017
传播的艺术：中美比喻说服的逻辑间距	林升栋，刘霞，吕娇燕	现代传播（中国传媒大学学报）	2017
旧关系与新组织：从《时务报》看中国同人报的内在困局	朱至刚	现代传播（中国传媒大学学报）	2017
跨出口岸：基于“士林”的《时务报》全国覆盖	朱至刚	新闻与传播研究	2017
台湾财经杂志广告经营之变迁分析（1949—2016）	吴琳琳	国际新闻界	2017
危机媒介化与媒介化危机	胡悦	现代传播（中国传媒大学学报）	2017
新闻史知识生产视野下的林白水研究	毛章清	现代传播（中国传媒大学学报）	2017
Mobile Dating, Relational Communication, and Motivations for AIDS Risk Reduction among Chinese MSM College Students	邱红峰，黄帅	Health Communication	2018
Nuclear Risk Perception, Political Efficacy, and Internet Use for Civic Engagement in China	邱红峰，翁苏伟，杜恺健	Chinese Journal of Communication	2018
Sharp Power: West Gets It Wrong (Chinese Way of Development Communication)	陈嫣如	China Daily（理论版学术栏）	2018
弹性动机、群内等级、信任物化：关系传播视阈下的网络约会与风险控制	邱红峰	新闻与传播研究	2018

续表

论文题目	作者	刊物名称	年份
点赞行为的代际差异研究	陈素白,邵舒	现代传播(中国传媒大学学报)	2018
两岸关系指数研究初论	邹振东,冯梦兰	台湾研究	2018
两岸数字内容产业合作探究——基于对两岸数字内容产业界深度访谈的分析	吴琳琳,罗敏	现代传播(中国传媒大学学报)	2018
媒介环境学派与"技术决定论"关联的再思考	谢清果,杜恺健	现代传播(中国传媒大学学报)	2018
能动的振摆:从新历史主义视野看新闻文本的历史性	阎立峰,王璇	新闻与传播研究	2018
全球价值链下两岸动漫产业的发展与合作	吴琳琳,罗敏	国际新闻界	2018
台湾日据时期"治警事件"中的舆论抗争始末析	吴琳琳	新闻与传播研究	2018
舆论学视角下的汉代"月旦评"探究	田素美 谢清果	现代传播(中国传媒大学学报)	2018
重返部落化:新媒体时代离乡青年对方言共同体的延续与再定义	孙蕾	现代传播(中国传媒大学学报)	2018
主客相融与主客相分:一项中国青年人的水墨画审美实证研究	侯凡跃,林升栋,程红	现代传播(中国传媒大学学报)	2018
走出"密苏里模式":台湾地区新闻传播教育的专业化趋向	殷琦	现代传播(中国传媒大学学报)	2018
Costs and Benefits of Cultural Value Mismatch in the Globalising Era: A Commentary on the Special Issue " Cross-Cultural Value Mismatch: A By-Product of Migration and Population Diversity Around the World" (Ijp, December, 2018)	吴胜涛	International Journal of Psychology	2019
Culture Change and Affectionate Communication in China and the United States: Evidence From Google Digitized Books 1960—2008	吴胜涛,李伯媛,朱梁梁等	Frontiers in Psychology	2019

续表

论文题目	作者	刊物名称	年份
Ethical Leadership and Internal Whistleblowing: A Mediated Moderation Model	成瑾,白海青	Journal of Business Ethics	2019
Personal Ties, Group Ties and Latent Ties: Connecting Network Size to Diversity and Trust in the Mobile Social Network Wechat	沈粹华,宫贺	Asian Journal of Communication	2019
What Happens after Young Adults' "Friending" of Parents? A Qualitative Study about Mediated Family Communication and Privacy Management in China	房苏敏,宫贺	Mobile Media & Communication	2019
When Does Product Brand Matter to Children?	王霏,李纾	International Journal of Market Research	2019
此消彼长:欧美学术界视角下的两岸媒体比较研究	赵屹然,阎立峰	现代传播(中国传媒大学学报)	2019
断言式新闻——媒介技术驱动下的新型新闻模式研究	陈嬿如,谢欣	国际新闻界	2019
对话何以成为可能:社交媒体情境下中国健康传播研究的路径与挑战	宫贺	国际新闻界	2019
多元归因与信任重建:危机传播情境理论的中国情境——以2018年问题疫苗事件为例	宫贺,韩冬,张庆园	新闻与传播研究	2019
广告的演变及其本质	黄合水,方菲	新闻与传播研究	2019
社会运动中的社交媒体动员与媒介间议程设置效应:以台湾地区"反服贸学运"为例	乐媛,周晓琪	国际新闻界	2019
学者框架反思:整合传播过程与效果的理论	陈嬿如,谢欣	厦门大学学报	2019
社交媒体使用对广告态度影响的倒U形模式研究	宣长春,林升栋	现代传播(中国传媒大学学报)	2019
台湾文化创意产业投融资政策的公私协力经验及其困境	吴琳琳	现代传播(中国传媒大学学报)	2019

续表

论文题目	作者	刊物名称	年份
从审美动员到社会动员:时尚传播的文化政治指向	赵振祥,刘国慧	现代传播(中国传媒大学学报)	2020
公共领域中热点事件的社会情感价值分析	孙慧英,明超琼	现代传播(中国传媒大学学报)	2020
仪式传播如何影响受众对商品的态度?——卷入度的调节作用	王霏,魏毅晖,蒋晶森	新闻与传播研究	2020
“中间群体”vs.“边缘群体”:群体特征对社交媒体广告态度的影响	林升栋,宣长春	新闻大学	2020
日常生活情境中的“勾连”:陕西省×家村村民使用手机获取信息的考察	吴琳琳,徐琛	现代传播(中国传媒大学学报)	2020
突出“姓”还是“名”? 文化框架对品牌延伸命名策略的影响	宣长春,魏昀,林升栋,刘霞	国际新闻界	2020
幽默的“两面性”:社交媒介危机回应的效果与影响因素	宫贺,黄苗红,柯颖妮	新闻与传播研究	2020
如何向世界说明“中国”:中华文化海外传播的问题意识与方法自觉	谢清果	安徽师范大学学报(人文社会科学版)	2020
媒介哲学视角下的老子之“门”新论	谢清果	山西大学学报(哲学社会科学版)	2020
广告回避文献述评与研究转向探讨	陈素白,段秋婷	编辑之友	2020
创新的转向:中国媒体融合演进的路径与机制	殷琦	新闻大学	2021
2020年台湾地区“二合一”选举网络舆论观察——基于大数据的量化研究视角	邹振东,黄浩宇	厦门大学学报(哲学社会科学版)	2021
中国符号的体验式消费及其影响情境——基于留学生深度访谈的语义网络与主题分析	宫贺,王宇辰	当代传播	2021
独白与对话之间:重新理解“卷入”的概念边界与操作维度	宫贺	新闻与传播研究	2021
广告侵入性对社交媒体广告态度的影响:不同文化紧密度的差异化表现	宣长春	现代传播(中国传媒大学学报)	2021

续表

论文题目	作者	刊物名称	年份
以“训”传家：作为一种传播控制实践的家训	谢清果，王皓然	新闻与传播研究	2021
行动与转译：乡镇直播带货研究——基于重庆市綦江区融媒体中心的考察	吴琳琳，陈秋宇	现代传播（中国传媒大学学报）	2021
跨文化医患沟通的多模态链接与意义共创——基于COVID—19疫情的多主体平行叙事分析	宫贺，王宇辰，杨嘉	新闻大学	2021
魏晋南北朝媒介纸质化的社会功能探析	谢清果，林凯	现代出版	2021
文化距离视野下的“一带一路”倡议——基于4918篇英文新闻报道的情感分析（2013—2019年）	宣长春，林升栋	新闻与传播研究	2021
同伴支持与恐惧控制：乳腺癌虚拟社区互动的平行机制	邱鸿峰，周倩颖	国际新闻界	2021
重新认识林兴宅	邹振东	厦大中文学报	2021
论台湾左翼“民众传播”观念的形成与内涵	张铭清，温晔	厦门大学学报（哲学社会科学版）	2021
人脸：身体传播中文化与社会的媒介化表征	谢清果，王婷	齐鲁学刊	2021
与时偕行：华夏文明传播的时间偏向	谢清果，王婕	现代传播（中国传媒大学学报）	2021
重返部落化：结绳记事的传播模式、机理与功能探赜	林凯，谢清果	国际新闻界	2021

五、国家级科研课题

我院在国家级科研课题的立项数量和质量都不断提高，特别是在2019年由余清楚院长担任首席专家参与国家社科重大项目招标“人类命运共同体视域下中国国家形象在西方主流媒体的百年传播研究”获得立项，实现了建院以来通过公开竞争方式获得国家社科重大项目立项的历史性突破，也是福建省新闻传播学科的历史性突破。该项目于2020年6月6日成功举行开题论证会，包括国务院新闻传播类教学指导委员会主任高晓虹、国务院新闻传播学科评议组召集人黄旦等开题专家都给予高度评价，开题论证会的会议综述发表在《中国社会科学报》网站。

表 8-5 国家级科研课题

负责人	项目名称	立项年份	项目来源
陈培爱	国内电视广告效益及其对策研究	1994	国家社科基金年度项目
陈嬿如	社会主义市场经济时代的大众传播与爱国主义教育	2002	国家社科基金年度项目
陈培爱	广告传播学研究	2006	国家社科基金年度项目
黄星民	两岸新闻交流史	2007	国家社科基金年度项目
张铭清	“一国两制”下的新闻理论与实践研究	2008	国家社科基金年度项目
张铭清	“一国两制”新闻学研究	2008	国家社科基金年度项目
林升栋	分“类”的文化差异对品牌延伸评价的影响	2009	国家自然科学基金年度项目
黄合水	台湾政治广告研究	2010	国家社科基金年度项目
陈培爱	中国近代广告史研究(1840—1949)	2010	国家社科基金年度项目
赵振祥	台岛媒体舆情监测与引导机制研究	2011	国家社科基金年度项目
陈晓彦	台湾文化创意产业发展研究	2011	国家社科基金年度项目
孙慧英	手机媒体对社会文化生活的影响研究	2011	国家社会科学基金艺术学
白海青	高管支持对 ERP 实施成效的作用机制研究：结构化理论视角	2012	国家自然科学基金项目
朱至刚	人际交往与社会交往：戊戌时期的士林与维新报刊	2013	国家社科基金后期资助
陈培爱	中国广告教育三十年研究(1983—2013)	2013	国家社科基金年度项目
林升栋	东西方不同文化思维方式对广告说服的影响：一个至下而上的脉络建构与验证	2013	国家自然科学基金年度项目
王晶	全球争议广告研究	2014	国家社科基金年度项目
谢清果	海峡两岸数字公共领域与文化认同研究	2015	国家社科基金年度项目
阎立峰	台湾地区传媒发展与政党变革关系研究(1949—2017)	2015	国家社科基金年度项目
邹振东	两岸共同舆论场的构建研究	2015	国家社科基金年度项目

续表

负责人	项目名称	立项年份	项目来源
罗慧	台湾大学生的媒介素养与政治认同研究	2016	国家社科基金年度项目
殷琦	党管媒体原则在国有传媒企业治理中的实践路径及效应研究	2016	国家社科基金年度项目
吴琳琳	台湾数字内容产业发展与中华民族优秀传统文化传承研究	2016	国家社科基金艺术学项目
陈瑞	女性生理周期对其社交网络参与行为影响的研究:进化心理学的视角	2016	国家自然科学基金年度项目
邹振东	* * 传播研究	2017	国家社科基金特别委托项目
黄含韵	中国城市居民社交媒体使用与沉迷现状研究	2017	国家社科基金年度项目
宫贺	社交媒体平台的数据挖掘与健康话语网络研究	2017	国家社科基金年度项目
黄裕峯	促进两岸青年心灵契合的传播机制研究	2018	国家社科基金年度项目
陈经超	台湾社会集体记忆变迁与两岸共同体重塑研究(1988—2018)	2018	国家社科基金年度项目
胡悦	公共危机的媒介化机制与关系性化解方法研究	2018	国家社科基金年度项目
陈素白	改革开放四十年广告图景中的消费记忆	2019	国家社科基金后期资助
苏俊斌	新闻推荐算法的把关机制、伦理问题及其对策研究	2019	国家社科基金年度项目
熊慧	积极老龄化视角下流动老人数字融入路径与效果研究	2019	国家社科基金年度项目
谢清果	华夏文明传播的观念基础、理论体系与当代实践研究	2019	国家社科基金年度项目
余清楚	人类命运共同体视阈下中国国家形象在西方主流媒体的百年传播研究	2019	国家社科基金重大项目
宫贺	“健康中国”命题下的社交媒介卷入与对话信任研究	2020	国家社科基金年度项目
黄合水	社会主义核心价值观的测量与传播效果研究	2020	国家社科基金年度项目

续表

负责人	项目名称	立项年份	项目来源
罗萍	广告形象的视觉说服研究	2020	国家社科基金后期资助
殷琦	平台社会语境下网络内容安全的结构性风险及其治理研究	2021	国家社科基金年度项目
王霏	重大突发事件中"心理台风眼"效应机制及干预措施研究	2021	国家社科基金年度项目
李德霞	21世纪以来美国对华媒体外交演变与中国的应对策略研究	2021	国家社科基金年度项目
宣长春	基于计算方法的社交媒体广告社会效果与综合治理研究	2021	国家社科基金年度项目

注：* 为涉密内容。

六、教育部科研课题

表 8-6　教育部科研课题

负责人	项目名称	立项年份	项目来源
叶虎	海外华文传媒与中国软实力建设研究	2010	教育部人文社会科学研究一般项目
陈素白	从广告传播表现解读转型期中国城市居民消费观念变迁(1978—2010)	2011	教育部人文社会科学一般项目
殷琦	制播分离背景下中国广播电视机构治理模式创新研究	2012	教育部人文社会科学研究一般项目
苏俊斌	社交网络节点的传播影响力评估模型研究	2013	教育部人文社会科学研究一般项目
朱至刚	戊戌维新报刊发行网络研究：以代办人群体为中心	2013	教育部人文社会科学研究一般项目
乐媛	超越制度决定论：两岸互联网政治参与比较研究	2013	教育部人文社会科学研究一般项目

续表

负责人	项目名称	立项年份	项目来源
黄含韵	中国青少年社交媒体使用与沉迷现状研究	2014	教育部人文社会科学研究一般项目
谢清果	海峡两岸传媒交流与政治互信研究	2014	教育部人文社会科学研究一般项目
邱红峰	环境风险社会放大的传播机制及其治理研究	2015	教育部人文社会科学研究一般项目
孙蕾	环境邻避事件中传播主体的风险认知与沟通研究	2015	教育部人文社会科学研究一般项目
聂鑫	高校网络文化建设品牌培育机制研究	2017	教育部人文社会科学研究专项
周雨	视觉修辞视野下绘画原型与广告仿拟的比较研究	2021	教育部人文社会科学研究一般项目

七、省级科研课题

表 8-7 省级科研课题

负责人	项目名称	立项年份	项目来源
赵振祥	福建省网络言论的法律管理研究	2002	福建省教育厅社科项目
陈培爱	全球化背景下的广告传播与文化冲突	2003	福建省社会科学规划“十五”项目(第二期)
赵振祥	网络言论的管理与社会主义和谐社会的构建	2003	福建省社会科学规划“十五”项目
张铭清	宣传文化思想工作如何在“两个先行区”建设中发挥好起先导、求先行、当先锋的作用	2008	福建省社会科学规划项目
陈嬿如	传播学理论的新探索	2008	福建省社会科学规划项目
赵振祥	海峡西岸区域新闻安全研究	2008	福建省教育厅社科项目
叶虎	海峡西岸经济区文化软实力战略研究	2008	福建省邓小平理论和“三个代表”重要思想研究基地

续表

负责人	项目名称	立项年份	项目来源
朱健强	闽南传统文化产业品牌经营模式研究	2009	福建省教育厅课题
谢清果	道家符号传播思想研究	2009	福建省社会科学规划项目
叶虎	文化软实力视域下的闽南地区当代报业研究	2009	福建省社会科学规划项目
罗慧	传播公地的重建及其问题——西方另类媒体的传播理念与实践研究	2010	福建省社会科学规划项目
叶虎	大力推进福建文化产业发展研究	2010	福建省社会科学规划项目
谢清果	台湾新闻自由与闽台传媒业先试先行研究	2011	福建省社会科学规划项目
赵振祥	媒体关系学研究	2011	福建省社会科学规划项目
史冬冬	媒介与社会:《南方周末》与当代中国现代性的关系研究	2011	福建省社会科学规划项目
吴琳琳	闽台文化创意产业交流基地研究	2011	福建省社会科学规划项目
谢清果	闽台传媒业先试先行的体制机制与政策研究	2011	福建省软科学立项
林升栋	区域产业品牌伞策略研究	2011	福建省软科学立项
陈培爱	新闻传播学科发展规划	2012	福建省社会科学规划项目
黄含韵	福建省青少年社交媒体使用与沉迷现状	2012	福建省社会科学规划项目
乐媛	超越制度决定论:两岸互联网政治参与比较研究	2012	福建省社会科学规划项目
邱红峰	环境风险评估模式变革与环境传播战略调整的实证研究:以福建省为例	2012	福建省社会科学规划项目
阎立峰	大众传媒与台湾政党政治关系研究	2012	福建省社会科学规划项目
殷琦	制播分离背景下的广电机构治理结构改革及其创新路径	2012	福建省社会科学规划项目
熊慧	福建省高校新闻传播学本科教育的创新性发展研究	2012	福建省教育科学规划项目
吴琳琳	闽台数字内容产业比较与合作研究	2013	福建省社会科学规划项目
赵振祥	近代报人林白水的新闻实践与新闻思想研究	2013	福建省社会科学规划项目

续表

负责人	项目名称	立项年份	项目来源
谢清果	闽台传媒特区与两岸政治互信研究	2013	福建省社会科学规划项目
李德霞	南海领土争议中的媒体角色研究	2013	福建省社会科学规划项目
黄裕峯	“先行先试”闽台新闻传播教育交流模式探讨	2013	福建省教育科学规划项目
赵振祥	两岸传媒资讯一体化研究	2013	福建省教育厅
陈晓彦	台湾文化建设和文化创意产业发展的经验研究	2014	福建省社会科学规划项目
罗慧	海外华人参政的媒介话语权研究	2014	福建省社会科学规划项目
唐次妹	国台办在台湾报纸上的形象研究	2014	福建省社会科学规划项目
阎立峰	聚焦海峡论坛、看两岸民间交流之三“亲”	2014	福建省社会科学规划项目
阎立峰	台湾新闻行业界职业道德现状研究	2014	福建省社会科学规划项目
叶虎	打响福建文化品牌，提升福建文化凝聚力、感召力和影响力研究	2014	福建省社会科学规划项目
赵梅	基于“陆港冲突”报道下的高校传媒教育循证模式探索	2014	福建省教育科学规划项目
吴琳琳	发挥“先行先试”优势，闽台数字内容产业合作对接研究	2014	福建省软科学研究科技项目
黄裕峯	基于对话框分析的社交网站纪录片推荐系统	2014	福建省教育厅项目
周雨	环境美学对福建”生态美“传播的启示	2014	福建省教育厅项目
吴琳琳	台湾数字内容产业发展经验及其对福建的启示研究	2015	福建省社会科学规划项目
殷琦	面向媒体融合的福建省新型传媒集团建设路径及运行机制研究	2015	福建省社会科学规划项目
孙慧英	移动媒体时代媒介叙事方式嬗变及其文化影响研究	2015	福建省社会科学规划项目
毛章清	习近平在福建时期的新闻宣传思想研究	2015	福建省社会科学规划项目
刘毅	传播学视角下的公民话语权研究	2015	福建省社会科学规划项目
谢清果	海峡两岸数字公共领域与文化认同研究	2015	福建省软科学研究科技项目

续表

负责人	项目名称	立项年份	项目来源
孙蕾	福建省循环经济项目的科技传播创新策略研究	2015	福建省软科学研究科技项目
胡悦	“中国梦”对台战略传播效果研究	2015	福建省教育厅
罗慧	海外华文媒体报道海外华人参政的传播策略研究	2015	福建省教育厅
邹振东	“弱传播”理论和当代中国的传播实践	2015	福建省社会科学规划项目
李德霞	南海问题中的美国媒体外交与中国应对策略研究	2016	福建省社会科学规划项目
曾秀芹	政府新闻发言人胜任力模型及相应选拔培养机制研究	2016	福建省社会科学规划项目
王霏	威胁诉求公益广告效果实验研究	2016	福建省社会科学规划项目
宫贺	新媒体情境下政府新闻发布的实证研究	2016	福建省社会科学规划项目
胡悦	大数据危机公关机制研究	2016	福建省社会科学规划项目
李啸	美国记者俱乐部研究	2016	福建省社会科学规划项目
殷琦	福建建设21世纪海上丝绸之路核心区的区域传播战略研究	2016	福建省软科学研究科技项目
邱红峰	HIV/AIDS风险传播对我省青少年性行为的干预机制创新研究	2016	福建省软科学研究科技项目
宫贺	微信使用对于大学生的网络信任与社会资本的影响——对福建省大学生的实证研究	2016	福建省教育厅
苏文	福建省气象微博的信息传播与联动机制研究 ——以台风预警为例	2016	福建省教育厅
王霏	公益广告信息策略研究	2016	福建省教育厅
殷琦	关于传媒改革与治理的相关研究；关于港台传媒机构与规制研究	2016	福建省教育厅
陈素白	网络广告回避机制研究：基于广告主体、受众和社会情境三维互动的视角	2017	福建省社会科学规划项目
阎立峰	台湾传媒发展与政党变革关系研究(1949—2017)	2017	福建省社会科学规划项目

续表

负责人	项目名称	立项年份	项目来源
吴琳琳	云计算、大数据时代台湾数字内容产业发展经验及其对福建的启示	2017	福建省软科学研究科技项目
孙蕾	福建省小学生环境教育地方课程开发研究	2017	福建省教育厅
陈嫵如	新闻对铸牢中华民族共同体意识的作用研究	2018	福建省社会科学规划项目
邱红峰	社交媒体时代公关实践对新闻媒体意识形态主导权的影响研究	2018	福建省社会科学规划项目
赵洁	我的健康我做主——健康传播 ABC	2018	福建省社会科学规划项目
熊慧	知识型新移民的社交媒体使用、人际交往与社会认同研究	2018	福建省社会科学规划项目
谢清果	“一带一路”战略下的福建文化记忆重构与传播话语体系建构研究	2018	福建省软科学研究科技项目
宫贺	健康科普传播的影响机制研究——以福建省公众为例	2018	福建省软科学研究科技项目
黄裕峯	台湾青年来闽交流前后认同比较研究	2018	福建省教育厅
殷琦	面向融合的信息传媒产业平台化发展战略研究	2019	福建省科技计划软科学项目
乐媛	媒体舆论视域下的“九二共识”观念史研究	2019	福建省社会科学规划项目
孙慧英	国内移动短视频新闻发展模式研究	2019	福建省社会科学规划项目
佘绍敏	推动外宣工作从“走出去”向“走进去”研究	2019	福建省社会科学规划后期资助项目
李德霞	特朗普执政以来的美国对华媒体外交及其对中国的启示研究	2020	福建省社会科学规划项目
邱红峰	重大突发公共卫生事件的风险放大机制及其传播治理创新研究	2020	福建省科技计划软科学重点项目
殷琦	网络安全观下互联网平台内容治理体系的结构调整与机制优化研究	2021	福建省科技厅创新项目
谢清果	乡村振兴视域下福建新时代文明实践中心建设研究	2021	福建省科技厅创新项目

续表

负责人	项目名称	立项年份	项目来源
孙蕾	“碳中和”目标下智能手机客户端倡导低碳行动的创新传播研究	2021	福建省科技厅创新项目
吴琳琳	闽台融合发展的舆论引导研究	2021	福建省社会科学规划项目
张楠	乡村振兴背景下促进福建村民参与环境保护的媒体策略研究	2021	福建省社会科学规划项目

附录 厦门大学新闻传播学院大事记(1921—2021)

序号	时 间	事 项
1	1921 年 11 月	创办新闻学部。
2	1922 年 7 月	新闻学部全国招生。
3	1923 年 4 月	改学部为科,共有文科、理科、教育科、工科、新闻科等五科。
4	1924 年 6 月	学校仅设文、理二科,新闻科并入文科,改称“新闻学系”。
5	1926 年 1 月	校董会议决停办新闻学系,当年秋季停止招生。
6	1979 年 12 月初	厦门大学校友、香港《大公报》刘季伯先生来厦,建议“厦大复办新闻系,最好办传播系”。
7	1982 年 6 月 5 日	成立厦门大学新闻传播系筹备委员会。徐铸成任主任委员,未力工、刘季伯任副主任,郑朝宗、林疑今、刘正坤、潘潮玄、梁敬生、金坚、卞守耆、许栋梁任委员,陈杨明任秘书。
8	1983 年 2 月 11 日	教育部批准厦门大学增设新闻专业。
9	1983 年 6 月 30 日	成立新闻传播系。新闻传播系由徐铸成、未力工、刘季伯为正副主任的筹备委员会及其办公室负责,人员由人事处会商中文系调整充实。
10	1983 年 9 月	以徐铸成、刘季伯为导师,招收了第一批新闻传播研究方向硕士研究生黄星民、朱家麟、陈金武 3 人。
11	1984 年 4 月	学校敦聘香港中文大学传理系主任余也鲁教授为厦门大学新闻传播系名誉教授和学术顾问。
12	1984 年 4 月	学校敦聘唐忠朴同志为厦门大学新闻传播系兼职教授。
13	1984 年 4 月	聘请中宣部新闻局冯一龙同志为新闻传播系学术顾问。
14	1984 年 4 月	聘请香港浸会学院张同教授为我校兼职教授,讲授公共关系学等课程。

续表

序号	时　间	事　项
15	1984 年 6—7 月	余也鲁先生率领张同教授以及香港传媒界专家学者莅临我校讲学。
16	1984 年 9 月	招收第一届国际新闻专业（五年制）和广告专业（四年制）本科生，其中国际新闻专业 19 人，广告学专业 15 人。
17	1984 年 11 月	建立中共厦门大学新闻传播系支部，杨金德任支部书记。
18	1984 年 11 月 1 日	陈安全任新闻传播系副主任。
19	1985 年 10 月	经教育部批准，设立广播电视新闻专业。
20	1987 年 3 月 1 日	许栋梁任新闻传播系代主任。
21	1987 年 8 月	国内第一本广告学教材《广告学原理与方法》由厦门大学出版社出版，作者陈培爱。
22	1987—1989 年	朱月昌参与国家社科规划重点课题项目“新闻媒介的广告研究”，课题组长为唐忠朴。
23	1988 年 9 月	聘请美国纽约州大学传播学博士英健来校讲授传播学理论、传播学研究方法等课程。英健博士于 1994 年被福建省人民政府授予福建省外国专家奖，1996 年被国家外国专家局授予国家友谊奖，1999 年被福建省人民政府授予福建省友谊奖。1994 年英健为我系学生设立英健奖学金。
24	1989 年 9 月	广播电视新闻专业（4 年制）正式招收第一届本科学生，招收学生 14 人。
25	1989—1991 年	陈扬明参与国家社科规划重点课题项目“台湾新闻事业研究”，课题组长为历史系陈碧笙教授。
26	1990 年	陈培爱、纪华强获得国家教委研究课题项目“广告传播技巧研究”。
27	1990 年 9 月 1 日	吴伟任新闻传播系副主任。
28	1990 年 9 月 19 日	厦大委组字（1990）39 号文，在原直属支部的基础上，新闻传播系成立中共总支部委员会，杨金德任总支书记。
29	1990 年 4 月	第一次全国高校广告教学研讨会在厦大召开，教育部高教司领导、中国广告协会、台湾辅仁大学著名广告学教授颜伯勤，著名广告前辈徐百益，我校兼职教授洪一龙，以及国内开办广告学专业的院校代表参加了会议。
30	1991 年 6 月	经厦门市工商行政管理局批准成立厦门大学广告公关事务所，开辟了教学、科研与社会实践相结合的新渠道。

续表

序号	时 间	事 项
31	1992年4月18日	尤国顺任中共新闻传播系总支部委员会副书记。
32	1992年10月	承办了全国新闻院校系主任会议，来自全国新闻院校的系主任以及相关专家学者参加了会议。
33	1992年12月29日	陈安全晋升教授职务。
34	1993年3月18日	厦大人〔1993〕20号文，新闻传播学院传播研究室更改为厦门大学传播研究所。
35	1993年5月25日—5月30日	中国社会科学院新闻研究所与厦门大学新闻传播学系在厦门大学联合主办第三届全国传播学研讨会。
36	1993年8月25日	周旻获得1993年福建省优秀教师称号。
37	1993年9月	广告专业开始接受来自全国各兄弟院校的进修教师。在校内开始招收跨专业辅修生。
38	1993年12月11日	郑松锟任新闻传播系代主任，朱健强任新闻传播系副主任。
39	1993年12月11日	国务院学位办(1993)61号文，国务院学位办公布第五批硕士学位授权点，厦门大学获批新闻学硕士学位授权点。
40	1993年12月31日	司卓亚任中共新闻传播系总支部委员会副书记。
41	1993年12月31日	郑松锟任广告公关事务所所长，朱月昌任副所长，免去杨金德广告公关事务所所长。陈培爱任传播研究所副所长，免去周旻传播研究所副所长。
42	1994—1997年	陈培爱、黄合水、纪华强、朱健强、赵洁承担国家哲学与社会科学课题“我国电视广告社会效益及其改进对策研究”。
43	1994年9月	纪华强、杨金德著作《公共关系的基本原理与实务》获省优秀社会科学优秀成果三等奖，同年该书获厦门大学改革开放以来评选活动五十本教材的二等奖。
44	1995年	李世雄获“95中国最佳摄影师金奖”。
45	1995年8月	陈培爱、赵洁主讲的“广告学概论”课程获评福建省优秀主干课程。
46	1995年9月	由厦门大学出版社出版，陈培爱主编的“21世纪广告丛书”(共10本)全部出版，2000年再版。
47	1995年9月	正式独立招收新闻学专业硕士研究生，下设新闻学、广告学两个专业方向，首批招生四人：徐柳榾、龙丽云、刘向晖、巫莲心。
48	1995年9月29日	郑松锟任新闻传播系主任。

续表

序号	时　间	事　项
49	1996 年 1 月 31 日	司卓亚任中共新闻传播系总支部委员会书记。
50	1996 年 4 月 1 日	陈国强任中共新闻传播系总支部委员会副书记。
51	1996 年	与福建省广告协会合作招收“广告专业证书班”，学员来自福建广告业界的从业人员。
52	1996 年 5 月 8 日	陈扬明荣获中国新闻教育学会和改革日报社举办的“全国首届新闻教育韬奋园丁奖”二等奖。
53	1996 年 11 月 12 日	高等教育自学考试在福建省开考广告等七个应用型专科专业，厦门大学担任广告专业（专科）主考学校。
54	1997 年	国家工商局广告司、中国广告协会学术委员会组成专门课题组，对全国广告教育的调查结果显示，厦门大学广告学专业在全国 80 多所设立广告专业的院校中，在广告业界和广告教育界的知名度和美誉度，均名列榜首。
55	1997—1999 年	“广告学专业人才培养模式与课程体系改革研究体系比较研究”获国家教委“面向 21 世纪教学内容与课程体系改革”课题立项，陈培爱为组长。
56	1997 年 1 月 28 日	朱月昌任新闻传播系副主任、陈培爱任新闻传播系副主任（主持工作）。
57	1998 年 4 月 1 日	“广告学专业”学科建设荣获厦门大学最高奖“南强奖”一等奖。
58	1998 年 5 月 1 日	陈培爱任新闻传播系主任。
59	1998 年春	李世雄获中国摄影家协会“德艺双馨优秀会员”称号，此为全国摄影系统最高荣誉。
60	1998 年秋	李世雄获厦门市第三届“十大杰出青年”提名奖和厦门市“特区建设青年突击”称号。
61	1998 年	新闻传播系传播技术实验室以其 300 多万元的资产及良好的管理水平，获省文科实验室评估第一名。
62	1998 年 6 月	聘新加坡南洋理工大学传播学院院长郭振羽教授为我校兼职教授。
63	1999 年 1 月	李展的《因特网上的跨文化传播》一文，发表于《厦门大学学报》（哲社版）1999 年第 1 期。《新华文摘》1999 年第 5 期全文转载。2008 年，这篇论文被《中国新闻传播学高影响论文评介》一书评为截至 2008 年 4 月最有影响力论文的第 9 名。

续表

序号	时 间	事 项
64	1999年5月23日	闽教[1999]高65号文,厦门大学传播学被确认为省重点学科。
65	1999年6月24日	陈培爱晋升为教授职务。
66	1999年10月	创办中国广告协会"广告学院奖",成功主办"首届中国广告协会学院奖"。
67	1999年10月	在福建省内面向社会开考广告学专业独立本科段,厦门大学作为广告学专业独立本科段主考学校。
68	1999年	新闻传播系并入人文学院,成为人文学院下设系之一。
69	1999年10月29日	陈培爱任人文学院副院长,兼任新闻传播系主任。
70	1999年10月	主办第一届全国广告教育研讨会,出版广告教学论文集《广告传播研究》,同时组建"中国广告教育研究会(隶属于中国新闻教育学会)"。
71	2000年11月	"广告学人才培养模式综合改革研究和实践"获得教育部"新世纪高等教育教学改革工程"立项,获得2万元资助,陈培爱为课题组长,项目起止时间:2000—2002年。
72	2000年12月	陈培爱的著作《中外广告史》获得福建省第四届优秀社科成果奖二等奖;陈安全、高逾、曾丽明、陈嬿如的译著《英国文学的伟大传统》(上中下三册)获得三等奖。
73	2000年12月	朱月昌晋升教授职务。
74	2000年12月	国务院学位办公布第八批硕士学位授权点,新增传播学专业硕士点。
75	2001年	陈培爱任教育部2001—2005年高等学校新闻学学科教学指导委员会委员。
76	2001年3月	广告专业教师曾晶荣获由中央电视台主办的"荣事达杯"中国电视主持人大赛铜奖。
77	2001年5月	"华夏传播研究丛书"由北京文化艺术出版社正式出版。包括:郑学檬《传在史中》;黄鸣奋《说服君主》;李国正《汉字解析与信息传播》。
78	2001年8月	国际新闻专业1997级学生王作茗的英文论文入选哈佛世界大学生论坛,出席在北京举办的大会。
79	2001年9月	广告学专业函授大专专业名称改为广告与网络营销。

续表

序号	时　间	事　项
80	2001 年 9 月 27 日—28 日	举办第二届中国广告协会学院奖。
81	2001 年 10 月 19 日	学校批准广告学函授专升本列入 2002 年招生计划。
82	2001 年 11 月 16 日—18 日	由美国 The One Club、厦门大学、通力传媒主办的首届 One Show 中国年会在厦门人民大会堂举行。大会主题：快乐沟通，极度分享。
83	2001 年 11 月	在深圳大学举行的全国第二届广告教育研讨会上，厦门大学新闻传播系被选为中国广告教育研究会会长单位，陈培爱教授当选为会长。
84	2001 年 12 月 1 日—2002 年 6 月	陈培爱教授获国家公派访问学者项目赴日本龙谷大学访问。
85	2002 年 10 月	成立了系属“品牌与广告研究所”，第一任所长黄合水、副所长雷莉。
86	2002 年	“社会主义市场经济时代的大众传播与爱国主义教育”研究项目获得国家社会科学基金立项，主持人：陈嬿如，起止时间：2002—2004 年。
87	2002 年 6 月	聘请中国科学院心理研究所博士生导师马谋超研究员为厦门大学兼职教授。聘期五年（2002 年 6 月—2007 年 6 月）。
88	2002 年 9 月	新闻学专业 1999 级学生朱珠的英文论文入选哈佛世界大学生论坛，赴新加坡出席会议，并得到新加坡总理李光耀的接见。
89	2002 年	承担国家教育部新世纪网络建设工程教学课件“广告策划与创意”的建设，负责人纪华强，厦大课题组第一合作者罗萍。
90	2002 年 11 月 4 日	敦聘日本龙谷大学国际文化学部卓南生教授为厦门大学人文学院新闻传播系客座教授。聘期：2002 年 12 月至 2005 年 12 月。
91	2002 年 12 月 5 日	敦聘中国人民大学新闻学院博士生导师方汉奇教授为厦门大学新闻传播系兼职教授。聘期：2002 年 12 月至 2005 年 12 月。
92	2002 年 12 月 5 日	敦聘赵玉明教授为厦门大学新闻传播系兼职教授。聘期：2002 年 12 月至 2005 年 12 月。
93	2002 年 12 月 19 日	福建省 2003 年下半年起开考新闻学专业（基础段、本科段）高等教育自学考试，厦门大学新闻传播系为主考单位。

续表

序号	时　间	事　项
94	2003 年 2 月 27 日	聘请复旦大学童兵、丁淦林为新闻传播系兼职教授，聘期三年(2003 年 2 月—2006 年 2 月)。
95	2003 年 9 月	由美国亚洲基督教高等教育联合基金会提供资助，厦门大学新闻传播系承办的资助西部(含少数其他地区)高校教师进修、培训的项目正式启动，首批 10 人于 2003—2004 学年第一学期到新闻传播系进修。
96	2003 年 10 月 8 日—10 月 12 日	新闻传播系代表队荣获在南京举办的中国首届大学生广告辩论赛冠军，队员：陈星星、王开宇、林翔、王潇梵，2002 级国新班的陈星星获得本次大赛“最佳辩手”的称号。
97	2003 年 10 月 25 日	举办了新闻传播系建系二十周年庆典活动。活动包含庆典大会、庆典晚会、教学科研成果展、学术研讨会、系友论坛等项目；出版了系友作品集(广告卷)，编印了同学通讯录、新闻传播系简介、《先锋广告》《传播之星》等刊物；制作了系二十年发展的专题宣传片。
98	2003 年 10 月 23 日	承办中国新闻史学会常务理事会年会。
99	2003 年 10 月 25 日—10 月 27 日	承办“第三届世界华文传媒与华夏文明传播国际学术研讨会”，来自海内外近 40 所大学和研究机构的代表 70 余人参会。
100	2003 年 11 月	在福建省第五届社科优秀成果奖评选中，陈嬿如的著作《中国市场经济时代的传播战域与民族凝聚力》获得一等奖；陈培爱的《广告策划原理与实务》，赵振祥的《唐前新闻传播史论》，陈扬明的《台湾新闻事业史》获得三等奖。
101	2003 年	李世雄当选世界闽籍摄影家研究会副会长
102	2003—2005 年	陈培爱、黄合水、纪华强获得教育部国家“十五”规划教材《广告学概论》《广告传播艺术》《广告心理学》《广告策划》的编写任务。陈培爱教授为此套 19 本教材的总主编。
103	2003 年 11 月	广播电视新闻专业 2000 级本科生周建国的英文论文入选哈佛大学世界大学生论坛，赴韩国汉城(今首尔)出席大会。
104	2003 年 12 月	许清茂晋升教授职务，陈嬿如破格晋升教授职务。
105	2004 年 4 月 20 日	黄星民任新闻传播系副主任(主持工作)，黄合水任新闻传播系副主任。
106	2004 年	我国首次由权威教育评估机构(高等学校与科研院所学位与研究生教育评估所)开展的 2004 年全国高等院校一级学科水平学科评估排名揭晓，厦门大学新闻传播学科整体水平排名第五。

续表

序号	时　间	事　项
107	2004 年 5 月	经学校学位评定委员会审议通过，陈培爱教授新增为历史学专门史专业博士生导师。
108	2004 年 7—9 月	经学校批准，对新闻传播系演播楼吊顶、电气线路进行消防安全改造，以及对演播厅、录音室等声学工程重新设计改造，总造价为人民币 30 万元，至 2004 年 9 月底完工，正式启用。
109	2004 年 6 月	敦聘中国社科院新闻与传播研究所所长、博士生导师尹韵公研究员为我系兼职教授，聘期三年。
110	2004 年 6 月	敦聘清华大学新闻与传播学院博士生导师熊澄宇教授为我系兼职教授，聘期三年。
111	2004 年 8 月	在河南大学举办的中国新闻史学会年会上，陈培爱教授当选为副会长。
112	2004 年	李世雄当选世界华人摄影学会执行委员。
113	2004 年 8 月 1 日	黄合水晋升教授职务。
114	2004 年 10 月	福建省传播学会成立，陈培爱教授当选为首任会长。
115	2004 年 11 月	陈嬿如教授获得“福建省第三届优秀青年社会科学工作者”称号。
116	2004 年	陈培爱被评为“25 年来中国广告界最有影响的人物第一人”。
117	2005 年 4 月	“20 年磨一剑，中国广告人才培养模式的创建与推广”教学项目（完成人：陈培爱、朱月昌、纪华强、朱健强、黄合水）获得 2005 年度省优秀教学成果奖一等奖。
118	2005 年 3 月 21 日	教技函（2005）35 号文，陈嬿如教授入选教育部 2004 年度“新世纪优秀人才支持计划”，获得资助期限为 2005 年 1 月—2007 年 12 月，资助金额为人民币 20 万元。
119	2005 年 3 月 20 日	闽教高（2005）27 号文，厦门大学传播学学科被批准为福建省高等学校重点学科。得到学科发展重点资助经费 50 万元人民币。
120	2005 年 3 月	2004 —2005 学年起，学校在本科教育中试行双学位教育（主辅修制），我系广告学专业是首批试点专业之一，首次拟招生 60 人，实际招生 130 人。
121	2005 年 4 月	获批 2006 年在深圳地区招收新闻学专业硕士研究生单考资格，计划招收名额 20 人。

续表

序号	时　间	事　项
122	2005 年 4—8 月	承办首届全国大学生广告艺术大赛福建、海南分赛区大赛，两省 12 所院校参赛，参赛作品近 200 件，评出入围作品 80 件，其中一等奖 3 件，二等奖 7 件，三等奖 10 件，优秀奖 60 件；80 件入围作品最后经全国组委会评选，分赛区获得全国等级奖 2 项，优秀奖 12 项，评委提名奖 1 项。我校获得教育部高教司颁发的组织奖。
123	2005 年 6 月 10 日	中国新闻社与厦门大学签署《关于建立战略性合作关系共同推进我国对外华文新闻传播事业协议书》，中国新闻社总编郭招金和厦门大学潘世墨副校长出席签字揭牌仪式。
124	2005 年 6 月	2004—2005 学年学校启动三学期制，我系首次聘请台湾著名学者台湾政治大学新闻系冯建山、陈世敏、臧国仁三位教授分别为我系研究生讲授“台湾新闻研究概况”“台湾传播学研究概况”“台湾广告公关研究介绍”等课程。
125	2005 年 7 月	1996 级广告专业硕士毕业生夏洪波升任中国中央电视台广告部主任。
126	2005 年 7 月	2004 年全国一级学科评估排名中，厦门大学新闻传播学一级学科排名第五。
127	2005 年 7 月 12 日—7 月 17 日	中国广告教育研究会与新闻传播系联合举办全国广告课程骨干教师研讨与交流培训班，来自全国各地骨干教师 30 余人参加本次研讨与培训。
128	2005 年 8 月	赵振祥破格晋升教授职务。
129	2005 年 8 月	黄合水教授被中央电视台广告部聘请为策略顾问。
130	2005 年 9 月 14 日	闽教高(2005)108 号文，“广告学概论”课程获福建省 2005 年度本科省级精品课程立项。
131	2005 年 9 月	“20 年磨一剑，中国广告人才培养模式的创建与推广”项目获得 2005 年度教育部国家高等教育优秀教学成果奖二等奖，项目完成人：陈培爱、朱月昌、纪华强、朱健强、黄合水。
132	2005 年 9 月 20 日	我系与菲律宾《世界日报》签署合作协议，共建厦门大学新闻传播系《世界日报》研究与实习基地。
133	2005 年 9 月	聘请美国迪堡大学教授吕行为厦门大学讲座教授，聘期三年，自 2005 年 9 月 1 日至 2008 年 8 月 31 日止。
134	2005 年 11 月	迎接教育部对厦门大学进行的本科教学评估，厦门大学获得 19 项指标全优的好成绩。新闻传播教育贡献突出。

续表

序号	时　间	事　项
135	2005 年	黄合水教授的著作《广告调研方法》入选教育部研究生工作办公室推荐为“研究生教学用书”。
136	2005 年 12 月	聘请新加坡南洋理工大学教授郭振羽、香港城市大学英文与传播学系教授祝建华为新闻传播系客座教授，聘期三年，自 2005 年 12 月至 2008 年 12 月。
137	2005 年 12 月 17 日	承办福建省社会科学界第二届学术分会“传播与社会公正”论坛，与会的有来自福建省内 12 所院校 38 位代表。
138	2005 年 12 月 28 日—12 月 31 日	新闻传播系发起并承办了“世界华人传播学研讨会”，这是首次全球性的华人传播学术研讨会，会议由厦门大学新闻传播系以及大陆的“中国传播学会（CAC）”，美国的“华人传播研究学会（ACCS）”，国际性的“国际中华传播学会（CCA）”共同主办，会议主题为“全球化背景下的华人传播学研究：过去、现状与未来”。与会代表有来自美国、澳大利亚和我国台湾地区、澳门地区等海内外传播学者 70 余人，会议收到论文 50 篇（其中英文 33 篇，中文 17 篇）。
139	2006 年 1 月 1 日	陈培爱、黄星民任教育部 2006—2010 年高等学校新闻学学科教学指导委员会委员。
140	2006 年 1 月 10 日	赵振祥教授主讲的课程“新闻理论研究”、陈培爱教授“广告传播研究”获第二批（2005 年）省优质硕士学位课程立项。
141	2006 年 1 月 25 日	学位办（2006）3 号文，国务院学位委员会公布第十批博士和硕士授权学科、专业名单，厦门大学的传播学专业获博士学位授予权，新闻传播学获一级学科硕士授予权。
142	2006 年 3 月 11 日	在鼓浪屿召开全国新闻传播学博士点建设研讨会，会议由国务院新闻传播学学科评议组负责召集，全国具有博士点授予权的新闻传播学院院长、系主任等近 20 人出席会议。
143	2006 年 5 月	传播学专业获批 2006 年首次招收高等学校教师在职攻读硕士学位研究生班，首期计划招生 20 人。
144	2006 年 6 月	陈培爱教授主讲的“广告策划”本科课程获 2006 年度福建省省级精品课程立项。
145	2006 年 6 月	经学校学位评定委员会审议通过，新增传播学专业博士生导师陈嬿如、黄合水、许清茂。
146	2006 年	创办《广告学报》，出版 2006 年第一卷第一辑，陈培爱任主编，黄合水任常务副主编。

续表

序号	时　间	事　项
147	2006 年 6 月	广州天进广告有限公司在我系设立“天进广告奖研基金”，基金每年总额人民币 3 万元，期限 3 年，主要用于学生发表的优秀论文奖励，以及资助由中国广告教育研究会及我系主办的《广告学报》杂志的出版与发行。
148	2006 年 6 月 21 日	闽教高(2006)65 号文，陈培爱教授获得“福建省高等学校教学名师”称号。
149	2006 年 6 月	陈培爱教授主持国家社科基金项目“广告传播学研究”，项目总经费人民币 8 万元，期限三年。
150	2006 年 8 月 1 日	黄星民晋升教授职务。
151	2006 年 10 月	敦聘北京大学传播学院教授程曼丽为我院兼职教授，聘期三年，自 2006 年 10 月至 2009 年 9 月止。
152	2006 年 10 月	在中国广告协会第六届会员代表大会上，陈培爱教授当选为中国广告协会学术委员会主任。
153	2006 年 11 月 13 日	赵振祥入选 2006 年度福建省高等学校新世纪优秀人才支持计划。
154	2006 年 12 月	倡议捐款建立“英健教授纪念藏书”的活动，拟在系资料室设立“英健教授藏书书架”。
155	2006 年 12 月 14 日	厦大人〔2006〕153 号文，成立厦门大学新闻传播学院。
156	2006 年 12 月 31 日	厦大人〔2006〕160 号文，聘任张铭清任厦门大学新闻传播学院院长。
157	2007 年 1 月	新闻楼加层整体改造工程正式动工，工程的土建、水电、综合布线、中央空调系统以及办公设备等项目的总体预算人民币 496.95 万元。2007 年 5 月，改造工程竣工，5 月底完成返迁工作。
158	2007 年 2 月	首次招收传播学专业高校教师在职申请硕士学位学生 10 名，分别是陈言、金星、张伟博、王梅、王云松、张帆、何英、陈仲胜、赵鹏升、钟羽。
159	2007 年 4—11 月	继续承办第二届全国大学生广告艺术大赛福建、海南分赛区赛事，此次分赛区参与院校共有 20 所，参赛作品达近五百个系列，涉及平面类、公益类、影视类、广播类、网络类五大门类。10 月，经全国组委会最终评选，分赛区获得全国一等奖 1 名，三等奖 2 名，优秀奖 32 名；其中，厦门大学获得：影视类的一等奖 1 名；平面类三等奖 1 名；优秀奖 8 名。同时，我校也荣获教育部高教司颁发的第二届全国大学生广告艺术大赛优秀组织奖。我院教师罗萍获得优秀指导教师奖。

续表

序号	时 间	事 项
160	2007 年 4 月 10 日	厦大人〔2007〕59 号文，公布新闻传播学院岗位设置方案，新闻传播学院设党委书记岗位 1 个，党委副书记岗位 2 个，院长岗位 1 个，副院长岗位 3 个(其中常务副院长岗位 1 个)；设学院办公室主任岗位 1 个(副处级)，秘书岗位 2 个(其中党务秘书岗位 1 个)，一般工作人员岗位 3 个；设院团委书记岗位 1 个(科级)。新闻学系、广告学系分别设系主任、副系主任岗位各 1 个。
161	2007 年 4 月 11 日	张铭清院长与朱崇实校长签署聘任合同，正式就任新闻传播学院院长。校组织部等有关职能部门，人文学院、新闻传播系有关领导出席了聘任仪式。副校长吴世农主持聘任仪式。
162	2007 年 6 月 4 日	厦大委组〔2007〕12 号文，成立中共厦门大学新闻传播学院委员会。
163	2007 年 6 月 5 日	厦大委组〔2007〕16 号文，邓朝晖任中共厦门大学新闻传播学院委员会副书记。
164	2007 年 6 月 5 日	厦大人〔2007〕79 号文，黄星民任厦门大学新闻传播学院常务副院长，黄合水任厦门大学新闻传播学院副院长，赵振祥任厦门大学新闻传播学院副院长。
165	2007 年 6 月 6 日	举行新闻传播学院成立庆祝典礼。全国政协副主席张克辉，国台办副主任孙亚夫，福建省政协副主席叶家松，厦门市政协主席陈修茂，厦门大学党委书记朱之文、校长朱崇实共同为厦门大学新闻传播学院揭牌。参加庆典的还有全国政协外事委员会副主任、中国人民大学新闻学院院长赵启正，中国记协党组副书记、书记处书记赵晨，厦门市领导洪碧玲、杜明聪，中国人民大学新闻学院方汉奇教授，复旦大学新闻学院童兵教授，凤凰控股有限公司主席兼行政总裁刘长乐，阳光文化基金会董事局主席杨澜，中国国民党政策委员会副执行长兼大陆事务部主任张荣恭，台湾贤德惜福文教基金会董事长周荃，中国时报集团常务董事兼时报周刊董事长胡鸿仁，联合报系文化基金会执行长夏训夷，东森电视股份有限公司董事长魏启林，以及境内外新闻传播界的嘉宾 80 余人。中国国民党荣誉主席连战、中国国民党主席吴伯雄、新党主席郁慕明、宋楚瑜，台湾立法机构负责人王金平等均发来贺辞。
166	2007 年 6 月 6 日	张铭清院长与跨国广告公司奥美亚太区总裁签定建立实习基地的合作协议，协议有效期为两年。
167	2007 年 6 月 6 日	学校敦聘凤凰控股有限公司主席兼行政总裁刘长乐为我院兼职教授，聘期三年，自 2007 年 6 月至 2010 年 5 月止。

续表

序号	时　间	事　项
168	2007年6月6日	在厦门大学主办“携手两岸，面向世界”——海峡两岸暨香港新闻传播论坛，来自海峡两岸暨香港学界和业界专家学者60余位参加论坛，论坛以如何加强海峡两岸、香港的新闻交流，与世界华文媒体共同努力，建构中国和平发展的国际形象为主题。
169	2007年6月6日—8日	新闻传播学院成立庆典活动期间，举办了四场厦门大学南强学术讲座，分别为凤凰控股有限公司主席兼行政总裁刘长乐，中国人民大学新闻学院院长赵启正，中国国民党政策委员会副执行长兼大陆事务部主任张荣恭，国务院新闻传播学科评议组召集人、复旦大学教授童兵等以“华文媒体的时代使命”“建设良好的国际舆论环境”“中华文化与两岸交流”“执政党对新闻传媒的使用与管理”为主题作讲座。
170	2007年6月7日	张铭清院长与台湾铭传大学传播学院签署双方教学研究合作意向书，意向书有效期五年。
171	2007年6月	黄星民教授获得国家社科基金项目“两岸新闻交流史”项目的立项，经费总额9万元，完成时间为2010年6月30日。
172	2007年6月13日	闽教高(2007)45号文，黄合水教授主讲的本科课程“广告心理学”获2007年福建省精品课程立项。
173	2007年6月24日	厦大人〔2007〕93号文，成立新闻传播学院院务委员会。主任：张铭清，常务副主任：黄星民，副主任：邓朝晖，委员：邓朝晖、张铭清、赵振祥、黄合水、黄星民。
174	2007年7月2日	厦大人〔2007〕103号文，成立新闻传播学院聘任委员会。主任：张铭清，副主任：黄星民、邓朝晖，成员：邓朝晖、张铭清、赵振祥、黄合水、黄星民。
175	2007年8月1日	黄合水教授应邀担任由《21世纪经济报道》和Interbrand联合举办的第三届“中国品牌建设案例评选”活动评选委员。《21世纪经济报道》是目前我国最具影响力的经济报刊，Interbrand是国际上最具影响力的品牌咨询机构，每年推出全球100顶尖品牌排行榜。
176	2007年8月1日	庄鸿明晋升教授职务。
177	2007年9月1日	我院首次聘任台湾朝阳科技大学传播艺术系教授林念生为我院全聘教授，聘期两年。

续表

序号	时　间	事　项
178	2007 年 9 月	首次招收培养传播学专业博士生 8 名，具体为：(1)广告学方向，导师：陈培爱，博士生：贾丽军、胡盛、郑昭铃；(2)品牌与广告方向，导师：黄合水，博士生：蓝燕玲；(3)传播和社会发展方向，导师：陈嫦如，博士生：林升梁；(4)台湾传媒研究方向，导师：许清茂，博士生：佘绍敏、吴琳琳、迟月利。
179	2007 年 11 月	由厦门大学新闻传播学院院友、资深广告人撰写，黄合水教授主编的“厦大广告人丛书”陆续出版，该丛书计划出版 10 册，已出版的有先智品牌管理机构总经理兼首席创作总监王幼江和金影合著的《品牌智胜之道》、青岛海信通信有限公司副总经理王瑞吉著的《创建差异》和天进整合营销传播机构董事长冯帼英、林升梁合著的《品牌资产积累十八法》。
180	2007 年 11 月	陈培爱教授获得 2007 年度宝钢优秀教师奖。
181	2007 年 12 月	福建省第七届社会科学优秀成果评奖揭晓，黄合水教授的著作《广告心理学》获二等奖，陈嫦如教授的专著《让高尚成为自然——爱国主义教育效果研究》和黄星民教授的论文《“染论”与“难论”——从哲学方法论的角度探讨墨翟与韩非的传播效果论》获三等奖。
182	2007 年 12 月 17 日	教高函[2007]25 号文，教育部、财政部《关于批准 2007 年度第一批高等学校特色专业建设点的通知》，厦门大学广告学专业获批准为第一批高等学校特色专业建设点，经费 80 万，按四年完成。新闻传播学院广告专业是我校获得教育部、财政部批准的第一批高等学校特色专业的三个建设点之一。
183	2007 年 12 月 24 日	美国熊氏集团主席、美国中华工商团体联合会会长、《国际日报》董事长熊德龙先生来我院访问，访问期间学校敦聘熊德龙先生为新闻传播学院客座教授，聘期三年。
184	2007 年 12 月 25 日	厦大委组〔2007〕41 号文，邓朝晖同志任中共厦门大学新闻传播学院委员会书记，免去其中共厦门大学新闻传播学院委员会副书记的职务。
185	2007 年 12 月 31 日	厦大研(2007)35 号文，新增张铭清教授为传播学专业博士生指导教师。
186	2008 年 1 月 1 日	聘任陈培爱为厦门大学特聘教授。
187	2008 年 1 月	厦大研(2008)1 号文，成立新闻传播学院学位评定分委员会，主席：张铭清，副主席：黄星民，成员：许清茂、陈培爱、陈嫦如、张铭清、赵振祥、黄合水、黄星民。

续表

序号	时间	事项
188	2008年1月	学校敦聘新加坡报业控股集团《联合早报》副总编辑吴元华先生为我院客座教授，聘期三年，自2008年1月至2010年12月。
189	2008年1月	学校敦聘台湾铭传大学传播学院院长杨志弘(Yang，Chih－Hung)教授为我院兼职教授，聘期三年，自2008年1月至2010年12月。
190	2008年3月6日	学校敦聘中宣部全国社科规划办主任张国祚我院兼职教授，聘期三年，自2008年3月—2011年2月。并于2008年3月6日，为我校师生作题为“文化与国力”的南强学术讲座。
191	2008年3月	广告学专业获批为2007年度福建省二类特色专业建设点。
192	2008年3月	陈嬿如在期刊*Asian Journal of Women's Studies*上发表文章“From Ideal Women to Women's Ideal：Evolution of the Female Image in Chinese Feature Films：1949—2000”，是我院首篇SSCI论文。
193	2008年3月	陈培爱教授获得“中国广告30年历史贡献奖”。
194	2008年3月15日	中国广告发展新趋势高端峰会暨2008年中广协学委会第一次常委会在厦门大学召开，以中国广告协会学术委员会常委为主的学界与业界近20人参会，共同研讨中国广告业2008年的发展趋势与走向，并评选出2007年度中国广告优秀论文。
195	2008年3月26日	厦大委组〔2008〕10号文，林盛铨同志任中共厦门大学新闻传播学院委员会副书记。
196	2008年4月26日	召开中国共产党厦门大学新闻传播学院党员大会，会议表决通过了院党委工作报告，选举产生了新一届党的委员会委员候选人预备人选提名6名。
197	2008年5月5日	厦大研(2008)17号文，新增黄星民教授、赵振祥教授为传播学专业博士生指导教师。
198	2008年5月9日	厦大委组〔2008〕43号文，学校同意中共厦门大学新闻传播学院委员会委员、书记、副书记选举结果。委员：邓朝晖、叶虎、张铭清、林盛铨、赵振祥，书记：邓朝晖，副书记：林盛铨、叶虎
199	2008年5月13日	厦大综〔2008〕18号文，张铭清教授、陈培爱教授任厦门大学人文艺术学部委员会委员。
200	2008年6月4日	(2008)厦大委组43号文，成立共青团厦门大学新闻传播学院委员会。

续表

序号	时间	事项
201	2008 年 6 月 5 日	张铭清院长主持的“一国两制”新闻学研究项目被列为 2008 年度国家社科基金特别委托项目，经费总额 60 万，项目责任单位为国务院台办。
202	2008 年 6 月 8 日	由厦门大学新闻传播学院、复旦大学新闻传播学院、《海峡导报》联合主办的海峡两岸新闻与传播研究交流中心揭牌仪式暨学术研讨会在厦门亚洲海湾酒店举行，国台办副主任叶克冬，省委常委、省委宣传部长唐国忠共同为“海峡两岸新闻与传播研究交流中心”揭牌，自海峡两岸及港澳的 70 余位媒体与新闻传播教育界人士欢聚厦门。
203	2008 年 6 月 12 日	厦大委组〔2008〕72 号文，庄鸿明任厦门大学新闻传播学院新闻学系主任。
204	2008 年 6 月 13 日	首届“我爱你・再见”毕业摄影展成功举办，研究生伍静、贺凯彬、郭枞、杨斐主创的“我爱你・再见”涂鸦作品在芙蓉隧道完成。
205	2008 年 6 月 15 日	张铭清院长主持的“一国两制”下的新闻理论与实践研究课题获得 2008 年国家社会科学基金重点项目立项，经费总额 15 万元。
206	2008 年 6 月 27 日	厦大委组〔2008〕76 号文，阎立峰任厦门大学新闻传播学院新闻学系副主任；曾晶任厦门大学新闻传播学院广告学系副主任（主持工作）；李展任厦门大学新闻传播学院广告学系副主任。
207	2008 年 7 月 3 日	我院新闻传播实验教学中心被评为福建省高等学校省级实验教学示范中心。
208	2008 年 7 月 14 日	厦大人〔2008〕89 号文，调整教师职务新闻传播学科评议组成员。调整后的各评议组成员名单：组长：黄星民，副组长：陈培爱，成员：庄鸿明、许清茂、陈培爱、陈嬿如、赵振祥、黄合水、黄星民。
209	2008 年 7 月 24 日	调整学院聘委会成员，主任：张铭清，副主任：邓朝晖、黄星民，成员：邓朝晖、叶虎、张铭清、林盛铨、赵振祥、黄合水、黄星民。
210	2008 年 8 月 1 日	岳森晋升教授职务。

续表

序号	时 间	事 项
211	2008年11月28日	举办了海峡两岸新媒体艺术与视觉文化发展专题论坛，该论坛是厦门市政府承办的首届海峡两岸文化产业博览交易会的主要活动之一。会议邀请了复旦大学新闻学院副院长孟建教授，台湾实践大学李天铎教授，奥美整合营销传播集团董事长白崇亮博士，广州俏佳人文化传播有限公司艺术顾问、广州笑笑吧动漫公司总策划、总导演孙太泉先生，厦门大学陈培爱教授、黄鸣奋教授六位新媒体艺术及视觉文化领域享有盛名的专家为论坛主讲嘉宾，论坛由新闻传播学院张铭清院长主持。
212	2008年12月11日—12月13日	由厦门市委宣传部指导，厦门广播电视集团、厦门大学新闻传播学院、台湾世新大学联合主办的两岸新闻采编与媒介管理高级研修班在厦门大学正式开班。研修班以“互学共进、融通两岸”为主题，分为在厦门研修和到台湾学习交流两个阶段。这是海峡两岸传媒业界和学术界第一次共同举办研修班。在为期三天的厦门地区培训中，来自国台办研究局副局长顿世新，中国传媒大学胡智锋教授和厦门大学林念生教授、刘国深教授、陈孔立教授，台湾资深电视人周荃为该班授课。
213	2008年12月26日	召开新闻传播学院第一次教职工大会，会议听取、讨论学院工作报告，讨论有关学院发展的重大问题。
214	2008年12月29日	邀请新加坡南洋理工大学传播与信息学院郭振羽教授为全校师生作题为“社会、传播与全球化：谈21世纪的文化与认同”的南强学术讲座。
215	2008年12月	获教育部批准增设传播学本科专业。
216	2008年12月	陈嬿如教授的论文“From Ideal Women to Women's Ideal: Evolution of the Female Image in Chinese Feature Films (1949—2000)”发表于SSCI［即社会科学引文索引（Social Sciences Citation Index）］国际学术刊物 *Asian Journal of Women's Studies* (AJWS) 2008年第三期。
217	2008年	黄合水担任中国广告教育研究会副会长。
218	2009年1月23日	教技函(2009)7号文，赵振祥入选教育部2008年度新世纪优秀人才支持计划。
219	2009年2月15日	全聘原新疆大学新闻系主任冯浩教授来校任教，聘期2年，自2009年2月15日起至2011年2月14日止。
220	2009年3月13日	选举产生新闻传播学院第一届工会委员会5名委员（毛章清、朱健强、迟月利、陈素白、郭婉玲），朱健强同志当选为新闻传播学院第一届工会委员会主席。

续表

序号	时间	事项
221	2009年3月23日	国务院中央文史研究馆馆员、中国作协名誉副主席王蒙先生为我校师生作主题为"《红楼梦》中的政治"的南强学术讲座。
222	2009年4月16日—18日	台湾政治大学新闻传播学院院长钟蔚文教授来院访问,两院就搭建两岸传播人才培养平台、联合力量办学、建立两院会议会谈机制、开展师资互访交流、建立图书资料共享机制等方面进行深入探讨并初步达成共识。4月17日下午,钟蔚文教授还为我校师生做主题为"未来传播研究与教育"的南强学术讲座。
223	2009年5月	学校敦聘新加坡南洋理工大学传播与信息学院郭振羽教授为我院客座教授,聘期三年,自2009年5月至2012年4月。
224	2009年5月	学校敦聘日本龙谷大学国际文化学院卓南生教授为我院客座教授,聘期三年,自2009年5月至2012年4月。
225	2009年5月	进一步贯彻落实学习实践科学发展观活动,改善教师办公条件,为教师工作室配置每人一台台式电脑,本次共购置30台。
226	2009年5月31日	厦大人〔2009〕69号文,调整厦门大学新闻传播学院学术分委员会成员,主任:张铭清,副主任:黄星民,成员:许清茂、张铭清、陈培爱、陈嬿如、赵振祥、黄合水、黄星民。
227	2009年8月1日	阎立峰破格晋升教授职务。
228	2009年9月1日	聘任美国伊利诺大学芝加哥分校传播系副教授及大学部主任张惠晶博士为我院新闻传播学科讲座教授,聘期三年,自2009年9月1日至2012年8月31日止。
229	2009年9月9日	罗萍应南非斯坦陵布什大学孔子学院邀请,访问南非,参加了在SASOL艺术博物馆内举办"中国艺术展"。
230	2009年1—11月	继续承办第三届全国大学生广告艺术大赛福建、海南分赛区赛事,此次分赛区参与院校共有25所,参赛作品556件,分赛区共评出平面商业类、平面公益类、广播广告类、影视广告类、网络广告类、广告策划类六类获奖作品73件。10月,经全国组委会最终评选,分赛区获得全国二等奖1件,三等奖6件,优秀奖21件,其中我院作品获得二等奖一件,三等奖2件,优秀奖7件;同时厦门大学获得第三届全国大赛优秀组织奖,罗萍获得第三届全国大赛优秀工作者奖。

续表

序号	时 间	事 项
231	2009年9月8日	由厦门大学品牌与广告研究所、北京大学市场与媒体研究中心、CTR与知本策略公司等四家机构联合进行研究的“电视媒体影响力研究”成果新闻发布会在北京港澳中心举行。此项成果开创了质化媒体影响力的先河，弥补了收视率的量化局限，对于广告界如何使用媒体、媒体界进一步加深对媒体的认识等必将产生深远的影响。
232	2009年9月24日—26日	第四届中国广告人才培养研讨会在厦门顺利召开，此次会议由中国教育部、日本电通公司主办，国家留学基金管理委员会、厦门大学联合承办，日本株式会社电通副社长森隆一、教育部国际合作与交流司副司长刘宝利、国家留学基金管理委员会副秘书长杨新育、厦门大学副校长辜芳昭等出席了开幕式，我国广告教育界的学术权威和电通公司的业界精英以及来自我国150余所高校的320名广告专业骨干教师代表参加了研讨会，此次会议为中国广告教育界提供了一个极具影响力的国际性学术交流的平台。
233	2009年9月28日	厦大人〔2009〕135号文，成立厦门大学海峡媒体研究中心，(机构不列级别，不增编制，挂靠新闻传播学院)。
234	2009年11月6日	召开本科教学工作会议。会议由黄星民主持，学校教务处处长谭绍滨、副处长吕子玄以及新闻传播学院全体教职工参加了会议。会议就新闻传播学院本科教学的现状、存在的问题以及改进的措施进行了深入探讨。
235	2009年12月7日	厦门大学、台湾世新大学、厦门广电集团三方合作交流意向协议签约暨两岸新闻采编与媒介管理高级研修班开训仪式举行。校长朱崇实、副校长邬大光，国台办新闻局局长、新闻发言人杨毅，台湾世新大学董事长成佳玲女士、校长赖鼎铭先生，厦门市市委常委、市宣传部部长洪碧玲，厦门市市委副秘书长王纯民，厦门广电集团总裁周旻等出席了仪式。仪式由新闻传播学院常务副院长黄星民主持。
236	2009年12月12日	高校本科新闻传播学专业规范修订研讨会在厦门大学召开，研讨会由教育部新闻学学科教学指导委员会主办，厦门大学新闻传播学院承办，由新闻学科教学指导委员会主任李良荣教授主持，会议就新闻学专业、广播电视新闻学专业、传播学专业、出版编辑学专业、广告学专业的专业规范进行讨论修订、完善和定稿。

续表

序号	时　间	事　项
237	2009 年 12 月	福建省第八届社会科学优秀成果奖揭晓,陈嬿如教授的专著《与和谐同行——大众传播与社会发展》、谢清果副教授的专著《先秦两汉道家科技思想研究》和唐次妹助理教授的专著《清代台湾城镇研究》均获三等奖。
238	2010 年 1 月	赵振祥教授主持的"外宣人才培养创新实验区"项目获批准为 2009 年福建省本科教育人才培养模式创新实验区项目。
239	2010 年 1 月 1 日	林升栋教授主持的"'分类'的文化差异对品牌延伸评价的影响"获自然科学基金青年科学基金项目立项,经费 19 万,时间:2010 年 1 月 1 日—2012 年 12 月 1 日
240	2010 年 1 月 25 日	主办"一国两制"新闻学研讨会,来自全国九所著名高校的专家齐聚厦大,就新闻传播学院国家社科基金重点项目"'一国两制'下的新闻理论与实践研究"的实施计划及细目纲要展开了学术研讨与交流。
241	2010 年 1 月 13 日	厦大资经〔2010〕4 号文,决定注销厦门大学广告与公关事务所。
242	2010 年 3 月	厦门大学在 2009 年新闻传播学一级学科评估中,排名第十。
243	2010 年 4 月 6 日	新闻学专业获批为福建省 2010 年高等学校第六批特色专业建设点。
244	2010 年 8 月 4 日—8 日	香港城市大学主办,厦门大学新闻传播学院承办的第三届中华青年新闻传播学者论坛暨第五届多闻雅聚会在厦门大学成功举办。本次论坛为期 3 天,来自香港城市大学的 7 名传播学者以及内地 10 余所重点院校的 20 多名传播学者参加会议。
245	2010 年 9 月	学院正式招收新闻传播学专业学位硕士研究生,第一批招生名额 10 名。
246	2010 年	赵振祥教授被评为 2010 年厦门市重点人才。
247	2010 年 9 月	罗萍副教授指导的《关爱地球——撕篇》(作者王烁)喜获福建省委文明办、福建省广告协会联合举办的第二届"讲文明树新风"公益广告创作大赛院校平面类广告金奖。学院选送的作品同时获得银奖 8 件,铜奖 8 件,优秀奖 3 件。学院获本次大赛的组织奖。
248	2010 年 10 月	李世雄荣获"厦门文艺突出贡献奖"。

续表

序号	时　间	事　项
249	2010 年 11 月 12 日	新闻传播学院召开研究生教学工作会议，就学院研究生教学、培养工作的现状、存在的问题以及改进的措施进行了深入探讨。
250	2010 年 11 月 16 日	复旦大学党委书记秦绍德、新闻学院党委书记俞振伟一行莅临参访，双方就两校两院的历史渊源与合作契机展开了深入交流。
251	2010 年 11 月 26 日	中国新闻史学会四届二次常务理事会在厦大新闻传播学院举行，近 30 名来自全国新闻史学界的专家学者齐聚厦大，共商新闻史研究工作问题。会议通过了厦门大学新闻传播学院设立“台湾与东南亚华文传媒史研究委员会”的申请。该研究会隶属国家一级学会中国新闻史学会，这也是新闻传播学院获批的第一个隶属国家一级学会的二级分会。
252	2010 年 11 月 27 日	由全国新闻学研究会、中国人民大学新闻与社会发展研究中心、厦门大学新闻传播学院主办，海峡导报社与厦门大学新闻传播学院承办的全国新闻学研究会一届三次理事会暨 2010 年中国新闻学学术年会在厦门大学召开。会议围绕“数字化时代的新闻学科建设与人才培养”主题，就新技术时代下的新闻教育和人才培养的现状、问题与应对策略进行了深入的探讨，100 余人参会。
253	2010 年 6 月	陈培爱教授主持的“近代广告史研究(1840—1979)”项目和黄合水教授主持的“台湾政治广告研究”项目分别获得国家社科基金项目立项，两个项目的立项经费均为 12 万元。
254	2010 年	厦门大学广告系与现代广告杂志社联合创办《现代广告》(学术季刊)，编辑部设立在厦门大学，黄合水担任主编，林升栋担任执行主编。
255	2011 年 2 月	陈嬿如被福建省社科联聘为“福建省哲学社会科学学术咨询专家”。
256	2011 年 3 月 3 日	学位[2011]8 号文，国务院学位委员会《关于下达 2010 年审核增列的博士和硕士学位授权一级学科名单的通知》，我院新闻传播学获得 2010 年审核增列的博士学位一级学科授予权。
257	2011 年 3 月 25 日	新闻传播学院与美国伊利诺伊大学厄巴纳—香槟分校签署“3＋2”联合培养协议。
258	2011 年 4 月 25 日	厦大人〔2011〕37 号文，决定成立新闻传播学院传播学系。

续表

序号	时　间	事　项
259	2011 年 6 月	由我院与复旦大学新闻学院、海峡导报社联合主办的第二届“海峡两岸新闻与传媒论坛”在厦举行，来自两岸 50 余家著名高校、媒体的高层和专家围绕“后 ECFA 时代下两岸新闻的交流与合作”这一主题进行一系列研讨。
260	2011 年 6 月 20 日	举行“人民网奖学金”项目厦门大学启动仪式。新闻传播学院常务副院长黄星民和人民网副总裁官建文签订了项目合作书，并向人民网授予“厦门大学人民网实习基地”铜牌。
261	2011 年 6 月 28 日	学院在厦门大学庆祝中国共产党成立 90 周年“党在我心中”歌咏比赛中获得大合唱以及小组唱两项一等奖。
262	2011 年 7 月 1 日	赵振祥主持的“台岛媒体舆情监测与引导机制研究”项目获得国家社科基金一般项目立项，立项经费 15 万元；陈晓彦主持的“台湾文化创意产业研究”项目获国家社科基金青年项目立项，经费 15 万，时间：2011 年 7 月 1 日—2013 年 12 月 1 日；孙慧英主持的“手机媒体对社会文化生活的影响研究”项目获得国家社会科学基金艺术学项目立项，立项经费 10 万元。
263	2011 年 8 月 1 日	林升栋破格晋升教授职务，罗萍晋升教授职务。
264	2011 年 11 月 18 日	新闻传播学院与上海东方卫视签订了战略合作协议。
265	2011 年 11 月 19 日	“台湾与东南亚华文新闻传播史研究委员会”在马尼拉成立。该研究会由民政部审批成立，隶属于中国新闻史学会的全国二级分会，设立于厦门大学新闻传播学院，赵振祥教授担任首任会长。
266	2011 年 11 月	学院承办的“中国广告协会学术委员会第七届委员大会暨 2011 年全国广告学学术研讨会”在厦门大学召开，来自北京大学、中国传媒大学等高校和中央电视台广告部等业界的 130 余位专家学者和业界精英莅会。
267	2011 年 12 月 9 日	国务院新闻传播学科评议组召集人、复旦大学新闻学院教授黄旦在厦门大学图书馆五楼南强报告厅作题为“中国传播研究本土化的反思与批判”的南强学术讲座。
268	2011 年 9 月	落实学校工作部署，招收第一届本科体育特长班 12 名学生。
269	2011 年	获得 690 万元中央专项经费，全部用于实验室建设。
270	2011 年 10 月 20 日	李展任传播学系副主任，主持工作。
271	2011 年	孙慧英的著作《多重视域下的第五媒体文化研究》和谢清果、张汉丽的著作《海峡两岸传媒共同市场专题研究》获福建省第九届社会科学优秀成果奖论文类三等奖。

续表

序号	时　间	事　项
272	2012 年 1 月 7 日	厦大人〔2012〕4 号文，林升栋任厦门大学新闻传播学院广告学系主任，罗萍同志任厦门大学新闻传播学院广告学系副主任。
273	2012 年 7 月 26 日	闽教科[2012]11 号文，阎立峰教授、林升栋教授入选 2012 年福建省新世纪优秀人才支持计划。
274	2012 年 1 月 1 日	聘任荷兰乌特勒支大学 Paul van den Hoven 教授为厦门大学讲座教授，聘期：2012 年 1 月 1 日—2014 年 12 月 31 日。
275	2012 年 2 月 1 日	聘任美国俄亥俄大学程红教授为厦门大学讲座教授，聘期：2012 年 2 月 1 日—2015 年 1 月 31 日。
276	2012 年 3 月 22 日	厦门大学与美国密苏里大学签署新闻传播学科本科双学位联合培养项目协议。
277	2012 年 3 月 22 日	美国密苏里大学新闻学院国际交流中心主任、战略传播学术带头人克洛普博士(Dr.Fritz Cropp)在厦门大学图书馆五楼报告厅做了题为“美国战略传播研究现状”的南强学术讲座。
278	2012 年 4 月 6 日	《中国妇女报》厦门大学实习基地揭牌仪式在校嘉庚主楼 220 报告厅举行。厦门市妇联副主席、市总工会副主席、市政协常委陈俊泳，我校党委副书记陈力文，福建省新闻协会理事、《中国妇女报》福建记者站站长吴军华，新闻传播学院党委书记邓朝晖共同为实习基地揭牌。黄星民与吴军华代表双方签订《合作协议书》。
279	2012 年 5 月 21 日	美国哥伦比亚大学新闻学院教授 Richard R. John 做题为“从邮政系统到网络国家：美国传播革命的政治经济学研究”的南强学术讲座。
280	2012 年 7 月	学院党委荣获“厦门大学创先争优先进基层党组织”称号。
281	2012 年 9 月	招收新闻学和广播电视新闻学国防生，首批招收 19 人。
282	2012 年 9 月 21 日	在第四届中国大学生公共关系策划大赛总决赛中，由厦门大学新闻传播学院助理教授陈经超指导，新闻传播学院 2012 级硕士生周瑄，2010 级传播学专业本科生张艳、黄烜烜、刘瓅、祝敬宇组成的“生如厦花”团队，以“索尼录音笔校园推广公关策划方案”在近千份策划案中脱颖而出，一举夺魁，荣获金奖。
283	2012 年 9 月 27 日	由新闻传播学院与《中国大百科全书》出版社共同举办的《台湾百科全书・新闻出版门类》组稿会在厦门大学举行。
284	2012 年 9 月	人社部发〔2012〕48 号文，设立新闻传播学博士后流动站。

续表

序号	时 间	事 项
285	2012 年 12 月	在教育部关于中央部门所属高校 2013 年立项建设的 80 个“本科教学工程”大学生校外实践教育基地中，赵振祥副院长主持申报的“厦门广电集团大学生校外实践教育基地”成功入选。该基地同时入选福建省大学生校外实践教育基地。获得资助经费 200 万元。
286	2012 年 12 月 8 日	由福建省社会科学界联合会、福建省传播学会主办，厦门大学新闻传播学院承办的“福建省社会科学界 2012 年学术年会分论坛”“福建省传播学会 2012 年会暨学术研讨会”在厦门大学召开，来自省内传播学界的近百名专家学者参加会议。会上福建省传播学会完成了换届选举，新闻传播学院常务副院长黄星民当选为第三届福建省传播学会会长。
287	2012 年 12 月 14 日—16 日	由教育部社科委语言文学、新闻传播学和艺术学学部，厦门大学新闻传播学院共同主办的“中国新闻学与传播学学科发展论坛”在厦门大学举行。教育部社科委语言文学、新闻传播学和艺术学学部召集人、原山东大学校长曾繁仁，教育部社科委新闻传播学科召集人、中国人民大学新闻与社会发展研究中心主任郑保卫，厦门大学新闻传播学院常务副院长黄星民，厦门大学新闻传播学院副院长赵振祥以及来自教育部、国家广电总局、人民日报社和全国 10 余所著名高校的 20 多位专家学者出席了本次论坛。
288	2012 年 12 月 22 日—23 日	厦门大学新闻传播学院主办、台湾世新大学口语传播系协办的“海峡两岸口语传播学术研讨会”在厦门大学新闻传播学院召开，会议主题：“数字时代的口语传播：理论、方法、实践”，30 余位海内外专家学者与会。
289	2012 年 12 月 22 日	郑树东任中共新闻传播学院党委书记。
290	2012 年 12 月 22 日	厦大委组〔2012〕57 号文，黄合水任常务副院长，赵振祥、阎立峰任副院长。
291	2013 年 1 月 29 日	我院新闻传播学科在第三轮学科评估中排名并列 13(并列的有华东师范大学、南京大学、厦门大学 3 个学校)。
292	2013 年	林升栋入选 2013 年厦门市重点人才。
293	2013 年	赵振祥任教育部 2013—2017 年高等学校新闻传播学类专业教学指导委员会委员。
294	2013 年 1 月 1 日	白海青主持的“高管支持对 ERP 实施成效的作用机制研究：结构化理论视角”项目获国家自然科学基金项目立项，经费 50 万，起止时间：2013 年 1 月 1 日—2016 年 12 月 1 日。

续表

序号	时 间	事 项
295	2013 年 2 月 7 日	厦大委组〔2013〕14 号文，庄鸿明任新闻学系主任、岳森任系副主任。
296	2013 年 5 月 16 日	厦大人〔2013〕107 号文，成立厦门大学品牌与广告研究中心(机构不列级别，不增编制，挂靠新闻传播学院)。
297	2013 年 6 月 28 日	召开学院工会会员大会，选举新闻传播学院第二届工会委员会委员。选举产生了朱健强、陈素白、迟月利、郭婉玲、戴蓥(以姓氏笔划为序)5 名新闻传播学院第二届工会委员会委员。
298	2013 年	华人话语权研究、品牌传播研究、台湾媒体舆情监测研究 3 个项目纳入学校繁荣计划建设规划，获批建设经费 100 万元。
299	2013 年 7 月 3 日	厦大委组〔2013〕53 号文，聂鑫任中共厦门大学新闻传播学院委员会副书记。
300	2013 年 7 月 24 日	厦大研〔2013〕20 号文，成立新一届厦门大学新闻传播学院学位评定分委员会，主席：张铭清，副主席：赵振祥，成员：张铭清、赵振祥、庄鸿明、朱健强、陈嬿如、岳森、林升栋、阎立峰、黄合水。
301	2013 年 7 月 27 日	“国际广告教育论坛暨厦门大学广告教育 30 年会议”在厦门大学召开，来自美国、中国的广告学者出席会议，共同回顾了中美双方广告教育的发展历程、业界对广告人才的需求，并就未来广告教育的发展展开讨论。
302	2013 年 7 月 27 日	敦聘北京大学新闻传播学院副院长陈刚，中国传媒大学学术委员会副主任丁俊杰，中国传媒大学广告学院院长黄升民，中国广告协会学术委员会主任、上海师范大学金定海，中国人民大学新闻学院常务副院长倪宁和中国广告教育研究会会长武汉大学张金海六位教授为厦门大学新闻传播学院兼职教授。聘期三年。
303	2013 年 8 月 27 日	林升栋获中美富布赖特研究学者子项目资助，于 2013 年 8 月 27 日—2014 年 7 月 21 日赴美罗德岛大学访问。
304	2013 年 8 月 16 日	厦门大学与中国传媒大学签署国家传播战略协同创新中心组建框架协议。
305	2013 年	2013 年首次面向全校单独自主招收转专业学生 15 名，与本院 26 名新闻学专业学生组成国际新闻实验班，作为一个新的试点，培养具有国际视野和跨文化传播能力的国际新闻传播人才。

续表

序号	时 间	事 项
306	2013年9月28日	“厦门大学新闻传播学院三十周年庆典”暨“两岸资讯一体化与新闻事业发展”学术研讨会和“华文传媒发展与华人话语权”学术研讨会开幕式在克立楼三楼报告厅隆重举行。两百名国内外新闻传播界专家学者相聚一堂，开幕式由学院党委书记郑树东主持。
307	2013年10月12日	厦门大学与美国伊利诺伊大学签署新闻学、广告学专业“3＋2”联合培养项目协议。
308	2013年9月23日	邱红峰、黄含韵、胡悦、陈晓彦4人入选2013年厦门市高层次留学人员。
309	2013年10月	在福建省第十届社会科学优秀成果奖评奖中，罗慧的专著《传播公地的重建——西方另类媒体与传播民主化》获一等奖，殷琦的论文《从“国家一元论”到多元治理框架的构建：中国传媒治理结构改革的路径、逻辑及其转型取向分析》和谢清果的专著《中国近代科技传播史》获三等奖。
310	2013年11月	调整学院聘委会成员，主任：张铭清，副主任：郑树东、黄合水，成员：张铭清、林盛铨、郑树东、聂鑫、黄合水、阎立峰、（副院长）待定。
311	2013年12月16日	厦大人〔2013〕217号文，成立新闻传播学院教授委员会。主任：陈嬿如，副主任：岳淼，成员：邓利娟、庄鸿明、李晓红、陈嬿如、林升栋、罗萍、岳淼、赵振祥、郭朝阳、黄鸣奋、韩水华，学术秘书：黄含韵。
312	2014年1月1日	林升栋主持的“东西方不同文化思维方式对广告说服的影响：一个至下而上的脉络建构与验证”项目获国家自然科学基金面上项目立项，经费54万，起止时间：2014年1月1日至2017年12月31日。
313	2014年	罗慧入选厦门市重点人才。
314	2014年2月28日	厦大人〔2014〕15号文，张铭清任人文艺术学部委员。
315	2014年3月11日	我院被列为中国新闻奖、长江韬奋奖评选新闻教研机构报送工作试点单位。
316	2014年3月26日	厦大委组〔2014〕117号文，同意新闻传播学院党委换届选举结果。新一届中共厦门大学新闻传播学院委员会委员：毛章清、李展（女）、张铭清、林盛铨、岳淼、郑树东、聂鑫；书记：郑树东；副书记：林盛铨、聂鑫。

续表

序号	时　间	事　项
317	2014年3月26日	厦大委组〔2014〕122号文，林升栋任厦门大学新闻传播学院副院长。
318	2014年4月9日	“人民日报校园行——厦门大学之行”在厦大科学艺术中心音乐厅隆重举行，厦门大学与人民日报社签署合作协议。校党委书记杨振斌与人民日报社副总编、人民网董事长马利代表双方签署了“厦门大学与人民日报社合作协议，同时聘任马利为厦门大学新闻传播学院兼职教授。
319	2014年4月9日	与人民日报社福建分社签署战略合作协议。
320	2014年4月17日	厦大研〔2014〕16号文，成立厦门大学新闻传播学一级学科研究生培养指导委员会，主任：张铭清，副主任：黄合水，委员：阎立峰、岳森、庄鸿明、罗萍、林升栋、李展、朱健强。
321	2014年5月	在One Show中华青年创意竞赛中，我院团队荣获终极提案金奖暨“金铅笔”奖，并受邀参加次年在美国举行的国际广告学生创意营。
322	2014年5月30日	主办首届凤凰花季毕业影像展暨首届华语大学生影视作品联展。
323	2014年6月15日	王晶主持的“全球争议广告研究”获国家社科基金一般项目立项，经费20万元，起止时间：2014年6月15日—2017年6月1日。
324	2014年6月17日	与深圳广播电影电视集团签署合作协议。
325	2014年7月	“厦大新闻学茶座”由厦门大学新闻传播学院新闻研究所创办，《国际新闻界》杂志社协办，与北大新闻学研究会主办的“北大新闻学茶座”形成南北呼应。这是一个开放式、跨学科的平台，每月一次，邀请知名的专家学者作为主讲人，与参与者对话交流，以专题报道形式在《国际新闻界》上刊载，截至2015年底，共举办了16期。
326	2014年8月1日	谢清果晋升教授职务。
327	2014年9月9日	新聘邹振东教授职务。
328	2014年9月24日	第23届中国金鸡百花电影节公益微电影大赛在兰州市举行，我院选送的微电影《大卫镇》荣获优秀奖，并入围“2014深圳国际微电影艺术节”。

续表

序号	时　间	事　项
329	2014 年 9 月 26 日	由厦门大学品牌与广告研究中心、《现代广告》杂志社主办，厦门大学社科处、党委宣传部、新闻传播学院协办的“中国品牌健康指数(2013)发布会”在厦门大学召开。会上发布了《中国市场品牌健康监测报告(2013)》《中国品牌百科全书(食品卷)》，两份报告均由厦门大学品牌与广告研究中心完成。
330	2014 年 10 月	“两岸关系和平发展协同创新中心”通过教育部、财政部认定。张铭清院长任“两岸关系和平发展协同创新中心”五个平台之一的“两岸社会整合平台”主任和首席专家。
331	2014 年 10 月 21 日	厦门大学与中共福建省委宣传部签署共建新闻传播学院协议。
332	2014 年 10 月 7 日	苏俊斌副教授作为中方代表之一参加了在美国首都华盛顿国家新闻中心举行的“第六次‘中美对话(China－US colloquium)’”，并作了题为“不平衡与再平衡：中美两国媒体在构建新型大国关系中的角色”的大会发言。本次“中美对话”的主题是“新型大国关系与传媒角色”，来自中美两国传媒机构、知名大学、外交智库的代表，围绕中美关系和传媒角色展开了坦诚的交流。
333	2014 年 11 月	中国新闻史学会 2014 年年会暨中国新闻传播专题史研究学术研讨会在暨南大学召开，赵振祥教授当选中国新闻史学会副会长。
334	2014 年 12 月 8 日	厦大委组〔2014〕154 号文，罗萍任广告学系主任，曾秀芹任广告学系副主任。
335	2015 年 1 月 1 日—2017 年 12 月 31 日	阎立峰教授主持的“台湾地区传媒发展与政党变革关系研究(1949—2017)”获国家社科基金一般项目立项，经费 20 万，起止时间：2015 年 1 月 1 日—2017 年 12 月 31 日。
336	2015 年 1 月 1 日	谢清果主持的“海峡两岸数字公共领域与文化认同研究”获国家社科基金一般项目立项，经费 20 万。起止时间：2015 年 1 月 1 日—2018 年 6 月 30 日。
337	2015 年 1 月 21 日	厦大人〔2015〕19 号，关于调整单位聘任委员会的批复，新闻传播学院聘委会主任：张铭清，副主任：郑树东、黄合水，成员：张铭清、林升栋、林盛铨、郑树东、聂鑫、黄合水、阎立峰。
338	2015 年 7 月 27 日	闽教科〔2015〕54 号文，谢清果入选 2015 年福建省高等学校新世纪优秀人才支持计划。

续表

序号	时　间	事　项
339	2015 年 4 月 18 日	在新闻传播学院召开首届全国厦大校友品牌论坛。论坛由厦门大学新闻传播学院院友、广州市天进品牌管理有限公司董事长冯帼英首倡和捐资，旨在促进和加深学校与社会的联系。
340	2015 年 5 月 6 日	“国家文化软实力研究协同创新中心”在北京揭牌，其厦大分中心同时在厦门大学新闻传播学院成立，厦门大学副书记、副校长李建发教授担任国家文化软实力研究协同创新中心副理事长。国家文化软实力研究协同创新中心由湖南大学牵头，中国社会科学院、中共中央党校、北京大学、清华大学、中国人民大学、厦门大学、上海交通大学、深圳市委宣传部等 29 家协同创新加盟单位共同组建而成。5 月 29 日湖南大学副校长刘金水教授来厦举行中心签约仪式。
341	2015 年 5 月 29 日	举办第二届两岸大学生华语影像联展暨凤凰花季毕业影展，本届影展获教育部港澳台办 2015 年对台教育交流重点项目立项。来自海峡两岸及香港、澳门地区 22 所高校的大学生携 55 部影像作品参与并在影展上展映。
342	2015 年 6 月 12 日	由两岸关系和平发展协同创新中心、上海交大—东森两岸四地研究中心、中华无店面商务发展协会和中国互联网协会共同主办，厦门大学新闻传播学院和东森文化基金会承办“两岸传播、电商与社会发展论坛”在厦门大学召开，近百位来自大陆和港澳台的专家学者及业界围绕新媒体、电子商务、大数据展开讨论。
343	2015 年 6—12 月	由学院副院长林升栋教授主持，邀请美国华盛顿州立大学、俄亥俄大学、清华大学、南京大学及本校博士生，举办了六场博士生论坛。
344	2015 年 7 月 18 日—20 日	举行“全国优秀大学生新闻传播学暑期夏令营”活动。本次活动共有 80 人申报，39 人通过资格审查，30 人参营，最后录取 16 人。
345	2015 年 9 月 20 日	第二届中国品牌健康指数新闻发布会在厦门大学召开。发布会成果由厦门大学品牌与广告研究中心完成的项目，主要是对中国品牌健康状况进行系统科学的监测，系厦门大学哲学社会科学繁荣计划支持项目。
346	2015 年 9 月	中共福建省委宣传部与厦门大学共建新闻传播学院计划之一，“海西传媒讲坛进高校”的活动，分别邀请了来自人民日报的赵鹏、中宣部的顾勇华、福建省政协的翁星进行学术讲座。

续表

序号	时　间	事　项
347	2015 年 6 月 20 日	邹振东教授主持的“两岸共同舆论场的构建研究”获国家社科基金重点项目立项,经费 35 万元,起止时间:2015 年 6 月 20 日—2018 年 12 月 31 日。
348	2015 年 9 月 28 日—29 日	福建省新闻战线第二届“好记者讲好故事”演讲比赛在厦门大学举行。活动由中共福建省省委宣传部、福建省新闻工作者协会主办,厦门大学新闻传播学院承办。
349	2015 年 11 月 27 日—29 日	“海外华文传媒与中华文化传播学术研讨会”在厦门筼筜书院举行。会议由中国新闻史学会台湾与东南亚华文新闻传播史研究委员会与厦门大学新闻传播学院以及福建省文化产业基地厦门理工学院文化产业研究中心共同主办。会议旨在响应“一带一路”国家战略,探讨新形势下海外华文传媒与中华文化传播的新现象、新命题。来自海内外的 60 余名专家学者参加会议。
350	2015 年 12 月 4 日	在“第三届中国网络视听大会”上,新闻传播学院学生原创歌舞微电影《厦至 45.8℃》获得大学生微电影组组委会大奖,本奖项是网络视听界国家级最高奖,微电影《不忍》获得三等奖,厦门大学还获得视听大会优秀组织奖。《厦至 45.8℃》还获第二届厦门国际青年微电影节最佳校园微电影奖,以及中国电影金樽奖的最佳剧情片奖和最佳导演奖,学院其他作品《落雨》获最佳剪辑奖和最佳指导奖,《黑夜里我们都是盲人》获最佳指导奖。
351	2015 年 12 月 4 日—5 日	首届海西青年传播学者论坛在厦门大学召开,来自中国社科院、北京大学、中国人民大学、南京大学、浙江大学、上海交通大学、中山大学、中央民族大学、华南理工大学、中国海洋大学、台湾政治大学、澳门大学、厦门大学等 28 所高校和福建日报社等业界的青年传播学者共 98 人参会。
352	2015 年	王霏助理教授的两篇研究论文“Town Mouse or Country Mouse: Identifying a Town Dislocation Effect in Chinese Urbanization”和“Just Entertainment: Effects of TV Series about Intrigue on Young Adults”分别被 SCI 和 SSCI 收录。
353	2016 年 3 月 14 日	厦大人〔2016〕23 号,选举产生新闻传播学院第二届教授委员会,主任:陈嬿如,副主任:岳淼,成员:王宇、李鹏、吴荣华、邹振东、陈嬿如、罗萍、岳淼、赵振祥、钞晓鸿、韩水华、谢清果,学术秘书:黄含韵。

续表

序号	时　间	事　项
354	2016 年 1 月	《中国品牌百科全书(家电卷)》编撰完成。该书由学院广告学系编撰,对中国家电行业的代表性品牌予以客观而系统的介绍,共介绍 189 个品牌。4 月 23 日,在厦门大学召开第三届中国品牌健康指数发布会,首次发布高校健康监测报告。
355	2016 年 2 月 29 日	厦大委组〔2016〕6 号文,苏俊斌任厦门大学新闻传播学院新闻学系副主任。
356	2016 年 4 月 15 日	苏文入选厦门市高层次留学人员。
357	2016 年 8 月 1 日	殷琦主持的"党管媒体原则在国有传媒企业治理中的实践路径及效应研究"获国家社科基金青年项目立项,经费 20 万元,起止时间:2016 年 8 月 1 日—2019 年 6 月 30 日。
358	2016 年 11 月	"青年新闻人·重走长征路"实践队荣获 2016 年福建省大中专学生志愿者暑期"三下乡"社会实践活动优秀团队。
359	2016 年 3—7 月	2016 年 3 月 17 日—21 日,广告学系林升栋教授、曾秀芹副教授、王霏助理教授应邀参加了在美国西雅图召开的 2016 年美国广告学会年会,有 2 篇论文被接受并在会上做报告。6 月 9 日—13 日,阎立峰教授、李展副教授、苏俊斌副教授、黄含韵助理教授、熊慧助理教授、刘煜博士生应邀参加在日本举行的第 66 届国际传播学会(ICA)年会,并在会上发表论文,李展在"中国新媒体产业的政治经济研究"分论坛担任共同主席,同时学院与北京大学新媒体学院和全球华人传播学会(CCA)共同举办"中国招待会"。7 月 27 日—31 日,李展应邀参加在英国莱斯特大学举行的第 42 届国际媒介与传播研究学会(IAMCR)年会,并在会上发表论文。
360	2016 年 6 月 1 日	聘任蔡小伟为兼职教授,聘期:2016 年 6 月 1 日—2019 年 5 月 31 日。
361	2016 年 6 月 13 日	举办"马克思主义新闻观教育与学科建设研讨会"。省委常委、宣传部部长高翔,中国记协党组成员、书记处书记潘岗,厦门大学党委书记张彦出席会议并致辞,市委常委、宣传部部长叶重耕出席会议。会上,各省份的兄弟院校代表共商新闻教育事业大计。
362	2016 年 6 月 3 日	举办第三届两岸大学生影像联展暨凤凰花季毕业影展。该项目被列入 2016 年度对台教育交流项目。
363	2016 年 6 月 20 日—7 月 8 日	协办"2016 看中国·外国青年影像计划(福建行)"在福建举行。在 2016 年度"看中国·金目奖"颁奖典礼上,学院参与的纪录片作品《线牵》荣获最佳文化发现奖、《源》荣获三等奖,同时,厦门大学获得最佳组织奖。

续表

序号	时 间	事 项
364	2016年7月18日	厦大委组〔2016〕24号,黄辉同志任中共厦门大学新闻传播学院委员会委员、副书记,免去林盛铨同志中共厦门大学新闻传播学院委员会副书记、委员职务。
365	2016年8月1日	朱至刚、邱红峰2人晋升教授职务。
366	2016年8月16日	吴琳琳主持的"台湾数字内容产业发展与中华民族优秀传统文化传承研究"获国家社会科学基金艺术学一般项目立项,经费18万元,起止时间:2016年8月16日—2019年12月31日。
367	2016年8月31日	罗慧主持的"台湾大学生的媒介素养与政治认同研究"获国家社科基金青年项目立项,经费20万元,起止时间:2016年8月31日—2020年12月31日。
368	2016年11月11日	聘任邹振东为厦门大学特聘教授职务。
369	2016年11月13日	厦大人〔2016〕97号,成立厦门大学舆论研究中心(机构不列级别,不增编制,挂靠新闻传播学院)。
370	2016年12月28日	学院新闻学专业"2014级国际新闻实验班团支部"荣获团中央2016年全国高校"活力团支部"。
371	2016年12月	"厦门大学南强乡村图书馆社会实践项目"荣获中共福建省委教育工委福建省教育厅主办的"2016年高校校园文化建设优秀成果评选"一等奖。
372	2016年12月1日	开展新闻传播学硕博学位授权点合格评估的现场评估工作。
373	2017年1月1日	黄含韵主持的"中国城市居民社交媒体使用与沉迷现状研究"获国家社科基金青年项目立项,经费20万元。
374	2017年1月1日	林升栋主持的"女性生理周期对其社交网络参与行为影响的研究:进化心理学的视角"获国家自然科学基金青年科学基金项目立项,经费17万元,起止时间:2017年1月1日—2019年12月1日。
375	2017年7月21日	邹振东主持的"舆论形态的价值谱系与主流舆论的传播研究"获国家社科基金特别委托项目立项,经费60万,起止时间:2017年7月21日—2019年12月31日。
376	2017年3月	根据学校的工作部署,做好中央巡视组专项巡视工作。

续表

序号	时　间	事　项
377	2017 年 3 月 3 日	由意大利外交部、意大利驻广州领事馆主办，厦门大学新闻传播学院承办的“意大利全球设计日·厦门站”活动在厦大举行。活动邀请意大利威尼斯卡·福斯卡里大学 Stefano Micelli 教授、中国时装设计大师计文波、厦门大学新闻传播学院黄合水教授分别作题为“未来工匠”“设计与信仰”“品牌之道”的三场主题演讲。
378	2017 年 3 月 27 日	厦大人(2017)27 号文，在福建省委宣传部、福建省教育厅及厦门大学领导的倡议与支持下，成立厦门大学福建媒体发展与对外传播协同创新中心。
379	2017 年 4 月 8 日	学院和厦门广电融媒体中心联合制作的首部微视频《绝美！航拍厦大木棉花开，赏花惜人不负春光》被央视新闻移动网推荐至精选页大图轮播的显著位置播出，获得了较高点击量。央视新闻频道将该视频综合在《春暖花开踏青赏花正当时》系列报道中，于 4 月 10 日整点新闻中播出，并将该视频再次选入央视新闻移动网精选页大图轮播。
380	2017 年 6 月 5 日	闽教科〔2017〕52 号文，邱红峰入选 2017 年福建省高等学校新世纪优秀人才支持计划。
381	2017 年 5 月 26 日	设立学生“马克思主义新闻观理论研修班”，同时成立“马克思主义新闻观理论研修班”先锋党支部和先锋团支部，这是学院积极落实学校思想政治工作会议精神和“部校共建”战略的一项创新举措。
382	2017 年 5 月 26 日—29 日	第四届两岸大学生影像联展暨凤凰花季毕业影展在厦门大学举办。本届影展汇集了大陆和港澳台 40 所高校的 198 部作品，其中 57 部作品在影展展出。
383	2017 年 6 月 18—7 月 4 日	2017 年“看中国·金砖国家青年影像计划(福建行)”活动在厦门大学举行。活动以“工匠·传承·创新”为主题，制作了 11 部短片。其中李欣的《表述》(*Wacth people*)获得“金目奖”一等奖和最佳文化表达奖，另外以泉州制香为题材的《一脉相传》获得 2017 年度“金目奖”特别奖。
384	2017 年 6 月 24 日—25 日	第二届广告与品牌论坛在厦门大学举行。广告与品牌论坛是厦门大学新闻传播学院院友论坛，为院友和学院师生提供一个互动交流平台。
385	2017 年 6 月 30 日	宫贺主持的“社交媒体平台的数据挖掘与健康话语网络研究”获国家社科基金青年项目立项，经费 20 万元，起止时间：2017 年 6 月 30 日—2020 年 6 月 30 日。
386	2017 年 8 月 1 日	曾秀芹晋升教授职务。

续表

序号	时　间	事　项
387	2017 年 8 月 26 日	“2017 中国传播论坛暨金砖国家传媒国际研讨会”在厦门大学举行。来自金砖五国以及芬兰、英国、土耳其等国的传媒学者约 80 人，在五个英文专场和六个中文专场中就“一带一路”背景下金砖国家传媒的发展及其对国际传播秩序的挑战，进行了深入研讨。本次会议由厦门大学新闻传播学院和教育部人文社科重点研究基地——中国传媒大学国家传播创新研究中心共同主办，芬兰坦佩雷大学、英国威斯敏斯特大学、巴西里约热内卢联邦大学、俄罗斯莫斯科国立大学、印度海德拉巴大学和南非开普敦大学联合协办，芬兰科学院金砖国家传媒研究项目和教育部人文社科重点研究基地智库联合体提供特别支持。
388	2017 年 7—9 月	首次选送 2014 级国际新闻实验班 5 名本科生赴国外实习，到澳大利亚悉尼的澳洲新快传媒集团进行了为期两个月的实习。
389	2017 年 9 月 10 日	由国务院侨务办公室、福建省人民政府、中国新闻社主办的第九届世界华文传媒论坛开幕。厦门大学新闻传播学院承办了“海丝之路”视野下华文媒体的历史、理论与实践分论坛。
390	2017 年 9 月 11 日	厦大人〔2017〕98 号，厦门大学福建媒体发展研究院成立，挂靠新闻传播学院。
391	2017 年 9 月	我院新闻传播学一级学科进入了“一带一路、两岸关系和平发展学科群”建设方案。
392	2017 年 9 月 26 日—28 日	由教育部国际交流与合作司、株式会社电通公司共同主办，深圳大学、苏州独墅湖科教创新区承办的第三届“电通·创新人才培训营”在苏州举行。在最终的创意项目提案环节中，由陈素白副教授带队指导，祝嘉慧、邹佳莹、杨彧凌、杨慧、应伟豪、刘江枫六位学生组成的厦门大学团队，凭借“Dressing”项目获得全场唯一“优秀奖”，获得前往日本电通总部交流访问的机会。
393	2017 年 10 月 22 日	由中国国际公共关系协会主办，厦门大学新闻传播学院承办的第六届中国大学生公共关系策划创业大赛总决赛在厦门大学成功举行。厦大新闻传播学院学生在总决赛中获得一金一铜，连续三届荣斩金奖，实现了“三连冠”佳绩。此外，厦门大学还获得特别组织奖。

续表

序号	时　间	事　项
394	2017 年 11 月 18 日	“中国新闻史学会新闻传播思想史研究委员会 2017 年会暨第四届中外新闻传播思想史高峰论坛”在厦门大学举行。本次会议由中国新闻史学会新闻传播思想史研究委员会主办，厦门大学新闻传播学院承办，会议主题为“技术·媒介·伦理：传播思想史上的技术神话与伦理反思”，来自中国人民大学、北京大学、中国传媒大学、武汉大学、南京大学、厦门大学、四川大学、山东大学、上海大学、深圳大学、四川外国语大学、广州大学等全国 36 所高校的 97 位学者参加会议，并围绕会议主题进行深入研讨。
395	2017 年 11 月	在由教育部思想政治工作司、中央网络信息办公室网络社会工作局联合主办的第二届“高校网络宣传思想教育优秀作品推选展示”“全国大学生网络文化节”优秀作品评选中，厦门大学新闻传播学院 2015 级本科生伊灵的作品《保护海洋》获得公益广告作品一等奖和最佳创意奖两个奖项；2015 级研究生丁奕的作品《台北之心》获得微电影作品三等奖。
396	2017 年 11 月 25 日	中国广告协会学术委员会成立 30 周年庆祝专题论坛暨 2017 年全国广告学术研讨会在北京举办。陈培爱获得“中国广告学术发展终身贡献人物”，朱月昌获得“中国广告学术发展卓越贡献人物”，黄合水获得“中国广告学术发展杰出贡献人物”，林升栋获得“中国广告学术发展特别贡献人物”。另外，新闻传播学院 1985 级广告专业冯帼英校友获得“中国广告学术发展杰出贡献人物”。
397	2017 年 11 月 26 日	“阿美亚洲杯”能源环保创新大赛厦门大学总决赛在科学艺术中心举行。本次大赛由阿美亚洲和厦门大学共同主办，新闻传播学院组织策划并具体承办，中国日报社为媒体支持单位。
398	2017 年 12 月 11 日	厦委〔2017〕118 号文，邹振东被厦门市委、厦门市人民政府授予“厦门市第九批拔尖人才”称号。
399	2017 年 12 月 28 日	教育部学位与研究生教育发展中心公布全国第四轮学科评估结果，我院新闻传播学科评估结果为 B＋。
400	2018 年 1 月 10 日	宫贺获中国国际公共关系协会举办的第一届全国高校公共关系课程教学比赛一等奖。
401	2018 年 1 月	陈经超入选第四批厦门市“海纳百川”人才计划台湾特聘专家。
402	2018 年 3 月 8 日	黄合水任教育部 2018—2022 年高等学校新闻传播学类专业教学指导委员会委员。
403	2018 年 3 月 23 日	陈经超入选福建省第一批引进台湾高层次人才“百人计划”。

续表

序号	时　间	事　项
404	2018 年 4 月 12 日	4 月 12 日上午，在厦门大学颂恩楼举行仪式，敦聘人民网总编辑余清楚为厦门大学新闻传播学院院长。校党委书记张彦代表厦门大学颁发聘书。12 日下午，新闻传播学院召开大会，校党委常委、副校长杨斌在会上宣读了学校任命决定。2017 年 4 月 13 日厦大委组〔2018〕36 号文件，经校党委研究，决定聘任余清楚为厦门大学新闻传播学院院长。
405	2018 年 5 月 7 日	由阎立峰、蔡小伟（省委宣传部常务副部长）、邹振东、苏俊斌、朱至刚、李展、孙慧英、迟月利完成的“部校共建机制下新闻传播人才培养模式改革与创新”项目获厦门大学第九届高等教育教学成果一等奖；由林升栋、冯咏薇、陈瑞、黄合水完成的“标语的力量”项目获厦门大学第九届高等教育教学成果二等奖。
406	2018 年 5 月 25 日—28 日	第五届两岸大学生影像联展暨凤凰花季毕业影展在厦门大学举办。本届影展共收集作品 238 部，共有 54 部（39 部长视频和 15 部短视频）作品入围，包括 12 部台湾高校作品。
407	2018 年 5 月 27 日	召开中国共产党厦门大学新闻传播学院第三次党员大会，以无记名投票方式差额选举产生了新闻传播学院出席中共厦门大学第十一次代表大会的 5 名代表（以姓氏笔划为序）：邓朝晖、郑树东、聂鑫、倪洋、黄辉；差额选举产生了 9 位新一届中共厦门大学新闻传播学院委员会委员成员（以姓氏笔划为序）：毛章清、苏俊斌、李展、迟月利、陈素白、郑树东、聂鑫、黄辉、阎立峰，新一届新闻传播学院党委郑树东任书记，聂鑫、黄辉任副书记。大会审议并通过了中共厦门大学新闻传播学院委员会工作报告。
408	2018 年 1 月 9 日	由洪强指导，学生唐心阁等创作的动画短片《以心传心，迈向新时代》于 2018 年在东南网播出，并获得福建省委宣传部主办的主题作品征集融媒体类一等奖，同时在 2018 年度优秀网络视听作品推选活动中，荣获“年度优秀大学生公益短片/公益广告”。
409	2018 年 6 月 8 日	厦大委组〔2018〕140 号文，同意厦门大学新闻传播学院党委换届选举结果。委员：毛章清、苏俊斌、李展、迟月利、陈素白、郑树东、聂鑫、黄辉、阎立峰，书记：郑树东，副书记：聂鑫、黄辉。
410	2018 年 6 月 15 日	由中国社会科学院新闻与传播研究所和中国社会科学出版社主办，厦门大学新闻传播学院、福建媒体发展与对外传播协同创新中心承办的《中国新闻传播学年鉴》第三届编辑出版研讨会在厦门大学科学艺术中心举行。

续表

序号	时　间	事　项
411	2018 年 6 月 19 日	闽委人才〔2018〕5 号文，经中共福建省委人才工作领导小组研究评定，邹振东入选第三批福建省特殊支持“双百计划”哲学社会科学领军人才。
412	2018 年 6 月 21 日	胡悦主持的“公共危机的媒介化机制与关系性化解路径研究”获国家社科基金一般项目，经费 20 万元，起止时间：2018 年 6 月 21 日—2021 年 6 月 30 日。
413	2018 年 6 月 25 日	黄裕峯主持的“促进两岸青年心灵契合传播机制研究”获得国家社科基金一般项目立项，经费 20 万元，起止时间：2018 年 6 月 25 日—2020 年 12 月 31 日。
414	2018 年 6 月 25 日	陈经超主持的“台湾社会集体记忆变迁与两岸共同体重塑研究(1988—2018)”获国家社科基金一般项目立项，经费 20 万元，起止时间：2018 年 6 月 25 日—2021 年 6 月 24 日。
415	2018 年 6 月 27 日	厦大人〔2018〕92 号文，公布新闻传播学院学位评定分委员会成员名单。主席：黄合水，副主席：林升栋，成员：黄合水、林升栋、陈素白、陈嬿如、李展、罗萍、邱红峰、苏俊斌、谢清果、阎立峰、岳森、朱至刚、邹振东。
416	2018 年 6 月	《华夏传播研究》2018 年正式创刊，由厦门大学新闻传播学院主办，中国传媒大学出版社出版，半年刊。
417	2018 年 7 月 3 日	厦大委综〔2018〕50 号文，学校授予学院党委 2016—2018 年“先进基层党组织”称号。
418	2018 年 8 月	邹振东领衔的厦门大学新闻舆论规律研究创新团队，入选 2018 年福建省高校以马克思主义为指导的哲学社会科学学科基础理论研究创新团队。
419	2018 年 8 月 28 日	与人民网澳大利亚公司签署建设中国国际新闻传播人民网澳大利亚实习实训基地的战略合作协议。
420	2018 年 9 月 14 日—16 日	由厦门大学传播研究所、中盐金坛盐化有限责任公司、江苏宏德文化出版基金会联合举办的“首届华夏文明传播与企业家精神研讨会”在江苏常州开幕，会上举行了《中华文化与传播研究》第三辑和《华夏传播研究》创刊号的首发式。
421	2018 年 10 月 10 日	学生“马克思主义新闻观理论研修班”(以下简称“马新班”)，闽委教思〔2018〕67 号文，确定“厦门大学‘马新班’：心中有信仰，课堂有理想”入选第三批福建省大学生思想政治教育创新项目，“马新班”理论研习社入选福建省高校习近平新时代中国特色社会主义思想读书社。

续表

序号	时　间	事　项
422	2018 年 10 月 25 日	厦大人〔2018〕148 号文，林升栋入选 2018 年第一批南强青年拔尖人才支持计划 A 类人才。
423	2018 年 10 月 27 日—28 日	由厦门大学新闻传播学院担任会长单位的中国新闻史学会台湾与东南亚华文新闻传播史研究委员会承办的“新时代华文媒体传播力”学术论坛在杭州举行。
424	2018 年 11 月 1 日	殷琦、吴琳琳晋升教授职务。
425	2018 年 11 月 10 日	“2018 新闻传播学院院长论坛”在厦门大学举行。论坛由教育部高等教育司指导，厦门大学、人民网共同主办，人民网研究院、人民网人民视频、厦门大学党委宣传部、厦门大学新闻传播学院具体承办。
426	2018 年 11 月 30 日	在“福建省第十二届社会科学优秀成果奖”评选中，朱至刚的专著《早期中国新闻学的历史面相：从知识史的路径》获一等奖，殷琦的专著《中国传媒组织治理结构创新研究：基于利益相关者理论的视角》、黄含韵的论文《中国青少年社交媒体使用与沉迷现状：亲和动机、印象管理与社会资本》、邹振东的咨询报告《国＊＊＊地方》均获二等奖，谢清果的教材《华夏文明与传播学本土化研究》获三等奖。
427	2018 年 12 月 21 日	闽教科〔2018〕97 号文，经福建省教育厅批准，中华文化传播研究中心获“福建省高等学校人文社会科学研究基地建设项目”立项。中华文化传播研究中心由林升栋主持，中心主要学术带头人有林升栋、谢清果、黄合水、王日根等。
428	2018 年 12 月 22 日	第六届范敬宜新闻教育奖颁奖仪式暨第四届新闻传播学科高峰论坛在人民日报社举行，厦门大学新闻传播学院 2016 级硕士生姚晓辉获“新闻学子奖”。
429	2019 年 1 月 13 日	聘任黄志宏、刘荒潘可武 3 人为厦门大学兼职教授，聘期：2019 年 1 月 13 日—2021 年 12 月 31 日。
430	2019 年 1 月 14 日	由中国广告协会、中国商务广告协会、中国广告主协会共同举办的中国广告 40 年纪念大会在北京国家会议中心举办。会上推出了不同时期各个领域的代表人物 22 人。我院陈培爱教授荣获“中国广告 40 年纪念广告学人”。
431	2019 年 3 月 5 日	在 2018 年厦门大学本科教学评估中，新闻传播学院被评为“进步显著学院”。
432	2019 年 3 月 12 日	(2019)厦大教 26 号文，新闻学专业获“国际专业建设计划”2.0 项目立项。

续表

序号	时　间	事　项
433	2019年4月8日—12日	由国际电信联盟(ITU)、联合国教科文组织(UNESCO)等主办的“2019信息社会世界峰会(WSIS)论坛”在瑞士日内瓦召开。经中国工信部推荐，我院新闻系博士生李朵朵作为中国代表团一员赴国际电信联盟总部参会，并参与“AI赋能信息无障碍”分论坛发言。
434	2019年5月	院友喻龙等人创办的“厦门市凤凰花季基金管理有限公司”捐助人民币200万元，用于学院建设凤凰花季融媒体实验教学中心，当年年底已完成项目相关软硬件设备的招标工作。
435	2019年6月	林升栋指导的博士生侯凡跃的学位论文《水墨画的审美心理机制与水墨广告的效果研究》获2018年福建省优秀博士学位论文，是学院首次获得省优秀博士学位论文。
436	2019年7月7日—11日	国际媒介与传播研究学会(IAMCR)2019年年会在西班牙马德里举行。我院共8位师生参会。曾秀芹教授和陈晓彦副教授在传播政策与科技分会就中国社交媒体的政策进行发言，陈晓彦副教授担任了“算法、自动化与代理机构”小组主席，主持会议和讨论。殷琦教授在“沟通中国与世界：国际传播新动力”分会就中国互联网公司的国际化发展状况进行了学术汇报。李展副教授在“灾难与风险传播”分论坛就中国媒体的灾难报道进行了论文报告，并应“国际传播”分论坛邀请，担任“他者眼中的中国”小组论文报告的点评人。
437	2019年7月12日	2019年国家社科基金年度项目和青年项目立项结果公布，我院立项年度一般项目3项。分别是：谢清果主持的“华夏文明传播的观念基础、理论体系与当代实践研究”；熊慧主持的“积极老龄化视角下流动老人数字融入路径与效果研究”；苏俊斌主持的“新闻推荐算法的把关机制、伦理问题及其对策研究”。
438	2019年7月19日	聘任夏吉宜、赵振祥为厦门大学兼职教授，续聘蔡小伟为厦门大学兼职教授，聘期：2019年7月19日—2022年7月30日。
439	2019年7月19日—20日	第十二届公关与广告国际学术论坛(12th PRAD)暨第四届中国新闻史学会公共关系分会(4th PRSC)学术年会在厦门大学举行。主题是“品牌·数字叙事与创意传播(Branding, Digital Storytelling&Creative Communication)”，会议由厦门大学、华中科技大学、香港城市大学、香港浸会大学、台湾世新大学和中国新闻史学会公共关系分会联合举办。

续表

序号	时　间	事　项
440	2019 年 7 月 24 日	我院院长余清楚、新闻学系副主任苏俊斌应邀出席在雅加达举行的中国—东盟媒体高峰论坛。余院长在第一场分议题“媒体在构建更紧密的中国—东盟命运共同体中的角色”讨论中作了精彩发言。8 月 12 日，中华人民共和国驻东盟使团向厦门大学发来感谢信。
441	2019 年 9 月 22 日	第七届中国大学生公共关系策划创业大赛总决赛暨颁奖典礼在东华大学落下帷幕。我院“卖旋风”团队和“公关得奖买奶茶队”分别摘得一金一铜的好成绩，厦门大学已连续四届夺得此赛事金奖。厦门大学还荣膺本届大赛组织奖。
442	2019 年 9 月 24 日	经福建省学位委员会审核认定，由谢清果牵头的“华夏文明传播研究团队”被评选为 2019 年省级专业学位研究生导师团队，获团队建设经费 2 万元。
443	2019 年 10 月 16 日	2019 年国家社科基金后期资助项目立项名单公布，陈素白主持的“改革开放四十年广告图景中的消费记忆”获一般项目立项，项目起止时间：2019 年 9 月—2021 年 6 月，项目经费 25 万元。
444	2019 年 11 月 23 日	2019 中国新媒体传播学年会在厦门大学科学艺术中心开幕。本届年会由中国新闻史学会网络传播史研究委员会主办，厦门大学新闻传播学院承办，人民视听科技有限公司合办，围绕“新时代・新媒体・新丝路”的主题，百余位专家学者、业界精英、青年学子共聚厦门，探讨新媒体发展的理论与现实问题。
445	2019 年 11 月	邹振东荣获“宝钢优秀教师奖”。
446	2019 年 11 月 23 日	第十一届全国大学生广告艺术大赛学科竞赛成果展示盛典在全国政协礼堂举行，此次大赛，学院在文案、平面、影视、广播、广告策划类项目评选中，共有 17 件作品获奖，其中由王晶副教授指导，吴月、王媛青、刘朝今、黄舒婷、范惟晴 5 位学生创作的《校园侦探》获二等奖（影视广告微电影类）。另获得三等奖（平面类）1 项，优秀奖 15 项。厦门大学新闻传播学院负责的福建分赛区工作获得优秀分赛区奖牌。
447	2019 年 12 月 4 日	全国哲学社会科学工作办公室公布 2019 年度国家社科基金重大项目立项名单，院长余清楚教授主持课题“人类命运共同体视阈下中国国家形象在西方主流媒体的百年传播研究”（19ZDA323）获得立项，项目经费 60 万元。
448	2019 年 12 月	教育部发布了《教育部办公厅中央宣传部办公厅关于公布高校与新闻单位互聘交流“双千计划”2018—2019 年度入选人员名单的通知》，我院教师殷琦、毛章清入选。

续表

序号	时 间	事 项
449	2019 年 12 月 19 日	“2020 戛纳 Roger Hatchuel Student Academy 学生培训学院中国区选拔活动”终审在北京举行。广告学系 2018 级古越获得金奖、2017 级刘若岩获得银奖、2017 级王小莉获得铜奖。2018 级古越将被推荐到“2020 戛纳狮子国际创意节 Roger Hatchuel Student Academy 学生培训学院”，竞逐最终的培训资格。
450	2019 年 12 月	学生“马克思主义新闻观理论研修班”先锋党支部，入选教育部、中组部“基层党组织书记案例选编”，获教育部第二批新时代高校党建示范创建和质量创优工作全国党建工作样板支部。
451	2019 年 12 月 26 日	福建省人民政府公布福建省第十三届社会科学优秀成果奖获奖名单。邹振东的专著《弱传播》获得二等奖，宫贺的专著《公共关系的文化想象——身份、仪式与修辞》、邱红峰的专著《环境风险社会放大的传播治理》、谢清果的专著《华夏传播学引论》获得三等奖；吴琳琳的论文《台湾日据时期“治警事件”中的舆论抗争始末析》获得青年佳作奖。
452	2019 年 4—11 月	传播研究所联合国内几所高校举办学术研讨会。4 月 12 日—14 日，与郑州大学新闻与传播学院联合举办“首届礼文化与华夏传播研究工作坊”；7 月 5 日—7 日，与中盐金坛盐化有限责任公司、江苏宏德文化出版基金会联合举办“贤文化与华夏文明传播工作坊”；11 月 22 日—24 日，与南宁师范大学新闻与传播学院联合举办了“‘一带一路’倡议与华夏文明传播学术研讨会”。
453	2020 年 12 月	黄合水、方菲发表《广告的演变及其本质——基于 1622 条教科书广告定义的语义网络分析》，该论文获评《新闻与传播研究》2019 年度优秀论文，被中国社会科学院新闻与传播研究所评为第八届(2019 年度)全国新闻传播优秀论文。
454	2020 年 6 月 6 日	学院主办了“厦门大学新闻传播学科创新发展座谈会”。
455	2020 年 10 月 31 日	我院承办的百年校庆系列论坛之“华夏文明与传播学中国化高峰论坛”在厦门大学科艺中心举行。
456	2020 年 11 月	教育部第十二届“高校辅导员年度人物”推选展示活动落下帷幕，学院党委副书记聂鑫荣获“高校辅导员年度人物”提名。
457	2020 年 12 月 5 日	“厦门大学百年影像史暨影像词典高峰论坛”在科艺中心 4 号会议厅举行。

续表

序号	时　间	事　项
458	2020 年 12 月	邹振东主持"'影视语言与技术'课程组'以课为媒'教学创新项目"获得省级优秀教学成果一等奖、厦门大学优秀教学成果特等奖。
459	2020 年 12 月	唐次妹"深度报道"课程获省级一流本科社会实践课程立项。
460	2020 年 12 月 22 日	校党委副书记赖红凯同志一行来学院宣布曾铮同志担任我院党委书记。
461	2021 年 1 月	厦门大学微信视频号上播出了由我院实验中心师生精心制作的"百部短视频共迎厦大建校百年"系列短视频。
462	2021 年 1 月 8 日	学院召开全体教职工大会，曾铮书记总结了学院 2020 年的工作，并对 2021 年工作提出几点希望，余清楚院长谈了有关学院发展的几点思考。
463	2021 年 1 月 29 日	我院在新闻楼 411 室举行主题为"梦起榕树下 志随凤凰飞"的学科高质量发展校内院友座谈会。厦门大学副校长邓朝晖出席了此次座谈会。
464	2021 年 2 月 10 日	《教育部办公厅关于公布 2020 年度国家级和省级一流本科专业建设点名单的通知》（教高厅函〔2021〕7 号），我院广告学专业入选国家级本科专业建设点，广播电视学入选省级本科专业建设点。
465	2021 年 2 月 18 日	2020 年度 One Show 中华青年创意竞赛获奖名单公布。由 2017 级广告学系学生刘若岩、林忆凡、陈禹漾、赖以晨、单亚楠组成的 topYs 团队创作的广告创新作品《EXCHANGE SEPARATION TIME AND DISTANCE》（兑换分隔时距）荣获 2020 年中华青年创意竞赛联合国抗疫命题最具年轻洞察奖和金奖。
466	2021 年 2 月	新闻传播学院"马新班"第三期"红色西冀·革命薪传"社会实践队所摄制的作品《厦大校友高捷成的红色金融人生》获得第四届福建省高校大学生微电影展示一等奖。
467	2021 年 3 月 11 日	福建省妇联党组成员、副主席陈铁晗带队来到厦门大学新闻传播学院开展"提升新媒体传播力和到达率"的专题调研，厦门大学党委常委、副校长邓朝晖主持了这次调研座谈会。
468	2021 年 4 月 5 日	上午，在厦门大学百年校庆来临之际，新闻传播学院院友欢迎会在新闻传播学院院楼南光二广场隆重举行。下午，"百年厦大，百年品牌"论坛于南光二大厅举行。

续表

序号	时　间	事　项
469	2021年4月6日	由厦门大学主办、新闻传播学院承办的人文社科国际论坛“传播视野中的百年厦大与人类命运共同体构建”分论坛在厦门大学思明校区南光二成功举办。
470	2021年4月23日	由新闻传播学院学生会学术部、传播学系教工教师党支部与传播学系共同举办的首期“心传”读书会于南光二306室举行。
471	2021年4月26日	2019级硕士研究生杨霖、蒋骞、邓以归、杨兰的微电影作品《薛定谔的快乐》参加了由中国广告协会举办的中国大学生广告艺术节学院奖2020年秋季征集赛，荣获全国影视类金奖，快克创意实战奖二等奖。
472	2021年4月27日	在厦门大学100周年校庆总结大会上，新闻传播学院获得“厦门大学100周年校庆筹备工作先进集体”称号。
473	2021年5月1日	我院2012届新闻学硕士研究生程枝文获评2021年福建省五一劳动奖章。
474	2021年6月6日	由我学院举办的“健康传播创新论坛”在厦门大学科学艺术中心开幕。会上同时成立了学院“健康与风险传播研究中心”。
475	2021年6月28日	闽教高〔2021〕22号文，谢清果教授主讲本科课程的“华夏传播概论”入选2021年省级课程思政示范项目。
476	2021年6月28日	学院党委理论学习中心组在新闻楼411会议室围绕党史学习教育第四专题“党的十八大以来的历史”开展主题为“坚持党的新闻舆论工作的正确政治方向”的集中学习研讨。校党委副书记徐进功、校基层党建联络员潘宝柱到会指导，与中心组成员共同学习。
477	2021年6月	黄勇与陈小岑岛的作品《新冠肺炎疫情期间网络风险传播的特点及启示》获得2020年度福建新闻奖“新闻论文类”一等奖，同时，获得第三十一届中国新闻奖新闻论文三等奖；曹立新、余清楚的作品《主流媒体深度报道的价值与本质——由两篇非虚构报道引发的思考》获得2020年度福建新闻奖“新闻论文类”三等奖。
478	2021年7月1日	聂鑫副书记在《中国青年报》(2021年07月01日T13版)发表《“中国共产党为什么能”的青年答卷》理论文章。
479	2021年7月2日	学院召开学习习近平总书记“七一”重要讲话精神暨“两优一先”表彰大会。

续表

序号	时　间	事　项
480	2021 年 7 月 12 日	谢清果教授的本科生课程“华夏传播概论”获评福建省省级课程思政项目。
481	2021 年 7 月 14 日—16 日	第六届战略传播与公共关系工作坊在厦门大学人文社科艺术高等研究院(鼓浪屿)和厦门大学国际会议中心成功举办。
482	2021 年 7 月 29 日	新闻传播学院在新闻楼 411 会议室召开 2021 年暑期务虚会。学院党政领导班子,各系主任、副主任,各教工党支部书记参加会议并作主题发言。务虚会由院长佘清楚主持。
483	2021 年 9 月 10 日	学院召开全体教职工大会。佘清楚院长总结 2021 年上半年我院教学和科研工作成果,布置下半年即将举办的学术活动,并对 2022 年新闻学部百年庆典提出展望。曾铮书记介绍下半年党委工作,并布置 2021 年新学期任务。
484	2021 年 9 月 23 日	殷琦主持的“平台社会语境下网络内容安全的结构性风险及其治理研究”、王霏主持的“重大突发事件中“心理台风眼”效应机制及干预措施研究”、李德霞主持的“21 世纪以来美国对华媒体外交演变与中国的应对策略研究”以及宣长春主持的“基于计算方法的社交媒体广告社会效果与综合治理研究”获得国家社科基金年度项目立项,周雨主持的“视觉修辞视野下绘画原型与广告仿拟的比较研究”获得教育部艺术类项目立项。
485	2021 年 9 月 28 日	谢清果教授入选福建省高校网络教育名师培育支持计划项目。
486	2021 年 10 月	第十三届全国大学生广告艺术大赛顺利落下帷幕,学院三支团队在本次大广赛中分别斩获视频类影视广告组全国一等奖、优秀奖,视频类微电影广告组全国二等奖的好成绩,三支获奖团队均由我院王晶担任指导教师。
487	2021 年 10—12 月	举办学院党政、后勤管理干部能力提升培训班
488	2021 年 10 月 5 日	我院黄合水教授带头的中华文明传播研究教研室获得首批厦门大学虚拟教研室项目立项。
489	2021 年 10 月 29 日	厦门大学美育与通识教育中心揭牌仪式在厦门大学翔安校区德旺图书馆大报告厅举行,揭牌仪式后进行“博雅茶座”第一场。“博雅茶座”是厦门大学美育与通识教育高端系列活动之一,我院邹振东教授应邀作了题为“电影里的传播学——从电影《长津湖》讲起”的首场讲座。

续表

序号	时　间	事　项
490	2021年11月1日	厦门大学新闻传播学院举办全媒体中心成立大会。学院党委书记曾铮、院长余清楚、党委副书记聂鑫和黄辉、副院长苏俊斌等师生出席此次会议，院长余清楚致辞并对全媒体中心成员进行了培训。
491	2021年11月3日	厦门大学教务处公示关于2021年国家级、省级一流本科专业建设点推荐专业的名单，我院新闻学专业获推国家级一流专业，传播学专业获推省级一流专业。
492	2021年11月9日	新闻传播学院干部任免大会举行。学院党政领导、院党委委员、系级单位负责人、科级干部、辅导员参加会议。李芬芬同志任中共厦门大学新闻传播学院委员会委员、副书记，聂鑫同志不再担任中共厦门大学新闻传播学院委员会委员、副书记。
493	2021年11月11日	我院传播学系教授、华夏传播研究会会长谢清果的“华夏传播概论”课程思政优秀案例在“新华思政”全国高校课程思政教学资源服务平台正式上线。
494	2021年11月14日	厦门大学新闻传播学院与龙岩市融媒体中心共建“闽西中央苏区红色文化教育基地”。
495	2021年11月17日	新闻传播学院“马新班”工作团队获2021年学校党建提升和管理创新奖。
496	2021年11月27日	厦门大学第二届教学创新比赛我院教师谢清果获一等奖，厦门大学第十六届教学比赛我院教师杨颖获二等奖。
497	2021年12月4日	由我院与西安交通大学新闻与新媒体学院共同主办的“新时代·新传播·新路径‘一带一路’国际传播能力建设论坛”圆满闭幕，院长余清楚出席论坛并致辞。
498	2021年12月6日	我院国际新闻与战略传播数据实验室获批厦门大学文科实验室，学院获评“2020年度厦门大学人文社科科研进步奖”，陈嬿如、宣长春获评“2020年度厦门大学人文社科科研业绩突出个人”，林光杰获评“2020年度厦门大学人文社科科研管理先进工作者”。
499	2021年12月17日	由厦门大学新闻传播学院、厦门软件职业技术学院、《海峡导报》、民革中央联络部、团结报社、厦门卫视、今日头条、中国艺术节基金会、北京海峡两岸网络科技有限公司联合主办的海峡青创学院“网红直播理论与实践”课程于12月17日开班。
500	2021年12月25日	福建省传播学会于三明学院召开年会并选举第五届理事会，我院谢清果教授荣任常务副会长，邱红峰教授荣任副会长、罗慧副教授荣任秘书长。

续表

序号	时　间	事　项
501	2021 年 12 月 25 日	迟月利荣获福建省第八届大学生影像大赛“优秀指导老师”“优秀组织者”，洪强老师获福建省第八届大学生影像大赛“优秀指导老师”。
502	2021 年 12 月 28 日—30 日	由中共福建省委宣传部、福建省新闻工作者协会主办，我院承办的全省重要舆论阵地领导干部培训班在厦大科学艺术中心举办，福建省委常委、宣传部长张彦，省委宣传部常务副部长许守尧，省委宣传部副部长叶雄彪，厦门大学校长张荣，厦门大学党委副书记徐进功出席开班仪式，培训内容共 5 场，分别由厦门大学党委副书记徐进功、人民网副总裁潘健、澎湃新闻总裁刘永钢、厦门大学新闻传播学院院长余清楚、厦门大学特聘教授邹振东授课。

后　记

2021年厦门大学喜迎百年校庆，作为与厦门大学一起成长起来的新闻传播学院，其前身是1921年创办的新闻学部，因此2021年也是厦门大学新闻学部成立100周年。为了更好地庆祝厦门大学新闻学部成立百年，学院决定于2022年择机举办系列活动。届时希望本书能够同时发布，以此开启我院新百年征程。

编撰一部院史是几代人的心愿。院史可以让我们回顾过去，总结过去，反观当下，以期面对未来，开拓未来。在学校的统一指导下，在学院书记与院长的亲自指挥下，所有编委会的成员尽心竭力，精诚团结，紧密配合，努力到档案馆查史料，努力利用一切可能的手段力求真实、全面、系统地还原创立学部、复办新闻传播系、建设学院的艰辛而又光辉的岁月。感谢全院老师，还有退休老师以及在系和学院时期工作过的教职员工，是你们的积极配合和帮助，让院史编撰工作能够顺利推进。

在整理院史资料的过程中，我们感到厦门大学新闻传播学院至少在以下六个方面，是值得骄傲的优势领域，将来也必将是我们努力巩固与加强的方向。它们分别是：

1.围绕“中国人开办高等新闻教育先河”这一精神，站在中国新闻教育史和新闻事业史的高度突出我院初创期的开拓历程与意义；

2.围绕我院（系）作为“广告学教育摇篮”的定位，书写厦大广告教育的辉煌历程、人才培养与办学成就；

3.围绕我院（系）作为“公共关系研究早期开拓者”的定位，书写厦门大学公共关系研究的接续研究与教学的历史进展；

4.围绕我院（系）作为大陆“国际新闻专业诞生地”的定位，书写厦门大学新闻学教育的特色与成就（包括人才培养）；

5.围绕我院（系）作为大陆“传播学中国化研究起航地”的定位，书写厦门大学传播学研究的历史与成就；

6.围绕我院(系)作为大陆“两岸传媒交流研究(或称海峡传播研究)重镇”的定位,梳理我院在此领域的教学与科研特色、成就。

为了更好地推动院史编撰工作,为了确保院(系)史编撰工作的顺利进行,学院决定成立院(系)史编撰工作组。学院几经人事变化,最终于2020年换届后确立了新一编撰委员会。其结构如下:

学院院史编撰工作组

组长:曾铮(原书记郑树东2020年12月离任)、余清楚

职责:审订编撰工作方向与原则,提供经费与组织、政策的保障

执行副组长:谢清果

职责:协调分工任务的落实,协调配套措施的落实

成员:毛章清、孙慧英、苏俊斌、李芬芬、李展、李鑫、吴懋雯、迟月利、林光杰、罗萍、陈素白、邹振东、胡长占、胡泽红、钟慧娟、洪强、聂鑫、郭婉玲、黄文、黄辉、曹立新、阎立峰、谢清果(按姓氏笔画顺序排序)

院史写作的基本分工如下:

根据学校总体院系写作提纲的意见,我院系史的基本框架如下,为了有序推动院史编撰的开展,各部分执笔人分工如下:

第一章 毛章清

第二章 谢清果

第三章 李 展

第四章 曹立新

第五章 苏俊斌,郭婉玲、黄文

第六章 陈素白,钟慧娟

第七章 谢清果,李鑫

第八章 陈素白,林光杰

附录 苏俊斌,郭婉玲

初稿形成后,经党政联席会议讨论决定,由曾铮书记和余清楚院长整体把关,并由聂鑫(第三章和大事记)、黄辉(第六章、第八章)、苏俊斌(第四章、第五章)、陈素白(第二章、第七章)谢清果(第一章)分别审阅。同时将初稿一方面交于新进的冯海燕、李达军、陈旭、宣长春四位老师进行全文通读,另一方面发给所有在职老师及部分退休老师;再由谢清果在林光杰秘书的协助下对收回的修订

意见，统一修改，形成修订稿；再提交党政联席会议审阅。最近，党政联席会议决定将原定院史截止时间延续到2021年底，从而能够较为完整地呈现1921年以来的光辉岁月。于是编写组在此基础上由各部分负责人进行重新梳理，增补，再次形成定稿，经党政联席会通过后交付学校。

院史编撰工作组

2021年12月31日